幼儿园教师融合教育素养与专业成长研究

欧阳叶　黄锦玲　著

西南财经大学出版社

中国·成都

图书在版编目(CIP)数据

幼儿园教师融合教育素养与专业成长研究/欧阳叶,黄锦玲著.—成都:西南财经大学出版社,2024.5
ISBN 978-7-5504-6164-2

Ⅰ.①幼… Ⅱ.①欧…②黄… Ⅲ.①幼教人员—师资培训—研究
Ⅳ.①G615

中国国家版本馆 CIP 数据核字(2024)第 077638 号

幼儿园教师融合教育素养与专业成长研究

YOUERYUAN JIAOSHI RONGHE JIAOYU SUYANG YU ZHUANYE CHENGZHANG YANJIU

欧阳叶　黄锦玲　著

策划编辑:余　尧
责任编辑:王　利
责任校对:植　苗
封面设计:张姗姗
责任印制:朱曼丽

出版发行	西南财经大学出版社(四川省成都市光华村街55号)
网　　址	http://cbs.swufe.edu.cn
电子邮件	bookcj@swufe.edu.cn
邮政编码	610074
电　　话	028-87353785
照　　排	四川胜翔数码印务设计有限公司
印　　刷	郫县犀浦印刷厂
成品尺寸	170 mm×240 mm
印　　张	21.5
字　　数	357 千字
版　　次	2024 年 5 月第 1 版
印　　次	2024 年 5 月第 1 次印刷
书　　号	ISBN 978-7-5504-6164-2
定　　价	88.00 元

前言

　　《幼儿园教师融合教育素养与专业成长研究》系长沙职业技术学院特殊教育学院黄锦玲教授主持的 2021 年教育部人文社会科学研究规划基金项目"学前融合教育质量提升研究"（项目批准号：21YJA880019）的成果，由欧阳叶和黄锦玲撰写。

　　学前融合教育作为学前教育的发展趋势，近年来逐渐得到重视并在实践中进行了尝试。目前，我国已经在河南、北京、上海等地开展学前融合教育试点工作。幼儿园教师作为特殊幼儿（在本书中，同时使用了"特殊幼儿""特殊儿童""特殊孩子""特殊学生"等字眼，均指有特殊需求的儿童，文中不再一一说明）随园就读工作的主要承担者，很大程度上是学前融合教育高质量、高水平实施的重要保障，幼儿园教师的融合教育素养直接影响着学前融合教育的成效。因此，对幼儿园教师融合教育素养进行研究，对于丰富和发展我国当前融合教育的理论研究和实践探索具有重要意义。

　　本书系统研究了幼儿园教师融合教育素养的学理依据、结构维度、人口学差异、存在的问题、职前培养、在职培训和专业成长等关键问题。首先，明确了融合教育、素养和幼儿园教师融合教育素养的概念内涵，解析了素养的多维结构；其次，通过问卷调查和质性研究等方法，评估了当前教师素养的发展水平和存在的问题，明确了影响教师素养的关键因素；再次，通过比较分析总结了国内外教师职前培养和在职培训的经验及路径；最后，提出了在当前形势下推动幼儿园教师专业成长的进程规划、影响机制和实现途径。在此基础上，本书给出了一系列提升我国幼儿园教师融合教育素养的对策和建议。本书旨在加深对幼儿园教师素养的理论认识，准确评估现状，并在实证研究的基础上，提出操作性建议，为推进学前融合教育实践、实现教育公平提供决策参考。

在本书撰写过程中，学院领导给予了大力支持和悉心指导，使写作得以顺利推进，对此深表感激。编者学识与写作经验有限，书中难免存在疏漏，恳请读者批评指正，以使本书的论述更加完善。

欧阳叶　黄锦玲

2024 年 1 月

目录

第一章 绪论

本章深入研究了幼儿园教师融合教育素养的相关问题,并对国内外研究现状进行了系统梳理。首先,本章着眼于国家层面的关切,提出了三个核心问题:国家对幼儿园教师融合教育素养的高度重视、现实社会对幼儿园教师融合教育素养提升的紧迫需求、幼儿园教师专业成长对提高学前融合教育质量的关键性作用。其次,本章在阐释这些问题之后,进一步回顾了国外和国内的研究现状,对幼儿园教师融合教育素养进行了深入剖析。在国外研究方面,本章涵盖了对融合教育素养内涵的研究、对幼儿园教师融合教育态度的研究、对幼儿园教师融合教育知识与能力的研究,以及对幼儿园教师融合教育素养培养的研究。而在国内研究方面,本章关注的焦点包括幼儿园教师融合教育素养内涵、融合教育理念与师德、教育知识与能力、影响融合教育素养的因素,以及幼儿园教师融合教育素养培养等多个方向,进而总结了已有研究的主要成果、不足之处以及亟待解决的问题。这一系列研究描绘出了一个全景图,使读者对当前融合教育领域研究有了深刻了解。最后,通过明确定义本书的研究目的与意义,以及详尽的研究思路与方法和关键概念的定义,为后续章节的展开奠定了坚实的基础。

第一节 问题的提出

一、国家重视幼儿园教师融合教育素养

近十年来,中国政府陆续出台了一系列推动教育改革和发展的政策,为学前融合教育搭建了政策平台。国家起初主要关注残疾儿童教育,后来逐步拓展至全面推进融合教育的战略部署,政策支持体系不断完善,相关必要

条件也愈加明确、具体。从《第二期特殊教育提升计划（2017—2020年）》到2021年的《学前教育专业师范生教师职业能力标准（试行）》，明确要求幼儿园教师应当认识融合教育的意义，掌握特殊儿童的教育策略。一系列政策的出台推动了幼儿园融合教育理念的传播和实践的开展。它为提升幼儿园教师的融合教育素养提供了有力的政策支持，使之成为推进素质教育、实现教育现代化的重要举措。政策支持体系的不断完善是当前和未来提升我国幼儿园教师融合教育素养的重要保障。

二、幼儿园教师融合教育素养提升的现实需要

近年来，随着教育理念的更新，"以人为本"成为教育改革的主基调。在这一理念指导下，普通学校开始积极接纳特殊幼儿入学，这给幼儿教育也带来了新的机遇与挑战。面对特殊幼儿日益增加的数量，我们不能再将其当成"特殊群体"加以标签化。相反，应该从每一个幼儿独特的成长需求出发，为幼儿创设适宜的教学环境与氛围。这需要幼儿园教师转变教学理念，深入了解特殊幼儿的发展规律，掌握科学而灵活的教学方法。教师不是知识的机械传授者，而是引导幼儿主动互动、全面发展的生活伙伴。为了满足不同幼儿的需求，幼儿园教师不仅需要具备丰富的普通教育素养，还需要在此基础上培养融合教育素养。然而，我国学前教育起步相对较晚，融合教育主要集中在义务教育阶段，对学前阶段的融合教育研究相对较少。为了更好地推进学前融合教育的发展，提升幼儿园教师融合教育素养成为当务之急。

三、幼儿园教师专业成长是提高学前融合教育质量的关键

幼儿园教师的专业成长是推进学前融合教育的重要动力，"下得去、留得住、教得好"的专业教师团队，是实施融合教育的关键所在。教师专业成长贯穿其整个职业生涯，是实现自我价值和回馈社会的必由之路。因此，教师专业成长与学前融合教育发展息息相关、相互促进。通过不断成长，教师的融合教育素养得以提高，从而推动幼儿园教学质量改进，办园水平提升，使学前融合教育走向深入。这既让教师更好地适应了融合教育的需求，也构建了一个更加高效和可持续的融合教育体系。教师的专业成长是学前融合教育得以落地生根的基石，是实现教育效能的生动见证。

第二节　研究现状

一、国外研究现状

融合教育思想起源于 20 世纪中后期欧美的特殊教育改革运动，主要包括欧洲的"正常化""一体化"和北美的"返归主流"改革运动。这些运动批判了过去隔离式特殊教育的做法，提出将特殊儿童融入普通学校接受教育。20 世纪 80 年代中期，随着这一理念的发展和完善，正式形成了融合教育的思想体系，强调在普通学校中满足特殊儿童的需求。1994 年《萨拉曼卡宣言》的提出使融合教育理念得到广泛认同。可以说，融合教育思想是 20 世纪特殊教育改革实践的重要成果。在理论研究上，国外学界较多关注教师的融合教育内涵、态度、知识和培训等方面。但整体而言，现有研究主要集中在某些单一议题上，还有许多值得进一步探索的空间。综上所述，融合教育思想经历了一个从试验到成熟的过程，在推动特殊教育改革中发挥着重要作用。

(一) 融合教育素养内涵研究

国外对融合教育教师素养的看法因角色类型不同而有分歧。从普通教师视角来看，融合教育素养被视为技能、知识、态度等要素的集合，是这一职业的内在需求[1]。特殊教育教师除了基本素养外，还应增强获取专业支持的能力[2]。对于孤独症儿童教师来说，心理素质和管理特殊儿童的能力也很关键[3]。对于指导型教师来说，国外强调其应具备丰富的专业知识和实践技能，并能将其有效应用于工作中。由此可以看出，国外对融合教育教师素养的认识仍在发展中，研究角度和着眼点因当地实际情况而异，但基本都强调了专业知识、技能和态度这些基础要素。这些不同视角为我

① ROUESE M. Developing inclusive practice：A role for teachers and teacher education ［J］. Education in the North，2008（1）：1-12.

② MU GUANGLUN MICHAEL，WANG YAN，WANG ZHIQIANG，et al. An enquiry into the professional competence of inclusive education teachers in Beijing：Attitudes，knowledge，skills，and agency ［J］. International Journal of Disability Development & Education，2015（6）：1-19.

③ MAJOKO T. Inclusion of Children with Autism Spectrum Disorders：Listening and Hearing to Voices from the Grassroots ［J］. Journal of Autism and Developmental Disorders，2016（4）：1429-1440.

们构建系统、全面且本土化的教师融合教育素养框架提供了借鉴。当前我国亟须结合国内教育实践情况，厘清融合教育教师的角色定位，明确素养的内涵，以推动相关理论研究和实践的发展。

(二) 幼儿园教师融合教育态度研究

国外研究显示，多种因素会影响教师对融合教育的态度，主要有教师自身的相关经历、所接受培训、所在班级情况等。一些研究发现，教师掌握一定融合教育知识和技能后，其对特殊儿童的态度会更加友好和积极①。经济条件、自身知识水平也是重要的影响因素②。此外，教师的教学经验、学习过相关知识，也与态度正相关③。一些国外研究比较了不同教师群体的融合教育态度。例如斯洛文尼亚学者的研究发现，无论是幼儿园教师还是小学教师，在认知、情感和行为三个层面上都持积极态度，但幼儿园教师的认知态度更加积极④。教师的工作背景与态度之间没有显著关系，而接受过在职培训的教师则与更积极的融合态度正相关。土耳其的研究也显示教师的融合教育态度与其自我效能感正相关⑤。这表明，与小学教师相比，幼儿园教师对融合教育的接受度更高，但加强教师的在职培训显著促进了教师积极的融合态度。这与澳大利亚和韩国学者的研究结果一致，即教师相关知识和经验的增长与融合教育态度之间存在正向关系。这为发展我国教师融合教育素养提供了重要借鉴。总体而言，国外研究不仅关注教师对特殊儿童的直接态度，而且更加重视分析这些态度背后更深层次的影响机制，如教师自我效能感，以及各种外部和内部因素对其态度的影响。这些研究为构建教师融合教育素养框架，厘清关键影响因素提供了重要参考。但迄今为止，关于我国教师这方面的研究还相对较少。加强本土化研

---

① ALBERTA TEACHERS' ASSOCIATION. Coaching to support inclusion：A principal's guide [EB/OL]．(2020-01-12) [2024-04-02]．htpps://www.teachers.ab.ca/layouts/15/WopiFrame.aspx? source-doc.

② PURDUE. Barriers to and facilitators of inclusion for children with disabilities in early childhood education [J]. Contemporary Issues in Early Childhood，2009 (2)：134-145.

③ M SHADRECK. Bachelor of Education In Service Teacher Trainees' Perceptions and Attitudes on Inclusive Education in Zimbabwe [J]. Asian Social Science，2012 (8)：46-49.

④ TINAŠTEMBERGER，VANJA RICCARDA KISWARDAY. Attitude towards inclusive education：the perspective of slovenian preschool and primary school teachers [J]. European Journal of Special Needs Education，2017 (3)：47-58.

⑤ OSMAN ÖZOKCU. The Relationship Between Teacher Attitude and Selfefficacy for Inclusive Practices in Turkey [J]. Journal of Education and Training Studies，2018 (2)：6-12.

究有助于明确教师融合教育素养提升的路径和策略。

（三）幼儿园教师融合教育知识与能力研究

国外研究认为，幼儿园教师融合教育能力主要包含：利用特殊教育教学策略、班级管理、与家长和其他专业人员合作沟通、运用多种评价方法等①（Jewell 等，2008）。融合教育专业知识也至关重要，既包括特殊教育政策法规，也涵盖对特殊儿童及其家长的理解。这些知识为教师成功开展融合教育实践提供了保障。通晓特殊儿童特征有助于制订个性化教育方案，满足每位幼儿的独特需求②。明确自身在融合教育中的角色和责任也使教师能够更有信心地应对多样化学习环境，并给予特殊儿童更贴心的支持。一些学者通过访谈，发现教师普遍对特殊儿童抱有积极态度，愿意提供帮助和关注。但教师们承认在应对特殊儿童需求方面存在技能和知识的不足，缺乏满足这些幼儿特殊需求的教学方法，在实践中也面临诸多困难。教师普遍认为与家长合作是应对当前困境的关键办法。另外，教育资源短缺也影响着教师的发展与教学质量的提高，包括经费不足、材料设备缺乏以及专业培训和支持的缺失③等。这表明，尽管教师的内在态度较为积极，但外部环境和技能的限制制约了教师在融合教育中发挥更大的作用。因此，需要从加强资源投入、完善培训机制等方面营造有利的外部条件，与提升教师的内在动机和能力相结合，共同推动教师融合教育素养的提高。综上所述，国外研究强调教师应掌握丰富的专业知识和策略技能，并在实践中充分运用，以提高融合教育的有效性，实现个性化教学。

（四）幼儿园教师融合教育素养培养研究

国外研究者指出，当前印度开设的融合教育课程较为表面化，难以满足教师实际需求④。提升幼儿园教师融合教育素养的有效途径包括将教师

---

① JEWELL E, COOPER, STEPHANIE KURTTS, CEOLA ROSS BABER, et al. A model for examining teacher preparation curricula for inclusion ［J］. Teacher Education Quarterly, 2008 (4)：155-176.

② ALLAN ALLDAY, SHELLEY NEILSEN-GATTI, TINA M HUDSON. Preparation for inclusion in teacher education pre-service curricula ［J］. Teacher Education and Special Education, 2013 (4)：298-311.

③ ZABELI NASER, GJELAJ MAJLINDA, EWING BRONWYN FRANCES. Preschool teacher's awareness, attitudes and challenges towards inclusive early childhood education：A qualitative study ［J］. Cogent Education, 2020 (7)：121-122, 131.

④ UMESH SHARMA, JOANNE DEPPELER. Inclusive Education in India：Challenges and Prospects ［J］. Disability Studies Quarterly, 2005 (1)：1-8.

培育和儿童康复专业知识有机融合，实现本专业之间的跨界合作，拓宽教师视野①。瑞典从顶层制度设计入手，不仅提出了更高的要求，还为一线幼儿园教师开设了符合需求的融合教育专业学位课程和持续培训，直接服务于教学实践②。美国实行普通教育和特殊教育"双文凭"制度，也可以在学历教育阶段就培养准教师的综合能力，以此来促进幼儿园教师融合教育素养的发展③。总体来说，当前国外教师融合教育素养培养仍存在短板，亟须从立法和制度层面加强顶层设计，使之真正连接实践需求；还需要加强学科交叉与项目合作，实现资源整合与共享，全面提升教师的专业能力，以更好地适应融合教育对教师专业素养的要求。一些国家的学前教育教师融合教育素养培养机制亟待完善。如波黑地区的教师对身心障碍儿童的教育准备不足，需要加强对相关内容的培训④。实践经验不足也是普遍问题，建议增加教师在融合教育机构的实习机会，以提高对特殊儿童的了解和教学能力⑤。总体而言，各国在推进学前融合教育过程中面临不同难题，均在积极探索对策。研究者呼吁政策制定者基于教师实际需求和专业痛点，设计有效的职前及在职培训计划，引导教师专业成长⑥。这提示我国教师培养也需要因地制宜，加强针对性。同时，还需要加强顶层设计，形成政策与实践相结合的改革推进机制，共同促进教师素养提升，使之能更好地适应实施融合教育的客观需求。

总体来看，各国都在积极探索推进融合教育的路径，发达国家的机制

---

① KATIE SILVERMAN, SEONG HONG, MARY TREPANIER-STREET. Collaboration of teacher education and child disability health care: Transdisciplinary approach to inclusive practice for early childhood pre-service teachers [J]. Early Childhood Education Journal, 2010 (6): 461-468.

② SONJA SHERIDAN, PIA WILLIAMS, ANETTE SANDBERG, et al. Preschool teaching in Sweden: a profession in change [J]. Educational Research, 2011 (4): 413-418.

③ LINDA P B, MARLEEN C P. Using a classification system to probe the meaning of dual licensure in generaland special education [J]. Teacher Education and Special Education, 2011 (3): 219-234.

④ O A DENISOVA, O L LEKHANOVA, V N PONIKAROVA. Additional professional education of teachers for inclusive education of preschool children with disabilities [J]. Psihologičeskaâ Nauka i Obrazovanie, 2012 (12): 119-128.

⑤ PAULO C, DIAS, IRENE CADIME. Effects of Personal and Professional Factors on Teachers Attitudes towards Inclusion in Preschool [J]. European Journal of Special Needs Educaion, 2015 (1): 111-123.

⑥ SHUN WING NG, YEE WAN KWAN. Inclusive Education Teachers—Strategies of Working Collaboratively with Parents of Children with Special Educational Needs in Macau [J]. International Journal of Educational Reform, 2020 (4): 191-207.

目前来看更加成熟，但发展中国家也有可取之处。在培养教师的过程中，美国田纳西大学开设双文凭项目值得借鉴，直接提高教师综合素养。增加医疗机构等实践环节也行之有效，实现跨领域合作，拓宽视野。但是本土化发展极为关键，需要因地制宜，针对国情和需求设计培养模式。对发达国家的经验不能生搬硬套，而要吸取精髓，融入本土实际。灵活多样、差异化的培养策略，将更好地推动学前融合教育进程。所以，在借鉴国外成功经验的基础上，根据国内实际情况有机结合、有所创新，才能切实提升我国教师的融合教育素养，让学前融合教育落地生根。

二、国内研究现状

我国学界在翻译和使用"融合教育"词汇上存在若干译法，如"全纳教育"和"一体化教育"，目的是最大限度贴近英文 inclusive education 的原意。同时，"随班就读"被视为中国式融合教育的典型初级实践形态。因此，开展这类教育的教师对此也有不同称谓。尽管称谓不一，但其基本理念和实践追求是一致的。通过文献检索可以发现，国内学者主要从融合教育的内涵、影响因素、师资培养等角度开展了一些研究。本书拟基于国内重要学术期刊和高校优秀出版物，对幼儿园教师融合教育素养方面的主要研究视角和成果进行综述，以期全面系统地把握国内研究现状和趋势，为后续研究奠定基础。

（一）幼儿园教师融合教育素养内涵研究

随着我国融合教育的推进，学界对幼儿园教师素养内涵的认识也在不断拓展。早期的研究主要从态度、知识、能力等全纳教育维度进行界定[①]。一系列比较研究也表明，中外教师专业标准在融合教育素养的基本维度上存在高度一致性，进一步的研究在此基础上提出了获取支持能力等新增维度[②]。最近的研究认为，教师融合教育素养应包含专业理念、知识和能力这三个核心要素[③]。因此，构建系统的、标准化的幼儿园教师融合教育素养框架，使之既符合国际通行标准，又针对我国国情进行本土化优化，是

[①] 左瑞勇，王纬虹. 全纳教育视野下幼儿园教师专业素养的缺失与提升 [J]. 中国特殊教育，2008（6）：8-13.

[②] 吴扬. 幼儿园教师融合教育素养的调查研究 [J]. 中国特殊教育，2017（11）：8-11.

[③] 王彦波. 幼儿园教师融合教育素养的内涵及职前培育策略 [J]. 广东第二师范学院学报，2020（2）：35-40.

当前和未来一个重要的研究方向。这不仅有助于更好地指导教师素养建设，也将推动学前融合教育实践水平的整体提高。

从上述研究综述可见，国内学者对幼儿园教师融合教育素养的理解不仅涵盖了知识与能力，而且更多地关注全纳教育理念、知识与能力这三个维度，展现出对幼儿园教师融合教育素养的多领域、多角度的全面评估。

（二）幼儿园教师融合教育理念与师德研究

目前，我国在幼儿园教师融合教育理念和态度方面的研究较多，主要通过问卷调查分析不同地区教师的具体状况。例如湖北和北京的研究者发现，教师对特殊儿童的接纳态度存在差异，整体而言认识不够全面，持有保守看法[1][2]。这表明，推进融合教育的首要任务是转变教师的理念，消除偏见，建立正确认知，增强对所有儿童的包容与接纳。这需要从制度和环境层面营造良好氛围，同时也需要引导教师在实践中体会融合教育的意义。只有理念和行动相结合，才能促进教师素养的提升，使融合教育观念深入人心。更多研究也表明，我国幼儿园教师对融合教育的理解和认识还存在一定偏差。如云南的调查发现，教师整体上持保留态度[3]，陕西幼儿园教师对自身开展融合教育的能力缺乏信心，观念较为消极[4]，这与天津的研究结论略有不同。教师的融合教育观念也容易受到学历、教龄等个人因素的影响[5]。这说明深化教师对融合教育的理解和认识，对于提升其积极性至关重要。这需要从根本上加强对教师进行融合教育理念的引导，使之内化为教师的价值追求；还需要营造支撑的外部环境，让教师在实践中感受到融合教育的意义。只有理念和行动相结合，才能推动教师素养的转型和提升。

总体来看，随着融合教育实践的推进，越来越多幼儿园教师开始认识到其重要性和必要性。但是由于经验不足，部分教师仍持谨慎态度。目前，教师对融合教育的理解主要体现在三个方面：意义认识、对特殊儿童的态度和教学态度。这显示出教师融合教育理念的总体进步，但程度还有

---

① 孙玉梅. 湖北省幼教工作者学前融合教育观念与态度的研究 [D]. 武汉：华中师范大学，2008.

② 严冷. 北京幼儿园教师全纳教育观念的调查 [J]. 学前教育研究，2008（5）：17-21.

③ 李思明. 昆明市幼儿园教师对特殊幼儿融合教育问题的态度调查 [D]. 昆明：云南师范大学，2010.

④ 郑美妮. 幼儿园教师融合教育观念与态度的调查研究 [D]. 西安：陕西师范大学，2019.

⑤ 蓝贤波. 在职幼儿园教师对学前融合教育的态度研究 [D]. 上海：华东师范大学，2023.

待深化提高。当前最为迫切的任务，是加强教师培训，使更多教师通过系统培训，真正推进素养的转变，在思想和行动上全面适应融合教育的要求。只有当教师从心底接受和认同融合教育，才能在实践中得心应手，实现教育公平和教育质量双丰收。

（三）幼儿园教师融合教育知识与能力研究

国内研究普遍认为，提升幼儿园教师的融合教育专业知识和能力是当务之急。目前来看，教师在这些方面的素养较为薄弱，需要通过培训予以加强①。融合教育专业知识应包含相关的教育学、心理学知识，并能将其运用于实践中。关键的专业能力包括识别幼儿差异、制订个性化教育方案以及促进特殊儿童发展②。简言之，教师必须同时掌握系统的理论知识和实际的执行能力，才能胜任融合教育的教学实践。这需要从幼儿师范教育入手，在课程设置上实现知识、能力和素养的有机融合，使教师全面适应融合教育对专业素养的新要求。

国内研究进一步细化了幼儿园教师融合教育知识和能力的内涵。知识方面包含相关理论、特殊教育知识以及对特殊儿童的理解。能力维度涵盖制订和实施个性化教育计划（IEP）、调整教学策略、沟通合作、管理等③。重庆等地的调查也表明，教师在这些方面还有很大提升空间④。为此，教师培养需要从多角度入手，逐步构建系统的融合教育知识框架和能力体系，全面提高教师的融合教学合作与行为管理素养，使之真正适应融合教育的实践需要⑤。这需要理论学习和实践锻炼的紧密结合，在知识传授的基础上强化能力培养，促进教师素养的整体转型升级。

（四）教师融合教育素养的影响因素研究

根据生态环境理论，开展融合教育需要教师、幼儿园和社会各界的共同努力。影响教师融合教育素养的因素复杂多样，可以概括为个人内在因素和外在环境因素两大类。在个人层面，教师的学历背景、从业年限、接

---

① 周念丽. 学前融合教育的比较与实证研究 [M]. 上海：华东师范大学出版社，2008.

② 曾乐平. 学前教育本科生早期融合教育素养现状调查研究 [D]. 重庆：重庆师范大学，2015.

③ 陈红. 高等院校师范专业本科学生融合教育素养现状、问题及对策研究 [D]. 重庆：西南大学，2019.

④ 田波琼，熊燕，焦静. 幼儿园教师的融合教育素养现状及养成路径：以重庆市为例 [J]. 早期教育（教育科研），2019（3）：27-31.

⑤ 何明. 幼儿园教师实施融合教育专业能力现状调查研究 [D]. 大连：辽宁师范大学，2021.

受培训的情况等都会对其教师素养产生影响（王雁 等，2015）。除此之外，教师的态度、认知和自我效能感也是关键的内在影响因素（周丹 等，2017）。而在外在环境方面，幼儿园的氛围和政策支持以及社会对融合教育的重视程度，都是教师能否提高素养的外部影响因素（崔志月，2016）。如果幼儿园鼓励教师发挥主观能动性，提供培训机会和人际支持，教师的素养也会得到提高（唐子涵，2021）。总的来说，影响教师融合教育素养的因素互相影响、相互依存。要真正提高教师的融合教育素养，需要多方群体形成合力，做到人尽其才、物尽其用。

（五）幼儿园教师融合教育素养培养研究

为了培养具有融合教育素养的幼儿园教师，可以从职前培养和在职培训两个阶段入手。在职前培养阶段，重点是完善师范类院校的课程设置，将特殊教育的相关知识融入学前教育专业课程，加强理论与实践的结合。在此基础上，注重培养准教师的全纳意识（全晓燕，2016）。在在职培训阶段，则需要建立常态化的在职培训机制。组织不同形式的培训，丰富教师的知识结构，全面提升其专业能力。同时，鼓励教师之间开展合作，进行园本课程和培训项目，形成学习共同体①。若能从这两个阶段入手，将有助于教师在思想、知识、能力等方面全面发展，真正成长为融合教育的实践者②，这对提高教育质量，促进每一个孩子的发展，都将产生深远影响。当前，国内学者普遍认为有必要改革和创新幼儿师范教育，以有效提升教师的融合教育素养。这些建议主要包括：一是将融合教育课程融入培养方案，加强理论学习③；二是发挥高校主导作用，联合医疗、康复等机构，形成合作培养新机制④；三是深化培养内涵建设，不能停留在课程设置上，而要培养系统的知识体系和实践能力⑤。这些改革举措的实施，需要高校、幼儿园和医疗机构多方协作，整合资源优势，实现人才培养模式

---

① 刘恬. 全纳教育理念下幼儿园教师专业成长路径探究 [J]. 陕西学前师范学院学报，2016（2）：110-112，117.

② 王瑶，张薇，周念丽. 幼儿园教师融合教育专业素质的调查与思考 [J]. 现代特殊教育，2017（5）：75-76.

③ 王琳琳. 推进学前融合教育教师专业化发展的困境与建议 [J]. 现代特殊教育，2017（10）：71-76.

④ 余露，成云. 学前融合教育师资队伍建设高质量发展：内涵意蕴、现实困境与优化路径 [J]. 绥化学院学报，2023，43（4）：112-116.

⑤ 余晓，王玲. 幼儿园教师融合教育素养提升路径探索 [J]. 成都师范学院学报，2023，39（1）：102-107.

的转型升级。只有这样，才能从根本上提高师范生（准教师）的专业素养，使其胜任未来的融合教育任务。

总体来看，目前国内幼儿园教师融合教育素养培养的研究和实践主要集中在职前教育阶段。研究者普遍认为，传统的二元化师范教育机制已难以适应融合教育的需要，迫切需要进行改革和创新。研究者建议高校发挥主导作用，充分利用各类社会资源，通过制度和模式的变革，构建系统的师范生素养培养机制，全面提升其专业素养，使之从根本上适应未来教育融合化的客观要求。这些改革举措的实施，也将为我国特殊教育乃至整个教育事业提供持续动力，实现教育公平与教育质量的双提升。

三、研究述评

通过对国内外相关研究的梳理可以看出，我国虽起步较晚，但已初步形成了幼儿园教师融合教育素养的理论和实证研究体系。学者们在前期主要借鉴国外经验的基础上，逐步转向本土化研究，并取得了一定进展。但从整体上看，现有研究主要集中在某些独立视角，研究方法较为单一，多采用定量问卷调查法。因此，后续研究需要在继承的基础上，加强定性研究和个案研究，拓宽研究视角，采用混合研究范式，使之更加立体化和系统化。同时，在借鉴国外成功经验的基础上，进一步强化本土化发展战略，使幼儿园教师融合教育素养的研究成果更好地服务于中国实际，推动学前融合教育实践的持续发展。从内容上看，现有研究多停留在对教师融合教育素养的现状描述上，而较少触及更深层次的成因分析。从区域上看，研究经济发达地区的居多，对欠发达地区的调查不足。从学段上看，国内研究主要集中在义务教育阶段，较少关注学前教育。因此，本书选择幼儿园教师的融合教育素养作为研究对象，旨在弥补这一领域的理论空白，为推动幼儿园阶段融合教育实践提供支持。本书将在总结现有研究的基础上，拓宽视野，采用"因素—现状—对策"的逻辑线索，深入剖析教师融合教育素养的成因，评估其发展现状，并在此基础上提出具有针对性的改进对策和建议。我们期待通过这一研究，能使幼儿园教师素养培养相关理论更加丰富，提供可靠的政策支持，推动学前融合教育平稳开展。

第三节 研究目的及意义

一、研究目的

第一，全面调研和评估我国幼儿园教师当前融合教育素养的发展水平和群体差异；第二，找出教师素养培养中存在的具体问题，并剖析形成这些问题的影响因素；第三，通过定量和定性相结合的方法，深入探究不同影响因素与教师融合教育素养之间的关系机制；第四，在调查和分析的基础上，从完善职前培养、优化在职培训、引导专业成长等方面，提出一系列可行的政策建议，以有效增强我国幼儿园教师的融合教育素养。本书意在通过调查评估、问题分析和关系机制探究，提出操作性强、针对性强的教师融合教育素养提升策略，为我国学前融合教育实践提供决策参考。

二、研究意义

（一）理论意义

本书试图构建幼儿园教师融合教育素养的维度框架，规范和拓展其内涵，并通过问卷调查和访谈相结合的方法，全面了解当前教师素养发展的现状，深入剖析影响教师素养的相关因素。本书的研究意在丰富幼儿园教师融合教育素养的理论体系，为提高教师素养水平提供依据。目前，对普通幼儿园教师的评价多遵循《幼儿园教师专业标准（试行）》，而较少关注教师在特殊教育中的表现。本书强调教师应着眼于自身在融合教育中所展现的专业状态，使教师评价更加全面。此外，当教师在教学中遇到特殊儿童而感到手足无措时，也可以从本书构建的素养维度框架中找到理论指导。本书也为推动幼儿园教师专业成长提供了新的视角和路径。

（二）实践意义

1. 为幼儿园教师的职前培养指明新方向

本书对幼儿园教师融合教育素养的调查为其职前培养提供了重要参考。调查结果反映出教师在融合教育知识方面的不足，从侧面显示出当前幼儿园教师培养可能存在短板。这些发现为师范院校的学前教育专业设置提供了宝贵的基础数据。将第一线教学实践中的问题反馈到师范生培养中，形成闭合环路，实现人才培养与社会需求的紧密对接，是教育教学改革的重要理念。本书的发现为高校学前教育专业课程内容的更新与完善提供了新的方向。

2. 为幼儿园教师的在职培训提供实践支撑

就当前而言，本书反映出的教师融合教育素养问题与幼儿园教师专业化培养仍是我国基础教育领域的工作重点。例如，有必要加强教师对融合教育相关法律及政策的学习，增强教师对特殊儿童的理解与交流能力等。本书的研究结论为当地教师的在职培训指明了方向，如融合教育法规知识的补充、特殊儿童特征的学习、师生互动技巧的提高等。本书为新时代优化幼儿园教师培养提供了重要借鉴，使之更加符合融合教育的需要。

第四节　研究思路与方法

一、研究思路

（1）本书探讨了幼儿园教师融合教育素养的学理依据。首先，阐述了融合教育的相关理论，奠定了后续讨论的理论框架。其次，解析了学前融合教育的特点和发展趋势，明确了融合教育在幼儿教育中的日益重要的地位。最后，讨论了融合教育对幼儿园教师素养的要求，强调教师是融合教育的关键，需要拥有与之匹配的角色定位与专业能力。通过上述三个方面的阐释，本书构建了幼儿园教师融合教育素养的理论体系，为后续研究奠定了基础。

（2）本书聚焦讨论了幼儿园教师的融合教育素养。首先，阐释了幼儿园教师融合教育素养的内涵和结构，奠定了概念基础。其次，从理念、态度、知识、能力等不同维度分析了幼儿园教师融合教育素养的具体内容和构成。最后，探讨了幼儿园教师融合教育素养的发展阶段，即素养形成和发展的过程。通过层层深入的概念解析、结构分析和发展机制探讨，本书进一步厘清和丰富了幼儿园教师融合教育素养这一核心概念的内涵，为后续的实证研究奠定了基础。

（3）本书通过实证研究的方式，调查和分析了幼儿园教师融合教育素养的现状。首先，利用问卷调查的方法，调查了解了我国幼儿园教师在融合教育理念、态度、知识和能力等维度上的素养水平，并进行了统计分析，判断了当前教师融合教育素养的发展程度。其次，综合问卷调查结果和访谈记录，分析探讨了我国幼儿园教师在融合教育素养方面存在的具体问题及其成因。通过调查评估和问题剖析，本书全面诊断了当前我国幼儿园教师融合教育素养的发展现状，为后续提出改进对策奠定了基础。

（4）本书探索了幼儿园教师融合教育素养的职前培养路径。采用多案例分析法，选择英、美、澳等国家的成功培养实践案例，提炼并归纳了影响教师融合教育素养职前培养的关键机制与要素。在此基础上，初步构建了导向幼儿园教师融合教育素养培养的理论框架，为我国教师培育机构开展相关培养实践提供了参考。通过对国际经验的借鉴与本土化转化，本书探索建立系统、标准、可操作的幼儿园教师融合教育素养培养机制，以更好地促进教师素养的提升。

（5）本书探讨了加强幼儿园教师融合教育素养的在职培训策略。首先，介绍了国外学前融合教育师资培训的经验与启示，奠定了理论基础。其次，阐述了我国在政策上对幼儿园教师融合教育培训的支持，表明了国家对此高度重视。在此基础上，提出了幼儿园教师融合教育素养在职培训的具体设计思路与实施建议，为培训实践提供了指导方向。最后，探讨了基于MOOC（慕课）的新型远程培训模式，以及巡回指导促进培训实效的做法，拓展了培训的方式方法。通过理论解析、政策解读、实施设计以及新模式尝试的逐层深入，本书全面系统地阐释了幼儿园教师融合教育素养培训的策略与路径，为推动教师素养提升提供了实践参考。

（6）本书提出了融合教育背景下幼儿园教师专业成长的建议。首先，阐述了教师专业成长的规划路径，即在融合教育形势下，教师应该如何合理设置成长蓝图。其次，探讨了教师专业成长的过程，包括需要经历的关键阶段、步骤等，如反思实践、参与培训、开展交流等。再次，分析了影响教师专业成长的内外部因素，既有个人素质意识因素，也有外部环境政策因素。最后，提出了教师实现专业成长的途径，比如参加培训、做研究、加入专业组织等。通过分阶段详细论述专业成长的规划、过程、影响因素和实现途径，本书系统而全面地阐明了融合教育语境下幼儿园教师专业成长的内涵机理及其促进策略，为教师的专业成长提供了指导性参考框架。

二、研究方法

（一）文献研究法

本书通过广泛查阅国内外有关幼儿园教师融合教育素养的文献，全面了解当前这个领域的研究现状和主要成果。在此基础上，细致分析已有的针对幼儿园教师融合教育素养的研究，尽可能清晰和准确地把握前人研究的动态。这为形成科学合理的认识提供了基础，也为后续研究工作的开展奠定了基石。通过站在前人肩膀上对已有成果的全面了解和深入分析，今后的研究可以在继承的基础上，有针对性地进行创新和发展，为这一领域知识体系的构建提供借鉴。

（二）问卷调查法

本书选取全国六个省份[①]普通幼儿园在岗教师作为研究对象，采用幼儿园教师融合教育素养调查问卷进行测评，目的是全面了解当前一线幼儿园教师的融合教育素养水平。通过对问卷调查结果的分析和总结，找出教师融合教育素养中存在的具体问题。这为提高幼儿园教师的融合教育素养，推进融合教育实践提供了基础性的调查数据支持。本书的目的在于通过问卷调查准确掌握幼儿园教师融合教育素养的整体水平及其存在的具体问题，以推动后续的改进实践。

（三）访谈法

本书通过与幼儿园教师的面对面交流，就学前融合教育中存在的问题和困难进行深入探讨，以期全面了解幼儿园教师当前的融合教育素养情况。通过这种质性调研的方式，我们能够深入挖掘教师在融合教育实践中遇到的具体问题，找到幼儿园教师融合教育素养中存在的不足之处。这种定性研究有助于进一步明确教师融合教育素养建设的方向和着力点。本书的目的在于通过质性调查补充定量方法的不足，使有关部门对幼儿园教师融合教育素养问题的判断更加立体和全面。

（四）文本分析法

本书通过对乡村幼儿园教师教学日志和反思、教学活动计划、一日活动观察记录表、幼儿表现观察记录表等相关文本进行搜集，并进行内容分析，结合实证调查，分析影响幼儿园教师专业成长的相关因素，探讨其专业成长特质。

（五）观察法

本书还通过在幼儿园的实地生活体验，与教师共同生活、工作，开展

---

① 本书的研究对象是全国普通幼儿园在岗教师，具体选取了东部地区沿海发达省份的江苏和浙江、中部地区具有代表性的湖南和湖北，以及西部地区教育发展迅速的四川和云南这六个省份的幼儿园在岗教师作为研究样本。

了生活体验式的调研。研究者将自己置身于教师的工作环境中，全面观察她（他）们的日常教学、保育、活动组织、游戏指导等各类工作，深入体会第一线幼儿园教师的真实状况。这种质性研究方法可以使研究者与受试者产生身心契合，从而在工作和生活的交融中更加立体、全面和准确地把握教师的融合教育素养。本书的目的在于通过直接的工作生活体验，补充并验证定量研究和定性访谈所获得的结果，使有关部门对教师融合教育素养问题的判断更加准确和全面。

（六）叙事研究法

教育叙事研究强调通过对教育主体生活经历的叙述，表达研究者对教育意义的理解，探究教育经验背后的本质。在 20 世纪 90 年代，国内学者开始尝试运用这一研究方法。它作为一种质性研究形式，既与科学研究方法不同，也不同于纯粹的人文关怀，而是生活与教育相结合的方法。教育叙事研究的意义在于依据故事本身寻找内在逻辑，体现了一种实证精神。我们选择教育叙事研究方法探究幼儿园教师的专业成长，是基于这样的考虑：教师的成长过程本质上就是一系列生动的教育故事。通过诉说自己的成长历程，教师能更真实地表达自己对教育的理解，不需要对"什么是专业成长"等概念性问题做直接回答。这种研究方式也更符合幼儿园教师的特点，她（他）们生活中的丰富故事包含了对教育本质的深刻理解。总而言之，教育叙事研究能够挖掘教师成长历程中更为丰富和立体的意义。

第五节　概念界定

一、融合教育

从人文和历史文化的视角来看，我国学者对融合教育持有不同观点。融合教育不仅是一种特殊的教育安置形式，更体现了人文关怀，可以促进特殊幼儿和普通幼儿共同发展（方俊明，2006）。根据中国的历史文化传统，融合教育可以具体体现为特定的教育安置方式（邓猛，2014）。但无论从何种角度来看，融合教育的核心理念在于平等和满足幼儿多样化需求，在富有包容和归属感的环境中，为所有幼儿特别是有特殊需要的幼儿提供高质量、适宜、平等和高效的教育。这种理念深植于中国的人文精神之中。我国的融合教育应当兼容不同安置形式，但更应秉持这一人文关怀的核心价值理念。

二、学前融合教育

关于学前融合教育的界定，学界仍存在争议，主要集中在应当实现完全融合还是部分融合上。主张完全融合的观点认为，无论特殊幼儿的障碍类型和程度如何，特殊幼儿都应该进入普通幼儿园接受教育。主张部分融合的观点则认为，基于对现实情况的考量，只能让一部分合适的特殊幼儿进入普通幼儿园接受教育。这种争议忽视了融合教育的本质——为所有幼儿提供最有益的教育。因此，融合教育应当在最大可能范围内，让特殊幼儿和普通幼儿在同一个班级接受教育。同时，要根据特殊幼儿的特点，提供学习和生活上的支持，通过制度和课程的调整，确保特殊幼儿的需求也能够得到满足。只有这样，才能说真正实现了融合教育的价值，也才符合融合教育关怀和包容每一个幼儿的初衷。具体而言，应将学前融合教育理解为一种制度安排，目的是让0~6岁的特殊幼儿在普通幼儿园融合教育班级接受教育的同时，根据其特殊需求给予支持，从而使所有幼儿都能获得适合自己的教育。

三、幼儿园教师融合教育素养

现有研究主要从教师态度、知识和技能三个方面探讨了幼儿园教师的融合教育素养。其中，学前融合教育专业知识分为：本体性知识，即教师本身就具备的人文素养基础知识；条件性知识，即通过培训获得的与特殊幼儿发展知识及教育策略等职业素养相关的知识；操作性知识，即通过实践总结出的进行融合教育的相关技术知识。融合教育专业能力则是结合特殊教育和学前教育的相关技能，根据幼儿差异制订个性化教育计划，使每个幼儿都能在普通班级中进步。本书定义的幼儿园教师融合教育素养是指通过问卷调查结果呈现的教师在融合教育态度、知识和能力三个维度的得分情况，它反映了教师在这三个方面的融合教育水平。简言之，幼儿园教师的融合教育素养是评价其在融合教育理念、专业知识和专业能力等方面是否达到了标准的重要指标。

第二章　幼儿园教师融合教育素养的学理依据

本章系统阐述了学前融合教育的理论基础，具体包括：首先是早期综合干预、全人教育、支持服务和社会融合等基本理念，阐明了学前教育的价值取向；其次概括总结了学前融合教育的显著特点，如教育对象多元、安置方式多元、实施方式多样等，突出了这一阶段的复杂性；最后从期待的角度明确了融合教育对幼儿园教师素养的新要求，包括地位、义务和角色等方面。本章通过全面解析学前融合教育的理论内涵、实施特点和对教师的要求，使读者深刻理解作为基础教育起点的学前阶段开展融合教育的重要性和必要性。这为教育工作者进一步深化认识，推动学前融合教育实践提供了理论指引和价值导向。

第一节　学前融合教育的基本理念

学前融合教育的核心理念是实现教育公平和教育机会均等，让所有幼儿不仅都能受到教育，而且都能获得适合个体特点的最佳教育，从而实现每一个幼儿的最大发展潜能。这一理念体现了尊重差异、追求公平、包容多元的教育价值观。在实践中，这一理念主要体现为四个方面：一是对特殊幼儿要尽早进行综合性的早期干预；二是将每个特殊幼儿都看成一个完整的人，提供全面而平衡的发展机会；三是根据每个幼儿的特点和需求建立支持服务体系，帮助幼儿克服障碍，发挥潜能；四是将融合教育的视野拓宽到学习环境之外，真正实现与社会生活的融合。因而，学前融合教育内涵丰富，既包含教育权利平等的理念，也包含对个体差异的尊重、提供适宜支持的实践方案。这需要我们从多个维度来认识和实践学前融合教育。

一、早期综合干预理念

早期综合干预理念是学前融合教育的重要组成部分。它建立在早期干预和综合干预两个理念基础之上，强调用一切可能的资源，在最佳时期对特殊幼儿进行全面而个性化的教育训练，以增进其发展。这是学前融合教育的重要理念之一。

在20世纪60年代，美国首先提出了早期干预的概念，并进行了最早的实践，其核心理念是对6岁以下的特殊幼儿要尽早采取有组织、有计划的预防、识别、治疗、教育和训练等多方面综合干预措施。早期干预是指通过提供具有针对性的特殊教育服务，让特殊幼儿进入普通教育系统，在社会性、情感、认知和身体各个方面都能得到全面发展，提高生活能力和适应技能①。早期干预强调要遵循"越早越好"的原则，其关键在于早期发现问题、早期评估诊断以及早期开展教育训练。早期干预需要家庭、学校、医疗机构等形成合力，建立转介和合作机制，共同为特殊幼儿提供及早的、连续性的、系统性的综合性服务，以期达到最佳干预效果。早期干预是学前融合教育的重要理念和实践方式之一。

随着特殊教育技术的不断发展，对于学前特殊幼儿的早期干预，现在有了越来越多的形式。这些形式主要包括帮助特殊幼儿进行生活自理训练，提升感觉统合能力，纠正不良行为习惯，进行语言矫治，考虑使用药物治疗，进行物理治疗、艺术治疗等。通过多种形式的干预，特殊幼儿可以获得更好的生活质量，并在学习和社交方面取得更好的进步。这些干预策略在实施中往往不是单独使用的，而是综合运用的。原因在于，特殊幼儿通常存在多方面问题，单一的干预策略无法满足需求。必须将各种干预策略整合起来，采取综合干预的方式，以解决特殊幼儿在生活自理、语言交流、认知情感、运动技能等方面存在的多维困难。因此，综合干预理念应运而生，它强调根据每个特殊幼儿的需求情况，科学系统地选择和整合多种早期干预策略，使之和谐有机地协同服务于特殊幼儿的发展。这是更好满足每个特殊幼儿需求的有效方式。

---

① 朴永馨. 特殊教育辞典 ［M］. 北京：华夏出版社，1996：31.

综合干预的主要特点是集各方力量，采用多种训练手段，全面促进特殊幼儿发展。综合干预是指在学前特殊幼儿的早期干预过程中，医学专家、特殊教育专家、心理学专家、教师和家长等各方面的专业人士共同参与，采用感知统合训练、游戏治疗训练方法，并结合职业治疗等其他训练手段，综合治理特殊幼儿在认知、情感、行为等方面存在的问题①。根据干预策略的组织形式，现有的综合干预主要可分为：场所中心型，在特定机构、医院或园所开展；幼儿中心型，以个体幼儿需求为中心；项目中心型，针对某一发展领域；多维中心型，考虑多方面因素综合施策。多方合作，多策略并举，是综合干预的核心特征。这种模式可以更全面地促进特殊幼儿的发展。

（一）场所中心型的综合干预策略

场所中心型的综合干预策略是依托某一特定场所如医院、幼儿园等，通过固定配置专职或兼职的跨领域专家团队，为特殊幼儿提供系统而综合的早期干预服务。其特点是该场所内部整合了医学、特殊教育、心理等领域的人才，能够根据每个特殊幼儿的情况，制订个性化的综合干预方案，并运用各种培训方法如言语治疗、行为治疗、药物治疗等进行综合干预。

场所中心型综合干预可分为单一场所中心型，即依托某一场所开展服务；多场所中心型，即由不同性质的机构组成服务网络，为特殊幼儿提供综合服务。这种模式充分利用了固定场所的资源优势。

（二）幼儿中心型的综合干预策略

幼儿中心型的综合干预策略是根据特殊幼儿个体的特点和需要，制订具有针对性的综合干预方案。其特点是将特殊幼儿个体作为中心，按照他/她的障碍情况和发展需要，选择和整合各种干预手段，制定出一个个性化的综合干预策略。

根据对象范围，该干预策略可分为针对单个特殊幼儿的个体中心型；面向某类共性需求的特殊幼儿团体的团体中心型；以及融合个体和团体优势的个体—团体中心型等。

这种以幼儿为中心的综合干预策略，可以更好地满足每个特殊幼儿的个性化需求。

（三）项目中心型的综合干预策略

项目中心型的综合干预策略是根据特殊幼儿存在的特定问题，采取有

---

① 王雁. 早期干预的理论依据探析 [J]. 中国特殊教育，2000（4）：1-3.

针对性的综合干预措施。其特点是先识别特殊幼儿的显著问题，比如问题行为、语言障碍、认知障碍等，然后围绕这一核心项目采取系统的综合干预。既有单一项目中心型，也有针对多种问题的多项目中心型。

项目中心型的综合干预策略，可以集中资源有针对性地帮助特殊幼儿克服某一明确的发展障碍或难点。同时，也要注意与其他发展领域的衔接，实现干预的整体性。

（四）多维中心型的综合干预策略

多维中心型的综合干预策略采用了多维中心的方法，通过针对不同场所的特点、幼儿的具体情况以及项目的具体内容进行综合考虑，可以制订出更为全面和有效的干预方案。其特点是综合考虑场所条件、幼儿需求、重点项目等多方面因素，有机综合，制定针对性强的干预策略。该干预策略主要包括以场所为主，幼儿和项目为辅的模式；以幼儿为主，场所和项目为辅的模式；以项目为主，幼儿和场所为辅的模式等。多维中心型的综合干预可以根据不同情况进行策略组合，既考虑场所资源优势，也兼顾幼儿个性化需求，还能针对重点项目进行集中辅导。这种模式综合性强，应变性佳，为特殊幼儿提供了优质的综合干预服务。

开展学前融合教育，必须坚持早期综合干预的理念。无论是从大脑发育特征还是从能力发展规律看，学前阶段都是极为关键的时期。实施综合干预，可以发挥跨领域专家的集体智慧，扩大干预的覆盖面，提高效果，促进特殊幼儿多方面能力发展。因此，对特殊幼儿来说，通过融合教育环境获得及早评估、教育和训练，并采取系统而综合的早期干预措施尤为重要。这可以促进特殊幼儿各方面能力发展，及时矫正缺陷，防止障碍加重，提高生活自理能力，为后续学习与生活奠定基础。综上所述，早期综合干预是学前融合教育的重要理念和实践途径，对特殊幼儿的发展具有重大的积极意义。

二、全人教育理念

全人教育的核心理念在于发展完整的人，促进个人全面发展。这一理念已被中外学者广泛认可。在古代，中国以儒家文化为主导，强调个人全面发展，以养成至善的人格为教育最高目标。西方哲学家康德也认为教育应完成人的本质，实现个体的全面完善。全人教育需要重视每个幼儿的独特性和多元潜能，提供充分的发展空间和机会，使幼儿在智力、情感、社交、身心健康等各方面都得到营养与支持，最终发展养成一个整体融合的完整人格①。在当下的教育实践中，全人教育理念意味着要关注每个孩子的全面发展，不能只看重某些孩子或某些能力的培养。要实现教育的个性化和全面化，必须注重每个孩子的特质和需求，帮助孩子们在多维度上实现自我。

20 世纪 70 年代，全人教育作为一种强调全面发展的教育思潮在北美兴起。它批评传统教育过于强调知识和技能的传授，而忽视了情感、价值观和人格等方面的培养。全人教育主张教育过程不是简单的知识传递和技能训练，而应更加关注人的内在体验、情感成长和人格发展②。其目标是培养一个在智力、身心健康、创造力、道德品质等各个方面都得到养分的全面发展的人。全人教育为当代教育提供了重要启示：教育不能只看重某些孩子或某几种能力，需要关注和培养每个孩子每个方面的素质；要重视个体的独特性和个性化发展，帮助每个孩子成为真正的完整的人。这种理念对今天的教育改革具有重要指导意义。

我国自 20 世纪 80 年代提出全人教育理念，并逐步受到相关部门重视，教育部制定的《幼儿园教育指导纲要（试行）》从不同侧面强调了培养"完整儿童"的重要性。全人教育需要在师生关系密切的基础上共同成长。幼儿园教师要全面了解每个孩子，进行公正评价，与孩子在相互尊重和理解氛围中成长。目前，一些国际化幼儿园的实践值得借鉴。这类幼儿园采用中外教师合作模式，既可传授中华优秀传统文化，也可学习国外先进的教育理念，更易营造尊重和谐的育人环境。全人教育需要中西方文化积极融合，让每一个孩子都得到关爱与成长。这需要教育工作者不断提高对全人教育的理解和实践能力。

全人教育强调每一个个体都具有潜能，需要通过教育使这些潜能得到充分而全面的开发。加德纳的多元智能理论为实现这一目标提供了支持。真正的全人教育不能局限于课堂上，还需要丰富的课外教育和社会实践机会，使婴幼儿能够接触真实环境，开发多种能力。全人教育需要做到：在教育理念上充分尊重每个婴幼儿的人格；在教育内容上兼顾认知和情感、人文和科技、专业和通识；在教育方法上允许婴幼儿探索自己的潜力，并重视思考、操作、实践等；在教育组织上需要统筹课程体系，为每个婴幼儿提供所需的学习资源。这样既注重个性发展，也兼顾知识学习，可以更

---

① 谭敏，范怡红. 西方当代全人教育思想探析 [J]. 外国教育研究，2006（9）：48-51.
② 刘宝存. 全人教育思潮的兴起与教育目标的转变 [J]. 比较教育研究，2006（9）：17-22.

好地促进婴幼儿的全面发展。

从历史来看，特殊教育受医学模式影响较深，将特殊儿童视为治疗对象，存在忽视其个体发展需求的倾向。早期特殊教育中的"三早原则"、行为训练法等实践方式至今仍被广泛应用。这些方法确实提高了特殊儿童的某些身体机能，但这样做也存在将儿童标签化，只看重技术而非整体发展的风险。当教育把儿童仅仅看成应用技术的对象，而非需要全面培养的个体时，教育的本质也就丧失了。因此，在继承特殊教育积极实践成果的同时，也需要更新理念，关注每个特殊儿童的独特性和全面发展。这需要特殊教育工作者转换视角，不再局限于某些能力的训练，而是致力于让每个特殊儿童成长为独特而完整的个体。

从学前教育发展趋势和弥补特殊教育不足的角度来看，学前融合教育的理论基础应该是全人发展理念。无论是普通幼儿还是特殊幼儿，在融合教育中，都应被视为独特的个体，而不是被贴上"普通"或"特殊"的标签。融合教育工作者不能只关注特殊幼儿的认知能力，更应注重特殊幼儿的整体发展。

三、支持服务理念

学前融合教育需要构建一个以社会支持为主导，自然支持和专业支持相辅相成的知识支持系统。支持的前提是尊重每一个独立的个体主体，承认每个人的独立性。支持的目的是提升其生活质量，增强个人功能。支持可分为社会支持如理念、法规、政策等；自然支持如家人、朋友等的情感支持；专业支持如各类专业人员的技术支持。知识支持系统需要有机整合这三类支持，并发挥各自优势，共同提升融合教育效果。它需要社会环境的包容、家人的陪伴以及专业人员的指导。构建知识支持系统是实施融合教育的关键，需要各界共同努力，为每一个独特的个体提供发展空间。

（一）社会支持

社会支持是实施学前融合教育的基础，它为融合教育发展提供了法律保障、政策支持和财政投入。社会支持起到了关键的引领作用。理念决定立法，立法推动政府行动，政府行动带来财政支持。只有实行这种全社会层面的支持，融合教育才能得到充分的资源保障。因此，社会支持应该从特殊幼儿的需要出发，构建系统的法律框架，确立融合教育的法定地位和权利，明确权利内容、操作机制、救济途径等，形成完备的权利保障体系。只有这样，融合教育才能在制度上和资源上得到社会的充分支撑。这需要全社会共同努力，为每一个特殊幼儿提供发展机会。在推进融合教育过程中，需要确立融合教育的优先地位，才能推动普通教育改革和社会观念进步。

完善的法律法规既明确了各方的权利和义务，也整合了资源力量。有了明确的法律依据，政府才会重视融合教育的财政投入。充足的资金支持是实施融合教育的基础保障，它能建设无障碍设施，建立资源教室，提供必要的教学设备，改善融合教育环境下的教学条件。可以说，资金投入是实现和发展融合教育的关键性因素。没有资金的支持，融合教育将难以落到实处。因此，需要从制度和资源两个方面给予融合教育以强力支持，使其真正成为教育发展的优先方向。这需要社会各界形成合力，共同推动融合教育进程。

充足的资金支持，可以给予幼儿园更大的教学自主空间，让教师获得更多专业成长机会，使幼儿参与丰富的社会体验活动，并吸引更多优秀人才投身教育。在提供资金支持方面，政府和社会组织发挥着举足轻重的作用。政府有责任保障每一个幼儿的受教育权利，需要加大教育投入力度，建立专项基金，简化使用流程，公开使用详情。同时，社会组织和企业也应当利用其资源优势和影响力，通过开展项目合作、发起筹款等方式，给予融合教育经费支持，提升社会效益。只有让各界力量汇聚和持续投入，才能使融合教育长期稳定发展。这需要全社会共同努力，为每个特殊幼儿提供公平而优质的教育资源。

（二）情感支持

作为一种先进的、进步的理念，融合教育在实践中还受到怀疑，需要坚定的情感支持来树立实践信心。在积极的情感支持下，融合教育才能稳扎稳打地发展壮大，让教师和家长有强大后盾坚持这一事业。这需要在幼儿园和家庭之间营造包容、互助、无偏见的文化氛围。情感支持可以驱散外界的疑虑，坚定融合教育的发展方向。它是推进融合教育的强大内在动力。因此，需要社会各界给予温暖和理解，用积极正面的情感支持来确立融合教育的地位，使其健康成长，最终实现教育公平。

家庭是孩子成长的摇篮，也是融合教育实施的重要支撑。首先，家长最了解孩子的需求。其次，许多家长为孩子进行自主求助和早期干预，积累了宝贵经验。可以说，家长的努力为融合教育的发展提供了巨大的行为支持。因此，家庭对融合教育的直接支持就是全程参与孩子的学习和训练，包括参与评估、制订并实施个性化教育方案、进行过程评价等。只有与家长形成伙伴关系，融合教育才能得到有力支撑。家校合作是融合教育成功的关键。它需要家长的理解和配合，也需要教师的专业指导，两者密切配合，为孩子创设最佳的成长环境。培养互信和尊重是融合教育的核心。这需要持续交流、分享意愿，实现团队协作。但专业人员之间的交流往往有困难。对于特殊幼儿来说，这一需求更大，因为会有许多不同的个人和机构参与进来。这些幼儿的情况可能非常复杂，他们可能在多种机构之间频繁转移，并同时接受各类医疗及教育服务，还需要进行定期评估。

在这种情况下，不同机构和人员之间的信息交流和配合尤为重要。为此，需要建立畅通的沟通机制，形成合作网络，为每一个特殊幼儿提供连续和系统的服务，实现资源有效整合，使幼儿得到全面而持续的发展。

不同专业人员需要用简明清晰的方式互相沟通，并以尊重的态度对待每个人。专业人员与家长交流应富有同情心，同时确保互相提供的信息准确且充分。成功的沟通取决于专业人员对融合教育的态度，孩子的态度也至关重要。合作需要专业人员、孩子和家长之间相互支持配合。不能忽视个体差异，而要尊重个体差异，并将其视为创造解决方案的源泉。每个人都有独特贡献，团队协作可以产生最大价值。

（三）专业支持

融合教育对教师的专业素养提出了更高的要求，要求教师不仅应精通普通教育教学模式，还需要熟悉特殊教育理论。这意味着教师需要不断学习和适应新的教育理念和方法，以更好地满足特殊幼儿的需求。同时，教师还需要与其他教育专业人士进行密切合作，共同探讨和分享经验，以提高自己的教学水平。只有具备全面的专业素养，教师才能够有效地实施融合教育，为特殊幼儿提供高质量的教育服务。因此，构建完善的融合教育知识支持系统很重要。在这个知识支持系统中，一些幼儿园在教学方法、手段、评估等方面已积累了宝贵经验，通过经验交流、巡回指导等，可以帮助其他园所的教师增强融合教育能力。社会组织可以汇聚各种教育资源，组织专家培训，使教师大大受益。这些针对性强、专业性强的支持，可以显著提升教师和园所的专业水平。同时，教师也要主动学习，在实践中不断总结经验、提高自身。园所和组织在支持教师专业成长的同时，也会获得专业充实和提升。这样，社会各界通过合作共赢，可以使融合教育更好地落到实处，让特殊幼儿得到全面发展。专业支持既来自幼儿园本身，也来自社会组织。这两方在实践中不断改进和完善融合教育。通过紧密合作和共同努力，融合教育体系得到不断优化，为每个孩子的教育发展提供坚实支撑。

考虑到特殊幼儿之间的个体差异、多样的障碍类型以及不同的障碍程度，幼儿园必须与其他专业人员紧密合作，为特殊幼儿提供全面且综合的评估、诊断和教育。通过以专业团队的方式提供特殊教育服务，可以确保服务的统一性。团队成员包括幼儿园教师、特殊教育教师、资源教师、心理咨询师、康复治疗师和幼儿保育师等。她（他）们在照顾特殊幼儿的工作中各自承担着不同的责任，各司其职，彼此协作，共同推动学前融合教育的发展。学前融合教育应当构建以社会支持为主导的体系，重点采取情感支持方式，并以专业支持为备援①。具体来说，应做到以下几点：一是在校园环境硬件方面，采取无障碍设施改造、调整空间大小与布局、增强安全性等措施，以适应特殊幼儿的需求。二是在校园软环境方面，教师要尊重和公平对待特殊幼儿，与特殊幼儿保持良好互动；普通儿童也要主动与特殊幼儿进行友好交流；教师和特殊幼儿的积极互动，也有利于特殊幼儿的融入。三是在教学内容和方法方面，要针对特殊幼儿的特点设计课程，进行适当调整，采用合理教学策略和个性化教学计划，建立多元化的学习评价机制。四是确保获取充足的专业支持，专业人员可提供指导，并对教师进行在职培训，家长也需要积极参与特殊幼儿的教育。这些措施能够消除特殊幼儿在学习和生活中的障碍，使特殊幼儿享有平等机会，提高生活质量，为特殊幼儿的健康成长奠定坚实基础。社会各界应积极配合，共同推动融合教育进程。

四、社会融合理念

社会融合理念起源于 20 世纪欧洲学者对社会排斥问题的研究。随着学界对社会排斥的深入探讨，以及一系列反排斥计划和行动方案的实施，社会融合这一概念逐渐受到广泛关注，并得到广泛传播，成为当代社会政策的重要组成部分。21 世纪初，欧盟在一份关于社会融合的重要报告中指出：社会融合是一个动态的过程，其核心在于确保弱势和边缘群体也能获

---

① 吴彦. 韩国学前融合教育支持体系述评 [J]. 南京晓庄学院学报，2020, 36(2)：58-62, 123.

得必要的机会与资源，从而全面参与经济、社会、文化等方面的活动，享受与主流社会同等的生活质量与社会福利①。随后，社会融合逐步成为国际组织和各国政府推动社会进步的重要政策手段。它不仅关注弱势群体的需求，也注重构建包容和谐的社会关系，促进不同社会成员之间的交流与互动。社会各界应进一步合作，完善相关知识支持系统，共同推动社会融合进程。

学前融合教育体现了社会融合的理念，强调促进全体儿童的全面发展，而不仅仅是将特殊儿童纳入普通环境。它着眼于最大限度地消除一切阻碍儿童参与的障碍，改变现有的教育服务体系，以适应儿童多样的学习需求和个性化倾向。具体来说，融合教育要求重建校园系统，调配资源，改进教学策略，为每一位儿童创设公平参与的条件。它不仅要使特殊儿童融入集体，更要营造包容和谐的环境，让所有儿童都能找到自我认同感和归属感。的确，融合教育的终极目标是让每一个儿童都能融入集体，顺利走入社会，享受幸福充实的生活。要实现这一目标，需要家庭、学校和社会各方面共同努力，为儿童营造良好的成长环境。

首先，家庭要重视儿童的发展需求，用尊重、宽容和理解的态度对待儿童。学校要根据儿童个性和特点，采取灵活的教育教学方式。教师需要不断提升自身素养，学习适应多样性的专业技能。社会各界要消除偏见，营造包容和谐的环境。另外，要加强家庭与学校的互动合作，让父母积极参与儿童教育过程。还要将社会资源整合起来，为学校提供更好的专业支持，共同促进每一个儿童的全面发展。只有各界通力配合，真正重视每一个儿童，不断完善融合教育支持体系，持之以恒地为儿童创设良好条件，儿童才能健康成长，顺利融入社会，成为具有责任心的公民。这需要社会各界长期投入，共同推进。

学前融合教育强调社会融合理念，这是由于它经历了从一体化教育向融合教育的转变。一体化教育突破了空间隔阂，将特殊儿童纳入普通教育机构，这在当时具有进步意义。但是，一体化教育并未要求普通教育机构进行根本性改革，以适应儿童日益扩大的差异化需求。它往往只是简单地移植特殊教育的师资、设备等资源到普通教育机构，这种"额外"支持并未让特殊儿童真正适应普通环境。相比之下，融合教育在理念上更加进

---

① 嘎日达，黄匡时. 西方社会融合概念探析及其启发［J］. 理论视野，2008（1）：47-49.

步，它要求普通教育机构制度与文化发生变革，适应每一个儿童的需求。不仅要消除物理障碍，更要改变思想观念，尊重多样性，营造包容环境。每一个儿童都应获得公平对待和发展机会。只有这样，特殊儿童才能真正融入集体，顺利成长。所以，融合教育强调从根本上消除一切隔阂，重塑教育服务体系，这正体现了社会融合的理念。这需要家庭、学校、社会共同努力，倡导平等、宽容、互助的价值观，营造尊重多样性的环境，让每一个儿童都融入其中。与一体化教育不同，融合教育是一场深刻的教育变革，其宗旨不仅在于让所有儿童都能进入学校接受教育，更要确保儿童在教育和社会生活中享有同等的权利与机会。

融合教育要求我们全面尊重每一个儿童的多样性，为儿童营造公平和平等的成长环境。这不仅需要消除学习过程中的障碍，更需要改变观念，真正接纳不同。从学校走向社区乃至整个社会，都需要弘扬融合的理念。融合教育的目标是为所有儿童建设一个可持续发展的未来社会，让儿童都能充分发挥潜能，健康成长。这需要我们共同倡导开放包容的价值理念，反对任何形式的偏见与歧视。要实现这一目标，需要家庭、学校和社会各界通力合作，提供全面的支持。只有让每个人都在内心接受融合教育理念，我们才能构建真正公平共享的环境，让每一个孩子快乐成长。这需要全社会共同努力，方能推动融合教育的发展。

第二节　学前融合教育的特点与发展趋势

一、学前融合教育的特点

学前融合教育的特点可以从受教育对象、教育场所和教育方式三个方面来描述。

（一）学前融合教育的对象

学前融合教育主要面向 3~6 岁有特殊教育需求的儿童提供服务。这些儿童可能存在智力障碍、孤独症谱系障碍、听觉障碍、视觉障碍、语言障碍、脑瘫、情绪行为障碍、发育迟缓等情况。

（二）学前融合教育的安置方式

6 岁以下学前特殊儿童接受融合教育的主要安置方式包括：①普通幼儿教育机构：将特殊儿童与普通儿童混合编班，在普通环境中实施融合教育①。②残疾儿童福利机构：在专门机构内设置融合教育班级，引入普通儿童与特殊儿童共同学习。③残疾儿童康复机构：在康复训练中增加融合教育成分。④普通幼儿园附设的学前班：吸收周边特殊儿童入读学前班，开展融合教育。⑤社区教育机构的学前班：社区教育资源优势大，也可开设融合教育学前班。不同机构都可利用自身优势实施融合教育，家长可根据孩子情况选择安置方式。

（三）学前融合教育的形式

学前融合教育有两种形式。一是全融合，即让特殊儿童全部时间与普通儿童一起上课和活动，所有儿童都被完全置于普通环境中接受教育。这需要学校做好准备工作，如调整课程、建设无障碍环境、加强师资等。二是半融合，即特殊儿童部分时间在普通班级内学习，部分时间到特殊班级或康复机构接受具有针对性的训练。这种模式充分利用了专业资源，也使特殊儿童既体验集体生活又获得针对性帮助。家长和教师可根据孩子的特点和需求，选择适合的融合形式。随着条件的成熟，可以逐步向全融合过渡。无论采取何种形式，重要的是要真正做到教育公平和资源共享，让每一个特殊儿童都健康快乐地成长。

（四）学前融合教育的实施人员

学前融合教育需要家长、教师以及各专业领域的专家构成团队，共同合作开展。为满足特殊儿童的需求，融合教育团队需要特殊教育专家、语言治疗师、听力学专家、康复指导教师、职业治疗（occupational therapy, OT）师、物理治疗（physical therapy, PT）师、言语治疗（speech therapy, ST）师、心理学家、社会工作师、营养师、家庭治疗师等进行专业化指导。此外，资源教师和巡回指导教师也会提供支持。同时，托幼工作者、幼儿教育专家和家庭教育专家等都需要参与融合教育，发挥各自专长。儿科医生等医学专业人士也会提供健康方面的指导。每一位专业人员都能基于自身优势，对特殊儿童和融合教育环境提供帮助。大家通力合作，形成合力，以达到最佳的融合教育效果，让每一个特殊儿童都得到全面关注和最优质的教育服务。

---

① 曹莉，李强. 我国学前融合教育研究的发展及反思 [J]. 衡水学院学报，2022，24（4）：100-105.

二、学前融合教育的发展趋势

(一) 社会对于学前融合教育逐步重视

经过多年发展，我国学前融合教育在意识层面已经取得突破。过去，主流观念认为特殊儿童只能接受特殊教育，或者不用接受任何教育，许多家长也持此态度，误以为特殊儿童无法与普通儿童一起学习。社会对融合教育存在认知盲区。随着近年来融合教育的蓬勃发展，越来越多人开始认识到其必要性和正确性。普通大众和家长逐渐意识到，特殊儿童也需要适当教育，与普通儿童融合上课是可行的。这反过来又促进了融合教育的推广。可以说，公众对融合教育的观念已经发生了重要变化。这种变化来之不易，需要持续的公益宣传和良好典型的示范带动。未来还需要继续增强全社会的融合意识，消除偏见，使更多特殊儿童受益，共建包容和谐社会。

(二) 国家对教师培养体制不断改革

我国学前融合教育设想最早于 1989 年提出，但长期以来，没有设置相应师资培养课程，缺乏有专业背景的教师。这制约了融合教育的发展。近年来，这一困境被逐步破除。师范院校将特殊教育课程纳入学前教育专业必修及选修范围，已初步构建起特殊教育师资培养体系，使之与融合教育实际相适应。这是教育体制的一个重大进步，也标志着融合教育踏上新征程。适应性强、可操作性好的师资培养机制，大幅优化了教师队伍素质，使融合教育范围更广、前景更好。当前，我国正处于融合教育快速发展期，师资团队的壮大为推动这一进程提供了有力保障。当然，教师培养仍需不断完善，使之与时俱进。只有持续改进师资培养，让更多优秀教师投身融合教育，我们才能让更多特殊儿童受益，实现教育公平，建设包容和谐社会。

(三) 家长与学校之间的默契度在提升

与普通儿童相比，特殊儿童更敏感更脆弱，也更依赖家长。因此，学前融合教育必须加强家校沟通，建立密切联系。这在传统教育中较少见，但随着融合教育的推广，家校沟通显著改善，合作更加紧密，为融合教育运作提供了重要保障。通过加强沟通，家长与学校可以全面了解孩子的学习与生活状况，互通信息，互补优势，更好地照顾特殊儿童，促进其全面发展。这也打破了过去家校分离的状况，实现了教育的人性化转型。以前，多数人认为家庭负责儿童生活与道德教育，学校仅传授知识，二者界限分明。现在，家长作为教育的重要参与者，与学校形成合力，共同关注孩子成长，这是教育发展的重要进步。未来，还需要继续优化家校沟通模式，提高家长参与度，使特殊儿童在充满爱的环境中健康快乐成长。

（四）学前融合教育正在成为我国教育的常态

目前，"融合教育"这一进步理念正在被越来越多的人认可和接受，它已成为国际学前融合教育的发展方向①。在民主与人权的大趋势下，教育公平为各国所重视。我国也开始重视特殊教育事业，认真对待融合教育问题。从 20 世纪 80 年代起，我国就开始关注特殊幼儿的早期教育。经过多年发展，融合教育已成为我国学前融合教育的主要形式之一，也获得了广泛认同。展望未来，随着教育理念的进一步更新，融合教育势必会向纵深发展，覆盖面更广，为更多特殊儿童提供公平教育机会。实现这一目标，需要国家政策支持，需要社会各界共同努力，消除偏见，营造包容环境。只有当每个特殊儿童都被尊重与关爱，每个特殊儿童的教育需求都得到了满足，我们才能说真正实现了教育机会均等。

第三节　融合教育对幼儿园教师素养的期待

幼儿园教师肩负着培育孩子健康成长的重任，其角色应从地位、权利和义务三个方面进行全面考量。根据教师法，教师是执行教育教学任务的专业人员，其职业意义体现在：一是承担传道授业解惑的职责，培养社会主义事业的建设者和接班人；二是提高民族整体素质水平；三是推进国家发展和社会进步。这一角色定位凸显了幼儿园教师的价值所在。幼儿园教师既要发挥专业优势，又要承担起时代赋予的使命，从德、智、体、美、劳各方面培育幼儿，使幼儿健康快乐地成长。充分认识幼儿教育的作用，不仅有利于激发幼儿园教师的责任感和荣誉感，也能帮助社会更好地支持幼儿教育事业的发展。幼儿园教师既享有合法的权利，也肩负着重要的义务。在权利方面，幼儿园教师可以自主选择教学方法，参与决策，获得公平对待等。这些权利维护了幼儿园教师的职业尊严。在义务方面，幼儿园教师负有营造良好学习环境、关爱每个孩子、不断提高自身素质等职责。

---

① 郭文斌，张晨琛. 我国融合教育热点领域及发展趋势研究［J］. 残疾人研究，2017（3）：63-69.

这体现了幼儿园教师崇高的教育使命。权利和义务是统一的。幼儿园教师在享有应有权利之余，更要自觉地履行各项义务。这需要教师自觉维护权益，更要主动履行义务，与家长、园所、社会形成合力，共同关爱孩子。

一、融合教育对幼儿园教师地位的期待

(一) 幼儿园教师的职业身份

教师是进行专业教育教学的专门人员，必须取得相应资格并达到特定要求，因此国家实行教师资格证制度，只有持证人员才能成为教师并在规定范围内开展教学活动；同时要对在职教师进行定期登记考评。另外，教师属于专业技术人员，国家还实行教师专业技术职务制度，对教师进行等级评价，以鼓励其专业成长，提高其教学技能。随着我国幼儿教育的高速发展，对教师素质的要求也日益提高。教师需要不断学习，提升专业能力，以适应新时代幼儿发展的需要。同时，也需要健全教师专业成长机制，完善教师管理和激励政策，让更多优秀人才投身幼儿教育事业，共同培育社会主义建设者和接班人。

(二) 幼儿园教师的职业特征

1. 幼稚性

幼儿园教师面对的是发展不成熟的幼儿，幼儿模仿能力强，易将教师奉为楷模。因此，教师必须注重自己的言行举止，以身作则，通过简单直白的正面教育影响幼儿。这对教师职业道德提出了要求。教师应该严格要求自己，做出可供幼儿模仿的好榜样。要求幼儿做到的，教师也要先做到，通过言传身教使幼儿自发地遵循。如幼儿不爱吃海带，教师可以通过描述"大脖子病"等形象生动的故事，启发幼儿主动尝试。在进食时教师自己也吃海带，并表现出喜爱感，以感染幼儿。教师必须用智慧、耐心和真诚来影响幼儿，不能强迫。只有以全面优秀的品德来感化幼儿，言行一致，幼儿才会真正听从教师的教导。这需要教师时刻自律，严格要求，以言传身教来充分发挥表率作用。

2. 全面性

幼儿教育是培养孩子全面发展的重要环节。教师面对的对象是发展中的幼儿，教师必须实施全方位的教育，使幼儿健康快乐地成长。这就要求教师自身具备广博的知识和全面的能力，能灵活应对各种情况，解答孩子的问题。一个全能的教师更容易赢得幼儿的尊重和崇拜，启发幼儿努力学

习，成为优秀的人。所以，教师不仅要专业地照顾好幼儿，更要注重自身修养，通过继续学习来丰富自身内涵、增强自身能力，使自己成为孩子心目中的楷模。一个全面的教师，知识面广，教学方法新，能激发孩子的学习兴趣；品德高尚，以身作则，能潜移默化地影响孩子；爱心充沛，态度友善，能让孩子感受到温暖，从小培养良好性格。教师应不断自我完善，以全新的人格感染和影响每一个幼儿。

3. 时代性

幼儿园教师的劳动与时代息息相关，必须与时俱进。在不同时期，教学内容和手段都呈现不同特点，需要随着时代发展不断调整变化。幼儿对新鲜事物充满兴趣，也更易接受新知识。教师必须紧跟时代步伐，学习新技能，采用新方法，以满足幼儿需求，实现教学优化。如利用现代多媒体手段开展教学活动，能吸引幼儿注意力，提高教学效果。一个与时俱进的教师更容易拉近与幼儿的距离，也能成为幼儿学习新事物的榜样，激励幼儿主动学习新知识，跟上时代发展的步伐。所以，教师要积极采纳新理念新技术，创新教学模式，提高信息技术应用能力。教师要善于观察儿童新特点、新需求，有针对性地调整教学策略。只有这样，教师的劳动才会充满时代气息，才能让幼儿在尽情探索中健康快乐地成长。

4. 复杂性

幼儿教育采取生活化的方式，教师需要精心组织孩子的日常生活，在其中实现教育目的。这给教师的劳动带来了很高的复杂性和难度。教师在幼儿生活中既是组织者和引导者，也是榜样和楷模，教师的一言一行都会对幼儿产生影响。所以教师必须严格要求自己，以身作则，用全面优秀的品格感染幼儿。当教师对工作充满热情，认真负责时，幼儿会观察并模仿这种态度。再如，教师若在日常生活中表现出尊重他人、友善待人的品质，幼儿也会在与人相处时学会尊重与友善。言传身教的效果要远胜于言语劝说。充分认识幼儿教育劳动的复杂性特点，教师需要加强专业修养，牢记自己的言行举止时刻代表着榜样的力量，用智慧、耐心和真诚感染每个孩子，使教育过程事半功倍。

5. 创造性

幼儿园教师劳动的创造性主要源于两点：一是由幼儿身心发展特点决定。幼儿行为变化迅速，可塑性强，教师必须具备深刻的洞察力和敏锐的观察力，紧跟幼儿成长变化的节奏和规律。二是由幼儿教育特点决定。具体来说，幼儿行为不断变化，要求教师工作更具灵活性和创新性；幼儿易受环境影响，教师要注意多方面因素；教师具有较大的教育自主权，需要发挥创造力；幼儿教育具有强烈的探索性与艺术性，需要动态调整，依幼儿和环境变化教学①。我们由此可以看出，创新是幼儿教育的灵魂。教师必须主动学习，提高教学能力；深入了解幼儿，针对其兴趣和特点调整教学；善于总结经验，不断充实教学内容和方式。只有做到这三点，才能让教学充满无限可能，使幼儿在快乐中学习和成长。

6. 重要性

幼儿教育是国民教育的基础，而幼儿园教师的言传身教对幼儿影响深远。教师不仅要传授知识和技能，更要以自己的职业道德感染幼儿。应忠于教育事业，热爱教学工作，把教书育人作为一种崇高的专业和事业，而不只是谋生的手段。要认识到教育事业关系国家发展和民族未来，幼儿教育是其中重要的一环。要有坚定正确的世界观、人生观、价值观，对教育事业充满信心和责任感。教师的一言一行都会成为幼儿的学习榜样。应自觉维护教师形象，提高自身品德修养，以饱满的精神状态投入工作，用高尚的灵魂点燃幼小的心灵。只有教师内心强烈地认识到自身价值，才能激发更大的工作热情，使教书育人成为人生最光荣的追求。

(三) 幼儿园教师的职业要求

1. 专业的幼儿教育背景

幼儿园教师需要系统学习幼儿教育基础理论，包括幼儿心理、生理、社会行为等方面知识，全面了解幼儿发展规律。同时应学习儿童发展心理学、保健知识等相关学科，加深对幼儿成长的理解。教师还应具有良好的教育心理素质，有足够的耐心和责任心，深谙因材施教，善于启发和引导。教师不仅要掌握专业理论知识，也要具备运用知识开展教学的能力。教师应学习教学方法与手段，培养教学组织与表达能力。教师要掌握评价幼儿发展的技巧，及时发现问题并提出解决方案。专业理论和实际技能是教师的两大基本能力，两者缺一不可。只有把理论紧密联系实际，才能施展教育手段，促进幼儿全面发展。

2. 优秀的教学技能

幼儿园教师需要掌握系统的教学技能，才能根据不同幼儿的特点和需

---

① 乐星宇. 幼儿园教师创造性教学行为的内涵特征与形成机理 [J]. 教师教育学报, 2023, 10 (3): 26-32.

求，灵活采用合适的教学方法。教师应善于观察和分析，了解每个孩子的兴趣、能力和行为习惯，并据此制订个性化的教学计划。在教学过程中，要注意因材施教，遇到问题及时调整方法。同时，教师还应系统掌握培养幼儿良好习惯的技巧，如独立自主能力、卫生习惯的培养等，并在日常交往中耐心引导。教师要善于总结经验，不断反思和提高教学技巧，丰富教学手段，使整个教育过程生动有效。充分发挥教师主观能动性，是教学取得成效的关键。每一位教师都应不断学习，努力提高教学技艺，用智慧和爱心帮助每一个孩子成长。

3. 良好的协作能力

幼儿教育需要教师与园所领导、家长等形成合力，开展高效的团队协作。教师应主动加强与园所领导的沟通联系，与其保持良好互动，积极参与园所事务，为园所发展建言献策。教师与家长也要加强联系，通过各种渠道加强交流，如进行家访、组建家委会等，善于倾听家长意见，配合其家教。教师之间要保持密切合作，交流教学经验，相互学习，如集体备课讨论，实现资源共享。只有各方形成合力，补充优势，提高凝聚力，学校教育才能取得更好效果，促进幼儿全面发展。教师应积极发挥能动作用，推动团队合作水平不断提高。

4. 良好的语言表达能力

作为幼儿的启蒙引路人，教师必须具备出色的语言表达能力。教师应该使用简明直白、生动活泼、幽默风趣的语言与幼儿进行交流。避免使用晦涩难懂的词句，而要把抽象概念诠释为孩子容易理解的形式。在组织活动时，教师要注重语言的感染力和趣味性，引起幼儿兴趣，激发幼儿参与热情。在日常互动中，教师要耐心倾听，重视幼儿的想法，与幼儿进行平等对话。良好的语言表达能力，可以增强师生互动和谐度，帮助幼儿建立自信，启迪智慧，培养良好的语言习惯。这需要教师不断学习和练习，以言传身教影响每一个孩子。

5. 综合素质高

幼儿教育不仅需要教师具备专业理论和技能，教师个人品质也非常关键。教师应具备爱心、耐心和责任感，热爱幼儿教育事业，用心呵护每一个孩子。教师还需有勇气探索创新，与时俱进，且具备智慧和策略，善于启发幼儿主动学习。这些美好品质，能充分调动教师工作热情，建立亲和关系，帮助教师深入孩子内心世界，激发孩子天赋潜能。教师良好的道德情操，会深深影响和感染幼儿，使之从小培养良好的行为习惯和品格特质。这比单纯教授知识更有助于幼儿全面发展。每一位教师都应充分认识品德培养的重要性，不断完善自身，以全新的人格力量感染和引导每一个孩子。

二、融合教育对幼儿园教师权利的期待

（一）教育权利

作为幼儿园教师，我们享有如下合法权利：根据教学目标和幼儿特点，选择合适的教育教学方法、手段与资源。根据教学大纲和幼儿发展需要，制订适宜的教学计划。参与幼儿园的教学决策讨论，对教学内容和评估标准提出建议。对幼儿园的发展规划提出合理化建议。参加业务学习进修，提高教学理论与技能。获得公平的工作报酬和待遇。享有合理的休息时间与节假日。获得职业尊重和公平评价。我们会积极行使合法权利，也会自觉遵守职业道德，用智慧与爱心培育每一个孩子，与园所共同推动幼儿教育事业发展。

（二）职业发展权利

幼儿园教师有权利参加各类培训与进修，提高自身专业素养：可以申请参加学校、教育部门以及社会机构举办的业务培训，学习新理念、新知识；有权利申请出国进修或访问，拓宽国际视野；可以自主选择合适的培训课程，获得足够的学习时间；有权参加各类教育研讨会、交流活动，与其他教师分享经验；可以进行教学示范和观摩活动，互相借鉴优秀教学方法。通过持续的专业学习，教师可以不断深化教育教学理论，丰富教学技能，与时俱进。这是教师的合法权利，也是提升自身业务素养的重要途径，是获得专业成长的机会，是教师职业尊严的体现。

（三）工作条件权利

幼儿园教师有权利要求获得以下合理权益：良好的教学环境，包括宽敞、通风、采光好等物理条件。完善的教学设施设备，如多媒体、网络等信息技术配备。充足的教学资源和教具，以满足日常教学需求。合理的工作时间，避免过度加班。节假日休息制度，包括法定假期和带薪年休假。常规健康体检，预防职业疾病。心理咨询或辅导，释放工作压力。这些合法权益与要求，关乎教师的职业健康与尊严。获得公平对待和人性化关怀，是教师队伍稳定的基石。也只有当教师获得尊重和关怀，才能全身心

投入工作，为培养好祖国的后代做贡献。

三、融合教育对幼儿园教师角色的期待

学前融合教育的核心在于为所有儿童提供公平优质的教育机会，其中既包括普通儿童，也包括有特殊需求的儿童。为此，教师必须兼顾普通儿童的学习发展，也要具备满足特殊儿童个性化发展的专业能力。教师需要转换多个角色，既是普通班级的教学组织者，也是特殊儿童的人生启蒙者①。这对教师的专业要求更高：需要学习特殊教育知识，掌握个性化教学方法；要有更广阔的视野，学会转变角色；要有更大的耐心和爱心，关注每个孩子的成长。教师应主动学习，不断提高专业水平，努力成为普通幼儿健康成长的引导者，也成为特殊儿童顺利发展的启迪者。只有当每一位教师都发挥积极作用，融合教育才能落到实处。

（一）特殊儿童所需环境的创设者

学前融合教育教师应主动创设温馨、易理解的环境，以适应特殊儿童的发展特点：在园内公共区域设置通俗易懂的图片标识，帮助言语障碍儿童明确方向。用生动的流程图展示日常操作步骤，如点心、倒牛奶等顺序。教室内可以设置一些容易识别的装饰品和摆设。增设符合无障碍要求的设施设备。提供舒适、安全、便利的学习用具。制作有趣的图片卡、文字卡作为特殊儿童的辅助交流工具。适度采用音视频等多媒体手段活跃课堂气氛。教师应努力为每个特殊儿童营造舒心的环境，让儿童在融合教育园所里感受到温暖和鼓励，快乐地学习和成长。

（二）特殊儿童的陪伴者

对特殊儿童来说，教师的陪伴和关怀尤为重要。教师的陪伴可以给特殊儿童心理上带来安全感，使他们有勇气去探索和尝试。对于情绪、行为难以自控的孩子，教师应多予陪伴，将孩子纳入自己的视线和行为干预范围，随时观察和引导。教师要善于发现孩子的闪光点，立即给予鼓励和表扬，帮助他形成正面的行为。除了对孩子的陪伴，教师还要多与家长沟通，了解孩子的家庭情况和特点，制订有针对性的教育方案。教师的专业陪伴，能让特殊儿童感受到尊重与关爱，开心地成长。

---

① 俞念. 学前融合教育教师角色践行的现实困境与支持路径 [J]. 教师教育研究，2022，34（3）：56-61.

（三）特殊儿童行为的支持者

学前融合教育教师在设计活动时，要为每个儿童制订个性化的教育目标和教学计划。这需要教师充分了解每一位儿童的特点和需求，避免标签效应。在组织活动时，教师要发挥日常生活的教育潜力，让每个儿童都成为活动的受益者和参与者。教师要用自己的言传身教默默影响儿童，鼓励儿童主动参与。此外，教师还要善于观察和总结，评估活动效果，及时调整策略，并要注重与家长的沟通配合，调动家庭的教育资源。只有当每一个儿童都能受到教师的关注和呵护，找到参与感和成就感，才能实现融合教育的目标。这需要教师发挥无限的创造力和爱心，让特殊儿童健康快乐地成长。

（四）特殊儿童和普通儿童之间的桥梁

在融合教育中，教师需要创设适当的情境，引导特殊儿童和普通儿童有效互动。这种互动需要教师通过活动设计来促进，不能仅仅依赖自发性。为此，教师要全面了解每一个特殊儿童的发展水平和兴趣特点，组织有针对性的活动。在活动中，引导特殊儿童建立自信，并让普通儿童学会相互关心。教师要明确自己在促进融合中的重要作用，为每一个孩子创造参与和成长的机会。只有当特殊儿童和普通儿童都能在班级中获得尊重、建立自信，班级才能形成平等友爱的温暖氛围。这需要教师发挥无限的创造力和爱心，将特殊儿童融入集体，让每一个孩子快乐成长。

幼儿园师资队伍的专业化建设，是推进融合教育的关键一环。我国历来高度重视师资建设，并多次提出相关政策规定，以不断增强师资专业力量。这些政策涵盖了教师资格认证、职称评定、继续教育、考核等方面，有力地推进了师资队伍的专业化建设。这不仅规范了教师准入门槛，保证了教师专业水平，也为教师的职业发展提供了明确路径，使之形成良性循环。通过师资队伍建设，提升了幼儿教育的整体素质，为儿童成长提供了坚实的人才支撑。这是我国教育事业进步的重要体现。让我们继续优化师资培养与管理机制，以强大的师资队伍支撑学前教育高质量发展，造福更多儿童及其家庭。

第三章　幼儿园教师的融合教育素养

　　本章深入探讨了幼儿园教师的融合教育素养，包含两个方面：首先概括幼儿园教师融合教育素养的内涵，明确了它需要集成专业理念态度、知识和能力三个方面的要求。其次从文献回顾出发，考察不同研究视角对教师素养的解读，发现共性观点，丰富了我们对教师素养内涵的认识。通过解析教师素养内涵与比较文献观点，我们进一步明确了幼儿园教师开展融合教育需要积累和发挥的综合能力。最后详细剖析了构成幼儿园教师融合教育素养的三大维度：第一，专业理念和态度，需要内化融合教育核心价值，接纳幼儿差异，重视天性发展等；第二，专业知识，涵盖特殊儿童发展、教学策略、情绪管理等多个学科领域；第三，专业能力，集成了评估监测、教学设计、个性化指导、团队协作等多种技能。本章通过全面梳理各维度的内涵，深化了我们对幼儿园教师开展融合教育需要达到的素养标准的理解，为后续构建系统的素养框架奠定了基础。

第一节　幼儿园教师融合教育素养的内涵与结构

　　虽然不同国家在不同社会与经济环境条件下，对学前融合教育的内涵、目标和实施路径存在不同理解，但人们普遍认识到，幼儿园教师是推进融合教育的关键。相较于影响融合教育的其他因素，研究者们对教师的融合教育态度和素养的关注和探讨不断增加。教师的态度会直接影响她（他）们自身在融合教育环境中的教学实践，而素养水平又决定着其教学质量。因此，理解和提高教师的融合教育态度与素养，是落实和推进融合教育，让所有幼儿公平受教的前提与基础。相关研究可以帮助我们洞察教师内心世界，并设计有效的干预措施，以促进教师专业成长。这是当前和未来一个值得持续关注的优先事项。有观点认为，在幼儿园教师的融合教育素养中，形成一种大特殊教育理念被视为关键。一个人的教育态度和理念对于其教育行为具有决定性的影响。在学前融合教育这一复杂领域，幼儿园教师需要面对幼儿的多样化需求和教育挑战，因此，幼儿园教师的教育态度和理念必须能够适应和应对这种复杂性。虽然已有许多论述，但不同研究者的关注视角不尽相同，至今还没有形成公认的统一定义。从构成角度来看，作为幼儿园教师专业素养的组成部分，可以这样定义：在推进融合教育的过程中，教师所应具备的专业价值观、知识结构、能力素质等要素的动态综合。其中，专业价值观是核心基础，知识结构需要涵盖多学科，能力素质强调实践智慧。作为学前融合教育的实践者，与其他因素如儿童背景、环境条件、班级结构等相比，幼儿园教师的融合教育素养对特殊幼儿的成长具有更为关键的作用。教师的素养直接影响她（他）们自身的教学实践，这尤其体现在融合教育环境中。教师的融合教育理念、知识结构、专业能力等如何，关系到特殊幼儿能否在班级中获得支持。因此，提升教师融合教育素养是落实融合教育理念，让所有幼儿受益的重要保障。这需要从培训体系、专业成长、工作支持等方面形成配套措施，促进教师素养的持续提高。

作为融合教育发展较早的国家，美国高度重视提升幼儿园教师的融合教育素养。美国学者归纳了构成教师融合教育素养的三个基本维度，即专业价值观、专业知识和专业能力。在这一框架下，不同研究者又根据自身视角提出了更多具体的素养构成要素。例如，有学者细分专业价值观包括平等、公正、包容等观念；专业知识涉及儿童发展、班级管理、特殊教育等；专业能力则指教学设计、帮助技巧、评估与反思能力等。这些研究反映出美国学界试图全方位探讨教师融合教育素养的内涵及组成。周丹和王雁[1]通过研究发现，美国教师融合教育素养的专业价值包括崇尚融合教育理念、坚持教育机会均等、重视幼儿个性发展等观念；专业知识涉及相关法律法规、普通及特殊儿童特征、心理学及生理学知识、学前融合教育课程与融合教育发展知识等知识；专业能力则指环境创设与利用、融合教育

---

① 周丹，王雁. 美国融合教育教师素养构成及启示 [J]. 比较教育研究，2017, 39 (3)：89-95, 100.

活动设计与组织、制订个性化教育计划、多元评价能力等能力。王任梅[①]指出，美国在构建教师融合教育素养方面强调了融合教育理念、知识和能力这三个方面。上述研究充分反映了美国学界从多维度探讨教师融合教育素养的成果。这些研究为我们理解教师融合教育素养的内涵提供了重要参考。我们应该充分汲取美国的研究经验，并结合中国国情进行本土化拓展，以便更系统全面地构建我国教师的融合教育素养框架。这对推进教师融合教育素养建设，提升我国早期融合教育质量意义重大。具体内容详见表 3.1。

表 3.1　美国幼儿园教师的融合教育素养构成

维度	具体条目
专业理念与师德	明确学前融合教育理念
	坚持教育公平
	理解儿童的多元化
	教育与生活结合（保教结合、教康结合）
	具备良好的个人修养
专业知识	相关法律法规
	普通及特殊儿童特征
	心理学及生理学知识
	学前融合教育课程与教学知识
	通识性知识（融合教育发展知识）
专业能力	环境创设与利用能力
	融合教育活动设计、组织、实施能力
	制订个性化教育计划能力
	多元评价能力
	合作教学能力
	与家长、同事、社区沟通合作的能力
	应对不同类型特殊儿童所需的特定技能
	反思与发展的能力

---

① 王任梅. 美国幼儿教师全纳教育素养的职前培养及启示 [J]. 中国特殊教育，2018（5）：61-66.

随着融合教育的蓬勃发展，幼儿园教师融合教育素养的相关研究成果正在增多，学者们在逐步理解和解析幼儿园教师融合教育素养的内涵与构成。左瑞勇等人提出，在推进全纳教育的背景下，幼儿园教师的专业素养应包含三个方面：首先是全纳教育的理念，即平等、公正、包容、个性尊重的价值观①。这是开展全纳教育的基础。其次是全纳教育的知识，包括儿童发展、特殊教育、合作协作等方面的专业知识。这可以为教师的教育行动提供支持。最后是全纳教育的技能和能力，即进行特殊需求评估、制订个性化教育计划、开展差异化教学等专业技能。这是实现全纳教育的关键。崔志月从整体上概括了教师融合教育素养的主要构成，突出了态度、知识、技能三个互相衔接的方面，认为构建学前融合教育教师素养时，需要吸收两者的共性部分，如专业理念中的包容与关爱；同时整合两者的特色部分，形成综合的知识体系和能力要求，以适应融合教育的需求②。孙珂和孙玉梅（2018）通过对比《学前教育教师专业标准》和《特殊教育教师专业标准》，从专业理念、知识和能力三个方面，分析了两者的共性和差异③。两者在专业理念和部分能力要求上有一定重合；但在专业知识结构和部分能力的侧重点上存在差异。邓猛等整合了理念、知识和能力三个方面，较全面地概括了素养的内涵，包括6种专业理念、6种实践知识和6种专业能力④。根据李静的观点，幼儿园教师的融合教育素养是指她（他）们具备从事融合教育所需的全面素养及品质，可以归纳为三个方面：专业态度涉及教师对融合教育价值的认可，以及实现教育公平的积极性⑤。专业知识包括对儿童发展、特殊教育需求、课程调整等方面的知识。专业技能指教师开展多样化教学、制订个性化学习计划、组织协作学习等的实践能力。吴扬通过分析中、美、英、澳四国教师专业标准内容，发现四国在教师融合教育素养方面的构成维度上存在共性，主要包括专业理念、专

① 左瑞勇，王纬虹. 全纳教育视野下幼儿园教师专业素养的缺失与提升 [J]. 中国特殊教育，2008（6）：8-13.

② 崔志月. 幼儿园教师融合教育素养的研究 [D]. 武汉：华中师范大学，2016：78.

③ 孙珂，孙玉梅. 学前融合教育教师专业素养构建探究 [J]. 现代特殊教育，2018（12）：19-24.

④ DENG M, WANG S, GUAN W. The development and initial validation of a questionnaire of inclusive teachers competency for meeting special educational needs in regular classrooms in china [J]. International Journal of Inclusive Education，2017（21）：1-12.

⑤ 李静. 幼儿园教师融合教育素养与培训需求分析：以北京地区为例 [J]. 教师发展研究，2017，1（4）：62-68.

业知识和专业实践能力三个方面。这说明构建教师融合教育素养的基本框架是相对一致的①。王彦波认为幼儿园教师的融合教育素养，是指教师实施早期融合教育工作所需要具备的关于融合教育的专业理念、知识和能力的综合体现②。其中，专业理念是开展融合教育的价值取向；专业知识为实施融合教育提供理论支持；专业能力是将理念和知识应用于实践的重要保障。李勋通过整合相关文献、专业标准以及现有调查量表，将幼儿园教师的融合教育素养分为三个维度：融合教育理念与师德（教师的价值取向）、融合教育知识（包括相关领域的知识储备）、融合教育能力（开展融合教育的实际技能)③。这一框架吸收了当前研究成果，也吸收了专业标准的要求，具有代表性和权威性。综合现有研究成果来看，国内学界已经超越了简单地从知识和能力角度定义教师融合教育素养的做法，而是从多个维度全方位考察教师融合教育素养的内涵。其中，融合教育理念、知识结构和实践能力被广泛认为是构成教师融合教育素养的三个核心要素。这些要素之间相互联系、相互促进。这一主流观点，反映了国内研究对教师融合教育素养内涵的深入思考和探讨。这为我们进一步构建系统、科学的教师融合教育素养框架奠定了基础。具体内容详见表 3.2。

表 3.2　我国幼儿园教师的融合教育素养构成

研究者	维度	具体条目
左瑞勇	1. 观念	1.1 教师的意识和观念应该包括接纳所有儿童，特别是那些具有身心发展缺陷的残疾儿童 1.2 支持有特殊需要的儿童都在普通园所就读
	2. 知识	2.1 融合教育的内涵 2.2 有关融合教育的政策、法律、法规 2.3 特殊儿童的身心特点和教育需求等知识
	3. 技能与能力	3.1 早期发现和诊断有特殊教育需要的儿童的能力 3.2 制订个性化教育计划的能力 3.3 与特殊儿童沟通和交流的能力

① 吴扬. 中美英澳四国幼儿园教师专业标准中融合教育素养的研究 [J]. 中国特殊教育，2019 (11)：22-29.

② 王彦波. 幼儿园教师融合教育素养的内涵及职前培育策略 [J]. 广东第二师范学院学报，2020，40 (2)：35-40.

③ 李勋. 延吉市幼儿园教师融合教育素养现状研究 [D]. 延吉：延边大学，2022：53.

表3.2(续)

研究者	维度	具体条目
崔志月	1. 理念	1.1 理解和认同融合教育 1.2 接纳特殊儿童 1.3 个人修养
	2. 知识	2.1 特殊儿童发展知识 2.2 教育教学知识 2.3 融合教育法规与政策
	3. 技能	3.1 教学与研究能力 3.2 观察与评估能力 3.3 交流与沟通能力 3.4 环境创设与班级管理能力
李静	1. 态度	1.1 情感认同 1.2 职业认同
	2. 知识	2.1 特殊教育基本理论 2.2 特殊儿童心理与教育 2.3 特殊儿童教育评估 2.4 IEP（个性化教育计划）的制订与实施
	3. 能力	3.1 教学技能与策略 3.2 教学实施 3.3 特定专业技能
孙珂 孙玉梅	1. 专业理念与师德	1.1 明确学前融合教育理念 1.2 坚持教育公平 1.3 理解儿童的多元化 1.4 教育与生活结合（保教结合、教康结合） 1.5 具备良好的个人修养
	2. 专业知识	2.1 相关法律法规 2.2 普通儿童及特殊儿童特征 2.3 心理学及生理学知识 2.4 学前融合教育课程与教学知识 2.5 通识性知识（融合教育发展知识）
	3. 专业能力	3.1 环境创设与利用能力 3.2 融合教育活动设计、组织、实施能力 3.3 制订个性化教育计划的能力 3.4 多元评价的能力、合作教学的能力 3.5 与家长、同事、社区沟通合作的能力 3.6 应对不同类型特殊儿童所需的特定技能 3.7 反思与发展的能力

表3.2(续)

研究者	维度	具体条目
王彦波	1. 理念	1.1 理解和认同融合教育基本理念 1.2 接纳幼儿多元化，重视其个性与天性的自然发展 1.3 良好的个人修养
	2. 知识	2.1 融合教育常识 2.2 特殊儿童相关知识 2.3 教育教学知识
	3. 技能	3.1 多元评估能力 3.2 差异化教学能力 3.3 制订和实施个性化教育计划能力 3.4 沟通和交流能力 3.5 合作能力 3.6 环境创设与班级管理能力 3.7 获取支持能力
李勋	1. 理念与态度	1.1 理解融合教育意义 1.2 对特殊幼儿的态度与行为 1.3 教学态度与行为
	2. 知识	2.1 融合教育知识 2.2 融合教育基本理论 2.3 特殊幼儿的身心发展与教育知识 2.4 特殊教育技术知识
	3. 能力	2.1 融合教育能力 2.2 融合教学能力 2.3 沟通与合作能力 2.4 班级管理能力

　　从上述的统计结果可以得出结论：研究者在"融合教育理念与态度"这个维度下最关注的是"理解和认同融合教育基本理念""接纳幼儿多元化"和"良好的个人修养"；研究者在"融合教育知识"这个维度下最关注的是"儿童筛查和评估的知识""教育教学实施的知识""情绪与行为管理的知识""个案管理的知识""建构学前融合教育知识支持系统的知识"；研究者在"融合教育能力"这个维度下最关注的是"评估与监测能力""教学设计与实施能力""个性化支持与辅导能力""团队合作与协调能力""持续学习与专业成长能力"。本书认为"教师融合教育素养"的主要组成部分是学者广泛认可的各种基本素养条目。我们使用每个具体素养条目被研究者提及的次数来衡量该素养条目的重要程度。也就是说，一个具体素养条目被多次提及，就意味着它比较重要；反之，提及次数少的

则意味着重要性较低。调查结果显示，"教育教学实施的知识"在"融合教育知识"条目中排名第一，表明广大教师对于在实际教学中运用相关知识非常重视。此外，"接纳幼儿多元化"在"融合态度与理念"条目中排名第一，表明教师们对于接纳不同幼儿的多样性高度认同。同时，"个性化支持与辅导能力"在"融合教育能力"条目中排名第一，显示出教师们对于为每个幼儿提供个性化支持和辅导的重要性非常认同。为了确保研究应用，我们将利用具体的方式将文献分析的结果呈现给那些多年奋战在融合教育一线的幼儿园教师。具体来说，我们在研究中选择了 18 位有着丰富学前融合教育实践经验的一线幼儿园教师作为调研对象，通过向她（他）们调查 13 个素养条目的认可度，我们得到了关于融合教育素养的有价值的数据和见解。这样的调查样本可以提供实际经验和观点，为研究结果的可靠性和实用性提供支持。我们在后面选择了 3 位优秀园长，开展进一步的详细的叙事研究。这样做可以帮助教师们更好地理解和应用这些素养，从而提升她（他）们在实践中的教育水平。调查结果见表 3.3。

表 3.3　幼儿园教师对融合教育素养的认可度

维度	素养条目的具体构成	认可度均值/分	排序	综合均值/分
融合教育知识	特殊幼儿发展及教育策略的知识	4.78	4	4.61
	特殊幼儿教育教学实施的知识	4.83	3	
	情绪与行为管理的知识	4.61	7	
	个案管理的知识	4.72	5	
	建构学前融合教育知识支持系统的知识	4.56	8	
融合教育理念与态度	理解和认同融合教育基本理念	4.94	2	4.96
	接纳幼儿多元化	5	1	
	良好的个人修养	4.94	2	
融合教育能力	评估与监测能力	4.72	5	4.69
	教学设计与实施能力	4.56	8	
	个性化支持与辅导能力	4.78	4	
	团队合作与协调能力	4.67	6	
	持续学习与专业成长能力	4.5	9	

本书采用五级量表进行调查，量表的中值为 3 分。针对每一项素养条目的均值，如果高于 3 分的中值水平，则可以认为该条目的"重要性"或"认可度"整体倾向于正向；相反，如果均值低于 3 分，则可以判断该条目的"重要性"或"认可度"整体倾向于负向。从本次调查结果来看，一线学前教育教师对提出的三大维度下 13 项具体素养条目都持较高的认可态度，所有素养条目的均值都在 4 分以上。这充分说明，对于构成教师融合教育素养的各个方面和要素，一线教师都有着较高的认知，并且愿意在日常教学实践中积极推进各方面的素养建设。这为我们建构"教师融合教育素养"的内涵和结构提供了有力的实证支持。后续研究还需要继续丰富和拓展素养的内涵，并深入探讨幼儿园教师群体在融合教育素养方面的差异性。通过计算三大维度下素养条目的综合均值，我们发现，一线幼儿园教师对于融合教育素养的重视程度依次为："融合教育理念与态度"排名第一，其次是"融合教育技能"和"融合教育知识"。具体来看，按照均值排序，值得注意的是，一线幼儿园教师对于融合教育素养的重视程度显示出明显的趋势，其中前三名的素养条目均属于"融合教育理念与态度"这一维度，分别是"接纳有特殊需要的儿童""理解和认可学前融合教育"以及"具有良好的个人素养"。这说明一线教师认为在开展融合教育的过程中，正确的理念与态度至关重要，只有内化了积极接纳、尊重每个孩子的理念，才能更好地实践融合教育，真正让每一个孩子得到公平对待和全面发展。这一研究结果为我们深入理解幼儿园教师的融合教育素养提供了有价值的参考，也提醒我们要继续加强教师在融合教育理念与态度方面的教育。我们通过与融合幼儿园管理者和教师进行访谈，深入了解了当前学前融合教育对于幼儿园教师素养的要求。这些访谈结果明确显示，对于教师素养的要求更加强调"融合教育理念和态度"方面的重要性。首先，在教师素养的构成中，"融合教育理念和态度"发挥着统领作用。只有当幼儿园教师认可并支持融合教育，才能够积极学习融合教育所需的理念与思想。其次，目前的师资队伍构成复杂多样，有幼儿教育专业背景的，也有特殊教育专业背景的，还有音乐教育专业背景的等，这种多元化团队需要以共同的理念和思想作为合作基础。再次，学前融合教育倡导协同合作，专业从业人员主要承担特殊儿童的个性化培育，而幼儿园教师的主要职责在于引导特殊儿童的社会化发展，以协助特殊儿童积累积极的体验。最后，普通儿童和特殊儿童之间存在许多相似之处。幼儿园教师已经积累了丰富的教育知识和技能，这些知识和技能同样适用于融合教育。因此，幼儿园教师开展融合教育并不受知识和技能的影响，反而最缺乏的是接纳特殊儿童的勇气。

第二节　幼儿园教师融合教育素养的三维度分析

一、幼儿园教师融合教育素养之专业理念与态度

专业理念是教师对融合教育内涵的理解，以及在具体实践中对各项制度、资源、方法的认知态度。这个理念直接塑造了教师的教育实践，对教育质量产生了深远影响。因此，在幼儿园教师的综合教育素养中，专业理念扮演着至关重要的角色。只有确立正确的专业信仰，教师才能有效地掌握专业知识和技能。综合国内外研究可以发现，随着学前融合教育的推广，合理而科学的专业信仰应当包括以下要素：

（一）领悟并赞同融合教育的核心理念

幼儿园教师理解和认同融合教育基本理念的核心在于接受和尊重每个幼儿的个体差异，致力于为所有幼儿提供平等的学习机会和支持。以下是幼儿园教师理解和认同融合教育基本理念的几个关键点：

幼儿园教师认识到每个幼儿都是独特的个体，有不同的能力、兴趣、学习风格和文化背景。她（他）们尊重和接纳这种多样性，相信每个幼儿都有权利接受优质教育，并能够为社会的发展做出贡献。

幼儿园教师认识到融合教育不只是关注特殊幼儿的教育，而是要关注所有幼儿的发展。她（他）们致力于提供多元化的学习经验和机会，以满足每个幼儿的个性化需求，促进其身心、认知、社交和情感等各方面的全面发展。

幼儿园教师认识到每个幼儿的学习能力和需求不同，因此采用个性化的教学方法和策略，以满足每个幼儿的学习需要。她（他）们关注幼儿的身心健康和情绪状态、学习兴趣和潜在优势，并提供适应性支持和指导，帮助幼儿充分发展潜力。

幼儿园教师认识到融合教育需要教师、家长和专业人士之间的紧密合作和协作。她（他）们与家长密切合作，了解幼儿的家庭背景和需求，并与专业人士共同制订个性化的教育计划和支持措施。她（他）们也与其他

教师紧密合作，分享教育经验和资源，互相支持和学习。

幼儿园教师认识到融合教育要追求公平和公正，确保每个幼儿都能获得平等的学习机会和资源。她（他）们关注社会正义和平等的价值观，努力打破不平等因素对幼儿学习和发展的影响，为每个幼儿创造公平的学习环境。

幼儿园教师认识到融合教育是一个不断学习和成长的过程。她（他）们倾听幼儿的声音和需求，反思自己的教学实践，并不断提升自己的专业知识和技能，以更好地支持幼儿的发展。

总之，幼儿园教师理解和认同融合教育基本理念，意味着她（他）们愿意接受和尊重每个幼儿的个体差异，致力于为所有幼儿提供平等的学习机会和支持，并通过个性化教学、合作和协作等方式，促进每个幼儿的全面发展。

（二）接纳幼儿多元化，重视其个性与天性的自然发展

幼儿园教师接纳幼儿多元化，重视其个性与天性的自然发展，需要关注以下几个内容：

首先，在个性方面，每个幼儿都是独一无二的个体，他们具有不同的兴趣、特长和潜力。接纳幼儿的多元化意味着要尊重并欣赏这些差异，避免用统一的标准来评价或要求幼儿。在教育实践中，幼儿园教师可以通过观察幼儿的行为和表现，了解他们的个性特点，并根据这些特点提供个性化的教育方案。例如，对于性格内向的幼儿，幼儿园教师可以提供更多的鼓励和机会，让他们在舒适的环境中逐渐学会展示自己；对于创造欲望强烈的幼儿，幼儿园教师可以为他们提供丰富的材料和资源，以激发他们的创造潜能。

其次，在天性方面，幼儿天生具有好奇心、探索欲和自主学习的能力。接纳幼儿的天性意味着要顺应他们的自然发展规律，避免过度干预或限制。在教育过程中，幼儿园教师应该创造一个宽松、自由的学习环境，让幼儿能够按照自己的节奏和方式去探索和学习。同时，幼儿园教师还要学会放手，让幼儿在适当的时候自主解决问题，培养他们独立思考和自主解决问题的能力。

总而言之，在重视个性与天性自然发展的过程中，幼儿园教师的作用至关重要。幼儿园教师不仅要具备专业的知识和技能，还要有一颗热爱幼儿、理解幼儿的心，理解和尊重幼儿个体差异，为幼儿提供多元化的学习

体验，鼓励幼儿自主探索和发现，采用个性化的教学和支持手段，创造支持性的学习环境，关注幼儿的情感和社交发展。只有这样，幼儿园教师才能真正做到接纳幼儿个性与天性的多元化，为他们的个性发展和天性释放提供有力的支持，促进幼儿的全面发展，培养他们的自信心和独立思考能力，为他们未来的学习和生活奠定坚实的基础。

（三）良好的个人修养

幼儿园教师作为幼儿教育的主要承担者，个人修养是其工作的基础和保障。良好的个人修养不仅体现在教师的专业素养上，还体现在对待幼儿、家长和同事等方面的态度和行为上。以下是幼儿园教师良好的个人修养的几个方面：

首先，幼儿园教师应具备优秀的教育理念和职业操守。她（他）们应该深入研究幼儿教育的理论和实践，不断提升自己的专业知识和技能。同时，她（他）们应该坚持教育为人、以人为本的原则，尊重幼儿的个体差异，关注幼儿的身心发展，为幼儿提供良好的教育环境和教育资源。

其次，幼儿园教师应具备良好的沟通能力和人际交往能力。她（他）们应该善于倾听幼儿的心声，理解幼儿的需求，与幼儿建立良好的互动关系。同时，她（他）们应该与家长保持密切的沟通和合作，共同关注幼儿的成长和发展。此外，幼儿园教师还应与同事保持良好的合作和协作关系，共同为幼儿教育事业做出贡献。

再次，幼儿园教师应具备高度的责任心和爱心。她（他）们应该认真履行自己的职责，保障幼儿的安全和健康，关注幼儿的情感需求，培养幼儿的良好习惯和道德观念。同时，她（他）们应当关心弱势群体中的幼儿，关注幼儿的特殊需求，为幼儿提供更多的关爱和帮助。

最后，幼儿园教师应具备不断学习和进取的精神。她（他）们应该保持学习的热情，不断更新教育理念和教育方法，提高自己的教育水平和教学能力。同时，她（他）们应积极参与教师培训和专业交流，与同行分享经验和心得，不断提升自身的专业素养。

综上所述，幼儿园教师良好的个人修养包括优秀的教育理念和职业操守、良好的沟通能力和人际交往能力、高度的责任心和爱心，以及不断学习和进取的精神。这些个人修养的要素将有助于幼儿园教师更好地履行自己的职责，为幼儿的成长和发展做出更大的贡献。

二、幼儿园教师融合教育素养之专业知识

专业知识是教师融合教育素养的基础，它体现为教师运用专业视角分析每个幼儿的个性化需求，并运用专业方法为每个幼儿提供定制化的知识支持系统。相较于普通教育教师，融合教育教师需要具备更加宽广和深厚的知识结构，不仅要掌握幼儿教育专业知识，还需要具备特殊教育等相关领域的知识，强调知识的综合融合属性。幼儿园教师的融合教育专业知识，是在推进学前融合教育的过程中，为满足幼儿成长各方面需求而产生的。它是教师在融合教育实践中形成的知识支持系统，能够对幼儿的全面发展进行专业分析和支持。这种知识来源于实践，又服务于实践，它是教师顺利开展融合教育的核心竞争力量。通过不断学习和实践，教师可以丰富和拓展这种专业知识，以更好地适应融合教育对知识综合运用的要求。融合教育专业知识可归纳为以下几个方面：

（一）特殊幼儿发展知识及教育策略

特殊幼儿是指具有身体、智力、感知、情绪、社交等方面的特殊需求或特殊情况的幼儿。特殊幼儿的身心发展特点与一般幼儿有所不同，需要特殊的关注和教育策略来促进特殊幼儿的全面发展。以下是关于此类知识的重要内容：

一是身体发展特点及教育策略。①运动发展特点：特殊幼儿的运动发展可能存在延迟、异常或困难。教育策略包括提供适当的康复训练、运动活动和游戏，帮助特殊幼儿发展运动技能和身体协调能力。②日常生活技能发展特点：特殊幼儿可能在自理能力方面存在困难。教育策略包括提供适当的训练和支持，帮助特殊幼儿学会自己穿衣、洗手、进食等日常生活技能。③健康管理特点：特殊幼儿可能存在特殊的健康管理需求，如药物管理、饮食管理等。教育策略包括提供相关知识和技能培训，帮助特殊幼儿和其家庭管理好健康问题。

二是智力发展特点及教育策略。①智力发展特点：特殊幼儿在智力方面可能存在发展延迟或异常。教育策略包括提供个性化的教学计划，根据特殊幼儿的能力和需求，适当调整教学内容和方法。②学习能力发展特点：特殊幼儿可能在学习方面存在困难，如注意力不集中、记忆力差等。教育策略包括提供适当的教学支持和教学方法，如视觉辅助工具、分步教学等，帮助特殊幼儿克服学习困难。③才能发展特点：特殊幼儿可能在某

些领域具有特殊的才能或天赋。教育策略包括发现和培养特殊幼儿的特长，提供相应的教育和支持，帮助特殊幼儿充分发展自己的潜力。

三是感知发展特点及教育策略。①视觉发展特点：特殊幼儿可能存在视力障碍或异常。教育策略包括提供适当的视觉辅助工具、视觉训练和教育，帮助特殊幼儿充分利用和发展自己的视觉能力。②听觉发展特点：特殊幼儿可能存在听力障碍或异常。教育策略包括提供适当的听觉辅助工具、听觉训练和教育，帮助特殊幼儿充分利用和发展自己的听觉能力。

四是情绪与社交发展特点及教育策略。①情绪发展特点：特殊幼儿可能存在情绪困扰或情绪调节困难。教育策略包括提供情感支持和情绪管理教育，帮助特殊幼儿理解和表达自己的情绪，学会有效地调节情绪。②社交发展特点：特殊幼儿可能存在社交困难或社交技能不足。教育策略包括提供社交技能培训、社交情境训练和社交支持，帮助特殊幼儿发展和提高社交能力。了解和应用上面这些知识，可以帮助教育工作者、家庭成员和社会大众更好地理解和支持特殊幼儿的发展，促进特殊幼儿全面成长和融入社会。

(二) 特殊幼儿教育教学实施知识

特殊幼儿教育教学知识是指幼儿园教师在融合教育中所需具备的与保育和教育实施相关的知识和技能。通常来说主要有以下几方面内容：

第一，融合教育教学合作是幼儿园教师在融合教育中的重要工作方式。在融合教育中，教师需要与特殊教育教师、家长以及其他相关专业人员进行合作，共同制订和实施个性化教育计划，为特殊儿童提供适应性教育支持。

第二，特殊儿童教学安排形式及类型是幼儿园教师在融合教育中的重要内容。根据特殊儿童的个体差异和教育需求，教师需要灵活地调整教学安排形式，如个性化教学、小组教学、合作学习等，以满足特殊儿童的学习需求。

第三，课程调整是幼儿园教师在融合教育中的重要工作内容。根据特殊儿童的学习特点和需求，教师需要对教学内容、教学目标、教学方法等进行适当调整，以确保特殊儿童能够有效参与和学习。

第四，个性化教育计划的实施是幼儿园教师在融合教育中的重要任务。个性化教育计划是根据特殊儿童的学习需求和目标制订的个性化教育计划，教师需要根据特殊儿童的特点和需求，制定具体的教学目标、教学方法和评估方式，以促进特殊儿童的学习和发展。

第五，嵌入式教学原理是幼儿园教师在融合教育中的重要教学原则。嵌入式教学是将特殊儿童的教育目标和内容融入普通教育的教学活动中，通过与普通儿童一起学习和参与，促进特殊儿童的学习和发展。

第六，辅助策略是幼儿园教师在融合教育中的重要教学手段。辅助策略包括使用视觉辅助工具、使用口头提示和指导、提供行为支持等，教师需要根据特殊儿童的学习特点和需求，选择合适的辅助策略，帮助特殊儿童克服学习困难，提高学习效果。

第七，融合教学环境的创设是幼儿园教师在融合教育中的重要任务。融合教学环境应该具有包容性、支持性和适应性，教师需要为特殊儿童创造一个积极、互动和友好的学习环境，提供适应性的教育资源和支持。

综上所述，这些知识和原则为幼儿园教师提供了指导和支持，帮助她（他）们在融合教育中开展教育教学工作，促进特殊儿童的全面发展。

（三）情绪与行为管理的知识

在特殊教育领域，情绪问题在特殊儿童中很常见，对特殊儿童的学习和社交能力造成了严重的负面影响。深刻理解情绪问题的干预原则对于协助特殊儿童管理情绪、改善行为至关重要。

特殊儿童常见的问题行为包括：攻击行为、自伤行为、强迫行为、退缩行为、无目的重复动作等。这些行为会影响儿童的学习和生活。

问题行为的功能分析理论是了解问题行为产生原因的一种方法。该理论主要从获得关注、逃避任务、获取物品等方面分析问题行为满足了特殊儿童的什么需要。

要明确定义问题行为，需要进行细致的观察，采取录音录像等客观记录方式，统计行为次数等数据，绘制行为曲线图。

一般来说，行为介入方案应包括目标行为、措施、评估方法等，实施中要坚持记录数据、持续评估、细化方案。

特殊儿童一般容易焦虑、抑郁、发怒、情绪失控等。这些大都源于注意力缺陷、语言障碍、家庭环境等多方面原因。

情绪问题的介入原则包括：

（1）识别诱发情绪问题的因素，制定有针对性的策略。

（2）学习干预策略，培养解决问题的能力。

（3）通过行为疗法，增加特殊儿童积极行为，减少问题行为。

（4）通过指导家长与合作，统一家校教育方式。

（5）进行药物治疗，必要时可考虑在医生指导下进行。

（6）营造积极情绪氛围，传递爱与关心，建立特殊儿童自信。

（7）合理安排任务，避免过高期待引发特殊儿童焦虑。

（8）增强社交意识，增强特殊儿童群体归属感。

（9）引导适当表达情绪，学会自我调节。

（10）数据评估支撑，持续优化介入措施。

情绪问题介入需要家校配合，根据具体情况采取综合策略，帮助孩子恢复健康情绪。总之，情绪问题的介入方案应该以个体为中心，注重积极的行为引导，提供情绪调节技巧，建立知识支持系统，并注重评估和调整。通过遵循这些原则，我们可以更好地帮助特殊儿童管理情绪问题，改善特殊儿童的行为。

（四）个案管理知识

个案管理是幼儿园教师在个性化教育中的重要工作。它旨在通过制订和执行个性化教育计划来满足特殊儿童的个性化教育需求。个案管理需要遵循一些理论原则，以确保有效地实施个性化教育。

（1）安置管理概述：幼儿园教师在对有特殊需求的幼儿进行教育管理时，需要采取个案管理的方式。个案管理是指教师针对每一个有特殊需求的幼儿，制订个性化的干预计划，进行个性化的服务。

（2）转衔与转介原则：如果教师评估后发现幼儿问题需要转介专业评估或服务，应符合以下原则：①事先告知家长，并征得其同意；②将有关情况详细记录；③与接手教师或专业人员充分沟通；④配合后续评估或服务；⑤保持对幼儿学习与发展的持续关注。

（3）IEP 的制订原则：①以幼儿个体为中心；②确定适当的学习环境；③设置具体可测量的短期目标；④确定相应教学策略和所需支持；⑤加强家校合作；⑥定期评估目标实现情况。

（4）IEP 会议的召开原则：①充分保障家长参与；②邀请相关教师、专业人员参加；③会前准备充分的资料；④会议记录应详实规范；⑤积极沟通，达成共识；⑥制订实施方案和考核方法。

（5）建立完善的个案管理制度。在此需要注意以下几个方面：

①明确个案管理的工作流程，包括安置评估、计划制订、实施监督等环节。

②配备专门的个案管理团队，团队成员应接受专业培训。

③建立个案档案，采取全程记录的方式，保障档案的规范化管理。

④加强院校、医疗、社会机构的沟通与协作，建立个案转介制度。

⑤建立家校合作机制，通过多种渠道让家长参与个案管理过程。

⑥定期对个案管理工作进行评估，不断优化和完善流程及方法。

⑦建立科学的资源配置制度，为个案管理提供所需师资和材料保障。

⑧加大个案管理研究力度，总结经验成果，推进理论创新。

⑨倡导并营造支持个案管理的良好环境，提高全社会的关注和支持度。

通过制度建设，可以更好地规范个案管理工作流程，充分发挥个案管理的效用，让每一个特殊幼儿都获得及时有效的服务和帮助。

（五）支持学前融合教育所需的知识支持系统

学前融合教育所需的知识支持系统可以满足特殊儿童的学习和发展需求。在构建这个知识支持系统时，需要遵循一些原则，以确保学前融合教育能够有效地实施。

第一，无障碍园所融合教育环境的创建原则。无障碍园所融合教育环境应该提供适应特殊儿童教育需要的设施和资源，例如无障碍通道、辅助工具等。此外，园所还应该提供个性化的支持和服务，以满足特殊儿童的特殊需求。

第二，建立友好接纳的学前融合教育环境的基本原则。园所应该创造一个融洽接纳的氛围，鼓励儿童之间互动和合作。教师应该接纳和尊重每个儿童的个体差异，帮助儿童建立积极的自我形象和自信心。

第三，团队沟通常识。团队成员包括教师、家长、专业人员等，她（他）们之间的沟通和合作是实施学前融合教育的关键。团队成员应该具备良好的沟通技巧和合作精神，以确保有效的信息交流和协调行动。

第四，学前融合教育管理层面知识。学前融合教育需要得到行政层面的支持。行政管理支持应该包括制定完善的政策和指导方针，提供资源和培训支持，以及监督和评估学前融合教育的实施情况。

第五，学前融合教育保健支持理论。学前融合教育需要提供全面的保健支持，包括身体保健、心理保健等。园所应该与医疗机构和专业人员合作，提供定期的健康检查和支持，以确保儿童的身心健康。

第六，学前融合教育的社会倡导原则。社会倡导的目的是提高社会对学前融合教育的认识和支持度。园所和相关机构应该积极参与社会倡导活动，宣传学前融合教育的重要性，争取社会资源和支持。

总之，通过遵循以上这些原则，我们可以建立一个完善的学前融合教育知识支持系统，为特殊儿童提供全面的教育需要支持和服务。

综上所述，开展融合教育对教师专业知识有很高的要求。教师必须掌握儿童发展动态、心理评估识别、特殊教育策略、家校合作、课堂教学组织与管理、儿童关系指导等多方面知识，才能在融合教育环境中真正促进每一位儿童的全面发展。这需要教师不断学习新知识，并将这些知识应用到具体的教学实践中。

三、幼儿园教师融合教育素养之专业能力

在幼儿园教师的综合教育素养中，专业技能意味着她（他）们可以在融合教育的背景下，灵活地将专业知识融入融合教育教学，以确保形成满足每个幼儿个体需求的能力。这种专业技能是教师在实际教学中，运用专业知识的关键技能。教师需要熟练掌握各类专业技能，如评估和识别儿童特殊需求、设计个性化教学计划、调整教学内容和方法、开展小组协作学习等。这些专业技能的运用，使教师的专业知识能够转化为实际的教学行动，从而促进每一个幼儿的全面发展。幼儿园教师应具备以下专业技能：

（一）评估与监测能力

评估与监测能力是幼儿园教师在融合教育中必备的专业能力之一。通过观察、记录、测量和评估，教师能够全面了解特殊幼儿的学习和发展情况，及时发现问题并制订个性化的教育计划。持续地评估与调整能够确保特殊幼儿得到持续的支持和帮助，以促进特殊幼儿的全面发展。

（1）观察和记录能力：幼儿园教师需要具备敏锐的观察力，能够细致地观察特殊幼儿的行为、表现和反应。通过观察，教师可以获得关于特殊幼儿学习、社交、情绪和行为方面的信息。同时，教师需要准确地记录这些观察结果，以便进行后续的分析和评估。

（2）测量和评估工具的使用：幼儿园教师需要熟悉并能够使用各种评估工具和方法，如标准化测验、问卷调查、观察量表等。通过对这些工具的使用，教师可以客观地测量和评估特殊幼儿在不同领域的能力和发展水平。这些评估结果可以帮助教师了解特殊幼儿的优势和困难，从而制订个性化的教育计划。

（3）多源数据的搜集和分析：幼儿园教师需要搜集来自多个来源的数

据，包括特殊幼儿的学习成绩、行为记录、家庭背景等。通过综合分析这些数据，教师可以更全面地了解特殊幼儿的需求和问题，并以此为基础进行个性化的教育规划。

（4）及时发现问题和制订计划：通过评估和监测特殊幼儿的学习和发展情况，幼儿园教师可以及时发现特殊幼儿的困难和障碍。在发现问题后，教师需要制订相应的个性化教育计划，以提供具有针对性的支持和干预。这包括调整教学方法、提供辅助工具、安排个性化辅导等措施。

（5）持续评估和调整：评估与监测是一个持续的过程，幼儿园教师需要不断评估和调整教育计划，以确保特殊幼儿的学习和发展得到持续支持。教师应定期进行评估，了解特殊幼儿的成长进展和遇到的困难，并根据评估结果调整教学策略和资源的使用。

（二）教学设计与实施能力

教学设计与实施能力是幼儿园教师在融合教育中必备的专业能力之一。通过个性化的教学计划设计、多样化的教学策略和资源运用，以及有效的课堂环境组织和管理，幼儿园教师能够支持特殊幼儿的参与和学习。持续地反思和调整能够确保教学实践的有效性和特殊幼儿的学习效果，推动融合教育的发展。

（1）个性化教学计划设计：幼儿园教师需要根据特殊幼儿的需求和能力，制订个性化的教学计划。这包括确定特殊幼儿的学习目标、选择适合特殊幼儿的教学内容和方法，并制定相应的评估方式。个性化的教学计划能够帮助特殊幼儿更好地理解和掌握知识，提高学习效率。

（2）多样化的教学策略和资源运用：幼儿园教师需要熟悉并能够灵活运用多样化的教学策略和资源，以满足特殊幼儿的学习需求。这包括使用多媒体教学、游戏和角色扮演等活动，帮助特殊幼儿以不同的方式参与和学习。教师还可以根据特殊幼儿的兴趣和能力，提供个性化辅导、小组合作学习等形式，激发特殊幼儿的学习兴趣和积极性。

（3）课堂环境的组织和管理：幼儿园教师需要创造积极、支持性的课堂环境，以促进特殊幼儿的参与和学习。教师可以通过布置合适的座位、提供必要的辅助工具和材料、设置清晰的学习目标等方式，营造一个友好、安全、鼓励学习的氛围。同时，教师还需要有效地管理课堂教学时间和特殊幼儿行为，确保学习活动顺利进行。

（4）不断反思和调整教学实践：教学设计与实施是一个不断反思和调

整的过程。幼儿园教师需要不断地反思自己的教学实践，检查教学效果和特殊幼儿的学习情况。在发现问题或困难时，教师应及时调整教学策略和方法，以更好地满足特殊幼儿的学习需求。教师还可以与同事和专业人员进行交流与分享，共同探讨教学经验和方法，不断提高自身的教育效能。

（三）个性化支持与辅导能力

个性化支持与辅导能力在特殊教育中起着重要的作用。特殊幼儿往往面临学习困难和发展潜力的挑战，需要个性化的支持和辅导来帮助特殊幼儿克服困难，实现个人成长。

首先，个性化支持与辅导能力要求教师具备针对特殊幼儿的个体差异进行教学的能力。教师应根据特殊幼儿的学习特点和需求，制订个性化的教学计划和教学策略，帮助特殊幼儿克服学习困难。例如，对于有学习障碍的特殊幼儿，教师可以采用多种教学方法，如视觉教学、听觉教学等，满足特殊幼儿不同的学习方式和需求。

其次，个性化支持与辅导能力还要求教师能够与特殊幼儿建立良好的关系。教师应倾听特殊幼儿的需求和意见，关注特殊幼儿的情感需求，给予特殊幼儿情感支持。特殊幼儿往往面临自尊心低下、自信心不足等情感问题，教师应以耐心和关爱的态度与特殊幼儿交流和互动，帮助特殊幼儿建立自信和积极的态度。

最后，个性化支持与辅导能力还要求教师能够与特殊幼儿的家庭和其他专业人员合作。教师应与特殊幼儿的家庭保持密切联系，了解特殊幼儿的家庭背景和特殊需求，共同制订和实施个性化的教育计划。此外，教师还应与其他专业人员如心理学家、康复师等进行合作，共同为特殊幼儿提供全面的支持和辅导。

总之，个性化支持与辅导能力是融合教育教师必备的能力之一。通过提供个性化的支持和辅导，教师能够帮助特殊幼儿克服学习困难，挖掘发展潜力，与特殊幼儿建立良好的关系，为特殊幼儿提供情感支持，并与其家庭和其他专业人员合作，制订和实施个性化的教育计划。这样，特殊幼儿将能够得到全面的教育支持，实现个人的发展和成长。

（四）团队合作与协调能力

团队合作与协调能力在融合教育中是至关重要的。特殊幼儿的教育需要涉及多个方面，需要教师与其他教师、家庭成员和专业人员之间紧密合作和协调，以提供综合性的支持和服务。

首先，团队合作与协调能力要求教师能够与其他教师有效地合作。特殊幼儿的教育往往需要多个教师参与，特殊幼儿可能需要在不同的学科或领域提供支持和指导。教师应能够与其他教师密切合作，共同制订个性化的教育计划，分享经验和资源，确保特殊幼儿得到全面的支持和教育。

其次，团队合作与协调能力还要求教师能够与特殊幼儿的家庭成员合作。特殊幼儿的家庭是特殊幼儿最重要的支持系统，教师应与其家庭保持密切联系，了解特殊幼儿的家庭背景和需求，与家长沟通和协商，共同制订和实施个性化的教育计划。此外，教师还应积极与家庭成员分享特殊幼儿的进展和困难，提供家庭支持和指导，以促进特殊幼儿的整体发展。

最后，团队合作与协调能力还要求教师能够与其他专业人员合作。特殊幼儿的教育往往涉及心理学家、康复师、社会工作者等多个专业领域的人员。教师应与这些专业人员进行合作，共同制订和实施个性化的教育计划，共享专业知识和经验，以提供全面的支持和服务。

除了与个别教育参与者合作外，团队合作与协调能力还要求教师能够参与学校层面的团队会议和讨论。教师应积极参与学校团队的活动，分享经验和资源，协调各方面的工作，共同制定和实施学校层面的融合教育政策以及计划。通过团队合作与协调，教师能够借助集体智慧和资源，提供更好的教育支持和服务，为特殊幼儿创造更好的学习环境和发展机会。

总之，团队合作与协调能力对于融合教育教师来说至关重要。教师应能够与其他教师、家庭成员和专业人员有效合作，共同为特殊幼儿提供综合支持和服务。通过与各方的紧密合作和协调，教师能够有效实施融合个性化教育计划，为特殊幼儿创造更好的学习和发展条件。

（五）持续学习与专业成长能力

持续学习与专业成长能力对于融合教育教师来说是至关重要的。融合教育领域的知识和技能在不断更新和演变，教师需要不断学习和提升自己的专业知识和能力，以更好地满足特殊幼儿的教育需求。

首先，持续学习与专业成长能力要求教师能够不断学习和更新融合教育领域的知识和技能。教师应关注最新的研究成果和教育政策，了解特殊幼儿的最新需求和教育方法。通过阅读专业书籍、期刊和研究报告，教师能够不断充实自己的知识储备，保持站在融合教育领域的前沿。

其次，持续学习与专业成长能力要求教师能够积极参加专业培训和研讨会。专业培训和研讨会是教师学习和交流的重要平台，教师可以通过参加这些活动与同行交流和分享经验，了解最新的教育理论和实践。此外，教师还可以通过专业培训和研讨会拓宽自己的视野，了解不同地区和国家的融合教育实践，从中汲取经验和启发。

最后，持续学习与专业成长能力还要求教师能够不断反思和改进自己的教学实践。教师应定期对自己的教学进行反思和评估，分析自己的教学效果和改进的空间。通过反思和改进，教师能够不断提高自身的教育效能，提供更好的教育支持和服务。为了提高持续学习与专业成长能力，教师应积极寻找学习机会，如参加专业组织的培训活动、参与研究项目等。此外，教师还可以与同事进行合作研究和教学观摩，互相学习和借鉴经验。同时，教师还可以利用现代网络技术，如网络课程和在线学习平台，进行自主学习和专业成长。持续学习与专业成长能力是融合教育教师必备的能力之一。教师应不断学习和更新融合教育领域的知识和技能，参加专业培训和研讨会，与同行交流和分享经验，反思和改进自己的教学实践。通过持续学习和专业成长，教师能够提高自身的专业水平，为特殊幼儿提供更好的教育支持和服务。

以上只是幼儿园教师在融合教育中所需具备的一些专业能力。实际上，融合教育是一个复杂而多元的领域，幼儿园教师还需不断学习和适应不同特殊幼儿的需求，以提供更好的支持和服务。

第三节　幼儿园教师融合教育素养的发展

将融合教育的理念融入当前学前教育，有助于我们以更广泛和全面的角度来认识学前教育所涵盖的领域和所承担的任务。推进学前融合教育，意味着打破过去普通教育和特殊教育割裂的教学体制，建立一个包容每一个孩子需求的教育环境，使所有的孩子都能受益。对教师而言，这要求她（他）们向融合型教师转变，不仅要掌握普通教育知识，也需要具备特殊教育理念和技能，以满足不同需求儿童的发展[①]。因此，培养高素质的融合教育教师，将成为未来许多国家教师培育的核心追求和方向。实现这一

---

① 胡杰. 特殊教育学校专家型教师专业成长历程的个案研究 [D]. 扬州：扬州大学，2023：67-77.

目标，需要从师范生培养到在职教师培训形成系统，并为教师专业成长提供制度保障和社会支持。只有让每一位教师都成长为"融合型"教师，学前融合教育的愿景才能变为现实，才能让每一个孩子都获得公平而适当的教育。考虑到目前中国不同地区的幼儿园教师在接受融合教育培训和实践参与方面存在显著差异，我们将一般幼儿园教师成为专业的融合幼儿园教师的过程划分为三个不同阶段。首先是初学者阶段，教师开始接触融合教育理念，积极调整心态以支持融合教学，但还缺乏系统融合教育知识与技能。其次是专业成长阶段，教师掌握了一定的融合教育理论知识和教学技巧，能够针对不同需求的孩子进行差异化指导。最后是专家阶段，教师拥有了跨学科、跨专业的综合知识素养，并接受过系统的专业培训，能够积极开展融合教育创新实践，发挥引领作用。

在融合幼儿园教师发展的初级阶段，新手教师主要需要建立起对融合教育的基本理解和认同。在这一阶段，我们不应对教师提出过高要求，首先应让教师了解融合教育的理念，树立对特殊儿童的积极态度，克服抗拒心理，形成正确的认识和自信心。新手教师需要具有对每位幼儿一视同仁的态度，欢迎有特殊需求的孩子，并意识到所有孩子身上都蕴藏着成长潜力。在工作中，新手教师应展现出愿意积极投入融合教育的热情。通过积极的心态调整和初级的理论学习，新手教师可以为自己长远的专业成长打下坚实的基础。

专业型融合幼儿园教师建立在新手教师的基础上，通过系统的专业指导和培训进一步成长。这一阶段的教师需要了解特殊儿童在认知、语言、社交和情绪等方面的发展特点，以及特殊儿童可能面临的发展挑战和需求。通过具备这样的知识和理解，教师可以根据每个特殊儿童的个体差异，制订适合特殊儿童的个性化教育计划和支持措施。我们应以培养教师专业知识与技能为重点，帮助其发展不同专业方向。这一阶段教师专业素质的培育是落实融合教育的关键。

专家型融合幼儿园教师通常有专业型、培训型和管理型等不同发展方向。其中，专业型融合教育专家需要同时掌握普通教育和特殊教育知识与技能。这类教师不再局限于关注特殊儿童的障碍，而是能基于发展角度，为所有儿童制订差异化、个性化的指导方案，以满足孩子们的不同需求。专业型融合教育专家致力于从发展的视角看待每一个孩子，使每个孩子的需求都得到充分重视和照顾。培训型融合教育专家的主要任务是为刚刚接触融合教育的新手教师提供理念和知识方面的培训。这些专家喜欢并擅长向他人做经验分享，尝试创新教学方法，并致力于课程开发。通过对新手教师的指导和课程建设，培训型专家在传播融合教育理念和推动教学改进中发挥着重要作用。管理型融合教育专家会关注监控幼儿园的融合教育资源和人力资源是否得到有效利用，并引导教师和家长形成积极的融合教育态度。这类专家通过资源监管和积极引导，确保幼儿园融合教育理念落地生根，教师、家长和幼儿都能主动参与融合教育实践。管理型融合教育专家将集中关注监督和协调幼儿园融合教育人力、物力等保障资源的有效开发和运用，同时协助教师和家长明确她（他）们的关切点，引导她（他）们积极投入融合教育。

不同阶段的幼儿园教师形成三级阶梯：新手教师人数最多，专业型教师次之，专家型教师数量最少。根据不同发展阶段，我们可以确定教师的角色内涵和专业素养要求，由此建立高效的阶梯式培养模式，助力教师逐步提升融合教育素养。这种循序渐进的培养方式既考虑教师发展的连贯性，也兼顾不同阶段的个性化需求，有利于形成师资队伍协同发展的良好生态。

第四章 幼儿园教师融合教育
素养现状调研

　　本章采用问卷调查、访谈、文献分析和教育统计等研究方法，获得了相关调查数据并对数据进行整理和分析，全面考察了当前全国幼儿园教师融合教育素养的总体发展水平和人口学差异，明确了存在的主要问题。本章通过精心设计，构建系统的研究框架，运用多种研究工具，深入了解幼儿园教师在融合教育的理念、态度、知识和能力等方面素养的具体状况。多方法混合研究有助于我们对教师融合教育素养现状及问题形成立体、全面的判断，为后续提出建议提供了可靠的实证基础。本章详细阐述了研究设计思路，包括问卷设计与访谈提纲等。在此基础上，系统考察了教师在融合教育态度、特殊儿童发展知识、教学支持能力等多个维度的素养表现和差异特征。本章研究结果有如下几个主要发现：首先，全国幼儿园教师融合教育素养总体处于中等水平，其中理念、态度较好，知识、能力相对薄弱。其次，教龄和专业是影响教师素养的关键变量，两者对教师素养现状产生了显著的差异化影响。这表明，教师的年龄阶段和所学专业是制约或推动其教师素养发展的重要因素。再次，教师整体对特殊儿童持接纳态度，但对融合教育的意义和策略理解还比较肤浅。特别是系统的特殊教育知识与技能不足，制约了教师开展融合教育的效能。这提示我们要加强对教师的专业培训，提升其对融合教育的认知，增强开展融合教育的技能，以更好地满足特殊儿童的需求。最后，教师融合教育素养的发展受到多方面因素的制约，主要包括：融合教育理念推广力度不足，导致教师理解和接受有限；专业成长机会和途径匮乏，难以提升实践能力；缺乏政策支持和资源投入等外部保障。这次调研全面考察了教师融合教育素养建设的影响因素，为后续研究和实践提供了重要的基础支撑。

第一节　调查设计与实施

一、调查目的

本书拟采取问卷调查法，从幼儿园教师对融合教育的理念态度、知识掌握和能力培养三个维度，调查当前全国幼儿园教师融合教育素养的状况，找出其中存在的不足之处，分析形成这些问题的原因，并最终给出操作性强的对策和建议。

二、被调查对象

本次调查的主要对象是全国 13 个省份①的幼儿园在岗教师。我们使用"问卷星"网络平台调研与现场调研相结合的方式进行调查。在"问卷星"网络平台上最终收回 101 份有效问卷；同时，在相关幼儿园发放了 268 份纸质问卷，收回 252 份有效问卷。被调查教师的基本情况如表 4.1 所示。

表 4.1　被调查对象的基本情况

分类		人数/人	有效百分比/%
性别	男	9	2.55
	女	344	97.45
教龄	1~5 年	289	81.87
	6~10 年	31	8.78
	11~15 年	12	3.40
	15 年以上	21	5.95
学历	高中及以下	17	4.82
	大专	184	52.12
	本科	138	39.09
	研究生	14	3.97
幼儿园性质	公办	230	65.16
	民办	123	34.84

---

① 这些省份包括东部沿海地区的江苏、浙江和福建，中部地区的湖南、湖北、河南和安徽，以及西部地区的四川、云南、贵州、陕西、甘肃和新疆。

表4.1(续)

分类		人数/人	有效百分比/%
岗位	管理者	142	40.23
	主班教师	113	32.01
	配班教师	98	27.76
专业背景	学前教育	256	72.52
	特殊教育	43	12.18
	其他	54	15.30
是否教育过特殊幼儿	有	64	18.13
	无	289	81.87
是否参加过特殊教育培训	有	77	21.81
	无	276	78.19

本书选择了国内 8 名幼儿园教师进行访谈。被访谈教师包括：

A 教师，女，44 岁，教龄 22 年，大专学历，人文教育专业，任教于公办幼儿园，在大班担任主班教师，班上有一个孤独症幼儿；

B 教师，女，33 岁，教龄 13 年，中专学历，小学教育专业，任教于民办幼儿园，在中班担任主班教师，班上有一个孤独症幼儿；

C 教师，女，38 岁，教龄 19 年，大专学历，语文教育专业，任教于公办幼儿园，在小班担任主班教师，班上有一个言语与语言障碍幼儿；

D 教师，女，27 岁，教龄 4 年，专科学历，学前教育专业，任教于民办幼儿园，在托班担任主班教师，班上有一个言语与语言障碍幼儿；

E 教师，女，41 岁，教龄 20 年，本科学历，小学教育专业，任教于公办幼儿园，在大班担任主班教师，班上有一个轻度智力障碍幼儿；

F 教师，女，31 岁，教龄 9 年，研究生学历，学前教育专业，任教于民办幼儿园，在中班担任主班教师，班上有一个轻度智力障碍幼儿；

G 教师，女，38 岁，教龄 18 年，本科学历，小学教育专业，任教于公办幼儿园，在小班担任主班教师，班上有一个视觉障碍幼儿；

H 教师，女，26 岁，教龄 3 年，研究生学历，学前教育专业，任教于公办幼儿园，在托班担任主班教师，班上有一个听觉障碍幼儿。

三、问卷的编写与设计

（一）问卷题目编写

本书的问卷设计是在参考相关文献和标准的基础上，经过咨询专家和反复修改完善而成。具体来说，我们在归纳整理幼儿园教师融合教育素养文献资料的基础上，参考《幼儿园教师专业标准（试行）》《学前教育专业师范生教师职业能力标准（试行）》等政策的要求，借鉴了亓娟、崔志月、何明等学者设计的相关问卷。问卷设计一共咨询了 24 名专业人士，其中包括 10 名在幼儿园一线工作的教师、8 名特殊教育专家以及 6 名学前教育专家，我们根据她（他）们提出的修改意见不断完善题项的表述和概念构成，并结合本地实际对问卷进行了改编。经过多次反复修改完善，形成了适用于本书的调查问卷。

（二）问卷题目编排与计分

调查问卷分为三个部分（见表 4.2）：第一部分是被调查对象的基本信息，包括性别、学历、从教时间、所在幼儿园性质等。第二部分是核心问卷，主要涉及幼儿园教师在融合教育理念、师德、知识和能力三个方面的调查，共计 20 题。第三部分则是自我评价问卷，共计 26 题，其中，第 1~10 题调查教师的融合教育理念与态度；第 11~18 题调查教师的融合教育知识；第 19~26 题调查教师的融合教育能力。本问卷采用 Likert 五点计分法，计算分值时，1~1.5 分为"非常不符合"，1.6~2.5 分为"不太符合"，2.6~3.5 分为"一般"，3.6~4.5 分为"较符合"，4.6~5 分为"非常符合"。分数越高表示教师融合教育素养越好，分数越低则表示其融合教育素养越差。

表 4.2　幼儿园教师融合教育素养调查问卷构成

维度	项目组成	题目数量/题
融合教育理念与师德	第二部分 1~9 题，第三部分 1~10 题	19
融合教育知识	第二部分 10~13 题，第三部分 11~18 题	12
融合教育能力	第二部分 14~18 题，第三部分 19~26 题	13
融合教育素养	第二部分 19~20 题	2

（三）问卷的信度与效度检验

1. 信度检验

信度反映测量结果的稳定性和一致性，Cronbach's α 系数是衡量问卷信度的一种常用方法。Cronbach's α 系数的值介于 0 到 1，其中：系数值小于 0.35 表示问卷信度较差，结果难以被接受；系数值在 0.35 到 0.70 之间表示问卷信度一般；系数值大于 0.70 表示问卷信度较好，结果较为可信。由表 4.3 可知，Cronbach's α 系数基本接近 1，表示本问卷的内部一致性较好，获得的结果也比较稳定可靠。

表4.3 幼儿园教师融合教育素养调查问卷信度检验

维度	融合教育理念与态度	融合教育知识	融合教育能力	总量表
得分	0.950	0.977	0.980	0.984

2. 效度检验

本书采用因子分析方法对问卷结构效度进行验证。从表 4.4 的结果可以看出，研究中的 KMO 值为 0.946，而巴特利特球体检验的 P 值远远小于 0.01，这表明我们所采用的样本数据非常适合用于因子分析。KMO 值和巴特利特球体检验结果都达到了可行的标准，说明本调查所搜集的数据具有很好的结构效度，这表明我们所设计的问卷量表在整体结构上是合理的，具有较好的效度。

表4.4 KMO 与 Baetlett 检验

Kaiser-Meyer-01kin 测量取样适当性		0.946
Bartlett 球形检验	卡方	6 341. 137
	df	406
	显著性	0.000

（四）访谈提纲的编制

为了更深入了解幼儿园教师的融合教育素养状况，本书编制了半结构化的访谈提纲，对问卷结果进行补充和解释。访谈内容主要涵盖三个主题：首先，针对教师的融合教育理念和态度，包括问卷中的问题 1、问题 2 和问题 3。其次，针对教师的融合教育知识，包括问卷中的问题 4、问题 5 和问题 6。最后，关注教师的融合教育能力，包括问卷中的问题 7、问题 8、问题 9 和问题 10。在访谈中，我们还针对不同教师的实际情况，对提纲进行适当调整，以便深入地了解教师在这三个方面的真实状况。这有助于分析和解释问卷结果，全面评估教师的融合教育素养。

四、调查实施过程

本调查的具体实施步骤如下：

（1）开展前期调研，根据研究目的初步了解全国幼儿园教师开展融合教育现状，明确被调查对象、时间安排和调查方法。

（2）设计调查问卷，在进行正式调查前先对 50 名一线教师进行预测试，确保问卷的信度和效度。

（3）在 2022 年 11 月至 12 月进行正式问卷调查。本次调查一共发放 400 份问卷，收回 383 份，问卷回收率为 95.75%；剔除无效问卷后，获得 353 份有效问卷，问卷有效回收率为 88.25%。

（4）对搜集到的问卷数据采用 SPSS 22.0 统计软件进行分析。

第二节　幼儿园教师融合教育素养发展的现状分析

一、对幼儿园教师学前融合教育理念与态度的分析

对学前融合教育形成正确理解，是培养幼儿园教师融合教育素养的关键。融合教育理念需要在普通教育和特殊教育认知的基础上进行有机结合。融合教育知识不是对学前教育知识的全新构建，而是应该在原有知识基础上进一步发展。许多普通幼儿园教师都具有扎实的专业基础知识，已经奠定了进行学前融合教育的基础。所以，我们应该在现有知识体系基础上，进一步加强融合教育方面知识的培训，而不是要求教师重新学习特殊教育知识。这样可以更好地帮助教师形成正确的融合教育理念，提高其融合教育素养。

（一）对特殊幼儿发展及教育策略的了解

从调查结果（见表 4.5）可以看出，大多数被调查的幼儿园教师对特殊幼儿的发展特点和教育策略了解不足。具体来说，占样本总数 54.4% 的幼儿园教师表示不太了解特殊幼儿，18.1% 的幼儿园教师表示完全不了解，只有 10.8% 的幼儿园教师（其中 1.7% 表示非常了解，9.0% 表示比较了解）表示对特殊幼儿有一定的了解。这表明目前普通幼儿园教师对特殊幼儿的特点和教育方法还存在较大的知识盲区，急需加强这方面的学习与培训，以提高其开展融合教育的专业能力。

表 4.5　幼儿园教师对特殊幼儿发展及教育策略的了解程度

了解程度	频率/人	百分比/%	有效百分比/%	累计百分比/%
非常了解	6	1.7	1.7	1.7
比较了解	32	9.1	9.1	10.8
一般	59	16.7	16.7	27.5
不太了解	192	54.4	54.4	81.9
完全不了解	64	18.1	18.1	100.0
合计	353	100.0	100.0	

（二）对不同类型特殊幼儿的了解

1990 年 12 月颁布的《中华人民共和国残疾人保障法》将残疾儿童分为视力残疾、听力残疾、言语残疾、肢体残疾、智力残疾、精神残疾、多重残疾和其他残疾 8 类。在国务院有关特殊教育文件中，还具体分为盲、低视力、聋、重听、弱智、肢残、学习障碍、语言障碍、情绪障碍等特殊儿童。

从调查结果（见表 4.6）可以看出，对十类常见特殊幼儿的了解程度，大多数幼儿园教师选择了"一般了解"（49.31%）或"不太了解"（30.72）。其中，相对而言，幼儿园教师对学习障碍特殊幼儿（16.2%选"十分了解"）、言语和语言障碍特殊幼儿（15.0%选"十分了解"）、情绪和行为障碍特殊幼儿（16.2%选"十分了解"）的了解程度略高于其他类型的特殊幼儿。这表明普通幼儿园教师对特殊幼儿的整体了解还比较有限，尤其是对较少见的特殊幼儿类型了解不足。今后需要通过培训等方式加强教师对各类特殊幼儿的认知，以更好地开展融合教育。

表 4.6　幼儿园教师对不同类型特殊幼儿的了解程度　　　　单位:%

特殊幼儿的种类	十分了解	一般了解	不太了解	完全不了解
1 智力障碍	11.4	67.1	19.7	1.8
2 听觉障碍（聋、重听）	10.2	53.8	28.1	7.9
3 视觉障碍（盲、低视力）	10.7	52.1	28.1	9.1
4 学习障碍	16.2	53.3	27.4	3.1
5 言语和语言障碍	15.0	56.2	25.1	3.7
6 情绪和行为障碍	16.2	48.5	29.1	6.2

表4.6(续)

特殊幼儿的种类	十分了解	一般了解	不太了解	完全不了解
7 肢体障碍	13.2	45.5	29.8	11.5
8 弱病	12.6	35.9	39.4	12.1
9 孤独症	12.0	49.7	30.4	7.9
10 多重障碍	4.8	30.5	49.1	15.6

本次调查发现，32.9%的教师表示班上有特殊幼儿。在这部分教师中，61.8%表示班上特殊幼儿障碍程度较轻，较为常见的障碍类型是言语和语言障碍（22.2%）、情绪和行为障碍（17.8%）、孤独症（15.6%）。这表明目前班级中特殊需求较轻的幼儿居多，言语和语言障碍、情绪和行为障碍、孤独症等类型较为多见。教师需要加强对常见障碍类型及轻度障碍幼儿的学习特点和教育策略的学习，以便更好地开展班级的融合教育。

（三）对特殊幼儿的情绪与行为管理的了解

从调查结果（见表4.7）可以看出，在特殊儿童五类常见问题行为中，教师对攻击行为和自伤行为的了解程度分别主要选择了"一般了解"（49.3%）和"十分了解"（35.8%）。相比较而言，教师对强迫行为（16.2%选择"十分了解"）、退缩行为（15.0%选择"十分了解"）和重复动作（16.2%选择"十分了解"）略有更多的了解。这显示出普通幼儿园教师对特殊儿童的问题行为还存在知识盲区，需要加强对各类问题行为的特征、成因及处理方法的学习，以提高其开展融合教育的专业能力。

表 4.7　幼儿园教师对特殊幼儿情绪与行为管理的了解程度

特殊需要幼儿的常见问题行为	十分了解	一般了解	不太了解	完全不了解
攻击行为	23.4	49.3	12.9	14.4
自伤行为	35.8	23.2	30.7	10.3
强迫行为	16.2	24.4	44.5	14.9
退缩行为	15.0	26.5	22.3	36.2
重复动作	16.2	31.7	26.8	25.3

（四）对特殊幼儿个案管理的了解

从调查结果（见表4.8）可知，大多数（71.3%）教师在此之前没有听说过特殊幼儿的个案管理。但在进行了简要介绍后，81.4%的教师表示可以接受并实施特殊幼儿个案管理。这说明教师对个案管理存在知识盲区，但通过解释介绍后，教师可接受并掌握个案管理的理念与方法。今后应加强对教师个案管理知识与技能的培训，以提升其开展融合教育的专业能力。

表4.8　幼儿园教师有无接触或听说过特殊幼儿个案管理这一理念

选项	频率/人	百分比/%	有效百分比/%	累计百分比/%
是	101	28.6	28.6	28.6
否	252	71.4	71.4	100.0
合计	353	100.0	100.0	

（五）对建构学前融合教育知识支持系统的看法

对建构学前融合教育知识支持系统的了解程度调查结果（见表4.9）显示：16.2%的教师表示不了解建构融合教育知识支持系统的相关知识；49.1%的教师表示部分了解融合教育知识支持系统的概念和建构；29.9%的教师表示比较了解融合教育知识支持系统的重要性及建构方式；4.8%的教师表示很了解如何建构融合教育知识支持系统。

整体来看，大部分教师对建构融合教育知识支持系统知之甚少，仅少数教师对此比较熟悉。今后需要加强对教师进行学前融合教育知识支持系统构建能力的培训，帮助教师掌握建构融合教育知识支持系统的相关理论和方法。

表4.9　幼儿园教师对建构学前融合教育知识支持系统的了解程度

了解程度	频率/人	百分比/%	有效百分比/%	累计百分比/%
不了解	57	16.1	16.1	16.1
部分了解	173	49.0	49.0	65.1
比较了解	106	30.1	30.1	95.2
很了解	17	4.8	4.8	100.0
合计	353	100.0	100.0	

（六）对建构融合教育知识支持系统对有特殊需要的儿童和普通儿童均有益的看法

从调查结果（见表4.10）来看，40.8%的幼儿园教师赞同为满足特殊儿童教育需求而建立融合教育知识支持系统对所有儿童都是有益的，而

34.8%的幼儿园教师对此持怀疑态度。这表明教师对建构知识支持系统的认识还存在分歧，近半数教师对建构知识支持系统的效果存在疑虑。今后需要加强宣传，让教师明确知识支持系统的意义，并在实践中体会其效果，以消除教师的疑虑，增强她（他）们在这方面的专业自信心。

表4.10 "建构融合教育知识支持系统对有特殊需要的儿童和普通儿童均有益"
样本看法统计

选项	频率/人	百分比/%	有效百分比/%	累计百分比/%
非常同意	37	10.5	10.5	10.5
同意	144	40.8	40.8	51.3
不确定	123	34.8	34.8	86.1
不同意	30	8.5	8.5	94.6
非常不同意	19	5.4	5.4	100.0
合计	353	100.0	100.0	

调查结果显示，普通幼儿园教师目前在融合教育知识的多个方面存在明显不足，这与我们的预期一致。具体来看，近2/3教师对特殊儿童的发展和教育策略不太了解，对特殊儿童需求类型的了解程度集中在"一般"和"不太了解"上。超过一半教师对融合教育教学不熟悉。但教师普遍认可建构融合教育支持系统对特殊儿童发展的积极作用，1/3的教师也看好其对普通儿童的影响。总体来说，普通幼儿园教师目前融合教育专业知识尚有很大提升空间。需要加强对幼儿园教师进行各类知识的培训，特别是特殊儿童的特征和教育策略方面，以提高教师开展融合教育的能力。从调查结果可以看出，幼儿园教师普遍支持融合教育，但自身的专业知识和能力不足，对融合教育的理解还比较感性和肤浅。通过采访已在融合教育幼儿园工作的教师，我们发现，在多数情况下，她（他）们缺乏特殊教育专业的培训背景，并且未曾有实际与特殊儿童互动的机会。她（他）们现有的融合教育知识主要来自入职后的自主学习、参与培训以及实践经验。这表明，要提高教师的融合教育专业素养，仅依靠岗位培训和经验积累是不够的，需要把融合教育相关知识纳入师范院校的培育体系，并在教师入职后持续加大培训力度，使之成为教师专业成长的一部分，以扎实提升教师的融合教育专业能力。

二、对幼儿园教师学前融合教育理念与态度的分析

融合教育的成功实施，在很大程度上取决于教育者的理念和态度，因此，教师的融合教育理念与态度一直是融合教育理论研究的重点关注领域。在对融合教育幼儿园教师进行访谈时，我们也注意到，教师们认为"融合教育理念和态度"是目前最为关键和需要强调的融合教育素养。这再次表明，想要推进融合教育，必须高度重视教师态度的培养。我们需要通过各种途径，帮助教师端正融合教育思想，养成积极的融合教育态度。只有理念到位、态度正面，教师才能在实践中真正做到因材施教，让每一个孩子都获得公平而有质量的教育。

（一）对学前融合教育的总体态度

根据调查结果（见表4.11），约有45.5%的教师认为学前融合教育的开展非常重要和有必要，而35.4%的教师表示愿意在自己的班级中接纳特殊儿童，反对实行融合教育的教师占比仅有3.6%。然而，还有约50.9%和40.7%的教师对融合教育和接受特殊儿童持中立态度。这说明教师对融合教育还不是非常积极主动。但是如果获得足够培训和支持，57.5%的教师认为在对特殊儿童和融合教育有一定了解后，自己能胜任融合教育。这表明加强培训是提高教师融合教育积极性的关键。未来要通过专业培训、理念引导、配套支持等多方面努力，进一步优化教师的融合教育态度，使其由消极中立转为积极主动，成为融合教育的实践者和推动者。

表4.11 幼儿园教师对实施学前融合教育的态度统计

是否同意实施 学前融合教育	频率/人	百分比/%	有效百分比/%	累计百分比/%
非常同意	36	10.2	10.2	10.2
同意	125	35.3	35.3	45.5
不确定	180	50.9	50.9	96.4
不同意	11	3.0	3.0	99.4
非常不同意	2	0.6	0.6	100.0
合计	353	100.0	100.0	

（二）对特殊幼儿安置的看法

对幼儿园教师特殊幼儿安置意见的调查结果（见表4.12）显示，主张

将特殊幼儿安置在普通幼儿园的普通班级的意见在"言语和语言障碍""弱病""学习障碍"以及"情绪和行为障碍""孤独症"等类型中占据主导地位。然而，仍有约1/3的幼儿园教师认为应该将这类特殊幼儿安置在普通幼儿园的特殊班级或专门设立的特殊幼儿教育机构。对于"智力障碍""听觉障碍""视觉障碍""肢体障碍"和"多重障碍"这五类特殊幼儿，超过半数的幼儿园教师认为应该将这类特殊幼儿安置在专门设立的特殊幼儿教育机构进行学习。

表 4.12　幼儿园教师对不同种类特殊幼儿的安置意见　　单位:%

特殊幼儿种类	普通幼儿园普通班级	普通幼儿园特殊班级	专设特殊幼儿教育机构	其他机构
智力障碍	9.6	31.7	58.7	0
听觉障碍	7.2	27.5	64.1	1.2
视觉障碍	5.4	27.5	63.5	3.6
学习障碍	27.5	37.7	34.7	0
言语和语言障碍	30.5	35.9	32.9	0.6
情绪和行为障碍	23.4	32.3	44.3	0
肢体障碍	15.6	34.1	50.3	0
弱病	42.5	29.3	28.1	0
孤独症	29.8	25.7	54.5	0
多重障碍	4.8	10.2	83.8	1.2

从调查中我们发现，教师不愿接受特殊儿童入学的主要顾虑在于自身缺乏特殊教育知识和技能，以及担心无法兼顾所有孩子。具体数据（见表4.13）显示，72.1%的教师认为自己特殊教育知识不足，70.5%担心无法照顾好所有孩子。在访谈中，教师也表达了类似担忧，认为特殊孩子的出现会影响班级工作，但教师对这些孩子的教育方法确实不够，面对特殊孩子存在困惑。这表明加强教师特殊教育方面的专业培训，以及提供必要的资源支撑，是消除教师顾虑，提高教师融合教育积极性的关键所在。

我们理解一个普通班级接纳特殊孩子，对教师和班级的日常工作会造成一定影响。但是我们要用积极的心态来看待这种影响。作为教师，我们要尽力照顾每个孩子的需要，专心备课，因材施教。对那些特殊孩子，我们可以采取一对一指导方式，制订个性化教学方案。对其他普通孩子，我们也要关爱备至，让普通孩子学会包容、帮助特殊孩子。管理一个多样化的班级可能很不容易，但这正是我们成长的机会。让我们互相支持，齐心协力，相信我们一定可以让所有孩子在温暖友爱的环境里健康快乐地成长。

表4.13　您不同意特殊幼儿进入普通幼儿园普通班级的理由

选项	理由	频数/人	百分比/%	排序
您不同意特殊幼儿进入普通幼儿园普通班级	特殊幼儿障碍程度太严重	58	16.4	5
	教师无法兼顾	249	70.5	2
	缺乏特殊教育设备	162	45.9	3
	教师缺乏特殊教育的专业知识和技能	255	72.1	1
	担心普通幼儿的家长反对	110	31.1	4
	其他	23	6.6	6

（三）对特殊儿童进入普通幼儿园是否收取额外费用的态度

从调查结果（见表4.14）来看，53.3%的教师认为，如果特殊儿童进入普通幼儿园，需要额外收取一定费用。这表明，近半数教师持有"特殊儿童入学需额外收费"的观点。这可能是由于教师担心普通班级不具备接收特殊儿童的条件，需要投入额外资源予以支持。但这种观念也有可能导致教师对特殊儿童入园设置门槛，不利于融合教育的开展。今后需要通过培训，消除教师的顾虑，使其明白在加强班级条件、提供必要支持的前提下，特殊儿童入读普通幼儿园不应收取额外费用。还需要加大资源投入力度，真正为融合教育创造条件。只有这样，教师才会对特殊儿童敞开胸怀，与之共同成长，而不是设置额外的门槛。

表4.14　对幼儿园是否有必要对特殊儿童额外收费的态度

选项	频率/人	百分比/%	有效百分比/%	累计百分比/%
非常有必要	32	9.0	9.0	9.0
有一定必要	156	44.3	44.3	53.3
无所谓	51	14.4	14.4	67.7
不太有必要	42	12.0	12.0	79.6
不必要	72	20.4	20.4	100.0
合计	353	100.0	100.0	

从本次调查结果可以看出，在理念上，大多数幼儿园教师表现出对融合教育的认同和支持，近一半的教师明确认为融合教育具有重要的价值和必要性。约一半的教师对融合教育的开展持有较为积极的态度，同时，超过半数的教师表示，在得到充分培训和支持的前提下，能够胜任融合教育工作。同时，其他学者对重庆、北京、上海等地的教师进行的调查也呈现出相似的结果，即大多数普通幼儿园教师对融合教育持积极支持的态度。这说明，随着融合教育理念的传播，幼儿园教师的观念和认知正在经历积极的演变。但是由于现实中存在培训和支持不足等困难，这种积极态度还面临转化为实际行动的障碍。今后需要从根本上加强教师培训，提供必要的资源支持，消除教师顾虑，使其理念转化为行动，真正成为融合教育的实践者。这需要政府、学校、家长等社会各界共同努力，为教师的专业成长与儿童成长创造良好环境。融合教育与我国传统儒家文化存在差异，我们也可以看到，幼儿园教师对融合教育的高度认同还没有转化为实际行动，在特殊儿童教育安置问题上，大多数教师仍选择专设机构。这表明当前教师的融合教育意识还停留在理念层面，与实践还存在明显脱节。今后需要通过加强培训、提供支持等措施，帮助教师进一步转变观念，使其从认同融合教育的必要性转变为主动接受和实施融合教育的行动，真正将积极态度体现在具体实践中，让更多特殊儿童得到公平教育机会。我们通过对一位资深教师的访谈和案例观察发现，即使在专业知识不够的情况下，教师的态度也可以对融合教育的发展起到积极作用。这位在幼儿教育界工作了30多年的教师所在的一个普通班级里有一个孤独症孩子，该教师自己并没有给这个孩子过多的特殊关注和学习指导，但是会主动引导普通孩子，让普通孩子感受到孤独症孩子也是孩子们当中平等的一员。这表明仅通过调整态度和班级氛围，教师就可以对融合教育的发展发挥正面促进作用。

三、对幼儿园教师学前融合教育技能的分析

对幼儿园教师来说，最大的挑战就是在认同并理解融合教育价值的基础上，学习和掌握开展融合教育所需的技能和能力。教师必须接受新的教育理念，改变传统的教学方式，学习如何根据不同儿童的需求制订个性化的教学计划。同时，教师也需要掌握开展小组活动、合作学习的组织方法，以及与特殊儿童家长和相关部门有效沟通的技巧。要做到这一切，教

师需要付出时间和精力来参加专门培训。

（一）评估与监测能力

调查结果（见表4.15）显示，仅有不到一半的教师有信心对特殊幼儿进行评估和监测。在参与调查的教师中，表示自己有能力对特殊幼儿进行评估与跟踪监测的占53.9%，这意味着大多数教师认为自己具备这方面的专业技能。但还有46.1%的教师对此缺乏信心。这一结果提示我们，应加强对专职教师这一领域知识的培训，以提高她（他）们评估和监测特殊幼儿的技能。这不仅是保证教学质量的需要，也是实现融合教育的重要一环。

表4.15　幼儿园教师对特殊幼儿进行评估与监测能力的自我评价

选项	频率/人	百分比/%	有效百分比/%	累计百分比/%
完全可以	21	6.0	6.0	6.0
可以	169	47.9	47.9	53.9
一般	103	29.3	29.3	83.2
不可以	49	13.9	13.9	97.1
完全不可以	10	2.9	2.9	100.0
合计	353	100.0	100.0	

（二）个性化支持与辅导能力

这项调查结果（见表4.16）显示，为特殊儿童制订个性化教育计划与提供支持，幼儿园教师之间存在很大的能力差异。略过半数的教师（53.9%）认为自己具有这个能力。但同时，也有部分教师完全没有这方面的经验和能力，占比12.6%。这反映出目前幼儿园教师在服务特殊儿童方面的专业能力还存在明显的短板。一方面，部分教师已经逐步掌握了制订个性化教学方案的技能；另一方面，也有一定比例的教师从未接触过这一工作内容。显然，我们还需要持续推进教师培训，以提升所有在职教师根据孩子不同需求制订教学计划的专业水平。这对于有效实施融合教育，保障每一个孩子的学习权利都至关重要。

表 4.16　幼儿园教师个别化支持与辅导能力的自我评价

选项	频率/人	百分比/%	有效百分比/%	累计百分比/%
完全可以	36	10.2	10.2	10.2
可以	133	43.7	37.7	47.9
一般	118	33.5	33.5	81.4
不可以	44	12.5	12.5	93.9
完全不可以	22	6.1	6.1	100.0
合计	353	100.0	100.0	

（三）教学设计与实施能力

这项调查结果（见表 4.17）显示，当被问及为特殊儿童组织教学活动是否顺利时，仅有 35.9% 的幼儿园教师表示活动顺利。相比之下，有 31.7% 的教师坦言自己在这方面并不顺利。这意味着近三分之一的教师在为特殊儿童设计教学活动时仍然存在困难。这可能是由于教师缺乏针对不同需求儿童调整教学方法和内容的经验。要提高教师的专业能力，需要加强对教师开展特殊教育知识培训。同时，教师之间也需要加强交流，互相借鉴成功经验，共同提高教学质量。只有这样，教师才能真正顺利地为所有儿童组织适合儿童个性化需要的教学活动。

表 4.17　幼儿园教师教学设计与实施能力自我评价

选项	频率/人	百分比/%	有效百分比/%	累计百分比/%
非常顺利	4	1.2	1.2	1.2
顺利	122	34.7	34.7	35.9
一般	133	37.7	37.7	73.7
不顺利	91	25.7	25.7	99.4
完全不顺利	21	6.0	6.0	100.0
合计	353	100.0	100.0	

（四）团队合作与协调能力

这项调查结果（见表 4.18）显示，在对特殊儿童开展融合教育时，仅有 20.4% 的幼儿园教师表示经常与其他教师进行团队合作和协调。相比之下，有 38.9% 的教师坦言她（他）们之间的团队合作和协调只是偶尔发生。这说明，目前教师之间的团队协作意识还较为缺乏，大多数教师还没有形成常规性的团队合作机制。然而，融合教育需要各方力量的紧密配合与协调，教师之间必须加强沟通与交流，整合资源，互相支持，共同为每一个孩子的发展创造最佳环境。我们需要通过各种方式，大力提升教师的团队合作意识，让各方协同工作成为教学工作的常态。

表 4.18　幼儿园教师团队合作与协调能力自我评价

选项	频率/人	百分比/%	有效百分比/%	累计百分比/%
经常	72	20.4	20.4	20.4
有时	137	38.9	38.9	59.3
一般	93	26.3	26.3	85.6
很少	38	10.8	10.8	96.4
几乎不	13	3.6	3.6	100.0
合计	353	100.0	100.0	

（五）持续学习与专业成长能力

这项调查显示（见表 4.19），大多数幼儿园教师（59.3%）认为，为了达到幼儿园对幼儿园教师的要求，通过持续学习，将可以促进幼儿园教师的持续专业成长。这反映出幼儿园教师对持续学习模式的认可度较高，期待通过持续学习提升自身教学能力。但同时，也有部分幼儿园教师（26.3%）对这种持续学习的可行性还存在怀疑。显然，我们还需进一步推广成功的持续学习案例，消除幼儿园教师的怀疑，让更多幼儿园教师认识到开展持续学习对自身专业成长的帮助。同时，也需要为幼儿园教师之间形成学习共同体创造必要的工作条件。只有这样，持续学习才能真正成为提升幼儿园教师专业成长的有效途径。

表 4.19　幼儿园教师持续学习与专业成长能力自我评价

选项	频率/人	百分比/%	有效百分比/%	累计百分比/%
非常同意	72	20.4	20.4	20.4
同意	137	38.9	38.9	59.3
不确定	93	26.3	26.3	85.6
不同意	38	10.8	10.8	96.4
非常不同意	13	3.6	3.6	100.0
合计	353	100.0	100.0	

这项针对幼儿园教师融合教育技能的调查，主要考察了教师在评估监测、教学设计、个性化支持、团队协作和持续专业成长等方面的能力。当然，大多数教师没有实际接触过特殊儿童，评估主要通过自我判断。结果显示，过半数教师认为自己具备为特殊儿童制订个性化教学计划的能力，这一点令人欣慰。但对比来看，在实际与特殊儿童互动过的教师群体中，表示教学交流顺利的仅占35.9%，这表明教师在真正的教学实践中，仍面临不少障碍和困难。我们需要继续加强教师的在职培训，提高她（他）们面对特殊儿童的实际教学能力，而不能停留在理论层面。充分的实践锻炼才能使每一位教师真正具备开展融合教育所需的技能。从与幼儿园教师的访谈中可以看出，在与特殊儿童的交流和指导上，教师普遍感到力不从心。大多数普通教师没有系统学习过特殊教育知识，面对这些孩子时，教育方式非常有限，主要给予情感上的关心和支持。虽然早期教育的基本理念和方法也适用于特殊儿童，但在具体的沟通和学习指导上，教师缺乏特殊教育技能，常感觉手足无措。显然，我们需要有针对性地提高教师的特殊教育技能，使她（他）们能够与这些孩子进行有效互动，给予个性化的学习帮助。加强教师培训，使每个教师都掌握开展融合教育所需的专业知识和技能，是我们努力的方向。这既是实现教育公平的需要，也是每位教师专业成长的内在要求。通过与融合教育幼儿园的教师交流可以看出，对专业技能的学习是一个持续的过程，普通教师不必因缺乏特殊教育知识而感到手足无措。所有儿童都具有学习的潜能和动力，特殊儿童与普通儿童共性远大于差异性。面对特殊的孩子，比起专业的训练技能，更需要的是教师的观察力、友善态度、耐心倾听，以及不断积累的相处经验。提供有效帮助的关键在于认识到所有的孩子都能进步。教师需要做的是发掘每一个孩子的优势所在，以积极和包容的心态，根据不同需求制订切实可行的个性化教学方案。专业能力可以通过学习逐步提高，但同理心和认真负责的教学态度，才是拥抱每一个孩子的基础。"完全融合教育"，即要求所有特殊儿童全部入学普通幼儿园的做法，实际上遭遇了很多反对意见，被认为是不现实和不科学的。目前，大多数家长、教师和专家都更支持"部分融合"的理念，即在"最少限制环境"下开展融合教育。这需要专业特殊教育教师和幼儿园普通教师组成团队，共同满足特殊儿童的学习需求。特殊教育教师通过一对一的训练弥补特殊儿童的发展差距，而幼儿园普通教师提供情感支持，营造融洽的教学环境和同伴氛围。专业人士与普通教师各司其职，才能真正实现针对特殊儿童的融合教育，而不应坚持不现实的完全融合教育模式。正如一位听障儿童康复中心的教师所说，在专门机构接受的训练往往是机械而单一的，例如只让孩子重复练习发音。而在普通幼儿园，教学内容更丰富，如让孩子了解飞机的全貌，有翅膀可以飞翔，大家分享坐飞机的经历，学习过程更加快乐。训练特殊孩子非常辛苦，被训练的特殊孩子也非常辛苦，特殊孩子其实更喜欢去普通幼儿园，那里没有刻板的训练任务。因此，幼儿园普通教师不必掌握专业化的训练技能，她（他）们的任务就是营造一个正常的、丰富的环境，专项训练可以交给特殊教育教师来负责。普通教师与专业人士各有分工，共同为特殊孩子提供融合教育，才是最佳模式。

第三节 幼儿园教师融合教育素养各维度在人口学变量上的差异分析

一、幼儿园教师融合教育素养性别差异分析

这项研究通过独立样本 t 检验，检验了不同性别幼儿园教师在融合教育态度（$t=0.480$）、知识（$t=0.385$）和技能（$t=0.719$）等方面的差异。结果（见表 4.20）显示，在融合教育的态度、知识的掌握和技能的掌握方面，男性幼儿园教师相对于女性教师具有更高的均值。其中，在态度和技能方面，性别差异在统计上是高度显著的（P 值小于 0.01）。在知识的掌握方面，虽然存在性别差异，但统计显著性较低（P 值 <0.05 和 P 值 >0.01）。但鉴于参与调查的男、女教师数量存在巨大差距，此结果无法说明男教师的融合教育素养明显优于女教师。为更客观地评估性别因素的影响，未来的研究需要扩大样本量，确保男、女教师数量相对均衡，才能得出更有说服力的结论。

表 4.20 不同性别幼儿园教师融合教育素养差异比较

选项	性别	N	M	SD	t 值	P 值
对融合教育的态度	男	9	3.31	0.55	0.708	0.480
	女	344	3.19	0.53		
对融合教育知识的掌握	男	9	3.06	0.80	0.869	0.385
	女	344	2.25	0.55		

表4.20(续)

选项	性别	N	M	SD	t 值	P 值
对融合教育技能的掌握	男	9	3.40	0.74	0.360	0.719
	女	344	3.34	0.55		

二、幼儿园教师融合教育素养在学历上的差异分析

本书采用单因素方差分析，检验了不同学历层次幼儿园教师在融合教育态度、知识和技能等方面的差异。结果（见表4.21）显示，在融合教育知识方面，各学历层次教师之间无显著差异；但在融合教育态度（$F=2.296$）和技能（$F=2.056$）两个方面，不同学历教师之间达到了显著性差异。具体而言，本科生教师的平均态度分（3.12）和技能分（3.27）均显著低于专科生教师。这说明学历对教师融合教育素养有一定影响，但影响并不明显。这可能反映出当前师范教育体系中，无论何种学历层次都较少涉及融合教育相关内容。因此，高学历教师和低学历教师在融合教育素养上没有显著差异。这需要我们反思如何在各级师范教育中加强对准教师进行融合教育的培训，使所有准教师都具备开展融合教育所需的知识、态度和技能。

表4.21 不同学历幼儿园教师融合教育素养差异比较

选项	学历	N	M	SD	F 值
对融合教育的态度	A 研究生	17	3.36	0.65	2.296*
	B 本科生	184	3.12	0.56	
	C 大专生	138	3.26	0.46	
	D 高中及以下	14	3.17	0.43	
对融合教育知识的掌握	A 研究生	17	2.96	0.45	1.813
	B 本科生	184	2.84	0.57	
	C 大专生	138	2.98	0.53	
	D 高中及以下	14	2.83	0.64	
对融合教育技能的掌握	A 研究生	17	3.37	0.46	2.056*
	B 本科生	184	3.27	0.55	
	C 大专生	138	3.42	0.55	
	D 高中及以下	14	3.36	0.65	

三、幼儿园教师融合教育素养在专业背景上的差异分析

本书采用单因素方差分析，考察了不同专业背景幼儿园教师在融合教育素养各方面的差异。结果发现，学前教育专业背景的教师总体平均得分为81.9分（SD＝8.5），特殊教育专业背景的教师总体平均得分为81.5分（SD＝8.1）。方差分析结果显示，$F(1, 297) = 0.42$，$P = 0.52$，说明不同专业背景在总体融合教育素养上无显著差异。在融合教育态度、知识、技能等具体维度方面，各专业背景之间均无显著差异（$P>0.05$）。这表明教师的专业背景不会对其融合教育素养产生显著影响。来自不同专业的教师，在融合教育素养方面没有体现出明显优势。这可能意味着当前各类师范专业的培养方案在融合教育内容上没有明显区别，导致毕业生在这方面能力相近。这需要我们反思各专业的师范培养机制，考虑是否需要增加融合教育相关内容，以提高准教师的专业准备性。

表 4.22　不同专业背景幼儿园教师融合教育素养差异比较

选项	专业背景	N	M	SD	F	P 值
融合教育理念与态度	学前教育	256	35.00	10.247	0.933	0.426
	特殊教育	43	49.00	9.653		
	其他	54	36.15	8.092		
融合教育知识	学前教育	256	27.00	8.028	0.648	0.585
	特殊教育	43	27.19	7.574		
	其他	54	28.09	8.567		
融合教育能力	学前教育	256	31.67	9.107	0.781	0.506
	特殊教育	43	32.16	9.070		
	其他	54	27.69	8.654		

四、幼儿园教师融合教育素养在幼儿园性质上的差异分析

本书通过独立样本 t 检验，考察了不同性质幼儿园教师在融合教育素养各方面的差异。结果（见表4.23）发现，在融合教育态度和技能两个方面，公办和民办幼儿园教师存在显著差异。具体而言，公办幼儿园教师的融合教育态度明显优于民办幼儿园教师（$P<0.001$）；而在融合教育技能方面，民办幼儿园教师的掌握程度较公办幼儿园教师更好（$P<0.05$）。但是在融合教育知识方面，两者没有显著差异。这表明幼儿园性质的确对教师的融合教育素养产生了一定影响，但影响的具体方面有所不同。我们需要研究不同性质幼儿园在融合教育方面的政策支持、培训机制等因素，分析形成教师融合教育素养差异的原因，以推动所有幼儿园教师的专业成长。

表 4.23　学校性质不同幼儿园教师融合教育素养差异比较

选项	幼儿园性质	N	M	SD	F 值	P 值
对融合教育的态度	公办幼儿园	230	3.14	0.56	−2.620	0.009
	民办幼儿园	123	3.28	0.45		
对融合教育知识的掌握	公办幼儿园	230	2.90	0.58	0.140	0.888
	民办幼儿园	123	2.89	0.52		
对融合教育技能的掌握	公办幼儿园	230	3.29	0.59	−2.347*	0.020
	民办幼儿园	123	3.43	0.47		

五、幼儿园教师融合教育素养在教师职务上的差异分析

本书通过独立样本 t 检验，考察了担任不同职务的幼儿园教师在融合教育素养各方面的差异。结果（见表 4.24）显示，在融合教育态度方面，普通教师的平均分明显高于管理者（$P<0.05$）；但在融合教育知识和技能两个方面，两者不存在显著差异，管理者在知识掌握上略优于普通教师，而普通教师的技能掌握程度略高于管理者。这表明教师的职务对其融合教育素养的确存在一定影响，但影响的具体方面有差异。这可能与管理者和普通教师所接受的培训和实践机会不同有关。我们需要根据两者发展需求的差异，采取有针对性的措施提高其融合教育素养，缩小差距。同时，也需要加强管理者和教师之间的交流，实现经验、理念的相互借鉴。

表 4.24　不同职务幼儿园教师融合教育素养差异比较

选项	职务	N	M	SD	t 值	P 值
对融合教育的态度	管理者	142	2.99	0.41	−2.690*	0.011
	主班教师	113	2.45	0.67		
	配班教师	98	3.2	0.53		
对融合教育知识的掌握	管理者	142	2.81	0.64	−0.874	0.383
	主班教师	113	2.67	0.78		
	配班教师	98	2.90	0.55		
对融合教育技能的掌握	管理者	142	3.30	0.55	−0.406	0.685
	主班教师	113	3.51	0.63		
	配班教师	98	3.34	0.55		

六、幼儿园教师融合教育素养在教龄上的差异分析

本书通过单因素方差分析，检验了不同教龄幼儿园教师在融合教育素养各方面的差异。结果（见表4.25）发现，在融合教育知识这个方面，不同教龄组间存在显著差异。比较发现，教龄在0~5年和6~10年组的教师，其融合教育知识掌握程度明显优于教龄16年及以上组（$P<0.01$）。从具体分值看，教师的融合教育知识得分整体上呈现教龄越长得分越低的趋势。这可能与教师预备教育背景和在职培训机会的差异有关。这表明我们需要加强长教龄教师的融合教育理论学习，使她（他）们汲取新理念和新知识，加强改进教学实践，以适应时代发展和幼儿需求的变化。此外，在融合教育技能方面，不同教龄组间没有显著差异，但在态度方面的差异接近显著水平，0~5年教龄组的平均分略高于6~15年教龄组。总体而言，教师教龄对其融合教育素养确实存在一定影响，主要体现在融合教育知识的掌握程度上，教龄越长知识掌握越差。而在态度和技能两个方面，各教龄组之间的差异不明显。这可能是因为年轻教师受过更系统的师范教育，更易接受和采纳新的教育理念。但在教育实践中，经验仍然非常重要。所以，我们需要加强不同教龄教师之间的交流，让富有经验的教师指导年轻教师教学实践，同时也接受新理念的熏陶，实现优势互补，共同提高。

经我们事后两两比较（LSD）发现，当F值显著时，可以使用LSD方法进行事后检验，以确定哪些组之间存在统计上的显著差异。

表4.25　不同教龄幼儿园教师融合教育素养差异比较

选项	教龄	N	M	SD	F值	LSD
对融合教育的态度	A 0~5年	289	3.22	0.53	2.433	
	B 6~10年	30	3.04	0.47		
	C 11~15年	12	2.96	0.44		
	D 16年及以上	21	3.06	0.56		
对融合教育知识的掌握	A 0~5年	289	2.92	0.54	4.208	A>D
	B 6~10年	30	2.96	0.54		B>D
	C 11~15年	12	2.85	0.43		
	D 16年及以上	21	2.49	0.66		
对融合教育技能的掌握	A 0~5年	289	3.35	0.55	1.603	
	B 6~10年	30	3.23	0.50		
	C 11~15年	12	3.55	0.45		
	D 16年及以上	21	3.18	0.67		

七、幼儿园教师融合教育素养在参加特殊教育培训上的差异分析

本书通过独立样本 t 检验，考察了是否参加过特殊教育培训对幼儿园教师融合教育素养的影响。结果（见表4.26）发现，这一因素对教师的融合教育态度、知识和技能存在非常显著的影响。具体而言，参加过特殊教育培训的教师在上述三个方面的得分均明显高于未参加过特殊教育培训的教师。这充分证明了特殊教育学习是提高教师融合教育素养的关键因素之一。但值得注意的是，整体样本中仅有18.2%的教师接受过特殊教育培训。这说明当前的师范教育严重缺乏与特殊教育相关的课程设置，导致毕业生普遍缺乏开展融合教育的知识与技能。因此，有必要在师范院校的课程体系中大幅度增加特殊教育类课程，以提高教师的专业准备性。

表4.26 幼儿园教师融合教育素养在参加特殊教育培训上的差异比较

选项	是否参加过特殊教育培训	N	M	SD	t 值	P 值
对融合教育的态度	是	77	3.37	0.57	3.174	0.002
	否	276	3.15	0.51		
对融合教育知识的掌握	是	77	3.22	0.49	5.340*	0.000
	否	276	2.83	0.54		
对融合教育能力的掌握	是	77	3.52	0.55	2.902	0.004
	否	276	3.30	0.55		

八、幼儿园教师融合教育素养在教学特殊幼儿经历上的差异分析

本书通过独立样本 t 检验，检验了是否教学过特殊幼儿对幼儿园教师融合教育素养的影响。结果（见表4.27）显示，这一变量对教师的融合教育态度、知识和技能三个方面均存在极其显著的影响。具体而言，教学过特殊幼儿的教师在上述三个方面的得分均明显高于未曾教学过特殊幼儿的教师。这充分说明，教学特殊幼儿的实践是提升教师融合教育素养的最关键的影响因素之一。这提醒我们，在教师培养和在职培训中，需要高度重视教学特殊幼儿的经验积累，使教师深刻理解学前融合教育的重要性和当前面临的困境，以确保教师具备开展融合教育的正确实践基础。

表 4.27 幼儿园教师融合教育素养在教学特殊幼儿经历上的差异比较

选项	有无教学过特殊幼儿经历	N	M	SD	t 值	P 值
对融合教育的态度	有	64	3.27	0.52	3.438	0.001
	无	289	3.08	0.52		
对融合教育知识的掌握	有	64	3.03	0.55	5.546*	0.000
	无	289	2.71	0.51		
对融合教育能力的掌握	有	64	3.43	0.55	3.886*	0.000
	无	289	3.21	0.53		

第四节 幼儿园教师融合教育素养存在问题的原因

我们通过本次调查发现，目前幼儿园教师在融合教育的理念、知识和技能方面均存在不同程度的问题。我们在后续的访谈中进一步探讨了形成这些问题的原因。

一、学前融合教育的理念尚未得到推广

融合教育的理念还没有得到广泛传播和认同，这是实施融合教育所面临的最大挑战。具体而言，从幼儿教育机构、家庭和社会的层面来看，对融合教育的理解还不够深入，认同度相对较低。这主要体现在以下几个方面：首先，存在对特殊儿童的误解和偏见。其次，普通儿童的家长不太理解融合教育的重要性。最后，教师对特殊儿童的了解还不够深入。因此，要推进幼儿园融合教育，必须先从理念层面入手，增强各方对融合教育重要性的认识，消除对特殊儿童的偏见，让融合教育的理念真正成为共识，然后才能在实践层面取得突破。

（一）对特殊儿童的文化偏见

虽然相关研究已经证明学前融合教育对所有儿童都有益，且一些地区已经进行了实践探索，但我国的融合教育还停留在理论讨论层面，实践推

广不足①。正如我们在调研中发现的，很多教师对融合教育理念缺乏了解，同时也没有实际接触过特殊儿童。事实上，对特殊儿童的不了解往往会导致产生偏见。我们用固有的思维模式将特殊教育和普通教育完全隔离开来，造成了"我们"与"他们"的人为边界。要改变这种局面，就需要转变观念，增加教师和社会公众对特殊儿童的了解，消除偏见，进而在实践中推广融合教育，让更多特殊儿童享有平等的受教育权利。在现实中，部分有发展障碍或学习困难的儿童通常被标签化为"他们"，并被置于完全与"我们"隔离的特殊环境中接受教育。这里的"他们"不仅仅是一个符号性的指称，它还承载着文化学和社会学的内涵。这种表述反映出一种意识，即我们在潜意识中把"他们"视为与"我们"普通社群不同的特殊群体，仿佛是两个毫不相关的世界。这种将"我们"与"他们"二分的思维方式，实际上将特殊儿童与普通儿童隔离开来。对此需要进行反思和改变。我们需要转变视角，认识到所有的孩子都只是孩子，都应该平等地享有融入主流社会、获得适合自己发展的教育资源的权利。正如一位康复机构的教育者所强调的，当她带着一个佩戴人工耳蜗的小朋友外出时，人们往往会对该小朋友投以异样的目光，因为这种装置显然让"他们"与我们大多数人不同。这种好奇并不一定伴随着恶意，但它确实凸显了"他们"与普通群体的不同之处。然而，假如她与一个佩戴眼镜的小朋友走在路上，则几乎没有人会注意到，因为眼镜在我们的社会中是如此普遍，以至于我们已经习以为常，认为它们并不代表与主流文化不同的特征。这种情况揭示出了教育系统中主流文化的一种倾向，即更多地关注和适应占多数的人群，而不是那些有特殊需求的儿童。即使我们可能没有恶意，我们仍然不能忽视这一客观事实：对于有特殊需求的儿童，包括那些在学前教育阶段的幼儿教育中，排斥和忽视问题早已存在于我们的社会和教育体系中。这种排斥和忽视可能是不经意的，但它们对这些儿童的成长和发展产生了负面影响。我们需要更多努力来包容和支持所有儿童，不论儿童之间的差异有多大。

（二）普通幼儿家长的不理解

普通幼儿的家长在融合型幼儿园中扮演着极为关键的角色，家长的观点和立场直接影响着管理者和教师对融合教育的信心和态度。正如一位园

---

① 蓝贤波. 在职幼儿园教师对学前融合教育的态度研究 [D]. 上海：华东师范大学，2023：33-37.

长所说："我们开办幼儿园 20 多年来，其中最大的挑战就是普通家庭家长的不理解。一开始实施融合教育时，我们幼儿园的幼儿数量一下子减少了很多，从近 300 个孩子减少到寥寥几个。"一项关于普通幼儿园教师对融合教育态度的调查发现，大约三分之一的教师担心来自普通家庭的家长可能不会支持融合教育[①]。相关调查还显示，44%的普通家庭认为将学前特殊儿童纳入普通班级可能会降低普通幼儿接受教育的质量。仅有 8%的家长表示愿意让他们的孩子进入与特殊儿童同班级的环境中[②]。这些现象的出现，主要源于普通家庭的家长通常对融合教育了解不多。因此，家长可能更加关注学前特殊儿童面临的挑战和困难，担心这会影响到普通幼儿的心理及行为，甚至引发安全方面的担忧。因此，家长不乐意也不接受学前融合教育。解决这一问题的关键在于提供更多的信息和教育，以帮助家长更好地理解融合教育的好处和潜力，从而促进家长形成更开放和支持的态度。

（三）幼儿园教师对特殊儿童缺乏了解

幼儿园教师在思想上通常已经认可和接纳有特殊需要的儿童，对学前融合教育也持有积极态度。然而，在实际行为上，她（他）们仍然倾向于支持将有特殊需要的儿童送入特殊教育机构，而不是将特殊儿童纳入普通幼儿园。这种看似矛盾的态度主要源于教师对特殊儿童的了解不够深入，因此存在偏见。她（他）们缺乏对特殊儿童和融合教育的正确认知。实际上，经验丰富的学前融合教育教师一旦深刻理解到特殊儿童和普通儿童在发展潜力上的相似性，就会以更加包容和欣赏的眼光看待儿童的多样性。然而，我国的幼儿园教师通常只有表面的感性认知，因为她（他）们往往没有直接与特殊儿童互动的经历。

而且，即使有类似的互动经历，也可能因缺乏技巧和培训而难以理解特殊儿童的实际需求。与特殊儿童沟通和交流也是一个具有挑战性的事情。一位普通幼儿园教师描述说："我看到听障儿童的时候，觉得他们看起来和普通儿童是一样的，因此我按照以往的方式开始上课。我尝试与他们交流：'小朋友们，今天老师给你们带来了一个神奇的礼物，你们能猜出

①　杨明，吕文超. 职前幼儿园教师的学前融合教育态度调查研究 [J]. 教育导刊（下半月），2021（4）：47-51.
②　李雅文. 学前教育教师对特殊儿童融合教育的态度及影响因素研究 [D]. 重庆：重庆师范大学，2021：23-32.

是什么吗?'然而,没有人回应我,我不得不很快就陷入了困境。在没有师幼互动的情况下,我便草草结束了这堂课。后来,我才意识到,与听障儿童的互动与普通儿童存在很大的不同。他们的耳朵听不到声音,与他们的交往和相处需要更多的理解和适应。"这个故事凸显了一个事实,即幼儿园教师需要更深入地了解特殊儿童的独特需求,以更好地支持特殊儿童的学习和发展。这需要提供专门的培训和教育,以帮助教师更好地应对不同能力和需求的儿童,促进真正的融合教育发展。

二、学前融合教育教师缺乏专业成长途径

学前融合教育教师的教育任务是服务于各种各样的儿童,无论这些儿童是被归类为所谓的普通儿童还是特殊儿童。在实际教育中,要确保每个儿童都能够得到同等的关注和支持,这对大多数幼儿园教师来说都是一项巨大的挑战。这种挑战存在于几个方面。首先,我国缺乏法规和充分的财政支持,难以推动融合教育试点项目的发展。其次,我国现有的教师培育体系并没有为教师提供与融合教育相关的专业培训,导致教育从业者缺乏必要的知识和技能来有效地支持各类儿童。最后,幼儿园教师通常没有接受过特殊教育方面的培训,这也限制了她(他)们在面对特殊儿童时的教育能力和自信。

(一)缺少法规和财政支持下的融合教育试点

融合教育试点是指有组织、有计划地将特殊儿童融合到普通学校和幼儿园的教育实践中。这种模式旨在消除特殊儿童与普通儿童之间的隔阂,为每个儿童提供平等的机会,促进儿童的全面发展。虽然我国政府一直强调融合教育的重要性,但由于缺乏明确的法规和财政支持,实际的融合教育试点相对有限。一方面,缺乏法规支持意味着在推进融合教育时存在法律障碍。举例而言,《中华人民共和国残疾人保障法》和《中华人民共和国残疾人教育条例》涵盖了积极推进学前教育的要求,但它们主要强调了法律层面上保障特殊儿童接受教育的权利,而对学前融合教育的详细规定和支持相对有限。在教育实践中,特殊儿童与普通儿童的需求差异很大,因此需要明确的法规来规范融合教育的各个方面,包括特殊儿童的入学、师资培训、课程设置和评估等。缺乏这些法规,学校和教师可能不清楚应该如何有效地实施融合教育,这可能导致一些特殊儿童被排除在传统教育体系之外。另一方面,缺乏财政支持限制了融合教育试点的可行性。融合

教育需要额外的资源，包括培训特殊教育教师、提供辅助工具和设备，以及建立适应特殊儿童需求的课程。尽管在北京、上海、河南、广东东莞等一些地方，已有一些幼儿园在积极推动学前融合教育，但在许多地方，一般幼儿园仍不接纳或很少接纳特殊儿童。由于缺乏财政支持，幼儿园可能无法承担这些额外成本，这成为融合教育实践的一大障碍。

（二）教师培育体系中尚未开设融合教育课程

融合教育是一种基于平等、包容和多元原则的教育方式，旨在将特殊儿童与普通儿童融合在一起，提供平等的教育机会。这种教育方式要求教师具备特殊的知识、技能和态度，以应对不同背景和需求的幼儿。然而，在如何培养幼儿园教师融合教育素养方面，我国的职前培养模式和在职培训体系却尚未提供相应的应对措施。通过对幼儿园教师的访谈，我们了解到，大多数幼儿园教师是学前教育专业毕业的，然而，在她（他）们接受学校教育的过程中，培养方案中并没有包含特殊教育方面的必修或选修课程。汪海萍针对137所普通师范院校的课程调查显示，超过80%的师范类高校尚未将特殊教育列入必修或选修课程的范畴①。仅有19所师范院校提供了特殊教育课程，占调查总数的13.9%。令人担忧的是，在这些开设特殊教育课程的学校中，几乎没有学前教育专业的师范院校提供特殊教育必修或选修课程。这一现状表明，我国的师范教育体系对特殊教育领域的涵盖非常有限，特别是在学前教育专业领域。为了更好地满足学前融合教育的需求，需要对师范院校的课程设置进行改革，加强特殊教育相关课程的提供，以确保幼儿园准教师能够具备必要的知识和技能，更好地支持特殊儿童教育。这也需要建立和健全职前培养和在职培训体系，以满足学前融合教育的专业需求。《幼儿园教师专业标准（试行）》在专业知识维度中提到了幼儿园教师应该"了解有特殊需要幼儿的身心发展特点及教育策略与方法"，这明确了在幼儿园教师在专业成长过程中应该具备关于特殊儿童的相关知识。然而，尽管这一要求被提出来了，但缺乏明确的实施程序和制度来确保其得到贯彻执行，因为其强制性并不明显。

目前，我国师范院校的学前教育专业培养方案主要包含五个核心要素：公共基础课、专业基础课、专业核心课、专业拓展课以及专业实践教学。很明显，当前的学前教育专业培养方案存在一些问题，特别是在专业

---

① 汪海萍. 普通师范院校特殊教育课程开设情况的调查 [J]. 中国特殊教育，2006（12）：13-17.

核心课程和实践环节上。专业核心课程通常包括幼儿园课程设计、幼儿园教育活动设计与指导、幼儿游戏教育、班级管理和幼儿行为观察等内容。然而，这些课程缺乏与特殊教育相关的内容，这导致幼儿园教师在理解和满足特殊儿童的教育需求方面存在一定的困难。为了解决这一问题，有必要改进学前教育专业培养方案，特别是在教育体系中增加与特殊教育相关的课程。这些课程旨在帮助幼儿园准教师更好地理解和满足特殊儿童的教育需求。通过学习特殊教育的理论知识和实践技巧，幼儿园教师将能够更好地应对特殊儿童面临的教育挑战，提供更全面和个性化的教育支持，使她（他）们能够更有效地支持特殊儿童的发展和学习，促进真正的融合教育。同时，应建立更明确的程序和制度，以确保强制性培训和实施这些关键知识和技能，从而更好地支持学前融合教育的实践和发展。

（三）幼儿园教师在职培训内容单一

我国的教育体制在普通教育和特殊教育之间存在明显的二元划分，这导致了普通幼儿园教师和特殊教育教师的培养和培训体系存在明显的分野，两者几乎没有交集或仅有有限的交叉点①。尽管幼儿园教师在理论层面上可能会认同学前融合教育的理念，但当面对有特殊需要的幼儿时，她（他）们通常缺乏足够的信心，担心自己无法胜任。这种现象凸显出了改进幼儿园教师培训的紧迫性，需要为她（他）们提供更全面的实践导向的特殊教育培训。这样的培训应该包括特殊教育领域的知识和技能，并注重实际操作的训练，以帮助幼儿园教师更好地应对特殊儿童面临的教育挑战，增强她（他）们的自信心和教学能力。只有这样，幼儿园教师才能真正具备融合教育的素养，为每个幼儿提供平等的教育机会。通过对幼儿园教师的访谈，我们了解到，她（他）们对特殊教育和特殊儿童的认知主要来源于书本、网络和报纸等媒体。她（他）们所在的幼儿园没有实施融合教育，缺乏相关的培训机会，她（他）们获取特殊儿童信息的主要途径是网络和报纸上的故事或个人感悟，这些信息通常是表面的、感性的。因此，如果她（他）们的班级中有特殊儿童，她（他）们可能会感到不知所措，因为她（他）们缺乏实际的操作经验。

三、学前融合教育的外部支持不足

学前融合教育在中国的发展取得了一些积极进展，但仍然面临外部支

---

① 何奎莲.“五位一体”的幼儿园教师培养与培训机制 [J]. 教育与职业，2012（11）：72-74.

持不足的问题。外部支持在这个领域至关重要，因为学前融合教育需要跨领域的专业知识和资源，以满足特殊儿童的多样化需求。学前融合教育的教师需要依赖各种关键支持者，包括教育行政管理部门、专业人员、社区工作人员等，她（他）们在为融合教育提供支持和资源方面发挥着重要作用。

（一）教育行政管理部门

如果幼儿园教师培育体系改革缺乏足够的资源支持，可能会导致严重的不利后果。幼儿园教师所能够获得的融合教育支持资源，包括资源的类型、提供频率和质量，直接影响着她（他）们的专业素养水平。以某省为例，该省教育厅要求试点融合教育幼儿园建设资源教室，并配备相应比例的资源教师，同时提供相关的保育、教育和康复训练资源。然而，在对该省某市幼儿园进行的随机调查中，我们发现没有一所普通幼儿园建立了资源教室，也没有配备特殊教育教师。这种现象表明，幼儿园教师在获得资源支持方面存在明显的不足。缺乏资源教室和特殊教育教师可能会限制她（他）们在融合教育领域的发展和应对特殊儿童的能力。因此，为了推动融合教育的有效实施，必须确保幼儿园教师获得足够的支持资源，以提高她（他）们的专业素养，创造更包容和多元的教育环境。

（二）专业人员

普通幼儿园和特殊教育机构之间确实存在合作不足的问题，这导致很多幼儿园教师在支持特殊儿童融合教育方面缺乏专业知识和经验。但是，调查显示，82%的幼儿园教师赞成学校配备特殊教育教师，以更好地实现学前融合教育[①]。这一观点背后的道理很简单。首先，普通幼儿园的班级规模往往很大，一个班级可能有 30 个小朋友。当一个班级中有特殊需求的孩子时，普通教师的负担会明显加重。增加特殊教育教师不仅可以提供专业指导，还可以分担普通教师的工作，帮助她（他）们更好地关注每个孩子的需求。其次，配备特殊教育设施和提供相应福利，可以减轻普通教师的压力。教师是幼儿成长的引路人，她（他）们需要工作环境的大力支持，才能发挥最大效能。最关键的是，特殊教育教师和普通教师的紧密配合，是推动融合教育的核心。通过团队合作，她（他）们可以因材施教，让每个孩子都有机会获得适合自己的教育。综上所述，为实现学前融合教

---

① 魏勇刚，杨明月，雷雅娴，等. 我国学前融合教育师资队伍建设的实践样态与改善路径[J]. 学前教育研究，2022（8）：13-26.

育的目标，增加特殊教育教师和资源投入势在必行。这不仅可以造福特殊儿童，也可以让普通教师的工作更有意义，最终让我们的教育走向融合和包容。

（三）社区支持

仅将融合教育视为学校教育的一部分，会使其意义和作用受到局限。要实现融合教育的价值，必须从更广阔的角度进行思考。幼儿园不应只关注普通儿童，更要关注每一个特殊儿童的成长。这需要我们调整教育理念，根据特殊儿童的特点设计适合的教育方案。与此同时，家长和社区的支持也至关重要。社区应该发挥积极作用，通过宣传引导形成包容的环境，与幼儿园合作开发课程，并为特殊儿童家庭提供必要的辅助服务。作为教育机构，幼儿园需要更新理念，拓展功能，更好地满足特殊儿童的发展需要。但这种拓展需要依托广泛的社会和社区资源支持，不能无限扩大。从现有经验来看，社区可以通过宣传推广融合教育理念，与幼儿园合作开发适合的课程，为特殊儿童家庭提供康复服务等方式参与融合教育。社区是学校教育的有益补充，也是家庭与学校之间的纽带。但是当前我国社区教育发展还不够成熟，存在理念认识不足、人才培养不够、资金缺乏等问题，无法为融合教育提供强有力的支持。因此，我们认为应加快推进社区教育建设，充实社区教育资源，提高社区对融合教育的重视程度和支持力度。这需要各界共同努力，以让社区教育成为融合教育实施的有力保障，真正发挥其连接学校、家庭与社会的作用。这对促进教育公平和社会进步而言意义重大。

第五章 国内外幼儿园教师融合教育素养的职前培养实践

　　本章探讨了美国、英国、澳大利亚、韩国和中国等多个国家在实施融合教育和培养幼儿园教师融合教育能力方面的有益经验。在美国，幼儿园教师融合教育素养职前培养采用了不同的模式，包括分支型、一体化型和融合型培养模式。这些模式都根据相关专业标准设计，旨在培养教师开展融合教育的能力。美国的融合教育教师培养项目强调制定完善的专业标准，设计有针对性的课程体系，增加教育实习的比重，这些举措都提高了教师开展融合教育的能力。英国的培养实践有多样的培养内容和形式，包括多样性的议题、不断优化的专业标准、注重培养综合组织能力的课程，以及在实践中积累经验和提升科研能力。澳大利亚构建了完整的教师融合教育能力培养体系，包括本科生、研究生等多个连续发展的培养阶段。澳大利亚的教育学院不仅提供系统和完整的课程，还特别强调理论联系实际、知行合一，让预备教师在真实环境中感受融合教育，锻炼开展融合教育的技能。例如，预备教师需要到包容性学校进行访学和教学实习，亲身体会并参与融合教育过程。这种理论与实践深度融合的培养，是澳大利亚模式的显著优势之一。韩国构建了完善的政策体系去支持幼儿园教师融合教育能力的培养。在国家政策导向下，韩国的师范院校逐步转变培养理念，从单一的专业教育向融合教育转型，不断优化课程设置来平衡普通教育与特殊教育。在课程设置上，既增加了专门的融合教育模块，也在传统课程中渗透了融合教育理念。同时，高度重视理论联系实际，准教师需要在实习学校设计并示范融合教育方案，这为幼儿园准教师胜任未来的教育工作奠定了坚实基础。我国幼儿园教师融合教育素养职前培养实践，强调专业理念的确立、知识的夯实和技能的强化。积极推进课程建设、课堂教学和实践教学，并针对存在的问题提出了对策，包括引领发展方向、明确培养目标、改革课程设置和加强多部门合作。这一章为我国幼儿园教师融合教育素养的职前培养提供了有益的经验借鉴和启示。

第一节　美国幼儿园教师融合教育素养的职前培养实践

一、美国幼儿园教师融合教育素养培养的背景

美国在幼儿园教师融合教育素养培养方面积累了丰富的经验。其培养背景：一是美国通过一系列法律和法规，如《残疾儿童教育法案》（IDEA）等，明确规定了特殊教育和融合教育的权益和要求。这些法律要求学校提供包容性的教育环境，鼓励特殊儿童参与常规教育。这种法律框架为融合教育提供了坚实的法律基础。二是美国政府通过各种政策，如《无障碍学校计划》和《全面支持学校计划》等，明确了对融合教育的政策支持。这些政策鼓励学校和教育机构积极实施融合教育，为教师提供了政策指导。三是美国拥有多种专门的专业成长机构，如美国特殊教育协会（CEC）和美国特殊需求儿童教师资格委员会（NBPTS）等，致力于培养和认证融合教育专业人员。这些机构提供了专业培训、认证和支持，以确保教师具备融合教育所需的素养。四是美国社会强调平等和包容，这种文化价值观影响了公众对融合教育的态度。社会的支持和接纳对融合教育的成功至关重要。以上背景为美国的融合教育提供了坚实的基础，使其在幼儿教育体系中得以蓬勃发展。

美国幼儿园教师职前培养具有多元化的途径。第一条途径主要是学历教育。美国没有设置专门的幼儿师范院校，幼儿园教师的培养依托于综合性大学的教育学院。其培养层次包括：社区学院的两年制副学士学位项目，独立学院或大学教育系的四年制学士学位项目，以及大学的研究生层次硕士学位项目。因此，相较于其他教师，幼儿园教师的学历水平更高。第二条途径是经认证的幼儿教育机构。教师资格专业认证需要通过美国教育认证委员会及其分支机构美国幼儿教育协会。但是各州对师资培养没有统一要求，教师还需符合不同州的资质标准。因此，美国采用多种途径和设定高学历要求等综合措施，致力于提高幼儿园教师的专业素质。

二、美国幼儿园教师融合教育素养相关专业标准

为确保幼儿园教师具备融合教育素养，美国教育系统制定了一套专业标准。1993 年、2008 年、2010 年颁布的《初级和高级儿童早期教育专业认证标准》，都要求所有从事幼儿教育的专业人员必须具备满足所有儿童需求的融合教育能力[①]。这些标准明确了幼儿园教师应该具备的知识、技能和态度，以满足不同儿童的需求。这些标准主要包括：一是幼儿园教师需要了解融合教育的理论基础，包括教育心理学、特殊教育原理以及多元化教育理念。幼儿园教师必须能够理解不同类型的特殊儿童的特点，以便为特殊儿童提供适当的支持。二是幼儿园教师应该能够制订和实施个性化教育计划，以满足特殊儿童的学习需求。这需要幼儿园教师能够评估儿童的现状，设定目标，并选择适当的教育策略。三是与特殊儿童的家庭和社区紧密合作是融合教育的关键。美国主要的教育专业机构在制定教师专业标准时，都明确反映了美国在国家层面对教师融合教育素养的高度重视。例如，2013 年，美国州际新手教师评估与支持联盟发布的《核心教学标准模型》就包含了了解特殊儿童、满足特殊儿童个性化需求等内容。这表明教师需要重视每一个儿童的个体差异，并与专业同行合作，为每一个儿童制订适宜的教学计划。

为了确保幼儿园教师达到这些专业标准，美国的师范教育和继续教育系统提供了多元化的培训途径。这当中包括大学本科和研究生课程，专业成长工作坊，以及实地实习机会。教育学院通常会提供特殊教育领域的课程，以帮助教师掌握融合教育的基本原理。此外，教师还可以通过专业认证和获得特殊教育资格来不断提高自身的融合教育素养。

三、美国幼儿园教师融合教育素养的职前培养模式

美国教育体系以其多元化和分支型培养模式而闻名。这一培养模式的核心特征是在学前教育领域提供多种培训和学习途径，以满足不同类型教育从业者的需求。

（一）分支型培养模式

在美国的教育领域，分支型培养模式已经成为培养幼儿园教师融合教

---

① 刘维琳，覃江梅.美国幼儿园教师融合教育素养职前培养探析 [J].成都师范学院学报，2022，38（6）：112-118.

育素养的重要途径①。这一模式的核心特点是为那些对融合教育感兴趣并愿意在这一领域深造的准教师提供专门的学习路径。在美国，一些州已经采用这种模式，通过在学前教育专业内设立融合教育方向，鼓励准教师获得更多与融合教育相关的知识和实践经验。以下将深入探讨分支型培养模式的关键特点以及它对幼儿园教师融合教育素养的积极影响。

1. 专门设置融合教育方向

分支型培养模式的一个重要组成部分是在学前教育专业内专门设置融合教育方向。这意味着学前教育准教师可以在专门的融合教育课程中获得更多的知识和技能，而不只是基本的幼儿教育知识。这些融合教育方向通常包括特殊教育的核心概念、教育策略、教学方法和实践经验。学前教育准教师可以选择这些方向，以满足自己对融合教育领域的兴趣和实现职业目标。

2. 额外的融合教育课程

在专门的融合教育方向中，准教师通常需要完成更多的融合教育相关课程。这些课程旨在提供深入的理论知识和实践经验，以帮助准教师更好地理解和应对特殊儿童的需求。这包括课程内容如何适应不同类型儿童的特殊需求、如何制订个性化的教育计划以及如何有效地与特殊儿童互动。这些额外课程丰富了准教师的专业知识，为她（他）们未来的教育工作提供了更多的工具和策略。

3. 增加实习经历

融合教育方向通常要求准教师获得更多的实习经验。这意味着准教师将有更多的机会在实际的融合教育环境中工作，并应用她（他）们所学到的知识与特殊儿童互动。实习经历是准教师职业准备过程中不可或缺的一部分，因为这些经历可以帮助她（他）们将理论知识转化为实际操作技能。通过实际工作，准教师可以更好地理解特殊儿童的需求，并提高她（他）们的融合教育素养。

4. 对幼儿园教师融合教育素养的影响

通过应用这一模式，对融合教育感兴趣的准教师可以获得更多更深入的融合教育知识。这有助于她（他）们更好地理解特殊儿童的需求，并为特殊儿童提供更好的支持。

---

① 张瑶，汪甜甜，朱涵. 美国高质量学前融合教育指标体系的解读及启示［J］. 残疾人研究，2022（1）：56-62.

（二）一体化培养模式

作为一种在教育领域不断发展的新方法，一体化培养模式强调了不同类型教师之间密切合作和协同的重要性。这种培养模式要求所有的教师，包括幼儿园教师和特殊教育教师，共同参与课程开发、实施和评估，实现课程的融合和教师的相互依赖。在一体化培养模式下，教师之间的合作是核心，她（他）们必须共同工作，以满足幼儿的多样化需求。以下将深入探讨一体化培养模式的关键特点以及它对幼儿园教师融合教育素养的积极影响。

1. 共同参与课程开发

一体化培养模式强调不同类型的教师共同参与课程开发。这意味着幼儿园教师和特殊教育教师必须一起开发课程，确保课程充分考虑了特殊儿童的需求。这有助于制订更为综合和全面的教育计划，以满足不同幼儿的多样化需求。此外，课程开发过程中的合作也有助于教师相互学习和分享最佳经验。

2. 协同实施和评估

一体化培养模式要求教师在教学实施和评估方面协同工作。这意味着幼儿园教师和特殊教育教师必须一起教授课程，为幼儿提供支持，并共同评估幼儿的进展。这种协同工作有助于确保幼儿获得一致的教育，无论幼儿是否有特殊需求。这也有助于促进教师之间相互学习和互相支持。

3. 统一的评价体系

在一体化培养模式下，对教师的评价体系是统一的。这意味着无论是幼儿园教师还是特殊教育教师，都将按照相同的标准进行评价。这有助于确保教师按照相同的专业标准进行教学活动。通过统一的评价体系，教育机构可以更好地监测教师的表现并提供必要的支持和培训。

4. 对幼儿园教师融合教育素养的影响

一体化培养模式对幼儿园教师的融合教育素养产生了积极影响。首先，共同参与课程开发鼓励教师更好地理解彼此的领域和需求。这有助于开发更为综合和全面的课程，以满足幼儿的多样化需求。其次，协同实施和评估有助于确保幼儿得到一致的教育。无论是普通幼儿还是有特殊需求的幼儿，都可以受益于这种协同工作。这有助于提高教育质量，确保每个幼儿都能发挥自己的最大潜力。最后，统一的评价体系有助于监测和评估教师的表现。这可以帮助教育机构识别教师需要改进的领域，并为教师提供适当的支持和培训。这有助于确保教师都达到高质量的专业水平，能够为特殊儿童提供高质量的教育服务。

（三）融合型培养模式

作为一种特殊的教育师资培养方法，融合型培养模式着重于为准教师提供双重资格，旨在满足融合教育日益增长的需求。这一培养模式将普通教育和特殊教育的要求融合在一起，要求准教师获得普通教育和特殊教育双文凭①。虽然这种培养模式的学习强度和时间要求较高，但它在应对幼儿的多样化需求和提高教育质量方面具有显著的优势。

1. 准教师获得双重资格

融合型培养模式的核心是确保准教师获得普通教育和特殊教育双重资格。这意味着准教师需要完成两个领域的学习，以满足未来从事融合教育的要求。这种要求确保了教师能够熟练地指导和教育普通幼儿和有特殊需求的幼儿，而且无论是在普通教育环境中还是在特殊教育环境中。

2. 满足融合教育的需求

融合型培养模式的出现是为了满足融合教育不断增长的需求。随着社会对融合教育的认可度不断提高，学校需要更多具有双重资格的教师，以便有效地指导和教育具有不同能力和需求的幼儿。这种培养模式为准教师提供了更多的选择，使她（他）们能够从容面对多种教育环境和幼儿群体。

3. 提高教育质量

融合型培养模式的学习强度较高，它要求准教师深入学习两个领域的知识。这种深度学习有助于培养更具专业素养的准教师，从而能够为未来的幼儿提供更高质量的教育。这对幼儿的发展和学习经验的获得都有积极的影响。通过提高准教师教育质量，学校可以更好地满足家长和社会对高水平教育的需求。

4. 挑战和机遇

尽管融合型培养模式具有许多优势，但也伴随着一些挑战。学习两个领域的知识需要花费更多的时间和精力，这可能对准教师造成一定压力。此外，培训课程的设计和实施需要精心策划，以确保准教师能够全面掌握两个领域的内容。然而，这一培养模式也为准教师提供了更多的机遇，使她（他）们能够在未来的就业市场上更具竞争力。拥有双重资格的教师在

---

① 王静，张文霄，李玉. 美国幼儿园教师融合教育素养职前培养现状及启示 [J]. 绥化学院学报，2021，41（7）：110-116.

学前教育领域拥有广泛的就业机会。她（他）们可以选择在普通学校、特殊教育学校或融合教育学校工作，为各种幼儿提供支持和教育。

四、美国幼儿园教师融合教育素养职前培养的途径

美国高校学前教育专业的培养目标高度契合教师专业标准，在明确立足培养准教师融合教育素养和发展职业定位的基础上，主要的培养路径有：

（一）专业开设——独立的学前融合教育专业

为了优化教育资源配置和适应融合教育的发展趋势，美国的一些高校开始尝试创新学前教育专业设置，形成多学科融合的培养模式。具体做法有：将学前教育专业与特殊教育专业进行整合，使准教师同时获得双文凭，如纽约大学的做法。这有利于准教师掌握普通教育和特殊教育的基础知识，从而满足不同儿童的需求。开设独立的学前融合教育专业，使准教师既获得普通教育资格，又获得特殊教育资格，如雪城大学的做法。不同院系或专业之间开设联合培养课程，实现课程和师资的有效融合，给准教师提供综合的学习平台。鼓励准教师选读辅助课程，了解多学科知识，拓宽视野。加强校内外实习统筹，使准教师普遍参与普通教育和特殊教育实践。开设融合教育相关课程，加深准教师对相关理念和政策的理解。

（二）课程设置——提高普特融合课程比例

美国开设早期儿童教育专业的高校，在课程设置上呈现出普特（普通教育与特殊教育，简称"普特"）融合的特征。具体来看，普通学前教育专业增加了相关的融合教育课程，如文化多样性和特殊儿童教育等。这可以帮助准教师掌握融合教学所需的知识和技能。特殊教育专业也强调准教师学习普通教学策略，要求修习融合教育环境下的特殊儿童教学课程。这有利于准教师适应普特融合的需求。大多数开设融合教育项目的学校，也同时设置了普通学前教育方面的课程。这实现了课程体系的有机衔接。教育实习是培养准教师教学能力的重要途径，可以帮助准教师将理论与实践相结合，解决实际的教育教学问题。学校还鼓励准教师参与课题研究，分析普特融合教学中的难点和对策。

美国高校注重为准教师提供多样化的和丰富的实习机会，以培养准教师的实践能力。具体做法有：学校自己开设幼儿园或与本地幼儿园合作，为准教师提供实习平台，并关注实习环境的多样化，涵盖城市、郊区、农

村等。鼓励准教师参与各类儿童实践活动，如义务支教、社区活动等，积累教学经验。安排准教师在普通教育、特殊教育及融合教育环境下观察和实习，更新实习内容，积极安排 STEM（科学、技术、工程、数学综合）教育、艺术教育等新兴实习项目。采用项目制教学，准教师可以挑选自己感兴趣的实习方向，提高学习主动性。实践型课程在专业培养方案中占有较大比例，确保准教师扎实掌握相关教学技能。鼓励准教师反思实习经历、总结实习经验，从而将实习经验内化为专业能力。

（三）教材的编制与选用——倡导跨学科理念与技能

美国学前教育专业的教材选择体现了对融合教育的高度关注和重视。这体现在以下几个方面：学前教育领域的教材不仅包括普通学前教育内容，还专门编写了特殊教育方面的教材。这些特殊教育教材致力于为准教师提供指导和教育特殊幼儿的知识和技能，确保特殊幼儿能够得到适当的支持和关怀。普通学前教育系列教材中渗透了融合教育的理念和技巧，每一章都强调了与特殊幼儿教育的联系，鼓励准教师将融合教育原则融入她（他）们的日常教学中。这种融合教育的理念不仅有助于满足特殊幼儿的需求，也能够丰富普通幼儿的学习体验。教材的内容突出了关注每一个幼儿的独特需求，重视个体差异。这种关注个性化需求的教育理念有助于教师更好地满足每个幼儿的需求，而无论幼儿是否有特殊需求。这种关注个体差异的方法有助于提高教育质量，确保每个幼儿都能得到充分发展。美国学前教育领域的教材不仅提供了教育师资培训所需的专业知识，还反映了对融合教育的坚定承诺。这一综合的教育方法有助于培养出更具素质和综合素养的教师，能够为多样化的幼儿群体提供高质量的教育。加强案例教学，通过实例分析展示融合教育的实施与效果。增加家校合作内容，突出家长在融合教育中可以发挥的作用。引入更多特殊教育专家编写的教材，提供专业视角。加强对文化差异的关注，营造包容和欣赏多样性的环境。鼓励开发具有可操作性和指导性的融合教育教材，助力教学实施。加强开发网上数字化教材，方便获取和更新内容。

五、美国幼儿园教师融合教育素养职前培养的特点

（一）完善的国家政策和制度设计保障了融合教育课程的有效性

美国在推进学前融合教育方面采取了多方面的举措：美国拥有较好的融合教育基础，为师资培养创造了条件。政府制定政策法规，要求教师定期接受权威机构培训，获得双重资格认证，制定教师能力标准等，以保障融合课程教学质量。大力提高教师的融合教育素养，开设相关课程，强调理论联系实际，不仅设立专门的融合教育项目，也在普通教育中增强这方面素养的培养。通过多管齐下的努力，美国形成了较为完备的师资培养和质量保障体系。美国教师资格认证委员会对幼儿园教师定期进行评估和认证，主要从以下几个方面评价：教师培育课程设置是否合理适当？教育实习内容是否与课程相关？毕业生的表现如何？如果教师拒绝接受认证，意味着该培养方案可能存在问题。这种认证保障了美国幼儿教育师资培养质量，也为不同州的师资培养制度的实施提供了外部监督。

（二）全面的学前融合教育课程体系增强了幼儿园准教师的融合教育核心能力

全面的学前融合教育课程体系的建立和不断完善对于培养幼儿园准教师的融合教育核心能力起到了至关重要的作用。融合教育旨在创造一个包容的学习环境，满足各种特殊儿童的需求。但实施融合教育需要教师具备一系列核心能力，包括了解特殊儿童的个体差异、灵活调整教学策略以满足不同需求、协作能力以及积极的融合教育态度等。通过全面的学前融合教育课程，幼儿园准教师能够系统地学习这些核心能力，理解特殊儿童的教育需求，学会个性化的教学方法，培养团队合作精神，并树立积极的融合教育态度。这一体系的建立不仅有助于提高教师的专业水平，还能够增加教师对融合教育的信心，使教师更有能力和意愿接纳特殊儿童，并为特殊儿童提供支持和关怀。从美国大学的课程设置来看，专业课程和教育学课程中都包含了学前融合教育的相关内容，大多数大学都设置了学前融合教育方面的课程①。在学前教育教师职前培养过程中，开设相关的融合教育课程，对增进准教师对特殊儿童的理解和应对多样化班级的能力培养都大有裨益。具体来说，既要设置特殊儿童发展、特殊教育基础等理论课程，增进准教师对特殊儿童的了解；也要开设多样化班级教学实践相关课程，如特殊儿童教学策略、融合教育环境各学科教学法等，培养准教师面对融合教育环境的教学能力。同时，要增加特殊教育和融合教育环境的教学实习环节，使准教师在真实环境中运用所学知识，积累教学经验。相关研究表明，职前有丰富的融合教育学习经历，不仅能帮助准教师在未来更

---

① 王静，韩伏彬，魏玮. 美国大学学前教育专业融合教育课程的开设现状及启示 [J]. 现代特殊教育，2021（14）：59-67.

好地适应多样化班级，还能提升教学质量。因此，适当引入融合教育内容，对于拓宽准教师学前教育的知识视野、增强应对多样化班级的教学能力，具有重要意义。这也是学前教育教师职前培养需要重点关注的方面。

（三）注重教育实习增强了幼儿园准教师的融合教育实践能力

教师的融合教育实践能力是影响其教学质量的重要因素。因此，在职前培养过程中，帮助准教师形成积极的融合教育态度，应成为课程设置的一个重要目标。通过专业课程的学习，可以增强准教师对特殊儿童的理解与同理心，接受并欣赏每个孩子的独特性。通过教学实习和案例分析，可以让准教师对融合教学课堂的益处深信不疑，提高其在融合教育环境中教学的兴趣和自信心。同时，课程也应强调用心理健康教育的相关理论和方法帮助准教师管理自己的焦虑与负面情绪，预防工作倦怠，并学会自我激励，保持教学热情。只有当准教师内心完全接受融合教育，才能在未来的教学实践中全身心投入，为每一位儿童提供优质教育。美国的幼儿师范教育强调实践教育，特别是教育实习，为幼儿园准教师提供了深入了解融合教育的机会。这不仅增强了她（他）们的专业素质，还有助于构建更包容和多元的学前教育环境，确保每个儿童都得到公平的教育机会。因此，应努力通过更多的案例分析、模拟教学、课堂观察和教学实习等，让准教师亲身体会特殊儿童的学习需求，掌握区别教学的技巧，在实际的教学交流中理解和接纳特殊儿童，从而树立正确的融合教育理念。为全面提高准教师的综合素质和实践能力，美国幼儿教育协会在 2010 年发布的初级和高级教师专业准备标准中展现了对多元文化与融合教育的高度重视。这一标准以促进幼儿教育的多样性和包容性为核心，确保未来的教育者在实践中能够有效地满足不同儿童的需求。标准中明确规定了实习的要求，要求实习覆盖不同年龄段和多样化的教育环境。这意味着准教师在实习中必须与 0~2 岁、3~5 岁和 6~8 岁的儿童进行互动，并且在幼儿园、托育中心、家庭环境以及其他早期教育项目中积累实践经验。此外，要求实习覆盖多元文化和多语言的融合教育环境，以确保未来的教育者具备跨文化和多语言的教学能力。调查数据显示，实际上，大多数师范生的实习课程都与融合教育相关，涵盖了融合教育实习，这进一步凸显了对融合教育的高度认可①。这种丰富的实习经验使准教师更能胜任未来的工作，提高了她（他）

---

① 李慧丽. 融合教育背景下美国加州特殊教育教师资格认证制度分析及启示 [J]. 河南科技学院学报，2020，40（4）：36-40.

们在多元文化和多语言环境中的就业竞争力。综上所述，美国幼儿教育协会的初级和高级教师专业准备标准为幼儿教育者的培训提供了坚实的框架，促进了融合教育和多元文化的发展。这将有助于培养更有素质的教育者，更好地满足不同儿童和多元化家庭的需求，为幼儿教育领域带来积极的变革。

六、美国"双证式"融合教育教师职前培养项目

进入20世纪80年代以后，美国进行了大范围的教师职前培养改革，以适应融合教育的需要。这些改革在理念、课程、实施和评估等方面都发生了根本变化，主要表现为：培养核心目标是适应多样化的教育对象和更高的教师要求。开设统一的双证培养项目，准教师可同时获得普通教育、特殊教育两种教师资格，直接满足进行融合教育的需求。课程设置实现了普通教育和特殊教育的有效融合。加强了教学实习和社区参与，提高准教师实践能力。引入形成性的评估，关注准教师综合素质的培养。鼓励开发创新型培养方案，如远程网络培训等。加强师资队伍建设，优化教学方法和评价体系。不同州之间开展经验交流，推动培养模式优化。美国田纳西大学、雪城大学的准教师培养项目均采用此类方式进行。雪城大学的早期融合教育项目具有以下特点：采用学分制，设置基础理论课、学科知识课和实践技能课，内容全面系统。基础课强调教学方法和评价，学科课能培养教师的专业技能，实践课聚焦专业成长和领导力，关注教师的综合能力。这些课程能促进教师与特殊儿童的交流和教学。整体而言，美国课程设置关注理论传授、技能培养、实践经验的结合。下面以田纳西大学教师职前培养项目为例进行介绍。

（一）项目基本情况

该项目为五年制硕士学位课程，前四年主要进行理论课程学习，第四年开始教学实习，第五年则以高密度实习为主，仅修少量课程。准教师毕业后可获得双文凭，即普通早期教育和特殊早期教育教师资格，使他们具备在学前至小学四年级（K-4）环境中进行融合教学的能力。项目团队由3名特殊教育专家和2名早期教育专家组成。专家背景涵盖儿童发展心理学、教育评估等多个领域。专家团队合作编制统一的专业培养方案，实现课程内容的有机融合。采用小组指导、案例研讨等教学方法，强化互动和实践。安排不同环境的教学实习，使准教师掌握应对多样化环境的能力。

引入形成性的评估，根据准教师发展提供个性化指导。课程学时和学分要求明确，理论课程学时和学分占比均较大，内容涵盖早期教育、婴幼发展、家庭与社区等。实习内容包括融合教育环境观摩、教学设计和参与评估，重点增长教学经验。最后一年专注特殊儿童发展理论，知识由普通教育过渡到特殊教育。整体呈现从理论到实践、从普通教育到特殊教育的专业成长过程。通过按部就班的知识和经验积累，准教师能够逐步掌握融合教育所需的专业知识和技能。

（二）项目的目标

该项目的主要培养目标：通过重点加强实践指导和充足的实习环节，培养准教师在 K-4 阶段的融合教育环境中进行高效教学的能力，使其最终获得研究生学历和硕士学位。项目要求充分利用当前教师培育体系改革的契机，通过更新教学理念、优化课程设置、完善评估机制等方式，改进现有的早期教育培养模式；积极推动早期教育和特殊教育理论知识的传播，为制定促进儿童及家庭发展的教育政策提供依据；鼓励开发创新型的项目学习课程，加强普通教育和特殊教育课程的衔接；引入小组学习、案例分析等互动教学法，提高准教师的参与度和实践能力；借鉴国内外先进培养经验，不断深化培养方案的改革与创新；关注每位准教师的专业成长需求，提供个性化的指导与支持。

（三）项目的理论基础

该项目的理论基础主要有：①维果茨基的建构主义学习理论。它强调在实践中获得经验，而教师的作用是提供支持和指导，并不是单方面的知识灌输。②费尔德曼的教学才能发展阶段理论。费尔德曼认为教学是一种才能，需要经历互动实践、专业学习、深入实践等阶段逐步发展，需要外部支持。这两种理论为项目的设计提供了支持，如强调实践机会、重视指导支持、关注准教师专业成长等。项目在课程设置上体现了理论指导，如加强实践性学习、增加互动合作项目等；教师培育者切合理论角色定位，更多作为支持者和促进者，而非知识传授者；项目评估考察准教师专业能力成长过程，而不只是注重结果。科学的理论基础使项目具有科学性和有效性，指导项目不断优化。

（四）项目设计及实施

基于费尔德曼的教学才能发展阶段理论，该项目的实施分为三个阶段：①发现阶段：教师初始体验教学，形成基本意识①。②训练阶段：通过专业学习，教师系统掌握知识和技能。③变通阶段：教师能够运用所学应对复杂情境。项目明确了教师在融合教育环境下的多重角色，如教育者、行为管理者等，并提出了每个阶段的角色要求。三个阶段之间存在交叉，但总体遵循由初级到高级的发展脉络。项目管理者根据该框架设计教学进程，促进教师专业才能成长。

发现阶段对应的是项目前三年的学习过程。这一阶段的主要学习任务是通过各种方式让准教师形成对教育的基本认识，如见习、讨论、角色扮演等。准教师的传统认知会被挑战，需要适应新的要求和角色。准教师在这一阶段学习热情高，充满求知欲。项目要求教师提供必要的支持和指导，帮助准教师吸收知识；采用项目制来组织学习，鼓励主动探索；设计具有针对性的反思与总结任务，促进认知重构；鼓励同伴互评与合作，培养团队精神。

训练阶段对应于项目的第四年至第五年及工作初期。这一阶段的重点是准教师系统学习所需的专业知识、技能和素质。准教师掌握专业术语和规范，理解专业教师的行为角色。这一阶段的学习主要依靠充足的实习机会及与导师、专家等的互动交流。项目要求采用项目驱动法组织学习，遇到实际问题研究解决方案；设置丰富的案例库，训练准教师的专业判断能力；重视培养准教师的独立思考能力和解决问题的能力；引入合作学习法，促使准教师共同完成知识内化和技能训练。

变通阶段是教学才能形成过程的最高阶段，只有部分准教师能达到。这一阶段要求准教师在系统掌握知识和技能的基础上，能根据幼儿需求调整教学方式方法。准教师需要能够开展个性化教学，灵活应对变化了的教学环境和对象。准教师被要求尽早成为专家型教师，展现出自主适应能力；项目设置复杂情境模拟训练，提高准教师的应变能力；鼓励准教师总结形成自己的教学方法体系；开设教学创新相关课题，发挥准教师的创造力；引入专家评估，检验准教师的专业能力达标情况。

在教师的职业发展中，"变通"是一个贯穿整个教学生涯的终极目标。尽管大多数职前培养项目并非直接以实现这一目标为目的，但它们提供了准教师必备的研究、思考和分析的工具和能力，以便她（他）们在成为专

---

① 冯雅静，王雁. 美国"双证式"融合教育教师职前培养项目的概况和启示：以田纳西大学早期教育融合教师培养项目为例 [J]. 中国特殊教育，2015（3）：65-71.

业教师的过程中逐渐成长为专家型教师。

（五）项目的课程设置

该项目总学分为128，分五年完成，每年学分分别是24、28、24、28、24。课程可分以下类别：普通儿童发展和教育方法类课程，52学分；特殊儿童发展和教学方法类课程，9学分；学科内容和教法类课程，37学分；教学实习类课程，20学分；计算机相关课程，6学分；实践研究类课程，4学分。该项目课程设置的主要特征是：前三年主要学习普通儿童发展和教学方法类课程以及学科知识课程。第四年开始学习特殊儿童相关知识和教学法课程。从第三年起开始进行教学实习，时间长度逐步增加，最后一年实习学时占一半。除了一个学期的特殊教育实习外，其余课程均在融合教育环境中完成。实习时间的逐步增加与教学才能发展阶段理论是一致的。实习类课程贯穿始终，强调理论联系实际。专业课程从基础到应用具有递进性。首先，设立了以残疾幼儿为本的课程，专门针对不同残疾类型儿童进行教学。这些本位课程的目的在于为未来的教育者提供深入了解各种残疾类型儿童的机会，使她（他）们能够更好地理解和满足这些特殊儿童的学习需求。这种课程的设置有助于消除师资培训中的盲点，使培训的全面性得到提升。其次，设置嵌入式课程，即将特殊教育知识融入普通教育课程中。这种做法强调了融合教育的理念，使教育者在普通教育课堂教学中具备应对多样化需求的技能。通过嵌入式课程，教育者能够更加灵活地运用融合教育原则，确保每位幼儿都得到平等的教育机会。这些教育课程的设立旨在提高普通教育教师对融合教育的认知水平和实践能力。这些改进不仅有利于特殊儿童的学习，也有助于创造更加包容和多元的学习环境。美国的教育体系正在积极致力于提高教师对多样化需求的教育准备，以更好地服务社会中的每一个幼儿。这一趋势为教育领域的不断进步注入了新的活力。这表明美国高度重视融合教育理念在教师培养中的落实，不仅专门设置了融合教育项目，还在普通教育师资培养中加强对融合教育师资的培养。

（六）项目的课程实施

该项目实现了普通教育课程和特殊教育课程的有机融合，不再是简单的分离并列，积极响应了对特殊儿童的教育知识和技能要求。其具体做法是：在开设特殊教育专门课程的同时，还在普通教育课程中大量渗透和整合特殊教育的知识点。课程采用合作教学模式，发挥不同教师的专业优势，共同完成课程。例如，普通教育教师讲完为普通儿童制订教学计划后，特殊教育教师立即讲解个性化教育计划的制订，准教师可以通过对比发现两者的异同。这使准教师自然地将特殊教育视为教学活动的组成部分，而不是被隔离对待。这种整合式的教学方法有助于促进普通教育和特殊教育之间的沟通和合作，提高教师对特殊儿童的关注和教育质量。通过将特殊教育的内容融入普通教育课程中，可以帮助普通教师更好地理解和满足特殊儿童的需求，提供个性化的教育支持。同时，这种整合式的教学方法也能够促进特殊儿童与普通儿童之间的互动和融合，减少特殊儿童在学校中的孤立感和被边缘化现象。总的来说，该项目的实施摒弃了以往的分离式教育模式，提倡普遍设计和包容教育的理念，为特殊儿童提供更好的教育机会和环境。

七、对我国幼儿园教师融合教育素养职前培养的启示

（一）制定融合教育教师专业标准和教师资格认定制度

在我国，当前幼儿园教师融合教育素养的具体要求和国家标准尚不完善。在 2012 年发布的《幼儿园教师专业标准（试行）》中，对融合教育的要求表述较为模糊，仅涉及教师应了解特殊儿童的发展特点和相应的教育策略方法。此外，各类教师资格证考试内容中也没有对融合教育知识的考核。这一情况给教育体系带来了一定的混乱，影响了幼儿园教师在融合教育方面的专业成长。这一不健全和不规范的制度安排可能导致一系列问题。首先，师范院校在制订培养方案时可能存在偏差或不足，缺乏统一的标准可能使得教师培养的方向难以明确。其次，对教师工作职责界定不明确，也难以确保她（他）们具备足够的融合教育素养。最终可能导致"随班就读"演变为"随班就座""随班就混"的现象，影响融合教育的实施效果。一些观点认为，为了解决这一问题，政府应采用自上而下的行政方式，明确融合教育教师培养的专业标准。第一，制定符合我国实际情况的专业素养标准，明确教师在融合教育方面应具备的核心能力和知识。这不仅有助于统一师范院校培养方案的制订，确保所培养的教师具备必要的融合教育素养，也有助于提高幼儿园教师在实际工作中的信心和胜任力。第二，建立健全教师资格认证制度，将融合教育的相关知识纳入考核内容范围。通过教师资格证考试对融合教育知识的考核，可以确保教师在专业领域有一定的知识储备。同时，要加强对持证上岗的要求，以保障教师的专业水平，促使教育从业者在融合教育方面持续学习和提升。第三，政府还

应该颁布法规要求持证上岗，为融合教育教师执业提供法律依据。这将有助于确保教师考核与认定有法可依，使融合教育质量得到可靠的保障。通过这一系列措施，可以构建一个完善的融合教育体系，提高幼儿园教师在融合教育方面的整体素养，为特殊儿童提供更加贴心和有效的教育服务。

（二）积极探索本土化的融合教育师资培养模式

面对我国幼儿园教师融合教育素养培养模式不明确的现状，借鉴美国"双证制"培养经验具有重要参考价值。第一，在宏观层面，国家可颁布相关政策，明确规定师范生只有同时获得学前教育与特殊教育双学位，并通过专业考试，才能申请双文凭；在职幼儿园教师只有参加特殊教育专业培训并通过考核，才能取得特殊教育教师资格。既通晓学前教育又熟悉特殊教育知识的教师，才有资格在融合教育机构任教。上海于1997年开始实施双证制度，要求随班就读学校教师同时持有普通教育文凭和特殊教育文凭，可作为政策制定者的借鉴。国家层面明确双证制培养模式，不仅有利于融合教育的实施，也能提高社会对融合教育师资培养的重视程度。从微观层面来看，支持和鼓励高等师范院校根据本地实际情况，积极探索符合本土化特色的融合教育教师培养模式，改革和创新教师职前培养体系，也非常有必要。一些师范院校依托多年培养经验，进行了积极的富有成效的试验与探索。例如，南京特殊教育师范学院进行课程体系改革，采用"三三结合"的培养模式，将不同学科课程进行模块化整合，并与社会实践课堂进行多形式的结合，实现了理论联系实际。重庆师范大学建立的"四位一体"课程体系，也吸收了融合教育的相关理念，并积极搭建教师实践的平台。这表明本土化的培养模式改革充满活力，具有强大的适应性。所以，继续支持和鼓励高校根据自身优势和特色，主动适应时代需要，积极探索教师职前培养新模式，是非常有必要和可贵的。为培养幼儿园教师的融合教育素养，我国高等师范院校需要探索符合国情的培养模式，特别要重视实践环节的建设。为培养幼儿园教师的融合教育素养，我国高等师范院校需探索符合国情的培养模式，特别要重视实践环节的建设。在这方面，我们应积极借鉴美国高校广泛采用的"田野实习"做法。这种做法的重点是高校与其他教育机构建立合作伙伴关系，共同为准教师构建综合的教育实践环境。在这样的环境下，准教师可以接触各类特殊儿童，参与教学设计和组织，积累亲身实践经验。同时，高校还应发挥引领作用，开展研究，与合作方共同探索促进本地区教育发展的师资培养模式。只有真正把理论和实践相结合，准教师才能在实践中学习，长期汲取经验，培养出适应现代教育需要的复合型教师。总之，主动学习国外成功经验，积极探索符合国情的培养模式，是当下我国幼儿教育类高校的重要课题和迫切需求。这需要广泛合作和持续改进创新。

（三）确定倡导基于实践的融合教育课程的培养目标

培养幼儿园教师的融合教育素质，旨在使她（他）们既能理解融合教育的理念和知识，又能具备实际操作能力，以满足基层幼儿园对融合教育人才的需求。这个目标的实现，关键在于构建一套完善的融合教育课程体系，其中最为重要的一环是将融合教育课程纳入必修范畴。目前，我国高校学前教育专业在融合教育课程设置上面临两个主要问题。第一个问题，缺乏统一规定使得不同高校在融合教育课程的实习时间和学分设置上存在较大差异。这导致准教师对融合教育的关注度参差不齐，无法形成共同的认知水平。为了解决这一问题，应该在高等教育层面建立起一套明确的标准，确保所有学校在融合教育课程方面有比较一致的设置，以提高整体教育质量。第二个问题，当前课程设置存在重知识传授、轻实践教学的倾向。多数高校通过增设融合教育课程的方式，更注重传授相关知识，而缺乏对实际操作的强化。为了更好地培养实际操作能力，应当在融合教育课程中增加实践教学环节，通过系统的教学技能训练和大量的实践教学练习，提高准教师在实施融合教育方面的能力。这种做法能够更好地满足基层幼儿园对融合教育人才的实际需求，使准教师在接触实际工作场景时能够更加从容、得心应手。总体而言，要推动融合教育素质的培养，要解决这两个问题，一是国家层面需要出台统一的规定，明确融合教育课程的时间和学分要求，确保各高校和准教师对课程教育的重视程度，其关键在于通过设立必修的融合教育课程，统一高校的课程设置标准，并注重增加实践教学环节，使准教师在学习过程中不仅能够理解理论知识，还能够在实践中灵活应用，为日后的教学工作做好充分准备。这样的改革努力将有助于培养更多适应基层幼儿园需要的、具有全面素养的融合教育人才。二是高校需要调整课程设置，不仅要传授知识，更要加强实践教学，使准教师真正掌握运用知识的能力。这样才能更好地培养准教师的融合教育素养。我国学前融合教育课程设置应注重培养准教师的教学技能。应增加实践型课程的比重，通过理论联系实际，培养准教师运用各种适合融合教育的教学方式的能力。准教师要掌握差异化教学、合作教学等方法，需要在教学实践中不断探索和提高自身教学方式。

（四）促进学前教育、特殊教育与医疗机构的合作

随着我国融合教育的发展，教师培养面临转型。第一，需要打破普通教育和特殊教育的壁垒，建立跨专业合作机制。在职前培养中，整合普通教育、特殊教育、医疗卫生等资源，并在必要时与医疗机构开展合作，这对提高教师融合教育能力必不可少。第二，应构建跨学科的培养模式。教师要掌握照顾残疾和非残疾儿童的技能，并为特殊儿童提供康复服务。第三，应加强教师的实践能力培养，增加教学实习的机会和时间，使用项目化、情境化的教学方法。第四，应建立教师持续专业成长机制，鼓励教师终身学习，利用网络资源开展远程培训。只有这样，教师才能不断提升专业能力，从而不断满足融合教育的需要。我国可以借鉴美国的成功经验，通过高校与医疗机构合作，建立跨学科的融合教育教师培养项目。首先，组建由普通教育教师、特殊教育教师、医生、治疗师等组成的团队，明确项目培养目标。其次，通过团队合作，促进角色转变，分享教育医疗实践经验，拓展专业知识。再次，培养教师针对不同需求儿童制订个性化教学方案的能力，以及宣传融合教育理念的能力。最后，深化教师对合作关系的理解。参训教师需要观察并记录儿童表现，与儿童建立关系，设计实施符合不同儿童需要的教学活动，观察学习团队中不同专业角色，体验合作教学。通过这种跨学科培养模式，可以有效提高教师的融合教育素养。我们建议通过以下途径提高幼儿园教师的融合教育素养：引进国外成功的融合教育教师培养项目，学习国际先进经验。聘请融合教育专家组建指导团队，为教师培养提供理论指导和实践支持。鼓励高校、医疗机构、教研机构等开展跨学科合作，共建教师培养基地。加强教师合作教学能力的培养，促进教育和医疗等领域专业人员的交流与合作。强调教师终身学习，鼓励教师持续培训促进专业成长。增加教师培养经费投入，保障培养质量。建立完善的教师培养质量监控和评价体系。最重要的是要以儿童利益为先，为所有儿童提供公平而有质量的教育。通过上述努力，我们认为可以全面提升我国教师的融合教育素养。

美国学前融合教育发展时间长，政府支持力度大，法律、课程和师资培养体系配套比较完善。相比较而言，我国融合教育起步较晚，发展仍不足。因此，我们有必要吸收美国的成功经验。通过分析可以看出，美国融合教育师资培养的关键在于：制定完善的法规和专业标准，建立灵活的课程体系，改革培养模式。这些都是支撑高质量师资培养的基石。我国如果要培养高素质的融合教育教师队伍，就需要政府、学校和社会通力合作。

制定科学的法规和标准，设计符合国情的课程，改革培养机制，采用跨学科合作的模式，并提供充足的资源支持。只要做好这些基础工作，加强顶层设计，我们就能建立适合中国国情的融合教育师资培养体系，推动融合教育取得更大发展。

第二节　英国幼儿园教师融合教育素养的职前培养实践

一、职前培养的背景

20世纪90年代，英国不断推进融合教育，特殊教育教师培养进入新的发展阶段。1996年，《教育法》规定在培养教师的过程中，不能仅注重普通教育能力的培养，必须兼顾特殊教育能力的培养。2001年，《特殊教育需要和残疾法》明确规定新手教师必须掌握教育特殊儿童的专门能力[1]。同时组建专业化的特殊教育巡回指导队伍，支持学校的特殊教育。在融合教育目标的指引下，实施了"普通教育教师特殊教育化，特殊教育教师协调专业化"的培养模式，从简单提高学历，转变为注重教师专业化培养，使特殊教育能力成为新手教师专业化能力的重要组成部分。这标志着英国特殊教育教师培养理念和体系的重大进步。

为提高普通学校教师的特殊教育能力，英国对幼儿园教师培养提出了以下要求：学前教育师资培养机构应增设五大领域课程和教学方法相关课程，并占用更多培训时间[2]。新增开设多类型的特殊教育教学策略课程，保证策略指导全面。延长幼儿园教师在融合幼儿园的实习时间，加强实践锻炼。注重培养幼儿园教师的特殊教育实际操作技能，不能停留在理论层面。通过修改培养内容和方式，提升幼儿园教师对特殊教育和特殊儿童教学的认知。为了适应融合教育的需求，需要确保教师未来能够胜任融合教育环境下的教学任务。

2007年实施的英国《教师专业标准》更加注重培养教师的专业性，以适应融合教育的需要。该标准从以下几个方面对教师提出新的要求：不仅

---

① 张秀. 英国特殊教育立法的演进及对我国大陆地区特殊教育的启示 [D]. 西安：陕西师范大学，2014.

② 黄菲，孙玉梅. 英国自闭症融合教育教师培训及启示：以 AET 学校项目为例 [J]. 现代特殊教育，2021（12）：24-29.

要满足普通幼儿的学习需求，也要关注特殊幼儿的个性化需求，提供定制化支持。关注社会和文化因素对幼儿成长的影响，针对不同背景的幼儿采取不同教育策略。在课堂教学中主动照顾幼儿的多样性，创设公平和融合的环境。与特殊教育教师形成合作伙伴关系，共同为幼儿成长贡献力量。及时识别有问题的幼儿，并推荐这些有问题的幼儿获得专业的帮助和支持。这些要求体现了专业教师对幼儿差异性的尊重和关注以及开展协作的意愿，与融合教育理念高度契合。

二、英国幼儿园教师融合教育素养职前培养内容的特征

（一）运用多种形式的议题，使融合观念深入人心

英国的普通幼儿园教师培养实现了特殊教育能力的普及，这主要体现在对融合教育理念的广泛而深入的理解上。英国不再狭隘地将融合仅限于"特殊需求"，而是从更广阔的社会公平和机会均等的视角来诠释融合教育理念。尽管英国教师对特殊教育知识有一定掌握，但在培训课程设置上仍十分强调融合教育理念的传播和渗透。课程包含了融合教育的政策法规、发展动态和面临的挑战，以及影响融合教育的社会、学校和家庭因素等内容。这样既重视教师从事特殊教育的专业能力，也使教师深刻理解融合教育的内涵，从更宏观的层面关注教育公平，内化融合精神。这种广泛而深入的融合教育理解，是英国培养高素质融合教育教师的重要基础。

（二）持续优化教师专业标准，强化融合教育方面的知识和技能要求

英国规定所有幼儿园教师都必须掌握不同类特殊儿童的专门教学知识，这些知识侧重教师的专业教学能力培养。首先，对不同类型特殊儿童的专门教学知识的要求，体现了英国对于教师全面理解特殊儿童的迫切需求。这包括对盲聋哑儿童和智障儿童等特殊儿童的深入了解，以便更好地满足特殊儿童的教育需求。其次，对残疾儿童康复训练相关知识的要求，使得教师不仅关注学科知识的传授，也注重对残疾儿童全面的康复需求的满足。这种关注不仅有助于提高教师的专业水平，也能够更好地服务于残疾儿童的发展。再次，对语言或心理障碍儿童心理结构方面知识的要求，体现了英国对于培养教师在心理学领域的素养有着明确的目标。这对于更好地理解和引导语言或心理障碍儿童的学习和发展至关重要。最后，对特殊教育教师特殊教育教学知识的要求，则更进一步明确了教师在特殊教育

领域的专业要求。这有助于确保教师在实际操作中能够灵活运用相关知识，更好地实施特殊教育教学。英国的教师融合教育素养培养体系强调了对基础知识的广泛涉猎，旨在使教师具备全面的特殊儿童教育知识和实践能力。这种培养方式有望为特殊儿童提供更加个性化、贴心的教育服务，为特殊儿童的全面发展创造更加有利的教育环境①。因此，教师要在职前培养中主动学习特殊教育基础知识，如特殊儿童的身心特点、评估方法等，以及一系列的教学策略。这能让教师更好地开展融合教学。英国的教师培训注重培养教师的特殊教育专业技能，根据儿童特点设计适合的教学方法和课程，创建适合特殊儿童的教学环境，构建模拟社会环境增强儿童自信心，促进其语言能力等的发展。这体现出英国培训强调学校本位和教师专业技能培养，将特殊教育能力作为教师核心竞争力的一部分。

（三）重视幼儿园教师的综合组织能力

英国幼儿园教师培训强调培养教师的综合组织能力。学前师资结构多样化，由特殊教育教师、特需协调员和巡回指导教师组成。特殊教育教师主要在特殊学校任教，特需协调员主要在普通学校提供支持，巡回指导教师提供移动支持服务。三类教师分工协作，充分发挥各类教师的专业优势，建立灵活的师资培养支持体系，实现专业分工与职责明确化，共同促进特殊儿童的发展。

2001 年，英国《特殊教育需要实务守则》明确规定设立特殊教育需要协调员（特需协调员）。特需协调员负责为有特殊需求的儿童提供支持。特需协调员的设立覆盖各个教育阶段的机构和学校。特需协调员发挥桥梁和纽带作用，连接学校和特殊儿童家庭。特需协调员负责特殊儿童的评估、个性化教育计划制订等工作。特需协调员还负责校内外资源的联系和利用。特需协调员岗位的设立使特殊儿童教育支持更加专业化。

特需协调员是英国政府为落实融合教育而设立的专职教师。她（他）们不仅需要掌握特殊教育教师的知识与技能，还需要系统而专业的特殊教育培训和丰富的早期教育经验。此外，特需协调员还需具备强大的领导、组织和沟通、协作能力。特需协调员承担起连接特殊儿童家庭和学校的重任，既要与家长沟通儿童状况，也要与特殊教育教师合作指导儿童。由此

---

① 郑伟，张茂聪. 英国融合教育的政策特点及其成效研究［J］. 外国教育研究，2020，47（5）：27-41.

可以看出，特需协调员作为学校融合教育的执行者和支撑者，需要全面和专业的培养。因此，在特殊教育教师的培养过程中应加强对特需协调员职责和能力的培养，并增强全体教师与特需协调员的配合意识。这有助于特需协调员发挥应有作用，使融合教育得到全面和有效的实施。

如果说特殊教育需要特需协调员负责特殊教育的日常管理，那么巡回指导教师则充当了特殊教育专业支持角色：传播和沟通特殊教育理论知识和信息，为特殊教育教师的教学工作提供辅助和指导。巡回指导教师具有流动性和灵活性，一般由资深的特殊教育专家教师担任。巡回指导教师针对普通学校中的特殊教育问题提供专业建议，给学校特殊教育工作提供理论支持和技术指导，帮助提升学校特殊教育教师的专业能力，发挥专家的桥梁和支撑作用。

（四）强调在实践中积累经验并提升科研能力

英国非常重视教学实习，组建了实习指导小组来促进幼儿园教师实习。实习指导小组由实习学校、地方教育部门和大学组成。在实习过程中，教师要学会面对课堂上的特殊儿童。教师需要学习观察、记录、评估和识别特殊儿童的需求。教师需要学习制订个性化教育计划和对应的教学策略。实习指导小组鼓励教师设计小组课题，分析特殊儿童的教学对策。教师实习后需进行总结和反思，促进自身能力提升。实习采取导师制，专家直接指导和帮助解决问题。英国特殊教育实习形式多样，主要有以下几种：实习教师与特殊教育团队合作，参与日常特殊教育工作，获得第一手经验。这是最常见的形式。另外就是实习教师在普通课堂上支持特殊幼儿或在特殊学校实习，了解运作模式。实习教师需接受特殊教育专家督导，以获得指导。英国特殊教育师资培养由不成熟向专业化发展，形成了完善的机制，并与普通教育师资培养共同发展[①]。

随着英国融合教育的推进，特殊教育教师培养也要强化科研能力，不能仅满足于基础教育水平。特殊教育教师属研究生层次。为此，需要加强特殊教育教师的科研能力培养，鼓励她（他）们进行研发和创新；利用教师的丰富实践经验开展研究，推动理论与实践结合；设置科研类课题，培养教师的研究能力；鼓励教师参与学术交流，拓宽学术视野；引导教师总结实践经验，发表研究论文，培养兼具教学和科研能力的高素质教师队伍。

---

① 佘丽，冯灵，黄灿灿，等. 国外职前教师融合教育素养培养实证研究新进展 [J]. 中国特殊教育，2021（12）：21-27.

三、英国幼儿园教师融合教育素养职前培养的实践

（一）开设常规或专门课程，凸显融合教育理念

在教育方面英国一直以其融合教育的优势而闻名。在培养幼儿园教师的过程中，英国大学通常将融合教育素养作为重要组成部分。下面以六所英国大学为例，介绍它们在培养幼儿园教师的融合教育素养方面的做法。

1. 伯明翰城市大学

伯明翰城市大学一直致力于培养具有融合教育素养的幼儿园教师。该大学的教育学院提供了多种课程，重点培养准教师在教育领域的专业技能，特别是关于融合教育的知识和实践。它们的培养做法包括：

（1）跨学科课程。准教师将参与跨学科的课程，学习如何理解和应对不同学习需求的儿童。这有助于幼儿园教师了解如何在同一个教室中有效地教导各种幼儿，包括特殊幼儿、英语为第二语言的幼儿等。

（2）实习体验。准教师将参与多个实习项目，与不同学校和教育机构合作，观察和参与融合教育的实际教学环境。通过实际体验，她（他）们将学会应对多样化和多元化幼儿群体的技巧。

（3）个性化辅导。准教师将得到来自导师和教授的个性化辅导，以帮助她（他）们在教学实践中掌握适应性和包容性的策略。

2. 伦敦大学学院①

伦敦大学学院作为英国著名的研究型大学，也非常重视融合教育素养的培养。它们在幼儿园教师培养方面的做法如下：

（1）研究导向。该大学鼓励准教师参与教育研究项目，特别是关于融合教育的研究。通过参与研究，准教师将深入了解如何将最新的教育理论与实践相结合，以更好地支持多样性幼儿的学习。

（2）反思实践。准教师将进行反思实践，这是指在教学过程中不断地审视自己的教学方法，并做出适应性调整。这有助于幼儿园教师更好地回应不同幼儿的多样化需求。

（3）教育技术。该大学强调利用教育技术来促进融合教育。准教师将学会如何使用教育技术工具，以满足幼儿个性化的学习需求，并提高学习效果。

---

① 伦敦大学学院（University College London，UCL），1826 年创立于英国伦敦，是一所公办研究型大学。伦敦大学学院是伦敦大学联盟的创校学院、罗素大学集团和欧洲研究型大学联盟创始成员，也是"金三角"名校和 G5 大学之一。

3. 曼彻斯特大学

曼彻斯特大学在教育领域一直具有卓越声誉，其教育学院注重为幼儿园准教师提供全面的融合教育素养。以下是该大学的一些做法：

（1）融合教育课程。学校提供涵盖融合教育的多个方面的课程，涉及不同年龄段和背景的准教师。这些课程涵盖多元化教学策略、特殊教育需求和包容性教育的理论与实践。

（2）实践与研究。准教师将有机会参与学校和社区中的实际教学实践，并进行教育研究。这有助于准教师将理论应用于实践，并增强对融合教育的理解和认识。

（3）多样化准教师群体。大学努力招收具有不同背景和经历的准教师，以增强准教师对多样化的敏感度和理解力。

4. 利物浦大学

利物浦大学的教育学院专注于成人和非传统准教师的培训，其中也包括幼儿园教师培养。以下是它们培养幼儿园教师融合教育素养的一些做法：

（1）灵活学习。该学院提供多样化的学习方式，包括夜校和线上课程，以满足不同准教师的学习需求。这种灵活性有助于吸引那些希望成为幼儿园教师但可能有其他责任和限制的准教师。

（2）社区参与。准教师将参与社区项目，与当地社区和学校合作，了解不同准教师群体的需求，并获得更广泛的融合教育实践经验。

（3）反思和支持。鼓励准教师进行定期反思，以探讨她（他）们在教学实践中遇到的问题，并提供学术和教学支持，帮助她（他）们不断提高自己的教学技巧。

5. 诺森比亚大学

诺森比亚大学在教育领域有着丰富的经验，并致力于培养具备融合教育素养的幼儿园教师。以下是该大学的一些做法：

（1）融合教育实践。准教师将在学校和早期教育机构中进行融合教育实践，与不同幼儿群体一起工作，了解和适应幼儿的学习需求。

（2）教学策略。学校强调教学策略的多样化，帮助准教师学习如何制订适应不同幼儿的教学计划，并提供个性化的学习支持。

（3）社会公正。学校注重教育的社会公正性，教导准教师关注社会不平等问题，并为所有幼儿提供公平的学习机会。

6. 格拉斯哥大学

格拉斯哥大学在教育领域有着悠久的历史，并以其严谨的教学和研究而著称。在培养幼儿园教师方面，该大学也有以下做法：

（1）课程设计。学校的教育学院设计了涵盖融合教育的综合课程，旨在帮助准教师了解教育的多样性，并学会在实际教学中应用相关知识。

（2）师范培训。格拉斯哥大学提供严格的准教师培训计划，包括实地实习和辅导，确保准教师在融合教育方面得到充分的实践经验和指导。

（3）多元文化。学校强调在教学环境中欢迎不同文化和背景的准教师，鼓励幼儿园教师倡导多元文化教育和包容性教育。

总结起来，英国大学在培养幼儿园教师的融合教育素养方面，通常采取跨学科教学、实践体验、个性化辅导、教育研究和教育技术等多种方法。这些措施帮助准教师培养包容性思维，掌握灵活应对不同幼儿需求的能力，并在实践中不断完善自己的教学方式，以更好地服务于各类幼儿的学习与成长。

（二）开展融合教育实践项目，改革 PGDE 课程

PGDE 课程的全称是 Postgraduate Diploma in Education，即学位教师教育文凭课程。幼儿园教师融合教育素养的培养，需要关注关键人物的经历、教学痛点和行动倡议。例如，杰基·斯图尔特爵士根据自己在融合教育学校的经历，发现许多教师没有做好充分准备，无法在课堂上有效应对诵读困难等具有特殊需求的幼儿。杰基爵士为此拜访了苏格兰多所大学（爱丁堡大学、格拉斯哥大学、邓迪大学、阿伯丁大学等），呼吁校方启动项目以加强教师对诵读困难等特殊儿童的理解。在阿伯丁大学，他获得了积极回应，该校校长表示高度重视教师素养培养。为提高教师的融合教育素养，苏格兰阿伯丁大学启动了全纳实践项目（Inclusive Practice Project in Action，IPPA），特别关注学校对具有特殊需求的幼儿的期望过低的问题[①]。基于这样的背景，培养幼儿园教师的融合教育素养需要注意以下几个方面：一是设置专门的课程，增加教师对特殊儿童的理解；二是加强实习环节，让教师掌握具有针对性的教学策略；三是优化课程设置，使其贴近教学痛点；四是提供持续培训，不断提升教师的专业能力。如果从根本上提高教师的素养，让每一位教师都能应对幼儿的多样化需求，那就能为

---

① 范心蕊. 全纳教育理念下苏格兰职前教师教育的政策与实践研究［D］. 长春：东北师范大学，2022：45-53.

更多特殊儿童提供适当和有效的教育支持。随着项目的推进，人们的关注焦点从狭隘的诵读困难扩展到更广泛的学习困难，强调融合教育理念，这与当时苏格兰政府的政策发展方向一致。在政府支持下，该项目采用更宽泛的融合教育定义。与此同时，在教师培育委员会的推动下，总教学委员会也在研究如何变革教师职前培养标准，以培养教师应对多样化需求的能力。基于这样的背景，培养幼儿园教师的融合教育素养可以从以下方面入手：一是调整师范课程设置，增加特殊教育学类课程；二是提供系统化培训，使教师掌握多样化教学策略；三是加强教学实习，使教师在实践中积累经验；四是建立导师制度，让资深教师进行学习和实践指导。如果能持续推进这些举措，就能有效提升幼儿园教师的专业素质。

1. PGDE 的理论基础

IPPA 项目由苏格兰政府资助，目的是改进教师培养方式，提高教师对影响儿童学习的教育和社会问题的认识，以及解决这些问题的能力。为此，阿伯丁大学修订了教育专业研究生文凭课程，确保核心课程涵盖社会和教育融合问题。之前这方面内容仅为选修。阿伯丁大学还组建了工作组，讨论如何调整课程设置，为培养幼儿园教师的融合教育素养奠定共同的学习基础。基于 IPPA 项目的经验，阿伯丁大学采取了以下做法：一是设置专门的课程模块，系统学习特殊教育学知识；二是将社会融合理念和案例纳入核心课程；三是增加特殊教育准教师的实习学时或实习机构；四是采用项目学习法，设计贴近实际的教学案例；五是建立教师支持团队，开展协作研究。如果能持续推进这些举措，将可以有效培养出既具备专业知识，又富有爱心的幼儿园融合教育教师。

融合教育专家佛洛里安提出的通用设计理念，强调教育系统应该适应每一个孩子的个性差异，而不是把差异视为问题。这一理念为 IPPA 项目所认可，项目出发点是尊重每一个孩子的独特性。

通用设计理念类似于建筑领域的无障碍设计理念，关注通过改进设计方案来提高所有人获得服务的便利性。在教育领域，我们需要重新审视一些根深蒂固的学习观念，例如认为学习能力是固定不变的。取而代之的是应该建立这样的共识：学习能力是可塑的，会随着当前的学习情境和教学方法而改变、优化。基于这一理念，培养幼儿园教师的融合教育素养应重视以下几点：一是构建孩子学习能力可发展的正确认知；二是学习通用设计理论，优化教学方案；三是关注过程，而非结果；四是因材施教，发掘每个孩子的学习潜力；五是创建知识支持系统，鼓励教师持续专业成长。如果能持续推进这些举措，教师就能形成正确的观念，从而更好地开展融合教育实践。为了通过通用设计扩大适用面，我们在设计教学内容和课程时，不应仅考虑某些特定群体的需求，而是要面向全体幼儿。即使在普通课堂上，教师也必须时刻考虑幼儿个体差异的情形。正如理查德·亚历山大所说，教育是一个多方面过程，需要考虑孩子的个性、发展需要等诸多因素再做出教学决策①。基于此，培养幼儿园教师的融合教育素养应注重：一是构建"认识每个孩子"的理念；二是学习通用设计原则，设计适合全体幼儿的课程；三是运用多样化评估方法，识别每个孩子的需求；四是应用差异化教学策略；五是创建学习社区，集思广益。如果教师能持续提高这些能力，就能更好地开展适合每个孩子的教学实践。

佛洛里安提出了三个关键假设，为幼儿园教师培养提供了理论支撑：教师应认识到差异是人类发展的重要方面；教师应相信自己能教好每一个孩子；教师应学会将关于人类差异的信息融入教学，并与他人合作②。基于这一理念，阿伯丁大学调整了教师培养课程，通过讲座、导师指导、合作学习等形式，强化对反决定论、社会文化学习观等关键理念的学习。参考这一经验，我们培养幼儿园教师的融合教育素养可以从以下几个方面入手：一是构建教育应包容差异的理念；二是培养教师的专业自信；三是学习合作策略，提高教研能力；四是设置专题讲座，深化关键知识学习；五是鼓励合作探究，形成学习社区。以上举措的持续推进，将有助于培养出真正具备融合教育素养的幼儿园教师。

2. PGDE 的基本原理和结构

IPPA 项目工作组提出两点主要假设：一是幼儿园教师培养内容可以适当结合；二是教师需要掌握适合幼儿多样化需求的教学方法，而非仅仅依赖"普通"和"特殊"幼儿的二分法。基于此，阿伯丁大学决定将幼儿园教师培养课程合并为统一的课程，在专业研究的基础上根据融合教育理念重新设计课程设置。这一经验对我们培养幼儿园教师的融合教育素养也提供了借鉴，可考虑从以下几个方面入手：一是合并相关课程内容，形成系

---

① 童莉，胡春光.基于教师职业标准的苏格兰教育专业 PGDE 项目及其启示 [J]. 教育理论与实践，2014，34 (11)：30-32.

② 杨慧，孙玉梅. 苏格兰融合教育教师的培养及其启示 [J]. 现代特殊教育，2018 (14)：47-54.

统化培养方案；二是强化适合多样性的教学策略学习；三是增加特殊教育专业知识学习模块；四是设置贴近实际的案例分析；五是鼓励合作学习，提高教师解决问题的能力。以上措施的持续推进，将有助于培养出真正具备融合教育观念和能力的幼儿园教师。

新的 PGDE 课程强调理论联系实际的重要性。课程设置了校内外实习环节，支持幼儿园教师在实践中学习。与此同时，也强化了批判性反思能力的培养，以消除理论与实践脱节的可能性。在 36 周课程中，大学学习和实习学校学习各占 18 周。大学阶段进行专业研究、专业进修、课程实践等模块化学习。这一经验对我们培养幼儿园教师的融合教育素养具有启发意义，可考虑从以下几个方面入手：一是增加实习学时，加强校际合作；二是构建理论联系实际的学习任务；三是培养批判性思维，进行反思式学习；四是设置专门的专业进修模块；五是建立导师制度，获得一线指导。这些举措的推进，将有助于培养出既具备专业知识也懂实践操作的幼儿园融合教育教师。PGDE 课程中的两门核心课分别关注教师个人准备和专业成长。"准备教学"部分让教师关注自己和幼儿，做好开展教学的准备；"专业成长"部分则强化不同学科背景下的专业成长和教学能力。课程目标：让教师准备好在多样化环境中促进幼儿成长；让教师成为有效的课程教学者；让教师进行高水平的专业实践。这对我们培养幼儿园教师的融合教育素养也提供了参考，可考虑从以下方面入手：一是设置教师个人准备模块；二是开设学科教学法专题模块；三是强化适应多样性环境能力；四是建立导师制度，促进专业成长；五是强化融合教育观念，养成教育情怀。这些举措的持续推进，将有助于培养出专业素养全面、教育情怀高尚的幼儿园融合教育教师。PGDE 课程合并了原先分设的小学和中学教师培养，由导师小组共同负责。课程以导师指导和自主学习为主，包含了"积极的专业化""社会公正与融合""学习与幼儿""情感与教育素养"四个模块。这一经验对我们培养幼儿园教师的融合教育素养也具有借鉴作用。具体而言，可以考虑从以下几个方面入手：一是建立导师团队，提供理论指导；二是设置专题学习模块，强化关键素养；三是鼓励自主和合作学习；四是增加情感和教育素养内容；五是构建课程体系，形成知识体系。这些举措的有效实施，将有助于培养出融合教育素养全面而且能力扎实的幼儿园教师。改革后的 PGDE 课程规定教师必须学习专业进修课程，以加深对核心专业模块的理解，并进行选题深入研究，选题涉及公民身份、读写能力、创造力等。中学教师可以与相关学科小组进行联合探究；小学教师可以参加系列化讲座或辅导，涵盖将要教授的学科的方方面面。这对我们培养幼儿园教师的融合教育素养也提供了良好借鉴。具体而言，可以考虑从以下几个方面入手：一是设置专业进修项目，拓展准教师知识广度和深度；二是鼓励自主选题研究，培养探究兴趣；三是开设系列专题讲座，丰富教学知识；四是建立导师制度，获得专业指导；五是搭建教师学习社群，开展合作研究。这些举措的推进，将有助于培养出专业基础扎实、自主学习能力强的幼儿园教师。改革后的 PGDE 课程规定教师必须学习专业进修课程（Further Professional Studies，FPS），以加深对核心专业模块的理解，并进行选题深入研究，选题涉及公民身份、读写能力、创造力等。FPS 课程旨在鼓励教师进行终身学习和持续的专业成长[①]。教师可以从 13 门课程中选择一门进行深入学习，课程涵盖具体学科和广泛能力。每门课程学时为 50 小时，其中 25 小时由导师指导，包括 14 小时授课；另 25 小时为自主学习。这一经验对我们培养幼儿园教师的融合教育素养具有启发作用。具体而言，可以考虑从以下几个方面入手：一是设置教师持续专业成长课程，鼓励终身学习；二是开设特定学科或能力主题专题供选择；三是采用导师指导与自主学习相结合的模式；四是鼓励教师进行选题探究，发挥专长；五是定期组织研讨交流，分享学习成果。这些举措的推进，将有助于培养出专业素养不断提升、自主学习能力强的幼儿园教师。FPS 课程的一个关键组成部分是同伴评估项目，要求准教师在小组合作中学习，并在课程结束时由准教师自己组织评估会。该项目的理念源自《无限制的学习》[②] 一书。该书探讨了在不依据能力或成就的情况下，如何创设融合性的学习环境并作为教学组织的原则。这对我们培养幼儿园教师的融合教育素养提供了良好借鉴。具体而言，可以考虑从以下几个方面入手：一是设置小组合作探究项目，进行同伴互评；二是通过项目学习培养无障碍融合的理念；三是鼓励团队合作，而非个体竞争；四是开展课程结束自主评估；五是构建教师学习社群。这些做法的持续推行，将有助于培养出具有融合教育情怀、合作精神与自我反思能力的幼儿园教师。在实习阶段，教

---

① 戚英杰，陈刚. 基于 FPS 的面向差异化学习的教学模式研究 [J]. 河北软件职业技术学院学报，2020，22（3）：51-54，58.

② 莱斯利·莫勒，杰森·B. 休特. 无限制的学习 [M]. 王为杰，译. 上海：华东师范大学出版社，2015.

师在两所不同学校实习，大学工作人员和导师共同参与实习检查。教师还需完成两篇分别不少于 5 000 字的实习反思论文，思考儿童的学习和融合教育实践。这体现了课程贯彻的融合教育理念，并通过作业锻炼教师的融合思维能力。这对我们培养幼儿园教师的融合教育素养具有启发：一是设置多样化实习环境，丰富对多样性环境的理解；二是实施校内外导师联合指导，形成合作机制；三是通过反思作业强化融合教育情怀；四是贯彻融合教育理念，理论联系实际；五是打造教师学习社群，分享培养经验。这些举措的持续推进，将有助于培养出既具备融合教育理念又会融合教育实践的幼儿园教师。课程要求每位教师建立完整的实习档案，包括学校信息、课程目标等内容。同时鼓励教师开发专业档案包，记录从培训到工作的专业成长过程。这对我们培养幼儿园教师的融合教育素养也提供了良好借鉴。具体而言，可以考虑从以下几个方面入手：一是建立教师实习档案，记录多样化学习经历；二是让教师开发专业档案包，追踪专业成长；三是鼓励教师写实习日志，进行自我反思；四是建立导师制度，获取专业指导；五是创建教师学习社群，开展交流分享。这些举措的推进，将有助于培养出注重自我发展与专业成长的幼儿园教师。专业档案包旨在促进教师专业成长，连接大学学习和学校实习。档案内容来源于课程活动、调研任务、自学成果、教学反思等。档案还可以包含其他材料，如照片、准教师作品、课程计划、评价摘录等，以完整记录教师的专业成长过程。这对我们培养幼儿园教师的融合教育素养具有启发作用。具体而言，可以考虑从以下几个方面入手：一是建议教师创建专业档案，汇集学习成果；二是鼓励教师记录学习历程，进行反思；三是开展作品展览，共享专业成长；四是举办专业对话活动，交流经验；五是打造专业成长社群，分享成长的经验。这些举措的推进，将有助于培养出专业素养持续成长与善于反思的幼儿园教师。

3. 幼儿园教师课堂教学实践的预期效果

当幼儿园教师完成培训进入试用期后，项目可以通过访问和焦点小组的方式来探讨课程目标与实际教学实践的衔接情况。其中一个关键是要向观察者阐明他们在观察教学实践时应该关注的要点以及应有的目标期待。这对我们培养幼儿园教师的融合教育素养也提供了参考。具体而言，可以考虑从以下几个方面入手：一是跟踪毕业生教学实践，评估培养质量；二是采取访谈、观察等方式开展调研；三是明确观察要点，定义良好教学实践；四是通过研讨促进理论与实践结合；五是建立反馈机制，不断完善培养方案。这些举措的推进，将有助于培养出教学实践能力强的幼儿园教师。

该项目的两个目标是：①通过社会文化学习法，提高教师对影响儿童学习的教育和社会问题的认识，增强教师支持每一个孩子的教学能力。②发展教师可以用来解决儿童学习困难的策略。这两个目标对我们培养幼儿园教师的融合教育素养提供了指导。具体而言，培养方案可以从以下几点入手：一是设置社会文化学习模块，加深准教师对学习影响因素的理解。二是强化促进每一个孩子发展的教学策略研究。三是深化对儿童多样化需求的理解，学习应对策略。四是强化教师支持与关爱能力的培养。五是强调教学过程的重要性，而非仅强调结果。这些举措的推进，将有助于培养出真正具有融合教育情怀与能力的幼儿园教师。

IPPA 项目通过研究融合教育学校的教学策略，以及对某些儿童是否需要专业教学方法的探讨，得出以下重要认识：对儿童需求进行分类，不能减少对分类方式的依赖，在理解儿童差异和获取资源方面，分类仍有其作用①。同时，从特殊教育研究中可以看出，普通教育中使用的策略是可以被调整应用到有学习困难的孩子中的。事实上，特殊教育的有效做法往往源自普通教育的做法。因此，培养幼儿园教师的融合教育素养应重视：利用普通策略帮助有困难的孩子；调整教学策略以适应不同需求；理解分类方式的作用；学习专业策略以应对挑战。这些举措的推进，将有助于培养出能够运用普通与特殊教育策略的幼儿园教师。从专业成长的角度思考学习，而不是简单地对孩子进行分类，会更有效。因此，融合教育实践应考虑如何包容而不是排斥有困难的孩子。课堂组织应提供项目选择，而不只是依赖能力分组。融合教育实践应体现合作精神，发挥专家的作用，不放弃任何一个孩子。最重要的是要减少对等级发展观念的依赖。这些实践应该可被观察到，哪怕其中某些思想不可见。总体环境和特征可以反映教师是否使用了融合教育教学法。教师谈论工作和孩子的方式也会反映她（他）们的融合教育信念。因此，培养幼儿园教师的融合教育素养应注重：减少对能力分类的依赖；注意课堂组织的融合性；强调专家合作，共同负责；创建包容和共生的环境；培养正确的融合教育观念。这些举措的推进，将有助于培养出真正具有融合教育情怀和能力的幼儿园教师。

---

① 田波琼，申仁洪，廖丽莉. 苏格兰中小学融合教育教师职前培养的背景、特点及启示：以 IPPA 项目为例 [J]. 外国中小学教育，2017（10）：39-46.

（三）开发 IPPAA（全纳教学法实践）框架，重视一体化课程设置

1. IPPAA 框架的思想基础

继罗宾·亚历山大提出"pedagogy"（教学法）概念后，该词被广泛用于指导教师在实践中做出决策所需掌握的知识和技能。幼儿园融合教育不仅要求孩子适应校园生活，还要给予孩子参与意义深远的学习过程的机会。这种教学法需要从理论上深入理解儿童的学习方式，以及影响儿童学习体验的各种社会公平问题的相互关联，这些问题又反过来影响教师的课堂教学方式方法选择。致力于幼儿教育的教师必须对全班所有孩子的学习与成长承担起首要责任。幼儿园教师必须意识到，她（他）们在组织学习活动时所做出的选择和采取的行动，传达给孩子的信息和价值观念远远超出课程本身的要求。通过这种方式，教师可以培养出适应幼儿特点和需求的教育素养。这要求教师在设计课程和活动时，考虑如何促进儿童全面发展，兼顾认知、社交、情感等方面，营造一个尊重多样性、重视公平的学习环境。例如，至少在 30 年前人们就已意识到，根据当前成就来预测孩子的潜力，并以此设计不同的教学经历，会产生破坏性影响。这包括加剧社会不平等、固化学校等级制度，以及选择性削弱某些孩子的自我价值感。此外，这种确定论的学习观念还让教师产生悲观主义，认为自己无法影响孩子的学习。因此，幼儿园融合教育拒绝将能力标签作为基本出发点。具体来说，它反对通过为大多数孩子提供额外或不同的学习经历来解决普惠教育问题。相反，它敦促教师扩展通常面向所有孩子的课程内容。在设计课程时，教师应考虑每个孩子的兴趣、能力、背景等差异，采用多样的教学方法激发每一个孩子的潜能。同时，要创建一个尊重多样性、重视公平的学习环境，让每个孩子都有平等的发展机会。这需要教师具备配合幼儿园融合教育理念的专业素养，这样她（他）们才能根据每个孩子的特点调整教学内容和方法，帮助每一个孩子取得进步。幼儿园教学借鉴了苏珊·哈特及其同事的研究成果，旨在通过为所有儿童提供机会，使儿童在一个不给能力打标签的课堂环境中学习，以此消除教师对孩子期望的限制。这与梅尔·艾恩斯科、托尼·布斯和艾伦·戴森的观点一致，他们认为"融合"意味着增加孩子对本地课程、文化和社区活动的参与，减少排斥。在幼儿园教学中，教师应该为每一个孩子创造平等的学习机会，不给孩子贴任何标签，消除对某些孩子能力的预期限制。教师应设计一个包容的课堂环境，鼓励每一个孩子参与其中，欣赏孩子的独特性。同时，教师还应该

努力了解本地的文化特征，将其融入课程，增强孩子的文化认同感。创设一个尊重多样性、推动融合的幼儿园学习环境，是培养教师专业素养的关键。幼儿园教学应运用基于现代集体学习心理学的教学策略，如情境认知、分布式智能、对话式教学和多模式学习。"融合"不是被动的，也不只是针对某些特定群体，而是让所有孩子主动参与到学校生活与学习中。幼儿园教师在选择教学方法时，不需要将孩子先入为主地归类。这打破了一些更传统的专业知识与职责观，特别是在学习辅导或其他专业规定上，它不排斥专家支持，但提倡提供更合理的帮助。幼儿园融合教育要求教师担负起对所有孩子的责任，包括学习有困难的孩子。它鼓励教师把学习困难孩子视为对自己的教学挑战，而不是孩子的缺陷，并积极寻找新的方法去辅助孩子。遵循这一理念，教师可以与专家合作，为所有孩子创设有意义的学习体验，确保每个孩子都能在幼儿园教育中得到充分的发展和成长。这样的做法不仅有助于提升幼儿教育质量，也能更好地满足每个幼儿的个性化需求。培养教师专业素养，掌握符合儿童学习特点的教学策略，是推进幼儿园融合教育的关键。重要的是，幼儿园融合教育的理念并不是要求简单地回归到传统的全班教学模式。在这种模式下，尽管表面上似乎通过为所有孩子提供同样的学习经历而解决了机会平等问题，但实际上可能无法真正满足每个孩子的个性化需求。相反，它提倡教师为课堂上的每一个孩子提供各种选择和机会，而不是只给特定的一些孩子提供不同的选择。在幼儿园融合教育中，人的多样性被视为一种优势，而不是问题，因为孩子们在一起工作、分享想法，并能从互动中获得成长。关键的是，幼儿园融合教育培养了对每一个孩子学习潜力的开放态度。在幼儿园教学计划中，"适应性"理念的核心思想至关重要。这意味着教育方法和内容需要根据孩子的不同需求和兴趣进行灵活调整，以最大限度地发挥他们的学习潜力。通过实施这种适应性教育，我们可以确保每个孩子都能在幼儿园教育中得到充分的成长和发展。

　　总而言之，幼儿园融合教育强调因材施教、尊重多样性，这需要教师具备开放和包容的专业素养。"适应性"理念提出，所有孩子的学习能力都会受到教师当前所做的决定和选择的影响，即教师能够并且确实会改变孩子的学习内容和方式。"适应性"理念及其关键原则是幼儿园融合教育的宝贵工具，因为它们为准教师学习提供了一种结构，让准教师理解对孩子的预测往往会限制教师对孩子能达到目标的预期。因此，学习成就是与教师的选择和决定密不可分的。"适应性"理念可以帮助教师树立起对每一个孩子学习潜力的开放态度，这对培养教师的专业素养至关重要。通过运用适应性教学策略，幼儿园教师能够更好地满足孩子的个性化需求，促进他们的全面发展。

总的来说，幼儿园融合教育是为了解决幼儿如何在不被歧视的情况下获得所需的额外支持或帮助而发展的教育方法和策略。它考虑幼儿之间的个体差异，避免了仅依据个人需求设计差异化教学可能出现的被边缘化问题。这些问题包括"重复排斥"，即幼儿形式上被包括在课堂上，但在参与合作或小组活动的机会上被排斥，也就是说幼儿可能在身体上参与其中，但在心理上被隔离在课堂之外。幼儿园融合教育通过提供全面的、非歧视性的教学支持，帮助每一个孩子融入学习活动，发挥潜能。这需要教师具备符合幼儿园融合教育理念的专业素养。

2. 开发 IPPAA 的缘由

尽管已经有许多关于幼儿园融合教育的态度、信念和价值观的文献，以及一些关于所需基础教育知识的关键研究成果，但是当前仍较少具体指导教师如何在课堂上实施幼儿园融合教学的文献。因此，记录和研究幼儿园融合教学或融合课堂教学实践的相关挑战还没有被很好地解决。但是梅尔·艾恩斯科和托尼·布斯的研究是一个例外，他们开发了"融合指数"来评估课堂的融合教育水平。该研究表明，坚持一套关键原则可以实现融合教育，并为系统研究提供了一个框架。总之，我们还需要深入研究如何在课堂上实施幼儿园融合教学以及评估其效果，这对培养教师的专业素养也是很重要的。

IPPAA 框架是一种强有力的工具，可以用来研究教师在不同背景下如何应用幼儿园融合教学的原则①。这个框架是在苏格兰政府资助的研究与发展项目"幼儿园融合教育实践"的背景下设计的。该项目支持阿伯丁大学教育学院重新设计其研究生学位课程，以确保准教师对教育和社会问题有深刻认识与理解。IPPAA 框架为研究与指导教师专业成长提供了有价值的工具。我们需要在不同的教学环境下应用这个框架，以提高教师实施幼儿园融合教育的能力，这对培养教师专业融合教育素养也是至关重要的。幼儿园教师对教育和社会问题的理解会影响儿童的学习，所以阿伯丁大学

---

① 唐佳益，王娇娇，王雁，等. 融合教育背景下普通教师需要具备哪些能力？：基于欧洲融合教师专业学习能力框架［J］. 中国特殊教育，2023（6）：8-16.

教育学院致力于重新设计研究生教育文凭课程并制定应对策略。IPPA团队谋求开发一种准教师培养方法，鼓励认同并应对学习和教学的多样性，同时避免给某些儿童贴标签从而产生负面影响。在课程开发过程中，课程导师、研究人员、合作幼儿园教师和新手教师进行协作，围绕"理解学习""社会公正"和"成为积极专业人士"等主题重新设计了"专业研究"课程。通过这样的协作方式开发课程，不仅有利于培养教师专业素养，也使课程更贴近教学实际需要。这对提高教师实施融合教育的能力尤为关键。通过围绕一系列基于理论和伦理原则的明确主题来构建核心课程，准教师获得了相关学者倡导的教与学的"认知地图"。这也为IPPA提供了一个视角，要求准教师在多元环境中做出复杂决定，并对决定负责。课程单元所依据的理论和道德原则，旨在支持准教师采用符合幼儿园融合教育理念的教学方法，这种理念源自对有经验教师的知识与技能的综合研究。通过构建这样的课程内容和结构，不仅有助于准教师建立教学的理论与伦理意识，也使准教师所学知识贴近实践需求。这对培养教师的专业素养和实施融合教育的能力非常关键。这些教师能够持续致力于推进融合教育，并在重视学术成就的同时，也注重营造一种有利于每个孩子全面发展的教育氛围。从本质上说，这些原则要求对孩子的个体差异做出回应，避免给某些孩子贴标签。IPPA团队在PGDE改革一年后，对教师进行了跟踪研究。该研究第一部分探讨了IPPAA框架的设计，以阐明什么可以作为融合教学的证据；第二部分阐述了运用该框架来进一步理解融合教学实践的过程。该研究旨在探索幼儿园融合教育理念是否以及如何在课程毕业生的教学实践中被应用。通过这种研究，不仅可以评估课程的成效，也可以为进一步完善课程提供依据，以更好地培养教师的专业素养。

3. IPPAA框架设计的可行性

在IPPA项目开始时，相关团队就考虑过什么情况可以被视为融合教育实践的证据。最初的想法是概念上的，尽管很明显，在实践中可能会观察到一些迹象，但这些都是印象式的。如佛洛里安和罗斯在研究中提到，融合教育实践应反映教学决策，考虑如何包容而不是排斥有学习困难的孩子。这将不可避免地反映出在与孩子互动的过程中，教师是否视孩子为学习伙伴，并考虑孩子的观点。同时，课堂教学的组织方式应为孩子提供选择的权利，而不只是依赖于能力分组。总之，幼儿园融合教育的实践必须体现教师的专业素养和内化理念。最重要的是，在可能的情况下，幼儿园融合教育实践将致力于减少对"发展"等级观念的依赖——这种观念要求对孩子可能学到的东西做出判断。这些实践是可以被观察到的,尽管其中一些要素,如影响教师教学决策的思维,可能是不可见的。然而,我们可以从具有明显课堂特征的事实中识别出幼儿园融合教育的特征。教师的信念会反映在她(他)们谈论工作和孩子的方式上。总之,观察和评估教师的课堂教学实践,分析其中的融合教育理念,是判断教师是否具备融合教育专业素养的一个重要途径。当这些想法被细化时,出现了三个关键的理论原则,并成为准教师培养中 IPPA 方法的基础。IPPAA 框架展示了幼儿园融合教育的原则与实践如何与课程主题、挑战和成果相联系。这为分析融合教育实践提供了一个连贯的框架。随着时间的推移,支撑课程的理论思想与课程旨在培养的教学属性联系在一起,这些属性来自对有经验教师工作实践的分析,为框架的开发和改进提供了信息。这个框架不仅系统地指导了课程的设计,也为分析和评估教学实践提供了有效工具,这对于培养教师的专业素养至关重要。经验丰富的教师在融合教学课堂上的实践知识与课程中教授的理论观点相关联。因此,后续研究的方法更侧重于观察拥有幼儿园融合教育理念的教师在课堂上究竟做了什么,而不是仅关注课程如何影响她(他)们的融合教育实践。PGDE 课程并不提供如何实施融合教育的指南,而是为准教师提供审视融合教育实践的方法,以便她(他)们在自己的背景下发展出回应课堂上所有孩子多样性的融合教育方法。总之,理论与实践相结合的课程设计,以及通过观察和反思来提高教学效果的研究方法,都是培养教师融合教育专业素养的重要途径。以单一案例研究为例,PGDE 专业研究课程中嵌入的幼儿园融合教育原则在重视所有儿童学习的实践中发挥了作用。使用该框架加深了对致力于幼儿园融合教育的教师所做决策的理解,并为认识和分析这种教学方法提供了指导。该框架不仅可为其他融合教育研究者所用,也可被教师培育者用来帮助准教师评估自己对幼儿园融合教育方法的运用情况。总之,该框架不仅指导了融合教育课程的设计,也为分析和评估融合教学实践提供了有效的工具,对培养教师的融合教育专业素养具有重要意义。这是一个重要的发展,因为幼儿园融合教育往往被视为超越实际的理想概念。IPPAA 框架为探索幼儿园融合教育提供了一个有用的工具。该框架建立了理论和实践之间的桥梁,为分析和评估融合教学实践提供了有效途径,对培养教师的融合教育专业素养具有重要意义。但我们仍需要在更多情境下验证和完善该框架。

综上所述，苏格兰政府和准教师培养机构在幼儿园融合教育理念的影响下，以及在相关政策法规的指导下，积极开展相关实践以培养教师进行融合教学的能力。实践主要体现在与教师培养相关的课程设置和改革上，职前教育机构普遍采取了在常规课程中融入幼儿园融合教育理念，或者开设专门课程的方式，来培养教师的相关融合教育理念和素养。通过理论学习和实践锻炼，培养教师开放包容的教育理念，遵循儿童发展规律进行教学，是提高教师融合教育专业素养的关键所在。但是值得注意的是，这两种课程设置方式并非割裂开来的，大多数准教师培养机构同时采用这两种方式。与此同时，苏格兰的职前教育机构也在与时俱进，根据本地实际情况和幼儿园融合教育发展的变化，不断改革自己的个性化教育实践课程。另外，职前教育机构也在探索促进职前与在职教师培养的继承性，IPPAA框架的开发就是一个良好的尝试。总之，理论与实践相结合，并在实践中不断优化和完善，是培养教师融合教育专业素养的主要途径。这需要教师培育机构持续反思和不断改进教育理念与教学方法。

四、对我国幼儿园教师融合教育素养职前培养的启示

（一）明确融合教育素养是幼儿园教师专业素养的必要组成部分

幼儿园教师的专业标准，是评判教师专业素质的重要依据，也对教师培养起着关键性的指导作用。面对推进融合教育的形势，苏格兰政府将融合教育能力明确纳入幼儿园教师专业标准，从教师资格准入环节开始重视融合教育素养培养，这为苏格兰地区特殊教育的发展提供了有力保障。我国目前普遍存在的幼儿园教师素质不高问题，已经成为实现融合教育的瓶颈。但我国迄今还没有制定幼儿园教师融合教育素养标准，相关规定也没有足够强的操作性。我们应该学习苏格兰政府的经验，将融合教育能力作为教师专业标准的一项重要内容，从教师资格考试入手，明确对教师专业素养的具体要求。同时，还需要通过职前培养和在职培训，帮助教师提高融合教育素养，让教师可以根据自身专业成长需要，选择合适的培训项目。只有这样，才能全面提升我国幼儿教育师资队伍素质，加速推动融合教育进程。

（二）多专业整合，探索多元的融合教育课程设置方式

阿伯丁大学采用了融入式课程设计，将特殊教育内容融入普通教育课程，实现了课程的有机衔接。阿伯丁大学在研究生阶段开设了专门的融合

教育课程，内容全面系统，注重知识传授和能力培养的结合。阿伯丁大学采用模块化的课程设置，不同模块相互衔接，避免知识与能力割裂。阿伯丁大学的课程设置目标明确，紧扣幼儿融合教育的培养需求。与之相比，我国普通教育课程中缺乏专门的融合教育模块，相关内容交叉出现，系统性不强。我国应采取与阿伯丁大学相似的课程设置模式，建立科学、系统、目标明确的融合教育课程体系，以全面提升教师队伍素质。针对我国师范院校普通教育专业缺乏系统的融合教育课程的现状，我们可以参考阿伯丁大学的经验，采取以下措施改革课程设置：开设必修和选修的融合教育课程，使准教师系统学习相关理论知识。采用融入式课程设计，在普通教育课程中渗透融合教育内容，实现知识的衔接。加强实践教学环节，培养准教师的实际操作能力。针对教师在实际工作中遇到的具体问题和需求，设置短期培训课程。加强过程性评估，优化课程设置，实现知识传授和能力培养的有机统一。增加各种投入，提高教学质量。最终目标是全面提高教师的专业素养，满足融合教育对师资的要求。通过这样的课程内容改革，可以使我国普通教育专业的师范生受到系统和全面的融合教育培养。

IPPA 项目进行幼儿教育师资培养，不限定在特殊教育专业，凸显专业化要求。师范生学习的知识广泛但不深入，没有针对具体残疾类型进行系统培训。这种非专业化的培养方式，导致我国现行的幼儿教育融合教育师资培养存在专业单一的问题。为提高教师的融合教育素养，应改革现有培养模式，建立跨学科、跨专业的师资培养体系。可以发挥各类师范院校和教育学院的优势，开设系统的融合教育理论课程，加强实践教学环节，采用讨论、案例等教学方法培养教师的专业知识与实践能力[1]。还应加强情感教育和教育心理学学习，培养教师的专业态度。要注重过程性考核，全面提升幼儿园教师的融合教育素养。为提升幼儿教育师资的融合教育素养，可以设置专门的融合教育专业硕士研究生课程，实行本硕连读或者招收相关专业本科毕业生入学。重点培养教师的融合教育理论知识和实践技能，增强对儿童多样化需求的理解，强化教学实习。准教师毕业后既可以成为融合教育教师，也可以成为普通教师。融合教育的理念、知识和技能是教师核心素养的重要组成部分。这种研究生层次的专业培养，可以全面

---

① 彭韵潼，卢悦. 学前融合教育背景下的跨学科合作研究综述 [J]. 早期教育（教科研版），2015（1）：7-11.

提高教师的专业素质，是非常有必要的。为提高幼儿教育师资的融合教育素养，融合教育专业硕士研究生课程应具有融合性和综合性特点。既要整合特殊教育和普通教育课程，也要使普通教育背景的准教师通过必修或选修课学习特殊教育相关知识。还需要了解不同文化背景和特殊儿童家庭的特征，学习各类障碍儿童的心理行为特点，掌握差异化教学法和特殊教育技能。增加教学实习环节，强化实践能力培养。这种复合型的专业培养，可以全面提升教师的专业素质，更好地适应融合教育的要求。幼儿教育师资职前培养的教学组织形式非常重要，直接影响教师的专业成长。应注重营造平等、民主、和谐的课堂氛围，尊重每一个准教师，鼓励准教师积极参与，采用小组合作学习等方式开展教学。要使准教师将这些全纳教育理念和方法内化为知识与技能，并应用到未来的教学实践中。这种符合融合教育要求的教学组织形式，可以全面提升准教师的专业素养，是培养高素质幼儿教育师资的关键。

（三）利用多种教育形式，培养幼儿园教师的融合教育信念

教育的根本在于教师的信念和态度，这会决定教师的教学行为。教师的教育信念，比如对人性、社会关系、教学等的认知，是形成教学态度和行为的心理基础。教师积极健康的教育信念，能推动教师积极的教学态度和行为的形成。因此，培养教师正确的教育信念非常重要。为培养幼儿园教师的教育信念，首先，应在职前培养中开设相关课程，通过案例分析帮助准教师理解融合教育的意义。组织专家讲座，解析融合教育的价值，引导准教师形成认同。举办融合教育体验活动，增进准教师对特殊儿童的理解。加强教学实习，在实践中提高准教师认识。建立导师制度，以正面态度感染准教师。创建良好的课堂氛围，进行情感教育。考核教育态度培养效果。增加资源投入，提供充足的教学支持。目标是全面转变教师对融合教育的认知和态度。这些措施对提高教师对特殊儿童的接纳程度非常有必要。其次，在师资培养过程中，我们应该在思想上深化民主、平等的教育理念，并向准教师充分灌输关于人的多样性、差异性以及多元文化的现代观念，以此来引导她（他）们正确看待并尊重每一个独特的个体，用平等和包容的心态对待每一位儿童，确立满足不同需求、推动每一位儿童全面发展的信念。融合教育的本质，是如何处理人与人之间的差异与多样性，而非简单地将残疾儿童置于一般环境之中。再次，我们应通过丰富多彩的集体活动和小组合作的形式，培育教师的参与意识和团队协作精神。融合

教育强调教师和幼儿都应是学校生活的主体。参与意味着教师需要关心每一位幼儿的积极投入，使每一位幼儿而不仅仅是多数幼儿都能在各个方面获得成长。集体主义和协作是融合教育的核心理念，它意味着不同才能和出身的个体共同参与，既尊重群体的多种多样，也充分发挥这种多种多样来开展工作，以期达成共同的发展目标。最后，培养幼儿园教师树立终身学习的理念，这对教师未来解决教学问题、进行深入研究和推动自身专业成长，具有重要的意义。

（四）实行双导师制，提供多种实践机会，重视学前教育师范生融合教育实践能力的培养

幼儿教育师资的培养不能单纯依靠理论学习，同样重要的是要强化学前教育师范生融合教育实践能力的培养。充足的实习实训对教师专业成长至关重要。阿伯丁大学强调教师实践能力培养的做法对我国很有启发。阿伯丁大学在其教育大纲中明确规定了实践课时占比和总体时间长度，这体现了其重视实习的态度。阿伯丁大学采取理论课程和实践课程交叉进行的模式，有利于两者相互促进、有机结合。阿伯丁大学实践内容循序渐进，从了解到运用，既注重普通与特殊教育知识的学习，也强调相关技能的培养。在一个完整的师范教育过程中，阿伯丁大学把实践课程作为理论课程的有机补充和延伸。阿伯丁大学的做法为我国提供了有益的借鉴，我们应实行双导师制，加强实践环节建设，让理论教学和实践能力得到全面提高，以更好地适应融合教育的需要。当前我国幼儿园教师培育存在理论教学比重大、实践教学比重小的问题。融合教育课程更多地停留在概念和政策讲解阶段，较少与实际情况结合。这不利于师范生深入理解融合教育，也限制了其分析和解决实际问题能力的培养。为了改变这一状况，我国可以采取以下措施：

首先，实行双导师制度，由理论导师和实践导师共同指导准教师。理论导师负责授课传授理论知识，实践导师结合实际情况指导教学实践。与幼儿园合作，提供充足的实习实训机会[①]；设置丰富多样的实践项目，例如课堂教学、案例研究、特殊儿童康复训练等；加强实践过程中的指导和反馈，帮助准教师不断改进教学方法；鼓励准教师主动参与志愿者活动，丰富与特殊儿童接触互动的经历；强化实习考核，检查实践能力培养效

---

① 余晓，王玲. 幼儿园教师融合教育素养提升路径探索 ［J］. 成都师范学院学报，2023，39（1）：102-107.

果；增加投入，提供充足的场地、设施、师资等保障。这既可以增强师范生的实践能力，也可以加深其对融合教育的理解和认同，从而全面提高我国幼儿教育师资水平，助力融合教育发展。

其次，与开展融合教育的幼儿园建立实习基地，提供真实教学环境。保证充足的实习时间，贯穿整个教学过程，置准教师于真实情境中；实施双导师制，由资深一线教师进行过程指导，解决实际问题；以任务驱动，指导准教师进行教学设计、组织、实施等；建立考核制度，监控实习效果；提供充足的资源保障。这些举措可以切实提升准教师的实践能力和水平，是培养高素质幼儿教育师资的有效途径。

最后，鼓励组建教学研究团队，发挥在职教师的指导作用。对实习中遇到的问题，开展课题研究，深入理解理论；引导进行专题探究，激发对融合教育问题的研究兴趣；以研究促进对知识的深入理解，培养解决问题的能力；鼓励参与志愿者活动，接触各类特殊儿童，体验特殊学校、福利机构等部门的工作；拓宽视野，丰富多样性理解和实践经验；建立考核机制，检查研究效果；提供资源支持保障。这些举措可以进一步拓展实践维度，全面提升教师的专业能力。

融合教育实践能力的培养是当前学前师范教育的重要课题。应提供真实有效的教学环境，采用情境教学法，引导准教师在实践中面对问题、转变观念、掌握知识和技能。还需配合导师指导、过程考核、校企合作等多种举措，全面提升准教师实践能力。只有这样，才能培养出适应融合教育需要的高素质幼儿教育师资。

第三节　澳大利亚幼儿园教师融合教育素养的职前培养实践

一、澳大利亚准教师融合教育专业素养的培养途径

提高教师专业素养的职前培养，需要准教师通过学习融合教育相关课程，掌握系统的基础理论知识，掌握基本技能和方法，具备开展融合教育活动所需的基本素养，才能够胜任融合教育的教学任务。对教师进行职前培养，使其具备开展融合教育的基本素养，是提升准教师专业素养的重要内容之一。这需要教师培育机构与时俱进地优化课程设置，既传授系统理

论，又强化实践运用能力的培养，全面提升教师的专业能力，以适应融合教育对教师专业素养的新要求。澳大利亚培养幼儿园教师的主要途径是大学的教育学院或人文艺术学院，分为本科和硕士研究生两个阶段，对教师融合教育专业素养的培养主要渗透在这两个阶段的课程中。本科阶段通过教育学士课程培养师范生，学制为 4 年，设置早期教育、小学教育、中学教育等专业。硕士研究生阶段主要有教学硕士研究生和教育硕士研究生两种，学制通常为 2 年。教学硕士主要培养中学教师，也培养幼儿园教师，大学在该阶段都设置了融合教育的必修课，以提高幼儿园教师的专业素养。部分大学还设置特殊教育与融合教育硕士学位，获得该学位的毕业生既可以从事深入研究，也可以到中小学和幼儿园担任相关教学工作。

（一）本科阶段对准教师融合教育专业素养的培养

各大学对教育学士的课程有不同分类，如莫纳什大学将课程分为教育学习、课程学习、学科学习和专业经验四个部分；昆士兰大学等将课程分为核心课程和选修课程；阿德莱德大学将课程分为通识核心课程、专业核心课程、教育教学核心课程。总体来看，澳大利亚本科阶段通过在教师培育课程中融入融合教育模块来培养教师的专业素养。其主要特点是：

1. 设置专门的融合教育课程

作为培养教师专业素养的一种主要方式，很多大学在本科阶段的课程中将融合教育课程设置为必修内容。例如，阿德莱德大学的教育学士学位点各专业在教育教学课程中都包含了“多样化课堂教学”，该课程关注澳大利亚准教师的多样化教育需求，要求教师消除偏见，尊重不同背景的准教师，明确影响准教师学习的因素，从而改进自己的教学策略，促进所有准教师发展。课程内容具有实践性和应用性，不仅讲授融合教育的理论知识，还将理论知识应用于案例分析和模拟教学中，以培养准教师的专业技能。例如，昆士兰科技大学在各专业中设置了面向不同准教师的融合教学课程，该课程提供线下和在线学习，通过讲座、研讨、在线资源和讨论等方式，培养准教师积极应对幼儿多样化需求的能力。新南威尔士大学的教育学士学位点课程开设了“特殊教育：融合策略”课程。该课程指导准教师学习融合教育相关知识，了解主要的特殊教育类别、问题及处理方法，使其对该领域的知识、概念、问题和政策、法律有基本认识。通过该课程，准教师将熟悉特殊幼儿的主要类别，并了解在融合教学课堂上与这些幼儿交流的方法和策略。昆士兰大学教育学士学位点的学前教育专业包含

"建立全纳的幼儿园课堂"必修课。该课程通过研究建立融合教育环境、了解相关方法、制订学习计划、制定学习策略等，培养准教师支持不同需求幼儿的能力，使准教师能在未来的教学中积极应对幼儿多样化需求。

2. 开展融合教育实习活动

在教育实习中安排体验融合教育教学，提高实践能力，这一点非常重要。根据澳大利亚政府的统计数据，2020年，澳大利亚学校中有残疾幼儿占所有幼儿的7.2%[①]。因此，教育实习为教师提供了实际接触和支持残疾幼儿的宝贵经验。

例如，拉伯筹大学的早期儿童教育学士学位点开设了"早期融合"课程，安排15天实习；小学教育学士学位点开设了相关课程，安排35天实习，要求准教师制订个性化学习计划并实施教学。通过这种实践锻炼，教师可以更好地适应未来的多样化课堂，提高支持残疾幼儿的能力。这对培养教师的专业素养和实施融合教育非常关键。

新南威尔士大学中等学前教育学士学位点安排80天实习，要求准教师在两种不同学校积累经验，通过观察、反思和教学实践，培养多方面能力。该专业注重培养教师的专业素养，具体要求准教师识别影响学习的因素，开展差异化教学以满足不同需求，为每个准教师设置达标的学习目标，创设融合的学习环境。这种理论联系实际的实习锻炼，是培养幼儿园教师开展融合教育的重要途径。

新昆士兰大学特殊与融合教育学士学位点安排100天实习，其中35天在融合教育班级。该实习旨在加强对融合教育策略的理解，学习普通教师开展融合教育所需的知识。通过接触特殊幼儿，丰富实践经验，提高融合教育教学策略，为所有幼儿提供有效教学。这种理论联系实际的实习锻炼，是培养幼儿园教师开展融合教育素养的重要途径。教师培育需要强化实践环节，让教师在具体环境中体验支持特殊儿童的过程。

阿德莱德大学的学前教育学士学位点包含15天融合教育实践（总实习时间80天），旨在培养教师融合教育专业素养。通过实习，了解不同幼儿特点，尊重幼儿差异，为不同需求幼儿制订个性化学习计划，并通过观察、案例研究、小组合作等，学会为特殊幼儿创造积极的学习环境。这种理论联系实际的实践锻炼，可培养学前教育师范生开展融合教育的专业素

---

① 李佳音，景时. 澳大利亚融合教育支持服务体系研究及启示［J］. 现代特殊教育，2022（9）：75-79.

养，更好地支持特殊儿童。

（二）硕士研究生阶段对准教师融合教育专业素养的培养

教学硕士学位点课程的分类也存在差异。例如莫纳什大学分为基础课程、专业课程和专业经验三部分；迪金大学分为核心课程、专业课程和基础课程三部分；西澳大利亚大学包括16门核心课，无选修课。

准教师融合教育专业素养的培养主要在教育专业课程中进行。例如，莫纳什大学教学硕士学位点不同专业都开设了"多元化及融合教育"必修课；迪金大学学前教育硕士学位点核心课程包含"卫生、福利和融合教育"，从历史和当代视角探讨学习环境如何影响幼儿，使准教师探索创建安全、有保障的学习环境的方法，以增强所有幼儿的参与积极性。这些课程都是培养幼儿园教师开展融合教育素养的重要途径，教师培育需要加强这方面的专业训练，培养教师平等对待和关爱每一个孩子的能力。例如，西澳大利亚大学各专业的中学教学硕士学位点核心课程包含"融合教学课堂上的多样化幼儿"。该课程重点是支持策略和差异化教学以满足所有幼儿需求，要求准教师知晓相关法律和专业责任，明确不同学习需求，学习先进的教学、指导和评估策略，进行融合教育教学，支持和最大化所有幼儿的学习机会。这体现了培养准教师开展融合教育素养的理念，需要让准教师掌握支持特殊儿童的策略。融合教育硕士点是为普通教师开设的专业学位，获得该学位的准教师将有机会从事特殊教育。例如墨尔本大学开设了学习干预硕士学位点，准教师在完成教师培育课程后，应具备一定的融合教育知识和技能，能在普通教育环境中开展融合教育教学。开设这种硕士学位点，可系统培养教师的专业素养，使其掌握开展融合教育的知识和方法。这对拓展教师的专业领域，支持特殊儿童的发展非常重要。例如，拉伯筹大学提供融合与多样性硕士学位点，课程遵循公平、融合、尊重理念，旨在培养普通教师的融合教育理念。该专业通过多样的融合教育课程，既可提高教师对残疾和学习困难幼儿的支持能力，也可提高教师开展融合教育研究的能力。设置这种硕士学位点，可有针对性地培养教师开展融合教育的知识与技能，这对提升教师专业素养，更好地满足特殊儿童的需求非常关键。例如，新南威尔士大学教育学院提供特殊教育专业硕士学位点，完成一年全日制学习后，毕业生就能够进入融合教育领域工作。该专业课程既具有针对性，又兼顾灵活性，内容主要是融合教育和特殊教育知识、策略、教学等，从多个角度培养准教师的融合教育能力，还开设了

2 门选修课，增加教师对其他领域的了解。设置这种专业硕士学位点来培养教师开展融合教育的知识与技能，对提高教师专业素养，更好地满足特殊儿童的发展需求非常关键。悉尼大学开设了特殊与融合教育硕士学位点，要求准教师学习 6 门核心课程和 2 门选修课程，具体包含：融合教育的理论与实践基础知识，如课程设计、教学策略、师生互动等；残疾儿童的学习与发展，不同残疾类型的特征和教育支持；评估和解读不同需求儿童的学习进步；专业伦理与责任，创建平等、公正的教育环境；家校合作，满足特殊需求；特殊教育政策与改革①。这种专业化的硕士研究生培养课程，有助于系统地提高教师的专业素养，更好地开展融合教育实践。设置这种专业硕士学位点，是培养教师支持特殊儿童的重要途径。

总体来看，澳大利亚大学充分发挥教师培育的主体作用，培养教师的融合教育专业素养。在教育学士培养阶段，主要将内容模块融入教师培育课程。在教学硕士研究生培养阶段，将融合教育课程作为必修，提高知识水平和教学能力。融合教育专业硕士研究生课程侧重于培养准教师的研究能力和反思能力，增加毕业生的职业选择机会。通过学士学位、硕士学位等不同阶段的课程设置，澳大利亚构建了较为完整的教师融合教育专业素养培养体系。这对我国提升教师素质，更好地服务每一个儿童都具有重要的借鉴意义。

二、莫纳什大学教育学院教师融合教育专业素养的培养

澳大利亚八大名校被誉为澳大利亚的常青藤联盟，其中莫纳什大学在教育领域具有很高声誉和影响力。在 2020 年世界大学学术排名中，它的教育专业位居全澳第一。莫纳什大学是澳大利亚最大的师范院校，拥有 7 000余名在校学生（准教师），培养规模大、学科专业齐全。作为教育名校，莫纳什大学在培养教师的专业素质方面具有代表性和借鉴意义。其在融合教育方面的课程设置和培养模式值得我们深入分析。莫纳什大学在教育教学和研究上享有盛誉，其课程设计具有创新性和实用性，培养出不少知识丰富、专业素质高、具有创新和灵活性的毕业生。该校专注学习与发展，为准教师提供较多的就业机会。在教师培养上，莫纳什大学教育学院使准教师充分认识教育事业的意义，相信通过自己的实践能够带来社会变化。

---

① 李拉. 澳大利亚融合教育的课程调整及启示［J］. 中国特殊教育，2019（7）：15-21.

准教师跟随专业的导师学习，在学习过程中获得课堂教学实践经验。这些都体现了莫纳什大学在培养教师素质方面的成就与价值取向。莫纳什大学培养教师的核心在于强调教育的社会意义，并注重理论联系实际，这对我们具有借鉴意义。

莫纳什大学主要通过教育学士专业课程和教学硕士专业课程培养幼儿园教师，在教师培育课程中渗透了融合教育相关内容。在职前培养中，融合教育课程设计合理，内容循序渐进，采用模块化阶梯式专业课程。该校在教育专业成长中强调实用性，特别注重专业经验和行业合作。课程设计强调实践能力，安排实习，要求准教师参与融合教育实践。这些做法突出了莫纳什大学在培养幼儿园教师专业素养方面的努力，特别是强调理论联系实际，以及培养教师开放包容每一个孩子的能力，对我们提升教师素质具有重要借鉴意义。

（一）教育学士培养阶段与教师融合教育专业素养相关的课程

莫纳什大学的教育学士培养学制为 4 年，该专业学位培养的教师主要服务于幼儿教育和小学教育。课程结构分为教育学习、课程学习、学科学习和专业经验四大部分。通过这种课程设置，莫纳什大学系统培养教师的专业理论和实践能力，使其具备开展幼儿教育和融合教育的素质。莫纳什大学的教育学士培养需要在教育学习、课程学习、学科学习三个领域完成 34 门课程，每门课 6 学分，并至少包括 24 学时的导学活动和 120 小时自主学习。相关专业开设了融合教育必修课，主要内容有：融合教育的概念、理论和实践；促进平等和多样性的教学策略；残疾及学习困难幼儿的特征和需求；制订个性化教学计划，评估学习效果；创建安全的、尊重多样性的课堂环境。对这些内容的学习可以提高教师对融合教育的认识，培养教师开展融合教育的能力。

莫纳什大学的教育实习是教育学士学位课程的必修环节。准教师在指导教师指导下完成规定的实习时间和活动。准教师需要做好计划和记录，指导教师根据其表现进行综合评估。例如，学前融合教育专业四年内需完成 85 天实习，每学期 3 周，要求包括观察普通课堂、评估幼儿需求、制订个性化学习计划、运用多种教学策略等。这种理论联系实际的实习锻炼非常有必要，可以培养教师开展融合教育的能力。

在学习方式上，莫纳什大学教育学院鼓励主动学习，这与其培养目标契合，能促进准教师的学习主动性。在学习过程中，准教师能接触相关文献资源，参与讨论辩论等活动，加深对相关知识的理解。这种强调主动学习、启发式教学的方式，可以培养准教师的学习兴趣和能力，也符合当代教育理念，值得在我国教师培育中推广应用。在教学评价上，莫纳什大学采用多样灵活的方式评估学习效果。评价方式包括小组汇报、个人展示等，既锻炼自主学习能力，又培养小组合作能力。评价内容既有对课程的理解和反思，也有准教师的计划、案例研究、能力考察等。这种多元评价可以全面检验准教师学习成效，也可以考查准教师开展融合教育的能力。这种方式值得我们在教师培育中借鉴。具体来看，相关课程通过写文献综述、写论文的形式考察准教师的研究意识和能力，以立法研究报告检验准教师对知识和法律的掌握。此外，在实习过程中准教师须获得令人满意的报告和完整的学习记录，包括计划记录和对实践的反思。课程评价注重考察准教师专业经验的积累。这种理论联系实际的多元评价，可以全面检验准教师学习效果，也可以考查准教师开展融合教育的能力，值得我们借鉴。多样化、全面的学习和考核方式使准教师对融合教育的理解更丰富深刻，从知识、态度、能力等方面培养准教师开展融合教育的基本素养。课程设计注重从了解幼儿需求、课堂环境，到掌握教学策略等方面培养准教师融合教育能力。这种多元化的学习评价方式，对促进教师专业成长非常重要。我们可以借鉴其理念，创新我国教师培育的学习评价方式，以提高教学效果。此外，这些课程在学习方式和教学评价上也注重培养准教师学习能力和兴趣，全方位、多角度地提高了准教师开展融合教育所需的反思和实践能力。正如莫纳什大学的乌梅什·夏尔马教授所言，融合教育需要教师具备"3H"：心（heart，承诺）、头脑（head，关键知识）、手（hand，实践策略）。在这种理念指导下的课程设置，可以全面提高教师的专业素养，我们也应该在教师培育中实践这一理念。融合教育要求教师掌握关键知识和技能，全心全意使所有幼儿参与学习。教师需要了解融合教育实践，引导和教育不同能力、不同学习方式的幼儿，使所有幼儿受益。具备融合教育素养的教师可以通过学习评估、同伴辅导、合作学习等策略促进幼儿全面参与，同时提升自己的专业素养，也有利于自己掌握更吸引人、更有效的教学策略，增强职业满意度。因此，我们需要在教师培育中强化这方面的培养，让每一位教师都具备开展融合教育的知识、技能和价值观。这是提高教育公平度和教学质量的重要途径。

（二）教学硕士研究生培养阶段与教师融合教育专业素养相关的课程

教学硕士研究生培养学制为 2 年或 1.5 年，面向已获得学士学位且想从事教师职业的准教师。该学位培养的准教师主要面向早期教育。通过学习相关课程，准教师可掌握教学的核心技能，获得教学资格。教学硕士研究生培养是培养合格幼儿园教师的重要途径。在教学硕士研究生培养阶段着重加强对准教师进行融合教育素养的培养，使其拥有平等关爱和支持每一个孩子的理念。各个教学硕士研究生培养专业包含 16 门课程 96 学分，教育实习不计入。课程要求与教育学士相同。所有专业都将"多元化与融合教育"作为必修课，要求准教师重点学习，以培养准教师开展融合教育的素养和能力。设置该必修课体现了莫纳什大学在教学硕士研究生培养阶段对融合教育的重视，这对我们完善教师培育课程具有借鉴作用。我们也应在教学硕士研究生培养阶段开设类似的必修课程，促进师资队伍的专业化。

"多元化与融合教育"课程使准教师了解满足多样需求和实现全体参与的策略，管理挑战性行为，融合教学方法，创设积极学习环境。在学习和评价上，它注重培养准教师的综合能力，要求完成有关融合教育的文献综述和对实践的分析。这门课程的设置体现了莫纳什大学在教学硕士研究生培养阶段对融合教育的高度重视。我们也应该在教学硕士研究生培养阶段开设类似的必修课，以培养教师开展融合教育的知识和能力。

(三) 教育硕士研究生培养阶段与教师融合教育专业素养相关的课程

莫纳什大学教育学院提供了多个教育硕士学位点，其中的融合与特殊教育学专业主要针对已取得教育学士或其他学科学位且对融合教育感兴趣的准教师，为其提供广泛的学习机会。在完成该专业学习后，准教师将具备幼儿园教师融合教育素养。毕业生不仅可以在普通幼儿园从事教学工作，还可以积极投身特殊教育领域。

莫纳什大学教育学院的学前教育硕士学位点旨在为准教师提供一流的教育资源和支持，使准教师能够成为拥有高度融合教育素养的幼儿园教师，为社会和教育领域的多样化做出积极贡献。无论是在普通幼儿园还是在特殊教育机构，准教师都将成为推动包容和平等教育的倡导者和实践者。根据准教师已有知识和学习成果的不同，该融合与特殊教育学硕士学位点提供三种学分要求，完成相应的学分后，准教师可获得该学位。每门课程要求准教师的学习时间不少于 88 个学时，确保准教师充分掌握相关知识和技能。

幼儿教育硕士学位点着重培养准教师的技能和知识，为教师发展提供了在融合教育学习社区中从事当代研究的机会。幼儿教育硕士学位点的学习内容将涵盖融合教育领域的重要理论和实践，使准教师能够理解并应对不同儿童的需求和特殊挑战。该专业为准教师提供灵活的学分要求，以便根据准教师的个人情况和兴趣来选课。通过充实的课程设置和学习机会，准教师将获得全面的融合教育知识，并在实践中发展自己的专业技能。幼儿教育硕士学位点的目标是培养准教师成为在融合教育领域有扎实研究基础和丰富实践经验的专业人士。准教师将在融合教育学习社区中积极参与当代研究，为改进教育实践和促进幼儿全面发展做出贡献。无论是在普通学校还是在特殊教育机构，她（他）们都将成为教育领域融合教育的倡导者和引领者。

幼儿教育硕士学位点的一个重要培养目标是丰富准教师的知识，增强她（他）们的技能，以适应幼儿的多样化需求。在学习期间，准教师将学习如何满足那些面临社会、情感和学习挑战的幼儿的多样化需求。这包括理解并应对不同幼儿的特殊需求和差异性，为幼儿提供个性化的学习支持和教育环境。此外，准教师将深入思考周围人的态度如何影响融合教育的学习和教学计划。这涉及教师在教育实践中如何建立积极包容的课堂氛围，以及如何与幼儿家长和其他教育工作者合作，共同促进幼儿的全面发展。

该硕士学位点具有很强的实践性，强调准教师关注教育实践活动。专业课程要求准教师通过应用教学原则和研究理论知识，评估和改进在学习环境和学习系统中考虑并满足幼儿多样化需求的具体方法。这意味着准教师将在真实的幼儿教育场景中进行实践，积累实际经验，并通过反思与研究不断提高自己的专业水平。幼儿教育硕士研究生的课程结构主要分为教育定向、教育专业研究以及专业探究三个板块。准教师可以根据自己的学习状况和兴趣选择这三个板块的课程，并修满相应的学分。这种学分设置的灵活性，有助于满足准教师的个性化学习需求，使她（他）们能够深入钻研幼儿教育领域，提高自己在这一领域的专业能力，成为有才干和责任心的幼儿教育工作者。

（四）研究生学位课程中与教师融合教育专业素养相关的课程

莫纳什大学教育学院提供 16 种研究生学位课程，其中包括幼儿园教师硕士学位、教育与发展心理学硕士学位和融合教育硕士学位等专业学位。准教师完成相应的学位课程后，可以获得相应的学位，并且在一定条件下，可以置换一定的学分，从而继续进行更加深入的学习。

在融合教育学位课程中，准教师将完成五个核心单元的学习，主要包括：①"融合教育实践"，探索如何在教育实践中实现融合教育，为所有幼儿提供公平和有效的学习机会。②"积极的行为支持"，学习如何积极支持幼儿的行为，促进形成积极的学习氛围。③"理解学习社区中的融合"，深入研究融合教育在学习社区中的意义和实践。④"特殊教育和融合教育的专业实践"，培养准教师在特殊教育和融合教育领域的专业实践能力。⑤"融合教育的专业经验"，通过实际经验，加深对融合教育的理解和提高实践技能。

融合教育学位课程旨在提供专业化的培训，使准教师成为能够有效实施融合教育的教育专业人士。这些核心单元将帮助准教师在教育领域更好地应对多样性，为准教师提供有益的学习经历，并促进准教师的全面发展。这个融合教育研究生学位课程共有 48 个学分，每门课程所需学分为 12 个，要求准教师完成至少 28 个小时的学习时数，不计入学分的部分为专业经验即教育实习。该课程旨在为准教师提供所需的知识、技能和素养，以满足准教师在认知、态度和行为发展方面的需求。

在专业经验学习阶段，准教师将自己置身于真实的融合教育情境中，进行为期 20 天的教育实习活动。在专业教师的指导下，准教师将学习如何设计教学计划、组织教学活动，以及有效地管理幼儿课堂行为。这将培养准教师的融合教育态度和能力。这门融合教育研究生学位课程专为那些希望在幼儿园的课堂和学校中发展专业知识和技能的准教师而设计。通过参与该课程的学习，准教师将形成优秀的幼儿园教师所需的融合教育素养。在这门课程中，准教师将通过批判性思考，探索相关理论、最新研究、实践方法和监管环境，以提供有效的策略来支持儿童、青少年和成年人在学习、社会和行为方面所面临的挑战。课程通过创建融合的、支持性的学习情境和项目，使准教师能够适应那些有额外学习需求的幼儿进入常规课堂的现实需求。这门课程的学习单元将帮助准教师深入了解当代社会正义与公平教育议题，以便准教师能在常规教育环境中为有额外需求的幼儿设计出有效的课程。课程的核心理念是围绕融合教育，增进准教师对融合教育的理解，并为准教师在融合教育环境中提供实际和积极的实践指导。

总的来说，这门课程将培养准教师在支持幼儿的学习和发展方面具备批判性思维和综合能力，使她（他）们能够有效地应对幼儿所面临的多样化挑战，并在融合教育环境中创造一个平等和包容的学习氛围。准教师在完成此课程后，将实现以下几个方面的成长：具备了解国内外推动融合教育的观点和法律框架的能力，深入了解融合教育的重要性及其在教育体系中的地位；具备在普通课堂上为幼儿提供额外学习需求支持的能力，能够采用适当的教学方法针对不同幼儿的需求进行教学；建立强调多样性、认识差异并鼓励幼儿参与的学习环境，创造一个包容的氛围，使每名幼儿都能得到关怀和支持；运用融合教育的实践技巧包括支持性和差异化的策略，帮助幼儿进步，充分发挥幼儿的潜力；能够确定并实施有助于和支持融合教育的干预措施，通过有针对性的方法解决幼儿在学习和行为方面的问题；通过参与该领域的最新研究来训练批判性思维，对融合教育实践进行审视和评估，并不断改进教学方法和策略。完成该课程后，准教师将获得推动融合教育的国内外视角和法律认知，能够为幼儿提供额外的学习支持，创造多样化的学习环境，并应用融合教育教学技能促进幼儿的发展。同时，准教师将掌握实施干预措施的技能，并以批判性思维参与当前领域的研究。

（五）课程特点

莫纳什大学在不同学习途径的融合教育课程中均重视培养幼儿园教师融合教育专业素养。不同课程之间在课程目标和评价方式上可能有差异，教育学士专业和教学硕士专业课程注重实践能力，而融合与特殊教育硕士和融合教育硕士研究生学位课程更加注重培养准教师的反思和研究能力。这些差异旨在提供更全面和有针对性的教育，以实现准教师不同层次和需求的学习目标。通过对莫纳什大学教育学院培养幼儿园教师的专业要求和课程安排进行分析，我们可以总结出其课程具有以下特点：

1. 相关学科与融合教育相结合

教育学士培养和教学硕士研究生培养课程将相关学科课程与融合教育课程有机结合，使准教师在学习学科知识的同时也了解和学习融合教育的理念和实践。这种综合性的课程设置可以帮助准教师全面理解融合教育的重要性和实施方法。教师融合教育专业素养的培养贯穿于普通教师培育课程中。融合教育理念在各个学段和专业中都得到体现。在教育学士培养相关课程中，普通教师的培养主要以通识教育为主，除了幼儿融合教育专业外，其他专业也都涵盖了融合教育相关课程。例如，"幼儿融合教育教学方法"和"特殊幼儿个性化教学"等课程。这意味着对于实行包班制的中小学教育，普通教师都需要发展融合教育专业素养，以提高自己在普通教育环境中进行融合教育的水平。在教育学士培养课程中，不仅幼儿融合教育专业准教师需要接受相关融合教育课程，其他专业的准教师也都需要学习与融合教育相关的内容。这意味着在实施包班制的幼儿教育中，所有普通教师都需要发展融合教育专业素养，以提升融合教育在普通教育中的质量。在初等和中等融合教育学士培养课程中，准教师不仅需要学习与教育学相关的内容，如融合教育思想、政策法规和融合教育课程，还需要学习涵盖幼儿园五大领域的具体专业知识。这种综合性的课程设置旨在培养幼儿园教师具备胜任普通教育的基础能力的同时，使其具备与融合教育相关的知识与能力。

2. 教学实践与理论课程相辅相成

教育学士培养和教学硕士研究生培养课程充分利用教学实践和理论课程相互辅助的方式，通过将理论知识与实际教学相结合，帮助准教师更好地掌握融合教育的实践技能。这种实践与理论相结合的教学方式能够提高准教师的教学能力和教育素养。在教师融合教育专业素养课程的评价中，与澳大利亚教师专业标准进行对接是十分重要的。这样的对接能够确保教育学院所培养的教师能够符合维多利亚州教师注册委员会的要求，胜任教学工作，并且具备满足全国教师专业标准的能力。通过与澳大利亚教师专业标准的对接，教师融合教育专业素养课程的评价能够更加客观、准确地衡量准教师的学习成果，确保她（他）们具备胜任教学工作的能力，并为融合教育的发展贡献专业素养。同时，这种对接也使教育学院所培养的准教师能够顺利通过维多利亚州教师注册委员会的认证，进而投身教育事业，为幼儿提供优质的教育服务。

3. 渐进式学习

课程设置由易入难、由简到繁，逐步提升准教师的融合教育专业素养。准教师在不同阶段接触不同难度和深度的融合教育内容，逐步增加对融合教育的认知和能力，以达到全面发展的目标。在培养教师融合教育专业素养的相关课程上，强调循序渐进和逐步加深准教师对融合教育的理解是非常重要的。这种渐进式的课程安排有助于准教师逐步掌握融合教育的核心概念和实践技能，并通过专业经验的积累不断提升自己的教学能力。在教育学士培养课程中，课程安排从对幼儿多样性的了解开始，逐渐过渡到对幼儿行为的支持，然后进一步到融合教育实践的开展和专业经验的积累。这样的安排使准教师从理论到实践逐步拓展，能够系统地掌握融合教育的各个方面，为日后的教学实践打下坚实的基础。而在研究生培养课程中，同样体现出循序渐进的特点，要求准教师先学习"特殊和融合教育的专业实践"，再学习"融合教育的专业经验"，这样的课程设置使准教师先通过专业实践的探索和活动加深对融合教育的理解，然后进行自我反思，进一步积累专业经验。这种过程有助于准教师从实践中不断发展和提升，培养出扎实的融合教育专业素养。渐进式的课程安排是培养教师融合教育专业素养的有效方法。通过循序渐进、逐级上升，准教师能够有序地掌握融合教育的理念和实践，为成为优秀的融合教育教师奠定坚实基础。

4. 研究导向

教育硕士研究生课程要求准教师进行较高水平的融合教育方面的课程学习，同时接受研究方法方面的训练，并自主进行实地教学为主导的研究。这种研究导向的教学方式有助于提高准教师的研究能力和教学水平，使她（他）们能够真正有效地提升融合教育专业素养。通过对初等和中等融合教育学士培养课程的学习，幼儿园教师不仅将掌握教学领域的核心知识和技能，还会了解融合教育的理念和实践。这样的综合教育课程旨在确保准教师在实践中能够灵活应对不同幼儿的学习需求，并为融合教育提供有效的支持。初等和中等融合教育专业培养的幼儿园教师在获得普通教育胜任能力的基础上，还能够积极参与融合教育实践，为所有幼儿提供包容性和支持性的学习环境。这种综合性的培养方式旨在让幼儿园教师具备多领域知识和能力，以更好地适应和应对不同幼儿的需求，并为融合教育的发展贡献力量。教育学士培养课程的目标是培养具备综合素养的准教师，能够关注和照顾每个幼儿的身心健康，通过重视幼儿的身心健康发展，为幼儿提供支持和关怀。这样的教师将更加理解幼儿的需求，能够因材施教，创造包容性的教育环境，促进所有幼儿的全面发展。

综上所述，莫纳什大学教育学院在培养幼儿园教师的专业要求和课程安排中注重将相关学科课程与融合教育课程相结合，通过教学实践与理论课程相辅相成，逐步提升准教师的融合教育专业素养，并采用研究导向的教学方式提升准教师的研究能力和教学水平。这些特点有助于准教师具备全面、深入的融合教育教学经验和能力。

三、对我国幼儿园教师融合教育素养职前培养的启示

澳大利亚融合教育政策范围广泛，而我国随班就读主要面向残疾儿童。的确，澳大利亚在推进残疾儿童普通教育方面积累了丰富经验，这对我国提升残疾儿童随班就读教育质量具有重要借鉴意义。我们应该学习澳大利亚在培养教师专业素养方面的做法，这是保障残疾儿童在普通学校接受公平优质教育的关键。具体而言，可以通过完善师资培养体系，设置专门的融合教育课程，加强教学实践锻炼，建立导师带徒制度，不断强化教师的专业理念、知识和技能。同时，也要加大政策支持力度，营造包容和鼓励的环境。吸收澳大利亚的成功经验，全面提升我国随班就读教师的专业素质，是进一步推进残疾儿童教育发展，保障残疾儿童平等接受教育的有效途径。这需要政府、学校、家庭和社会各界共同努力。

（一）标准化是教师融合教育专业素养发展的重要路径

澳大利亚通过教师专业标准引领融合教育素养培养的做法值得我们借鉴学习。确实，规范的专业标准，是指导教师成长的纲要。我们可以从以下几点借鉴澳大利亚的宝贵经验：制定系统完备、符合时代要求的国家级教师专业标准，将融合教育素养作为核心内容。根据国家标准框架，各地区因地制宜出台实施细则。教师资格考试、职称评审要严格按标准进行，保证专业化。师范院校优化课程配置，加强融合教育理论和实践，达到标准要求。政府部门增加政策支持，为贯彻执行标准提供保障。全社会要尊重教师专业，营造良好的教育环境。最终推动教师自觉达标提升，实现专业素养整体提高。这需要各方通力合作，方能获得预期成效。国家层面制定系统完整的教师专业标准和道德规范，明确融合教育素养要求①。根据国家标准，设定不同职级不同发展阶段的具体达标指标。教师要按照标准和指标要求，制定个人专业成长规划。学校和教育部门要加强过程管理和指导，帮助教师有针对性地实现专业成长。政府要增加投入，提供支持保障，鼓励教师主动达标，并提供政策激励，形成全社会重视教师专业成长的氛围。

如果各方能够密切配合，严格执行专业标准和道德规范，教师的融合教育素养就能得到持续提高。这是实现教育公平的重要基础。与澳大利亚教师专业标准具有全面性不同，我国现行的幼儿教育师资专业标准在要求

---

① 张筠琼. 融合教育背景下澳大利亚教师的职前培养 [J]. 现代特殊教育，2017 (24)：68-72.

教师了解特殊儿童发展特点上尚显不足，没有体现教师专业成长的连续性和终身性。显然，这一现状与推进融合教育的需要还存在差距。我们应当参考澳大利亚的经验，在未来修订我国幼儿教育师资专业标准时，增加对融合教育素养方面的明确要求。不仅要求教师掌握特殊儿童的发展规律，还需注重培养教师运用所学知识指导实践的能力，并且关注教师专业成长的全过程，强调终身学习，以配合我国融合教育形势的发展。只有这样，教师专业标准才能成为引领幼儿教育师资专业成长的行动指南。

具体来说，制定专业标准时应明确地从理念、知识、能力等维度对教师的融合教育素养提出要求，并以标准为依据指导教师培养课程改革，使课程设置、内容、考核等符合标准要求。还应关注教师专业成长的全过程，建立系统的培养机制，不同阶段制定相应达标规定。这样才能推动教师主动达标，实现队伍素养整体提高。这需要政府支持，需要良好环境，也需要教师自身努力。我们应携手推动这一进程。只有这样，专业标准才能真正发挥应有的引领作用。

（二）发挥普通师范院校培养幼儿园教师融合教育素养的主阵地作用

我国应充分利用师范院校在教师培养中所起的主导作用，在教师培育课程中开设系统而完整的融合教育理论和实践课程，将融合教育内容融入教师培养的通识教育部分，通过丰富多样的课程内容促进教师对融合教育理论的全面系统掌握，加深教师对特殊儿童身心特征和教育规律的理解，掌握融合教育的基本原则和教学方法，从而全面提高教师对融合教育工作的认识水平和专业能力。与我国现行教育课程过于强调理论教学不同，澳大利亚教师培养课程更重视指导准教师将教育理论知识应用到实际教学中，采用分散式安排，在整个大学阶段的每个学期均设置8周左右的教育实习，对实习过程和效果也有明确要求，这种做法有利于教师从理论向实践过渡。相比之下，我国教育课程注重理论传授，实践教学时间不足且不集中，导致准教师在实习过程中无法很好地将已学理论与实际教学实践结合，无法将知识运用到教学活动中。我国教师培养课程应加强对理论知识的传授与掌握，减少实践教学环节的比重，可以考虑将实习时间缩短并集中在最后阶段，这有利于准教师先建立系统完整的理论知识框架，再在实践中进行检验运用。理论教学可以避免实践可能出现的偶然性，对准教师学习和掌握客观教育规律更有利。同时，可以减少与中小学的过多联系，降低实习基地建设要求，减轻师资和资源投入负担，将重心放在理论教学上。这种理论与实践脱节的培养模式，也更符合传统教育理念，更容易被准教师接受，无须进行教学理念和方法的大规模变革。我国高等院校应发挥自身专业优势，在学校内部和校际建立专业学习共同体，集中优秀教师资源，形成融合教育研究和实践的合作团队。通过加强师资队伍建设，增强教师开展融合教育实践的能力。可以设立融合教育专项项目，面向在职幼儿园教师提供在职培训，满足其专业成长需求①。同时，应发挥专家、学者的学术引领作用，利用其专业背景和影响力，开发公开课和讲座资源，向校内外师生和社会广泛传播融合教育理念，以全方位提升幼儿园教师的专业素养。

（三）利用网络资源构建幼儿园教师融合教育素养培养平台

澳大利亚在推进融合教育的过程中，大力发展线上教学平台和学习资源，这对提升教师专业能力起到了积极的推动作用。当前，我国在培养教师融合教育专业能力方面还存在短板，社会力量也难以发挥应有的促进作用。我们应该借鉴澳大利亚的成功经验，加强网络资源建设，充分发挥专家、学者和社会组织的正面力量，建立教师学习交流平台。通过提供丰富的网络学习资源、开展专业培训、组织经验交流等多种方式，全面提升教师的专业素质，使教师能胜任融合教育的教学实践，为融合教育的健康发展提供有力保障。同时，应加强教师培养机构与学校的合作，建立工作交流机制，让幼儿园准教师能在岗位上不断提高专业能力，以适应融合教育的需要。我国应当学习澳大利亚的成功做法，开发以融合教育为重点内容的网络学习网站，利用在线平台来深入进行融合教育，学习相关法规、教师标准和道德规范，全面提高自己的融合教育专业水平。我们需要建立网上交流平台，加强教师之间的协作，这有助于加强和拓宽专业学习活动，让每一位教师从中获得新颖且有价值的发现。同时，教师应通过网络、全国和地区性论坛以及国际化平台，与学校内外的同事和外部专家保持联系，分享经验，不断丰富对融合教育的理解，以持续提高自身专业素质。只有这样，教师才能更好地适应融合教育的要求，为我国融合教育事业的健康发展提供有力支撑。为推动我国教师融合教育专业素养的提高，我们需要采取以下措施：一是加强网络学习平台建设，开发专门针对融合教育

---

① 张悦歆，杜建慧，陈梅浩，等. 澳大利亚高等融合教育实践及其对我国的启示 [J]. 现代特殊教育，2020（2）：10-16.

的在线课程和教学资源，使教师可以随时随地学习相关理论知识、教学策略等。平台还应汇聚全国各地的优质教学案例，组织教师交流分享经验。二是积极培养一批融合教育专家团队，开展多形式的专业培训，并针对教师的教学实践进行点评指导，提高融合教学质量。三是鼓励教师主动利用网络联系前沿专家，开展课题研究和项目合作，在实践中提升专业素养。四是加强师范院校和各级各类学校之间的紧密配合，形成校地合作的教师培养机制，使师资队伍系统掌握融合教育理论和实践。通过这些举措的综合实施，我国教师的融合教育专业素养将得到明显提升，为推进融合教育健康发展提供人才支撑和智力支持。这是我们当下的重要任务。

融合教育是一种进步的教育理念，其核心在于实现教育公平和教育民主，消除学习过程中的隔阂与障碍，让每一个幼儿都能受到平等对待和重视，并参与到学习之中。作为这一理念的践行者，教师应在内心与行动上都予以充分认同。国际组织大力支持各国落实这一理念，澳大利亚也高度重视融合教育，因为这有助于满足不同幼儿的需求，促进教育公平。我国教师更应走在教育改革前沿，以开放的思想和行动，将融合教育落实到日常教学中，努力提高对不同幼儿的理解和教学能力。这既需要政府部门通过完善政策来引导，也需要学校和教师自觉采取行动，不断提高专业素养，成为推动教育进步的积极力量。我国残疾儿童随班就读制度的推行，反映了对教育公平和教育民主的重视。但是一些普通教师缺乏融合教育的专业培养，在态度和行为上还不能很好地满足特殊儿童的教育需求，导致特殊儿童在普通课堂教学中不能得到应有的关注和发展。这凸显了我们在教师融合教育专业素养培养方面还存在短板。我们必须汲取澳大利亚的成功经验，通过职前培养和在职培训，提高教师对融合教育的认识，形成积极态度，掌握应对技巧。只有做到这一点，才能真正实现推行残疾儿童随班就读的初衷，让每一个孩子在普通课堂教学中感受到平等和尊重，让每一个孩子获得应有的关爱和发展。这需要政府的政策支持，需要学校和教师的共同努力。让我们携手推动这一进程，为建设教育公平而自强不息。发展融合教育必须从根本上重视教师，因为教师是实践的关键。重视教师的融合教育专业素养，可以带动整个社会关注这一问题，进而转变人们对融合教育的观念和态度，消除社会上存在的疑虑，让人们认识到幼儿之间的差异性，并理解融合教育对每一个孩子成长的重要性。当社会形成支持和理解融合教育的环境时，残疾儿童随班就读制度才能落到实处，教育公平和教育民主才能实现。因此，我们必须高度重视教师队伍建设，通过完善的培训机制，提升教师的专业素养，让每一位教师都成为推动融合教育发展的生力军。这需要各级教育部门制定完善的政策，需要全社会共同参与。让我们共同努力，为构建人人平等、充满爱心的融合教育做出应有的贡献。

第四节　韩国幼儿园教师融合教育素养的职前培养实践

一、学前融合教育课程开设现状

（一）课程数量

韩国高校学前教育专业开设的融合教育课程情况较好，充分体现了对融合教育的高度重视。63 所被调查大学全部都设置了相关课程，其中近四成大学开设了 3 门以上相关课程，这反映出大学在师资培养中积极推动融合教育理念、知识和技能培养的决心[①]。可以看出，自 2009 年教育部提出政策要求后，高校积极作为，调整专业设置和课程结构，使预备教师在学前教育理念、法规政策、教学策略等方面，系统掌握融合教育所需的知识与技能。这为学前教育阶段实施融合教育，保障每一个孩子平等发展创造了条件。

（二）课程性质

韩国各高校开设的学前融合教育课程类型齐全，包括专业基础课和专业选修课，共计 147 门[②]。这充分体现了各校在培养目标、课程设置、教学内容等方面对融合教育的高度重视。尤其是在教育部相关政策要求下，所有大学都开设了至少一门 2 学分的必修课，确保每个准教师都能掌握相关理论知识。同时，专业基础课程的比例也远高于选修课程，这保证了准教师对融合教育知识的系统学习。可以看出，各高校积极响应国家政策，根据专业培养的需求，调整优化了课程体系，使准教师在具备扎实专业基础的同时，也掌握了开展学前融合教育的所需知识与技能。这为推动韩国学前教育融合化发展奠定了坚实的师资基础。

①　王静，范明丽. 韩国幼儿园教师融合教育素养职前培养的现状及启示：基于对韩国 63 所大学学前教育专业融合教育课程的分析［J］. 中国特殊教育，2021（7）：67-74.

②　王静，范明丽. 韩国幼儿园教师融合教育素养职前培养的现状及启示：基于对韩国 63 所大学学前教育专业融合教育课程的分析［J］. 中国特殊教育，2021（7）：67-74.

（三）课程类型

韩国高校设置的学前融合教育课程主要聚焦在特殊教育、问题行为指导、咨询理论、精神健康、融合教育、治疗教育等方面。从课程名称和内容来看，目前较多开设了特殊教育、问题行为指导、咨询理论等传统型课程。相对而言，直接面向融合教育的课程占比（13.6%）较低，仅次于上述几类课程①。此外，聚焦诊断评价的课程数量也很少。由此可见，虽然各校对融合教育的重视程度在逐步提升，但专门针对融合教育理念、策略和技能的课程仍较为缺乏。

（四）课程学分

韩国高校开设的学前融合教育课程，绝大多数为 3 学分的较高学时课程。这说明各校在设置课程时，普遍赋予了融合教育较高的信誉值，充分体现了对其在专业培养中地位的重视。较高的学分设置，意味着该课程在培养方案中的地位更加重要，准教师的修读时间也更长。这有利于准教师系统而充分地学习掌握融合教育的相关知识和技能。可以看出，高校在课程设置上对融合教育的高度重视，这为推动韩国学前教育融合发展奠定了坚实的基础。

（五）开设学年

韩国高校开设学前融合教育课程主要集中在大一和大二，合计占比达58.5%，而大三和大四的课程比例较低。考虑到不同学制的差异，这反映出无论是 4 年制还是 3 年制，大部分高校都选择在准教师专业学习的前期阶段开设相关课程。这种较为靠前和集中的课程设置安排，有利于准教师在专业学习的基础培养阶段，系统地掌握融合教育的理论知识和实际技能。这体现了各高校希望通过前期的融合教育课程学习，奠定准教师开展后续专业学习的基础，也为准教师未来从事融合教育实践打下坚实基础。这种课程设置值得我们借鉴和推广。

二、教学方案内容分析

（一）课程目标

从课程目标的设置来看，当前韩国学前融合教育课程更加强调方法技能的培养，而相对较少关注知识和态度价值观培养。方法技能目标的比例

---

① 吴彦. 韩国学前融合教育支持体系述评 [J]. 南京晓庄学院学报，2020，36（2）：58-62，123.

高达 57.5%，远高于知识目标的 35.6% 和态度目标的 6.9%。这反映出韩国高校希望通过相关课程的学习，使准教师掌握开展融合教育的具体方法与技能，如课程设计、教学策略、活动设置、师生互动等方面的能力。这种侧重点与当前韩国学前教育融合发展的实际需求是相符的。但我们也应注意在知识和态度目标上的培养，使准教师在系统掌握理论知识的基础上，确立正确的价值取向，成为融合教育的积极践行者。调查显示，韩国学前融合教育课程在设置目标时，既注重理论知识的学习，也强调实践技能的培养，同时兼顾态度价值观的塑造。具体来看，知识目标以学习特殊教育和融合教育理论知识为主；技能目标则更加关注指导特殊儿童和提高教学能力；态度目标则强调正确的职业理念和对儿童的关爱。总的来说，课程目标比较全面和均衡，但技能培养的比例较高。这种积极而务实的培养定位，既符合融合教育的实际需求，也体现了韩国学前教育积极探索融合发展道路的决心。

（二）教学内容

韩国学前融合教育课程的教学内容主要聚焦于知识传授和技能培养。虽然培养准教师的态度价值观也是课程设置的目标之一，但这主要是通过学习知识内化和技能训练达成的。具体来说，知识学习可以增强准教师对融合教育的理解，技能培养可以提高准教师的就业能力，而这又会反过来巩固她（他）们的职业认同和价值观。因此，课程内容中较少直接设置与态度相关的课题，而更多体现为对知识和技能的传授。这种侧重点符合融合教育专业培养的实际需要。当然，我们也应注意在教学过程中关注准教师的核心价值观培养，通过知识学习带动其态度升华，共同实现课程的多重目标。调查显示，韩国学前融合教育课程的教学内容比较均衡，既有理论知识的学习，也有实践技能的培养。但总体来看，技能培养的比例（60.1%）高于知识传授的比例（39.9%）。具体而言，知识内容主要关注特殊教育、融合教育等理论理解；技能内容则更侧重于指导特殊儿童的方法，以及融合教育的具体实施手段。这充分体现了课程设置注重应用性，紧密围绕培养准教师开展融合教育的实际能力。这种侧重点与韩国学前教育融合发展的现实需求是相契合的。当然，也应适当加强理论知识的学习，使准教师在扎实的理论基础上开展实践，实现知行合一。

（三）教学方法

韩国学前融合教育课程采用了多种教学方法，既重视理论知识的传授，也强调准教师的参与和实践。具体来说，讲授法被所有课程采用，确保准教师掌握基础知识。同时，半数以上课程组织利用讨论、案例分析等形式培养准教师的思考和表达能力。此外，超过一半课程安排了实习和参观等实践链接，使准教师在实际环境中运用所学知识。这种理论与实践相结合的教学模式，既注重知识内化，也强调能力培养，可实现课程目标的全面达成。今后我们还应继续扩大实践教学的比例，使准教师在实际操作中掌握融合教育所需的专业技能。调查发现，韩国学前融合教育课程注重理论联系实际，采用多种教学方法推动知识内化和能力培养①。一方面，通过讨论、案例分析等形式培养准教师的思考和表达能力，加深准教师对知识的理解；另一方面，通过实习、参观等直接体验，使准教师在实践中学会运用相关知识。无论哪种教学方法，最终目的都是提高准教师的专业素养，使其真正掌握开展融合教育的理念和技能。可以看出，这种理论联系实际的教学模式非常必要，既满足了专业学习的需要，也契合了融合教育专业培养的目标。

（四）课程评价

韩国学前融合教育课程采用了多元化的评价方式，既注重学习过程，也关注学习成果。具体来看，85%的课程将考勤纳入评价体系，以鼓励准教师积极投入；近八成课程设置了任务（作业），内容丰富多样，以检查准教师的学习效果。可以看出，这种过程与结果相结合的评价机制，不仅考查准教师的知识掌握情况，也强调其学习态度和能力培养。这种全方位的评价，有助于检查准教师是否真正达到课程的多重目标要求，是实现学前融合教育专业培养的有效途径。我们应在此基础上，继续完善评价内容和形式，使之更好地服务于培养目标。韩国学前融合教育课程多采用具有实践性、应用性的任务作业来评价准教师。这类作业设置丰富多样，要求准教师运用所学知识分析实际情况、制订教学方案、反思实习经历等，检查其专业能力。此外，约六成课程采用考试检查知识掌握，也有相近比例的课程组织准教师展示自学成果。可以看出，这种理论与实践相结合的多元评价，不仅检查准教师的知识获取情况，也强调专业能力的培养，是对准教师真正掌握融合教育专业素养的全面检验。

---

① 易婷婷，张昕妍，赵文慧. 韩国标准化教育的范式研究：融合与创新：以 UEPS 项目为例 [J]. 标准科学，2022（6）：26-31.

四、韩国幼儿园教师融合教育素养职前培养的特点

（一）国家政策保障了幼儿园教师融合教育素养职前培养的强制性与普及性

韩国政府高度重视融合教育，并采取一系列政策措施推动教师职前培养。早在 2007 年的《特殊教育法》中，韩国政府就提出了特殊儿童的义务教育目标。为满足这一需求，教育部从 2009 年开始要求高校开设相关课程，2016 年在教师资格认定实务手册进一步明确了课程要求。在政策引导下，各高校调整了师资培养方案，普遍设置了融合教育课程①。这种顶层设计取得了明显成效，学前教育教师获取了较全面的融合教育理论知识，形成了较强的实践能力。韩国的经验值得我们借鉴，我们也应制定支持性政策，引导高校科学设置融合教育课程，使师资力量适应融合教育发展的需要，以更好推动我国学前教育整体进步。有关调查反映出，韩国高校在学前教育专业培养中，已较为普遍地设置了融合教育相关课程，充分体现了对融合教育的高度重视。具体来看，63 所被调查院校全部开设了特殊教育类课程，其中超过八成大学开设了 2 门以上，近四成大学开设了 3 门以上。这表明，各高校在专业设置上，积极响应国家政策，调整课程体系，增设了较为系统和完整的融合教育课程群。这为准教师掌握开展融合教育所需的多方面知识和技能奠定了基础。展望未来，高校应继续优化课程设置，以满足学前教育融合发展的需要。

（二）培养理念逐步从补充特殊教育素养转向培养融合教育素养

融合教育是一种新型的教育理念，其对教师的专业素养要求不同于传统的普通教育或特殊教育。融合教育教师面对的教学环境主要是普通班级中的少数特殊儿童。因此，她（他）们需要掌握在一个存在差异的普通课堂环境中兼顾所有幼儿需求的知识和技能，如调控幼儿注意力、开展多元评估、创建和谐氛围等。简单地将普通教育和特殊教育素养进行拼凑是不够的，必须建立系统的、独立的融合教育专业素养培养体系。这需要培训部门更新理念，不再单纯为教师补充特殊教育知识，而要使其真正掌握开展融合教育所需的核心竞争力。只有这样，教师才能适应新环境对素质的要求，推动韩国融合教育实践的开展。

---

① 吴春玉. 韩国本科层次特殊教育教师的职前培养研究 [J]. 中国特殊教育，2018（2）：59-63.

随着融合教育理念的深入，韩国高校学前教育教师培养也发生了积极变化，呈现出从传统向专业化转型的特征。过去主要是设置一些特殊教育课程，目的在于补充教师的特殊教育知识。而目前，各校设置了更多聚焦融合教育的专门课程，课程目标和内容都更加关注培养教师开展融合教育的专业能力。这种由传统向专业化转变的趋势，反映了韩国高校在师资培养理念和实践中对融合教育的高度重视。这种转变也值得我们借鉴，应进一步加强对融合教育专业素养的培养，使准教师真正胜任未来的教学实践，推动我国学前教育融合发展。从调研数据来看，当前韩国高校设置的学前融合教育课程，在类型、目标和内容上都呈现出从传统向专业化转型的特征。具体来说，专门设立的融合教育课程数量和比例在持续提升，知识目标和课程内容都出现了明显的变化，即从注重传授特殊教育知识转向关注融合教育的专门知识和技能培养。这标志着高校师资培养理念的变革，也更好地满足了当前学前教育融合发展的实际需求。展望未来，高校应当继续推动这一转型进程，以适应形势发展的需要，为韩国学前教育提供优秀的专业化人才支撑。当前韩国高校学前融合教育课程在类型、目标和内容设置上都呈现出专业化发展趋势，融合教育相关课程的比例持续提升，与传统特殊教育课程的差距正在缩小。同时，大部分课程安排在大一、大二阶段，这有助于准教师在接受师范教育的早期就接触融合教育理念，并在这样的环境中培养融合教育专业素养。这种专业化和前置化的课程设置，使师生从一开始就能适应多样化的教学环境，并提供高质量教学。这种经验对韩国高校旨在培养融合教育人才也具有重要借鉴意义。我们也应把相关课程向前集中，助力准教师建立正确理念，提高专业能力。

（三）理论与实践并重突出了培养准教师的融合教育实践能力

培养教师对融合教育的积极态度，是成功实施融合教育的关键。教师的态度会直接影响其教学行为。然而，仅仅增加特殊教育课程并不能改变教师的态度，必须进行系统的融合教育专业培训，使教师掌握课堂教学、管理等方面的知识与技能，以应对特殊儿童的需求。只有这样，幼儿园准教师才能树立正确的态度，做好融合教育的准备。因此，教师培养应增加专门的融合教育课程，通过专业化培训，提高教师的专业素养，塑造积极的态度，使其成为推动融合教育实施的生力军。这需要各级教育部门和师范院校的共同努力。教师对特殊儿童的教学经验，会直接影响其对融合教育的态度。增加与特殊儿童的接触交流，有助于形成对融合教育的支持①。因此，融合教育课程应重视理论联系实际，强调实践能力培养。在授课中，既要传授系统知识，也要组织实习实践，使准教师在实践中体会教学过程，积累经验。同时，还要注重过程性评价，检查准教师的学习态度。只有做到知行结合和理论联系实际，准教师才能在实践中提高专业素养，树立正确的价值观，成长为融合教育的有力倡导者。这需要构建完善的课程体系，使其既适应专业成长的内在需求，也符合融合教育对教师素质的要求。当前韩国高校开设的学前融合教育课程，在培养目标、教学内容、教学方法和评价方式等方面都体现出理论联系实际、强调实践能力的特点。具体来看，课程目标更加突出实务技能培养，教学内容中实践操作类居多，采用案例分析、实习等方式强化理论知识的内化，并以完成实际任务作为主要评价方式。这种融合理论学习和实践锻炼的教学模式，不仅可以传授系统知识，更注重通过实际操作锤炼准教师的专业技能，实现知行合一。这符合融合教育对教师实践能力的要求。

五、对我国幼儿园教师融合教育素养职前培养的启示

当前，我国学前教育正处于从普通教育向融合教育转型的关键阶段。随着残疾儿童入园率的提高，许多幼儿园存在特殊儿童，而教师的融合教育专业能力整体较弱。这说明，深化教师培养，提升其融合教育素养刻不容缓。我们必须抓住机遇，通过改进和优化师资培养方案，加强融合教育理论学习和实践训练，使教师真正掌握开展融合教育所需的知识、技能和态度。这需要教育行政部门制定和完善政策支持，需要师范院校和幼儿园通力配合。只有这样，才能满足社会日益增长的融合教育需求，让每一个孩子都能平等地受到教育，推动我国学前教育整体发展。研究表明，融合教育培训对提升教师素养有明显帮助，特别是在职前阶段的培养最为关键。但在我国现有的职前教育中，融合教育课程存在一定局限，无法满足培养需求。鉴于韩国在这方面积累了许多宝贵经验，我们应当汲取其精华，改革现有培养模式，调整课程设置，强化理论学习和实践锻炼，使学前教育教师在入职之初就系统掌握开展融合教育所需的知识和技能。这需要教育行政部门制定和完善政策引导，需要师范院校主动作为。通过改革创新，我们

---

① 王波. 韩国全纳教育的发展、实施策略及面临问题 [J]. 中国特殊教育，2012 (4)：8-13.

一定能培养出大批优秀的融合教育人才，以满足学前教育发展的新需求。

（一）完善学前教育与特殊教育政策法规，凸显对幼儿园教师融合教育素养职前培养的强制性要求

我国在普通高校开展教师融合教育职前培养起步较晚，直到 20 世纪 80 年代末才引起政府重视，并逐步出台相关政策规定。近 30 年来，一系列法规和政策要求在普通教师培育中增加特殊教育内容，并将特殊教育课程列为教育学专业的必修课。这标志着国家层面对教师融合教育素养培养的高度重视。但我们的融合教育职前培养仍有很大提升空间。应借鉴国外成功经验，改革课程设置，扩充直接针对融合教育的必修课程，同时加强理论联系实际，提高实践教学比例，使教师真正掌握开展融合教育所需的知识与技能。这需要教育行政部门制定和完善政策支持，需要高校积极主动作为。尽管国家层面已陆续出台多项政策，鼓励高校开设融合教育相关课程，但调查发现，目前仅有少数高校设置了这类课程，且仍处在不稳定状态。这说明，高校对融合教育的重视程度还存在差距，师资培养与国家政策还不够契合。目前我国将教师融合教育培养要求主要规定在特殊教育政策中，执行范围和力度有限。培养融合教育教师是整个学前教育发展的需要，不应仅局限于特殊教育领域。为此，我们应从推动教育发展的高度出发，将融合教育培养要求融入学前教育政策和师资培养体系，使之成为教师培养的组成部分。这需要政策制定部门统筹规划，将融合教育理念和要求贯穿学校培养全过程，并提供政策支持和资源保障，确保各师范院校落实培养要求。只有做到这一点，我们才能为学前教育融合发展提供人才支撑和制度保障。

我国现有教师融合教育职前培养政策多属鼓励性质，欠缺强制力度，执行效果不佳。许多政策试行期过长，且多采用"鼓励""提倡"等非强制性术语，缺乏约束力①。这导致政策落实不到位，无法推动培养理念和模式的改革创新。因此，必须转变政策性质，用强制规定取代鼓励引导，缩短试行期，增强政策刚性和约束力，并提供资源保障，以确保各校切实负起培养任务。同时，要不断深化改革，构建系统的融合教育培养体系，将其融入整个学前教育师资培养和质量标准体系，以推动我国学前教育整体发展。为推动我国教师融合教育素养的提高，建议学习韩国的政策制定

---

① 张媛媛. 新中国 70 年来幼儿园教师资格制度的变迁与启示 [J]. 今日教育（幼教金刊），2019（9）：10-13.

经验，改革现行教育政策，将融合教育职前培养要求从鼓励性转为强制性，增强执行力度。一是将相关要求写入学前教育和特殊教育法规政策，形成顶层设计。二是使用明确强制的措辞，确保各高校落实要求。三是加快政策试点转正，压缩试行期限。四是加强资源配置，提供保障。通过这些举措的综合运用，可以有效推进各高校调整专业设置、改革课程体系，使融合教育成为教师必修内容，切实提升教师队伍素质，满足学前教育发展新需求。这需要各级教育行政部门通力配合、社会共同努力。

（二）调整和优化学前教育专业课程设置，实现教育的融合与普惠

多年来，社会上普遍存在一种将融合教育与特殊教育混淆起来的观念。这种混淆不仅在社会认知中广泛存在，也在教育政策和课程设置中反映出来。相关政策和课程常常使用"特殊教育"这一术语，但其中往往包含了对"融合教育"的含混指代，导致两者的概念边界变得模糊不清。其实，两者在目标、对象、内容等方面都存在明显区别。必须认识到，融合教育是一种独立的教育理念，需要专门的政策规划和课程设置，不能简单地等同于特殊教育。今后，应深入研究两者的差异，用准确的名称进行表述，并在政策和课程中明确区分。加强对融合教育内涵的宣传推广，消除社会误解，并在师范院校增设针对融合教育的专门课程，用系统的学习帮助教师掌握融合教育理念，提高专业能力。当前我国开设的许多学前融合教育课程，其教学内容过于侧重特殊教育知识，类似专业课程，未能真正体现融合教育的内涵。的确，学习特殊儿童的相关教育知识是必要的，但这只是融合教育课程的一部分。更广泛的内容，如融合教育理念、平等理念、弱势群体教育等都应当融入课程。我们必须认识到，融合教育是一种独特的理念，其课程内容应当独立设计，不能简单借用特殊教育的内容。今后，需要深入研究融合教育的内涵，按照培养目标科学设计课程体系，使之既包括特殊儿童知识，也融入更多普适性内容，用系统学习帮助教师全面提升专业素养。提升教师的融合教育素养需要各方力量共同努力，不应仅依靠几门单独课程。各专业课程都应融入相关理念，发挥协同作用。教师要在日常教学中贯彻平等、尊重、民主精神，并以身作则。可在案例分析中加强对多样性的关注，调整教学语言与方法，照顾不同需求。学校还应举办专题讲座、展览等活动，拓宽视野。除课堂外，日常管理也应营造包容氛围。只有知行合一，使融合教育精神成为师生共同追求的内在价值，才能在今后的教育实践中不自觉地体现出来。这需要学校制定规划，提供指导与支持，使理念内化成为全员的共识。

韩国幼儿园教师融合教育素养培养从重视特殊教育向专门培养融合教育能力转型，历时十多年，可见这是一个循序渐进的过程。我国当前也面临类似转型，需要系统谋划、稳步推进。在政策上，要形成顶层设计，将融合教育要求融入师范教育体系；在课程上，要调整设置增加直接针对融合教育的课程；在理念上，要更新观念，将其作为教师核心竞争力。实现这一转型，需要教育行政部门制定规划并保障资源，需要高校主动调整专业设置、改革教学内容和方法，需要教师更新观念并付诸行动。这是一个长期的过程，需要社会各界通力配合、持续努力，方能顺利实现从传统师范教育向现代教师教育转型，以满足我国学前教育发展的新需求。

（三）调整理论与实践课程的比重，突出学前融合教育人才培养的实践导向

当前我国开设的学前融合教育课程存在课时短、多为选修等问题，与实际培养需求不完全匹配①。要真正提高教师素养，必须强化课程中的实践环节。韩国的成功经验值得我们借鉴。一是扩大融合教育课程开设规模，增加必修课时；二是优化课程设置，突出实践技能培养；三是加强情境模拟和实习环节，强化体验；四是改革考核方式，检查实践能力。只有做到知行合一、理论联系实际，准教师才能在实践中提高素养，树立正确观念，成长为融合教育专业人才。这需要政策支持，需要高校调整课程体系与考核方法，需要教师更新理念，方能实现专业素养的整体提升。

第五节 中国幼儿园教师融合教育素养的职前培养实践与优化

一、幼儿园教师融合教育素养职前培养的实践探索

我国学前融合教育是指在普通幼儿园和康复机构开展的非隔离教育，面向各类特殊儿童。当前，这一教育形式正在发展，也出现了一些成效突出的机构，但与普通幼儿园相比，采用融合教育理念的幼儿园还较少，目前主要集中在民办园所。这反映出目前学前融合教育发展还不平衡，许多地区和学校没有条件开展或没有开展。要推广这一教育形式，需要政府增

---

① 黄显军. 学前教育本科生融合教育素养培养困境与出路［J］. 绥化学院学报，2020，40（4）：4-7.

加资源投入，对民办园所给予政策支持，并提高教师队伍素质。还需家长转变观念，主动选择送孩子到采用融合教育的幼儿园。只有立足当前，稳步推进，学前融合教育才能惠及更多需求儿童，让每个孩子都有公平接受优质教育的机会。

（一）明晰职前培养整体思路

南京特殊教育师范学院是全国唯一一所专门培养特殊教育师资的本科高校。其学前教育专业秉承学校"学科+特教"的办学理念，重点开展学前融合教育专业建设。在人才培养目标上，要求准教师在掌握扎实的学前教育知识和技能的基础上，同时具备开展融合教育的素养。通过设置融合教育课程，实现理论联系实际，使准教师成长为既具有普通教育能力，又具备特殊教育服务知识的复合型人才。这不仅可以满足当前学前教育的发展需求，也为推进残疾儿童早期教育提供了人才支撑。这一办学理念值得更多高校学习和借鉴，以培养适应未来融合教育发展需要的应用型人才。

1. 确立学前融合教育的专业理念

目前我国对学前融合教育的要求多停留在鼓励阶段，没有形成法律强制力，导致一些幼儿园缺乏融合教育理念，拒绝招收特殊儿童。要改变这一局面，课程设置必须高度重视专业理念的培养①。一是增加专门的理念教育课程，使准教师明确融合教育的内涵。二是每堂课均需贯彻融合教育理念，通过案例分析等形式帮助准教师内化价值观。三是建立典型案例库，展示融合教育的实施过程。四是组织志愿服务，提高社会责任感。只有使专业理念内化为自觉行动，准教师才能成长为融合教育的坚定践行者。这需要政策支持，需要社会共同努力。

2. 夯实学前融合教育的专业知识

成功开展融合教育需要坚定的理念和扎实的专业知识作为"双轮"驱动。一些幼儿园之所以能坚持融合教育，是因为其负责人具有教育特殊儿童的亲身经历，在这个过程中不断增长专业知识，从而形成坚定理念。专业知识的积累是支撑理念的基础。因此，开设专业课程讲授系统知识极为关键。同时，还须强化实践环节，使知识转化为技能。只有知识与理念相辅相成，才能培养出真正具备开展融合教育能力的人才。这需要政策引导高校调整课程设置，需要学校优化培养方案，需要教师更新教学内容和方

---

① 刘新学. 学前融合教育专业建设的基本路径：以南京特殊教育师范学院学前教育专业为例[J]. 现代特殊教育，2018（4）：8-11.

法，提高专业化水平，适应学前教育发展的新时代需求。

3. 强化学前融合教育的专业技能

随着我国融合教育的推进，学前教育阶段的融合发展也日益受到重视。但是目前许多幼儿园教师反映，自己缺乏开展融合教育的专业技能，在课程设置、资源运用、教学评价等方面都比较困难。这凸显出当前教师队伍整体专业素养还难以满足融合教育的要求。为此，必须在教师培养中加强专业技能培训，增加课程内容中针对融合教育教学方法的学习，扩大实习实践环节，使准教师在实际操作中掌握相关技巧。还需要建立教师在职培训机制，组织经验交流，提供专家指导，促进技能提升。只有做到这些，教师专业能力才能真正适应融合教育对学前教育发展的新要求。

4. 出台学前融合教育的相关法规

我国虽然还没有对学前融合教育提出强制性要求，但已经出台了一些支持性政策法规。为了推动融合教育落地生根，教师培养必须将这些内容纳入课程，使准教师全面了解国家规划和发展思路。在以后的工作中，教师应自觉遵循政策要求，不能降低标准、做表面文章，而要真正将融合教育理念贯彻到教学实践每个环节，积极探索，踏踏实实推动融合教育进程。只有真正做到知行合一，政策与实践相结合，融合教育才能在学前教育阶段深入开展，让每一个孩子都能平等地受到教育。这需要我们共同努力，以实际行动来响应国家号召。

（二）积极推进课程建设

我国教育界对学前融合教育并不陌生，但长期以来，相关课程建设比较薄弱，没有形成系统完整的课程体系。许多高校只是开设一两门特殊教育课程，未能专门构建融合教育课程。今后必须改变这种状况，有针对性地开展课程建设。

1. 围绕学前融合教育培养目标开展课程建设

针对学前融合教育教师的专业素养要求，可以围绕培养目标，开发专业理论课和技能课程。近年来，随着实践的开展和研究的深入，已经初步形成了一些融合教育课程的教材，如《学前融合教育学》《特殊儿童发展与学习》《个别教育计划》等，这为融合教育课程建设奠定了基础。接下来，应当继续扩充课程资源，开发更多高质量的教材，并在人才培养中大力推广应用。同时，还要注重理论与实践结合，增加案例分析和实习环节，使准教师在实践中掌握相关技能。只有做到知行合一，我们才能培养出真正符合学前教育发展需求的融合教育人才。这需要理论界和实践界共同努力。

2. 围绕学前融合教育核心素养开展课程建设

为培养既具备普通教育又具有特殊教育服务能力的学前融合教育复合型人才，课程设置需兼顾以下几个方面：一是按照教育部要求，设置完整的学前教育专业核心课程，确保准教师掌握扎实的本专业基础知识和技能；二是开设适当的特殊教育通识课程，提高准教师对特殊教育需求的理解；三是增设融合教育方面的专业课程，使准教师系统学习开展融合教育的理论和方法。这样在保持专业基础的同时，专门加强特殊教育和融合教育的培养，可以培养出既具普通教育背景又具特殊教育服务知识的复合型人才，以适应学前教育发展的新形势和新要求。

3. 围绕学前融合教育实际需求开展课程建设

为了推动学前融合教育的发展，需要将特殊教育和康复类专业课程有机地融入学前教育体系，以促使教育更全面地满足不同儿童的需求。这一整合过程需要对特定课程内容进行必要的调整，以确保它们能够顺应学前融合教育的理念和目标。目前尚未有成熟的教材涉及这一整合领域，我们鼓励相关领域的教师根据教学大纲，主动进行个性化的整合。这包括对课程内容的深入挖掘，以更好地贴合学前融合教育的要求。教师可以通过结合实际案例、引入最新的研究成果以及开发具有针对性的教学资源，使得课程更具前瞻性和实用性。这个整合的过程也提供了一个创新的机会，让教师能够发挥她（他）们的专业知识和创造力，从而为学前融合教育注入更多活力。

4. 围绕学前融合教育教学环境，充分借助大数据技术开展课程建设

在幼儿园融合教育领域，现代信息技术包括信息化和互联网等正发挥着重要作用。其中，MOOC 课程是其典型代表之一。在课程的建设过程中，教师们积极利用大数据所提供的信息，深入分析并选择最优的融合教育方法和方案。通过对现有教材和讲义的优化，同时采用线上和线下相结合的教学模式，幼儿园融合教育的学前融合教育课程得到了进一步完善。这种做法有助于提高教育质量，为幼儿们创造更好的学习体验。

（三）有效实施课堂教学

有些高校在特殊教育领域积累了丰富的经验，通过提供岗前培训和鼓励在职学习，特别是在学校特殊教育方面的深入涉猎，每一位教师都能够

受益匪浅。这为我们更好地开展融合教育的课堂教学提供了坚实的支持。这种富有经验的培养模式使得教师们能够更加自信地应对面临的特殊教育挑战，为提供更贴心、有效的学前教育奠定了坚实基础。

1. 把学前融合教育知识融入专业教学

幼儿园教师在为大班幼儿设计课程时，应考虑不同需求的幼儿，比如孤独症儿童可能对声音刺激更敏感，多动症儿童在语言学习中可能需要特殊对待。教师可以根据幼儿的特点，调整教学内容和方法，使所有的孩子都能在一个融合的环境中得到发展。这需要教师不断学习和积累知识与经验，也需要教育部门提供更多培训机会。我们应为每一个孩子创设公平发展的环境。

2. 把学前融合教育的实操技能融入专业教学

对于特殊儿童的教学，的确不能使用统一的一般方法，而是要因材施教，根据每个孩子的个体差异去调整教学。比如在绘画活动中，如果有肢体残疾的孩子无法握笔，教师就可以通过使用辅助装置或者简单的手工制作来帮助孩子参与活动。对于这些孩子，绘画的要求和标准也可以适当调整，不必强求达到普通孩子的水平，重要的是让特殊儿童在可能的范围内参与活动并获得成就感。教师需要注重观察每个孩子的特点，灵活应用教学方法，让每一个孩子都能在融合教育环境中得到接纳和发展。这对教师的教学能力和包容心提出了更高要求。

3. 把学前融合教育的理念融入课程调整

在实施普通学前课程教学的同时，教师应根据不同特殊儿童的需要，采取添加课程、矫正课程等方式进行教学调整，以丰富融合教育内容，提高儿童的融合教育能力。当前，在这方面，国家对幼儿园教师有明确要求，但还缺乏针对学前融合教育教师的专门实践标准。

（四）实践教学改革务实融合

为做好学前融合教育，教师应在满足国家规范要求的前提下，参考相关专业标准和特殊教育课程标准，积极探索融合教育实践。比如，教师可以通过开展小组活动、合作学习等方式，让普通儿童和特殊儿童在互助互爱中一起成长；可以采用多样化的教学手段方法，照顾不同需求；可以加强与家长和专业机构的沟通配合。这样做不仅可以提高教师自身的专业水平，也有利于每一个孩子的健康快乐成长。

1. 通过日常教学等形式进行课程实践

在日常教学中，设计针对特殊儿童需要的活动，如小组合作学习、互助游戏等，让所有孩子共同参与。同时，与康复机构合作，了解特殊儿童的训练方法，合理调整教学内容和进度。充分利用视频、图片、案例等直观教学资源，丰富课堂教学形式。采用适合特殊儿童的教学法，如任务分解、步骤示范等。鼓励普通孩子与特殊孩子互相关心相互帮助，营造融洽包容的课堂氛围。通过这些实践，教师可以增强对融合教育的理解，提高专业知识和技能，使每一个孩子都能在适合自己的学习环境中健康快乐地成长。教师还需要加强与家长和专业机构的沟通，共同为孩子的发展提供帮助和支持。

2. 通过第二课堂等形式进行活动实践

组织专业技能竞赛，让师生设计适合特殊儿童的教学游戏、玩具等，锻炼创新能力。举办讲座交流活动，邀请专家、学者介绍融合教育理念、方法和案例，拓宽视野。开展融合教育话题演讲比赛，鼓励准教师积极思考，提高表达能力。建立师生观摩平台，分享融合教学设计和经验。组织项目研究，针对特殊儿童需求设计教学方案。召开座谈会，集思广益，形成共识。这些第二课堂活动，有利于师生全面掌握融合教育理论知识，并将其应用到实践中。同时，也可以加强校际、家校、校企合作，为特殊儿童提供及时有效的教育支持，使特殊儿童健康快乐地成长。

3. 有计划地开展系统的融合教育实践

在课程见习期间，安排准教师到融合教育幼儿园进行观摩学习，了解园所的特殊幼儿及各类活动安排。在保育见习阶段，准教师可以跟随园所教师参与特殊儿童的日常照护，学习必要的技能。在教育实习中，可以与融合教育园所进行合作，让准教师亲自上课，体验融合教学的方法。建立校内外实践基地，与知名园所或康复机构合作，让准教师长期了解特殊儿童。毕业前的集中实习最为关键，可选派准教师到北京、上海等地的知名园所进行一定时间的系统实习，直接参与融合教育工作。通过贯穿各教学环节的深入实践，不仅可以大大提高准教师的专业水平，也有助于培养优秀的融合教育人才，让更多特殊儿童受益。

4. 组织开展各类校外融合教育活动

在寒暑假期间，组织准教师到特殊儿童康复机构进行志愿服务，送温暖与关爱。发动准教师在社区开展送教上门等志愿活动，为有需求的特殊儿童提供教育帮助。组织准教师对本地特殊儿童教育进行社会调研，了解实际需求。鼓励准教师在假期参与特殊儿童艺术训练营等活动，亲身接触不同特殊儿童。这些富有意义的社会实践活动，不仅能提升准教师的社会责任感，也能让准教师对特殊儿童及融合教育有更深的理解，从而培养准教师的专业热情。学校应高度重视并组织这类活动，让更多准教师参与其中，以提高融合教育人才的综合素质。各方面实践相辅相成，在"全员、全过程、全方位"的实践理念下，不断深化各类融合教育实践，努力培养具有扎实实践能力的融合教育人才，推动学前融合教育专业建设。

（五）实训基地建设机制通畅运行

学前教育专业的准教师需要学习各种实际操作技能，因此实训室的建设对专业成长至关重要，主要应考虑以下几个方面：一是实训室要设置弹唱、舞蹈、手工、美术等课程所需的场地和设备，让准教师有机会练习这些基本技能。二是要建立感知统合训练和诊断评估的实训室，配备专业仪器和工具，提高准教师的专业水平。三是每个实训室要设置充足的用具和材料，确保满足准教师操作练习的需求。四是要配备完善的音响、灯光等辅助设施，优化实训环境。五是要定期更新实训设备，确保准教师接触专业前沿技术。六是要配备专业指导教师，指导准教师的实训过程。通过对实训室的全面规划和建设，可以更好地提高准教师的实际操作能力，满足其专业成长的需要。

1. 学前融合教育专业的实训室建设，需要与人才培养目标高度契合

首先，实训室设置要满足国家学前教育专业的基本标准，这是基础。在此基础上，可以根据人才培养方向，自主设置特色实训室，如特殊儿童早期发现和干预实训室、感知统合训练实训室、言语治疗实训室等，以强化准教师的专业技能。其次，要发挥校内资源优势，与特殊教育、康复医学等专业实现场地设备的共享使用。再次，实训室需要配备专业化的设施和器材，定期更新设备，确保教学质量。最后，要有经验丰富的专业教师指导实训，把控培养效果。通过建设与人才培养目标高度一致的实训室，可以大大提升准教师的实践能力，支撑学前融合教育专业建设。

2. 学前融合教育专业的实训室建设，需要与课程教学相匹配

重点专业课程的实训室要实现教材内容、实训项目和课程知识的三位一体，确保理论教学和实际操作训练高度契合。可以设置模拟幼儿生活自理的实景实训室，配合生活课程教学。设置富有想象和互动的游戏情境

室，提高游戏指导课的实效。建立绘本阅读室，使准教师在美术课后可以进一步练习创编绘本。设置音乐实训室，支持准教师课后音乐技能训练。也可以建立采用蒙台梭利教学法的实训室，配合相关课程进行教具使用训练。实训室要定期优化更新，确保其设施和设备能够满足新课程新内容的教学需要。通过与专业课程紧密结合的实训室建设，可以实现理论教学和实际操作有机统一，大幅提升教学效果和人才培养质量。

3. 学前融合教育专业的实训室建设，需要与技能训练相匹配

实训室要针对融合教育的具体技能进行设计，如设置融合教育体验馆，让准教师亲身感受特殊儿童的学习情境。注重实用性，建设适合未来工作的情境实训室，如模拟幼儿园教学，准教师可以针对不同需求的孩子进行教学演练。考虑前瞻性，建立一些新颖的实训室，如机器人辅助教学实训室，以适应未来发展趋势需要。合理规划实训室种类和数量，避免重复建设，节省资源。可以设置一些面向社会的实训室，如育婴室，满足社会需求。加大师资培养力度，采取多种方式提升教师水平，建立优秀的教学科研团队。通过与技能培养目标高度匹配的实训室建设，既能提高人才培养质量，也能推动专业持续发展。

二、幼儿园教师融合教育素养职前培养的问题

当前，高等师范院校学前教育专业在适应学前融合教育发展趋势方面，还存在一些问题，整体上未能积极主动做出调整应对，与学前融合教育的发展要求还有一定差距。受现阶段学前融合教育发展状况所限，无法为融合教育人才培养提供很好的支持条件。传统的师资培养模式也存在一些不适应新需求的局限性，如课程设置、教学内容等方面。未能建立完善的适应融合教育需求的实习实训条件。整体教学理念和师资队伍建设也需进一步转变，以满足新形势对人才的要求。总之，专业内部和外部环境都需要做出积极主动的改变和调整，以顺应和适应学前融合教育发展的需要，真正实现专业转型升级。

（一）市场需求不足，缺乏现实动力

当前，随着大量毕业生进入就业市场，幼儿园对师资素质的要求会直接影响高校学前教育专业的人才培养目标。只有普通幼儿园接收和招收特殊儿童，提升特殊教育质量，融合教育素养才具有实际意义。但是目前的

情况是：我国学前教育资源总体仍较紧张，许多幼儿园生源过剩①。部分幼儿园和家长对特殊儿童还存在偏见，不愿普通儿童和特殊儿童同园学习。普通幼儿园的融合教育意识和条件还有待提高。高校要适应这一形势，合理制定培养目标和方案。同时，也要积极为幼儿园提供师资培训，提升其对特殊儿童和融合教育的理解与接纳度。

只有高校和幼儿园双方做出努力，才能共同推进学前融合教育事业的发展。当前，许多普通幼儿园出于对生源、声誉和特殊儿童安全的顾虑，表明在条件不成熟的情况下会拒绝招收特殊儿童。因此，普通幼儿园主动承担特殊儿童教育的积极性并不高，学前融合教育也未在幼儿园广泛开展。在这种情况下，即使师资培养方案强调融合教育素养，但大多数幼儿园不招收特殊儿童，师资具备融合教育能力尚不具备现实紧迫性。这直接导致高等师范院校在制订人才培养方案时，不会非常重视或甚至会忽视对准教师进行融合教育素养的培养。在当前形势下，高校与幼儿园都需在融合教育理念和条件上做出努力，学前融合教育方能实现更大范围地开展，从而使师资培养回归现实需求。

（二）目标不明确，缺乏方向引领

2012 年，我国《幼儿园教师专业标准（试行）》出台，体现了一定的融合教育理念，如要求幼儿园教师平等对待每一个幼儿，尊重差异，了解特殊儿童的发展特点和教育方法等。2021 年，我国出台了《学前教育专业师范生教师职业能力标准（试行）》，这标志着我国幼儿园教师专业成长开始朝着融合教育的方向积极推进。当前，教师培育院校应紧跟这一趋势，在师资培养过程中，把培养准教师的融合教育意识和能力作为应对新形势的重要举措，以适应未来融合教育发展的需要。这既是实现本专业转型的应有作为，也是落实国家政策和专业标准要求的重要体现。但是，与发达国家相比，我国在这方面的规定还不够全面、具体和可操作，尤其是在教师应具备的与特殊儿童教育相关的知识与技能方面，表述还较为宽泛和笼统。这使得相关政策在指导制订培养方案、课程设置以及教师自我发展等方面，发挥的导向作用仍较为有限。因此，还需进一步细化和丰富有关融合教育素养的专业标准规定，以更好地推动学前教育改革，适应融合教育发展的新形势。

---

① 石云鹤. 我国融合教育政策法规体系的现状与发展研究 [D]. 哈尔滨：东北林业大学，2021：33.

（三）教师资格认证制度不完善，缺乏制度保障

时至今日，我国缺乏特殊教育教师资格认定制度，幼儿园教师准入门槛不高。当前，随着融合教育的推进，建立规范的特殊教育教师资格认证制度刻不容缓，这不仅关系到特殊教育教学质量的保障，也关系到普通教师具备融合教育能力的可能性。教育主管部门有必要尽快研究制定统一的特殊教育教师资格认定标准，严格规范特殊教育教师队伍建设，为推进融合教育创造基本条件。我国的幼儿园教师资格考试制度目前并没有全面反映和体现教师专业标准中关于融合教育素养方面的要求。虽然最新修订的幼儿园教师专业标准已经开始重视培养教师的融合教育意识和能力，但在教师资格考试的具体内容和评价体系上，融合教育相关知识和能力的考核还比较缺乏。若能在教师资格认定中增加对融合教育素养的考核要求，将对推动普通教师掌握融合教育理念和方法，提高从业素质发挥重要作用。因此，有必要在教师资格考试中增加融合教育相关内容，完善考评体系，与教师专业标准要求衔接。这不仅关系到师资职前教育的导向，也关系到推动融合教育进程的人才支撑。加强这方面工作，是实现学前教育转型的重要一环。当前的幼儿园教师资格考试在对融合教育素养的考核上存在明显不足。如 2016 年上半年的考试题中，仅有个别题目涉及相关理念，一道论述题要求谈及尊重儿童差异，这与专业标准要求教师应掌握特殊儿童发展特点和教育策略之间明显脱节①。资格考试这种高度导向性的评价没有全面考察教师对特殊儿童知识和融合教育技能的掌握程度，这直接影响和加剧了师范院校在培养过程中对融合教育素养的忽视。因此，有必要进一步优化教师资格考试的题型设置和考核体系，增加更多融合教育方面的题目，从理念、知识和能力多个维度进行综合考察，与专业标准要求衔接，以更好地发挥资格考试的导向作用，推动学前师资培养对融合教育的关注。这对促进学前教育专业的转型升级，适应时代发展具有重要意义。

（四）可用资源匮乏，缺乏系统支持

目前，在高等师范院校内，学前教育专业和特殊教育专业通常被设立为两个独立的方向。学前教育专业的目标是培养普通学前教育从业者，而特殊教育专业则侧重于传授特殊教育领域的专业知识。在课程设置和人才培养目标上，这两个方向存在显著的分割与隔阂。因此，学前教育专业的

---

① 洪秀敏. 我国幼儿园教师资格制度：问题与对策 [J]. 教育发展研究，2011，31（Z2）：6-11.

课程很少包括与特殊儿童发展和教育相关的内容，更缺乏融合教育方面的知识。这种划分导致学前教育专业的准教师在融合教育方面的准备相对不足，缺乏对特殊儿童需求的全面理解，制约了她（他）们在实际工作中的适应性。这使学前教育专业准教师难以掌握工作中将遇到的特殊儿童及其教育问题。要适应未来发展趋势，有必要重新审视两专业的定位，增加彼此的交流与合作，逐步打通课程内容壁垒，将融合教育纳入学前教育专业课程和教学过程，以培养准教师的专业适应能力。一些高校学前教育专业近年开始开设针对部分特殊儿童发展和教育方面的选修课，如特殊教育导论等，但受种种条件限制，这些课程的教学效果并不理想。主要问题有：准教师不重视只作为选修课的这类内容学习；专业师资和相应的实验实训条件不足；课程只能让准教师对特殊儿童有初步了解，没有形成实际的应对能力。因此，准教师在实际工作中还是会感到手足无措，不知如何教育特殊儿童。可以看出，仅仅增加几门选修课程并不能提高准教师的融合教育素养，需要从根本上完善师资队伍建设、实训平台建设、课程体系设置等各个方面入手，打通学前教育与特殊教育的壁垒，才能真正推动学前教育专业的融合教育教学，以满足时代发展的需要。

三、幼儿园教师融合教育素养职前培养对策

改革高校学前教育专业，提高准教师的融合教育素养是一个系统工程，需要多方共同努力。只有高校、政府和幼儿园多方共同努力，才能推动学前教育专业适应融合教育发展的要求，真正提高准教师的专业适应能力。基于当前培养中存在的问题，可以从以下几个方面入手：

（一）以融合教育理念引领学前教育发展

建立融合教育理念是落实学前教育专业融合教育培养的先决条件。国家层面上的教育决策者，以及高校学前教育专业的管理者和任课教师，作为准教师成长的引路人，必须首先建立起融合教育的理念。只有她（他）们在教育政策制定、人才培养方案编制和日常教学中都贯彻和体现出融合教育理念，强调融合教育知识与技能的重要性，准教师才会真正重视这一素养的培养。否则，仅仅增加几门课程和实训内容，很难达到根本性的效果。因此，想要推动学前教育专业实现融合教育培养目标，建立正确的理念认知是必要的前提。这需要各级各类教育管理者和教学者进行观念转变，在工作中充分体现出对融合教育的高度重视，才能营造一个良好的政

策和教学环境，引领准教师的理念和实践。进行广泛的宣传培训，帮助一线幼儿教育工作者树立融合教育理念，落实"零拒绝"政策，是另一个必要的前提。只有当普通幼儿园积极接纳特殊儿童，对培养教师的融合教育能力有迫切需求时，高校学前教育专业调整方案、改革教学才会具有现实性。一线幼儿教育工作者在实施融合教育过程中积累的经验也可以反过来为高校培养目标定位、课程设置提供重要借鉴。所以，基础教育环节和高等教育应加强联系和交流，形成良性循环，共同推动融合教育进程。只有理念理论与实践经验相结合，学前教育专业的融合教育培养才能真正落到实处，以满足新时代的要求。

（二）明确学前融合教育教师的培养目标

普通幼儿园教师的定位不是特殊教育专家，而是在特殊教育教师的支持下，承担起主要的教学职责，为所有的孩子创设适宜的学习环境。基于这一角色定位，高校学前教育专业要培养准教师形成融合教育意识，掌握一定的教育特殊儿童的技能，但并不需要达到特殊教育教师的专业水平。打通学前教育与特殊教育的壁垒，加强双方交流合作是关键，而不是简单地向学前教育准教师灌输专业的特殊教育知识。相较于特殊教育教师，普通教师在融合教育环境中应更多承担"协调者""促进者""整合者"的角色，组织资源为特殊儿童提供全面服务，并创设友好宽松的学习环境①。因此，高校学前教育专业需要培养适应这一定位的融合教育普及型人才。这类人才应具备：第一，融合教育的专业理念，如个性发展、均等参与等理念；第二，融合教育的基础专业知识，如特殊儿童的学习特点、教育策略等；第三，一定的专业技能，如调整教学内容与方法的能力。通过构建"理念—知识—能力"的素质体系，使准教师既具备一定的专业视角，又不走向过度专业化，以配合普通教师在融合教育中的角色定位。构建完整的融合教育素质培养体系，理念是灵魂，知识和技能是支撑。其中，理念是最关键的，需要建立民主和平等的教育理念，真诚接纳和支持每一个孩子，乐于实施融合教育，并形成新的幼儿观、人才观等观念。这些理念是开展融合教育的基础。同时，通过学习可以掌握特殊儿童的发展特点和教育策略等知识，通过实践练习掌握调整教学方法的技能。理念是第一要务，对知识和技能的学习都是为了巩固理念、指导实践。一个完整的融合

---

① 俞念. 学前融合教育教师角色践行的现实困境与支持路径 [J]. 教师教育研究，2022，34 (3)：56-61.

教育素质结构，需要理念、知识、技能三者融合统一，共同发挥作用，使教师能够在复杂的教育环境中胜任工作，实现每一个孩子的发展。学前融合教育教师需要掌握相关的专业知识和技能，比如特殊儿童发展理论、融合教育理论知识、识别和评估特殊儿童的技能、班级管理的技巧、创设融合教育环境的设计能力、与专业人员和家长沟通协作的技能等。这些都是开展融合教育，照顾不同需求的孩子所必需的。与此同时，学前教育教师还需要具有广博的知识面和丰富的与幼儿互动的经验。既要掌握专业技能，也要具备全面发展儿童的综合能力。专业知识和普通知识、技能的结合，共同构成学前融合教育教师合格的素质画像。幼儿园教师需要掌握的知识和技能应包括：熟知儿童发展的基本规律，与儿童互动的基本品质如热情、耐心等，发现并抓住教育机会进行引导的能力，将特殊儿童的康复训练融入日常教学的能力等。教师专业标准可作为编制师资培养方案、课程设置和教学计划的依据。同时，在师范院校的培养过程中，也要围绕标准要求有针对性地开展课程教学和实践活动，确保师范生（准教师）毕业时既具备专业视角，又具备开展融合教育的综合能力，以满足新时代的新需要。

（三）改革学前教育专业课程设置和课程

幼儿园教师的专业课程是实现教学目标的关键。应加强必修课程比重，提高课程质量。师范院校学前教育专业应注重通识课、基础课、专业核心课及教师培育课的有机衔接，形成系统的知识结构。在课程设置上，应减少选修课，增加必修课时数，加强专业核心课程建设。在教学过程中，应强化理论联系实际，加强实践教学环节，通过案例分析、模拟教学等方式培养准教师的教学能力。总体来说，要优化师范院校幼儿教育专业课程体系，提高课程针对性和实效性，以更好地培养合格的幼儿园教师。为培养学前教育专业准教师的融合教育能力，可以从以下几个方面优化课程体系：一是增加必修课内容。应设置特殊儿童心理学、融合教育理论与实践等基础理论课程，使准教师掌握特殊教育的基本知识。二是开设特色选修课。可以设置孤独症儿童教育、智障儿童教育等专题选修课，以满足准教师的学习需求，拓展知识面。三是增加实践教学环节。应设置更多融合教育实习、特殊儿童康复训练等实践课程，使准教师在实际教育环境中练习运用所学知识，提高教育能力。四是强化课内外衔接。理论课和实践课要紧密结合，使准教师在理论指导下解决实际问题，达成知行合一。五是鼓励开设研讨课。可以设置特殊教育研讨等兴趣小组活动，拓宽准教师的专业视野。六是加强通识教育。应加强音乐、美术、体育等通识课建设，有助于准教师掌握开展融合教学的多种途径。实践教学是培养融合教育教师的关键环节。相关研究表明，亲身接触过特殊儿童的教师，更能形成积极的融合教育理念。因此，在教师职前培养中，应高度重视实践教学，设置充足的实习实训机会，如：安排准教师到特殊学校见习，近距离接触和了解特殊儿童，培养专业兴趣和热情。组织准教师到开展融合教育的幼儿园进行教学实习，通过与特殊儿童的交流和教学，加深对融合教育的理解，提高教学能力。设置课堂模拟教学、案例分析等环节，训练准教师运用所学知识和技能开展融合教学。鼓励准教师参与社区志愿活动，为特殊儿童提供志愿服务，深入了解特殊儿童需求。建立实习基地，与特殊学校、融合幼儿园实现资源共享，为准教师提供高质量的实习平台。通过丰富的实践经历，准教师能更好地掌握融合教育理论知识，并将其应用于实际工作中。这对提高教师职前培养质量，增强毕业生就业能力有着重要意义。在相关课程中融入融合教育理念非常重要。在相关课程中强化融合教育理念非常重要。具体可以从以下几个方面入手：在教育概论课中，应注重培养准教师的民主教育观、尊重多样性的儿童观、建构主义学习观，这有利于准教师形成融合教育理念。在幼儿园学习中，应增加关于个性化教育计划的内容，讲解其制订和实施过程，明确融合教育教师在其中所扮演的角色和承担的任务，以便准教师今后能够合理规划特殊儿童的个性化教育。在教学设计课中，应设置特殊儿童个案及相应教学设计案例，训练准教师根据特殊儿童需求进行差异化教学设计。在心理学课中，应增加对特殊儿童心理特征和发展规律的解析，帮助准教师更好地了解特殊儿童的内心世界。在教育技术课中，应着重介绍适用于特殊儿童的教学软硬件及其应用，帮助准教师掌握技术辅助手段。在环境设计课中，引入"最少限制环境"理念，帮助准教师掌握融合环境的设计原则。在教育学科中，增加融合教育的基本概念和要求，使准教师了解融合教育的内涵。在家校社协同中，加入与特殊儿童家长、特殊教育机构的沟通内容，培养准教师的沟通协作能力。在课程考核中，增加融合教育方面的内容，促进准教师重视这一领域的学习。通过多课程联动与渗透，能有效帮助准教师养成融合教育理念，提高开展融合教学的能力和素质，为未来的教学实践打下坚实基础。这对推动学前教育融合化进程意义重大。

（四）完善教师资格认证制度，改革幼儿园教师资格考试内容

为保证特殊教育和融合教育的教师质量，建立完善的教师资格认证制度非常有必要。具体建议如下：参考国外成功经验，研究建立适合中国国情的特殊教育教师资格认证制度，规范特殊教育教师的入职资格。随着融合教育的推进，可以探索建立融合教育教师资格认证，对实施融合教育的教师进行专门培训和资格认定。可以学习美国的"双文凭"制度，要求教师同时持有普通教育和特殊教育教师资格文凭。也可以参考英国的"单文凭"制度，直接取得融合教育教师资格文凭。教师资格认证要规定明确的学历学位要求、专业课程要求、教学实习要求等，确保教师具备开展特殊教育或融合教育的知识素养。实行教师资格认证的动态更新制度，确保教师在职期间实现持续的专业成长。建立科学合理的教师资格认证制度，是保障和提高特殊教育和融合教育质量的重要措施，需要教育主管部门统筹规划、稳步推进①。为推动教师职前教育对融合教育素养的培养，建议完善幼儿园教师资格考试内容：在考试大纲中增加融合教育的相关知识点和技能要求，如特殊儿童发展、融合教学设计等，并适当提高这部分题目的分值比重。在教学能力考核中，设定特殊儿童教学案例和模拟教学环节，检查应试者的融合教学能力。在教育心理学、儿童发展等命题中，涵盖特殊儿童心理和发展特点的相关内容。在学前教育基础理论、专业课程命题中，增加融合教育理念和实施要求相关内容。组织专家针对融合教育教师素养开发具有代表性、区分度高的考试题目。通过完善考试内容和形式，促使师范院校和应试者重视融合教育在职前培养中的地位，推动教师培育向融合化方向发展，也是保证毕业生教学专业能力的需要。这需要教育考试机构牵头，与职前院校和行业专家充分合作。

（五）多学科多部门合作，整合资源

培养教师融合教育素养是一个系统工程，需要各方力量共同参与：学校层面要增加对融合教育专业建设的资金投入，配备必要的教学设备和设施。相关院系要打破隔阂，特殊教育系与学前教育系之间要加强交流与合作，实现师资、课程、实训基地等方面的资源共享。鼓励开设双学位或辅修双专业，使学前教育专业准教师有更多机会系统地学习特殊教育知识。

---

① 王振洲.普校教师融合教育素养养成中的现实困境与对策［J］.现代特殊教育，2017（14）：28-32.

与特殊学校、融合幼儿园和特殊儿童康复机构合作，为准教师提供高质量的实习实训平台。聘请具备融合教育背景的兼职教师参与教学，丰富和完善教学团队的知识结构。鼓励准教师参加融合教育方面的研究项目和志愿服务，增强实践经验。加强与家长组织、社会机构的沟通合作，促进社会各界对融合教育的重视和支持。通过整合内外部资源，可以更好地推进学前教育专业的融合教育教学，实现人才培养从"量"到"质"的飞跃。为提高学前教育专业准教师的融合教育素养，可以加强与相关机构的合作：与特殊教育专业合作，实现师资、课程、设施设备等方面的资源共享，丰富和完善学前教育专业课程体系。与社区特殊教育中心、康复机构合作，安排准教师到这些单位见习，了解特殊儿童的康复教育。与实施融合教育的幼儿园合作，提供教学实习机会，训练准教师开展融合教学的能力。与特殊教育学校合作，邀请资深特殊教育教师开设客座课程，指导准教师进行特殊儿童观察和案例分析。鼓励开展融合教育方面的科研项目合作，提高准教师对相关理论的掌握程度。邀请家长组织代表来校交流，增进准教师对特殊儿童家庭需求的了解。依托互联网平台，与国内外高校开展远程课程学习。这些举措可以打破院系壁垒，整合社会资源，大幅提升学前教育专业准教师的融合教育实践能力。

随着融合教育在中国的逐渐普及，迫切需要提升幼儿园教师的融合教育素养。为此，师范院校的学前教育专业应及时调整培养目标、课程设置、教学方法和实践环节，纳入融合教育理念。同时，国家层面需要优化师资培养政策，规范融合教育师资培养，幼儿园需改变观念，积极开展融合教育实践，为高校开展融合教育提供经验指导。学前教育专业应主动与特殊教育学科和社区机构合作，整合资源，提升办学效果。协同合作将促进我国学前融合教育师资队伍的整体发展，更好地满足新时代对优秀幼儿教育教师的需求。

第六章 加强幼儿园教师融合教育素养在职培训的思考与建议

本章从五个方面进行论述，涵盖了提高幼儿园教师融合教育素养在职培训的各个方面。第一，介绍了国外的融合教育师资培训经验，为后续内容提供了国际经验背景。其中，强调了培训主体多样性、教师信念的核心地位、广泛参与实践的机会、将教师的合作共享能力作为核心能力以及重视项目实施后的效果评估等关键点，为后续提出我国幼儿园教师在职培训关注态度和信念的培养、创新培训形式、建立全面的支持机制等提供了理论支持。第二，在借鉴国外经验的基础上，深入关注我国融合教育师资培训的政策支持情况。通过分析我国目前相关政策的现状，包括培训时间、数量、效力层级和规定内容等，对我国政策的趋势与特点进行了讨论，从增加培训对象的类别、扩充培训组织和实施单位、加强政策落实等方面提出了建议，为后续提出政策建议提供了基础。第三，在政策支持的基础上讨论培训的设计和实施。首先分析了我国幼儿园教师融合教育素养在职培训的现状，包括培训对象、培训目标、培训内容与形式的契合度。随后提出了培训前期分析、培训方案设计和培训实施与效果评估的建议，包括明确培训目标、制定菜单式的培训课程、选择能够发挥教师主体参与作用的培训方式等方面，提出了具体可行的建议。第四，在提出了传统培训建议的基础上，提出了基于 MOOC 的幼儿园教师融合教育素养在职培训模式的构建，包括组建高校学前融合教育课程 MOOC 联盟、建设课程资源、完善选课制度和规范评价与考核，并指出了这种模式的优势与特色。第五，强调了实践层面的重要性，提出了巡回指导模式。通过发现问题、提出策略、实施要点和具体措施，讨论了巡回指导模式提升幼儿园教师融合教育素养的实践。具体包括建设融合教育氛围、改变融合教育态度、学习融合教育知识和培养融合教育能力等方面的建议和实施策略。这一章从国外经验引导，到我国政策支持，再到具体的培训设计建议，然后是创新培训方式的探索，最终强调实践层面的巡回指导，形成了一个层层递进、有机衔接的整体结构，为提高幼儿园教师融合教育素养在职培训提供了有益的指导。

第一节　国外学前融合教育师资培训的经验和启示

一、国外学前融合教育师资培训的共同经验

通过比较研究各国融合教育师资培训项目可以发现，尽管不同国家在培训目标、内容、形式、对象等方面存在差异，但也表现出明显共性，可为我国融合教育师资培训提供有益借鉴。

（一）培训主体多样化

国外的融合教育师资培训项目通常邀请更广泛的利益相关者参与，而不局限于专家、学者的培训。这一经验值得我们借鉴[①]。具体来说，国外培训项目会邀请残疾儿童的家长、一线融合教育教师、特殊儿童、幼儿园管理者等进行交流授课，与受训教师共同讨论融合教育实施中遇到的困难和解决方案。一些项目打破部门壁垒，建立"教师专业学习幼儿园"，让特殊教育教师、融合教育教师、家长代表、幼儿园领导、研究者等不同群体充分交流、相互学习，共同推动融合教育发展。这种多方参与的培训模式，可以使在职教师对融合教育有更立体和全面的了解，也有助于培训在职教师的沟通协作能力。我国开展融合教育师资培训时，也应采取类似的多方合作模式，让更多实践者直接参与培训过程，使师资培训更贴近实际需求。这对于增强培训效果具有重要意义。国外成功的融合教育师资培训经验表明，培训的目的不只是传授知识和技能，更重要的是帮助受训教师深入理解融合教育的理念，培训其实施融合教育的信心与能力。因此，项目设计者邀请广泛的利益相关方参与培训，让受训教师从不同视角思考和感受融合教育，开展积极讨论，消除顾虑。残疾儿童的家长、特殊教育教师、校（园所）领导都能提供独特经验，帮助普通教育教师提高融合教学

---

① 冯雅静. 国外融合教育师资培训的部分经验和启示 [J]. 中国特殊教育，2012（12）：3-7.

能力。可以说，多方参与的培训机制，形成了推动融合教育发展的强大合力，不仅增强了培训的感染力，也直接提升了培训的质量。这些成功经验值得我们学习和借鉴。我们也应该打破部门界限，广泛邀请不同利益相关方参与师资培训，让在职教师在交流互动中加深对融合教育的理解，增强实施能力和信心，共同促进我国融合教育事业的进步。

（二）高度关注教师信念

培训教师适应融合教育的信念非常重要。融合教育强调所有儿童都应享有平等的受教育权利，教育应满足不同幼儿的需求。在这样的环境下，残疾儿童和有特殊需要的幼儿进入普通课堂，教师的教育对象、教学方法、教学内容等都发生了改变，原有的教学信念面临冲击。

为适应这一变化，教师需要重新审视自身角色，建立适应融合教育的新信念。这需要培训帮助教师认识到：要尊重每一个孩子，关注每一个孩子的独特需求；要使用灵活的教学策略调整教学内容和进度；要与特殊教育教师、家长等保持良好沟通；要创建一个包容、温暖和鼓舞幼儿的课堂环境。通过培训，教师可以明确自己在融合教学课堂上的多重角色和责任，树立尊重多样性、实现个性化教学的信念。这将有助于她（他）们实现从传统教学理念到融合教育理念的转变，更好地满足每一位幼儿的需要。融合教育理念要求教师转变传统的教学信念，建构新型教育观念。教育的目的不再是培养少数精英，而是实现儿童平等发展权利，建设包容和谐社会。教师角色应转变为支持每一个孩子全面发展的助手。这种角色转变对许多教师形成巨大冲击与挑战。一些研究表明，教师若未完全接受融合教育理念，则难以胜任融合教学实践。

鉴于教师信念对其态度和实践的指导作用，大多数师资培训项目将教师信念转变作为核心任务。通过培训，引导教师认识到：要重视每一个幼儿，关注每一个幼儿的独特需求；要使用灵活的教学策略，调整教学进度和内容；要与家长和特殊教育教师保持良好沟通；要营造支持和鼓舞幼儿的课堂氛围。只有转变了教育信念，教师才能真正践行融合教育，成为促进每一个孩子全面发展的合格指导者。转变信念是确保师资培训质量的关键。培训教师适应融合教育的信念，是师资培训的重中之重。

具体来说，可以在课程中渗透积极的信念和理念，如"所有孩子都值得被教育""每一个孩子都能学习和进步""这是每一位教师应尽的责任，而不仅仅是特殊教育教师的工作"等，引导教师转变观念，接受并积极实施融合教育。相关研究表明，改变教师的内在信念和态度是影响其行为的关键，只有当教师真正接受和认可融合教育的意义和价值，教师才会主动学习和运用相关知识与技能改进教学。因此，在我国开展的师资培训中，也需要高度重视教师信念培训。通过理念引导，消除教师对融合教育的疑虑，使其树立服务每一位孩子的使命感，这对推进我国融合教育实践，提高师资培训质量极为重要。国外许多成功的融合教育师资培训项目都非常重视通过各种策略引导教师转变信念。例如，有项目让教师亲身融入残疾人团体，感受特殊群体；有项目安排特殊儿童进入高校课堂，与教师直接互动；有项目专门以培训教师对特殊儿童及其家庭的理解和认同为培训目标；还有项目采用反思型教学法，引导教师反思自己的教育理念，思考如何看待原先被普通教育排除在外的特殊儿童、其教育的可行性和意义等问题。可以说，国外成功经验无一例外都强调运用多种策略引发教师内心信念的转变，并以此作为推进知识与技能培训的基础。这种做法值得我们在师资培训中借鉴。

（三）为教师提供充分、广泛参与融合教育实践的机会

无论是培养教师的信念，还是增加知识和提高技能，都需要在真实的教学环境中通过实践体现和检验。因此，一定时间的教育实习是教师成长的必经之路，也是各种师资培训方案的核心组成部分。相较于传统教学，融合教育面临的对象和环境更为复杂多样，对教师的要求也更高。教师必须通过实践，调整传统观念，学习新方法新内容，适应多元化的课堂。因此，开展高质量的融合教育实习，使受训教师在实际环境中感受融合教学课堂，与不同背景的受训教师互动，在实践中检验所学知识，对于推动受训教师实现角色转变、提高融合教育能力非常重要[1]。这也应是设计师资培训方案时的重点。

鉴于融合教育的复杂性，国外在师资培训中普遍注重充实教师的实践经历，以帮助其适应多样化的课堂教学。K. 马科普洛斯（K. Makopoulos）在对一项短期融合教育培训项目的研究中发现，通过学习融合教育的基本原则、其带来的益处以及关于残疾类别的基本理论知识，幼儿园教师能够更加深入地理解不同类型幼儿的特点，并据此运用更具有针对性的教学策略，注重实践环节的设计、关注特殊幼儿的个性化和差异化需求，幼儿园

---

① 艾琳，朋文媛. 佛得角共和国融合教育教师的培训 [J]. 现代特殊教育，2014（1）：58-59.

教师融合教育素养水平随之显著提升。实践经验的重要性还体现在：它能使受训教师对特殊幼儿产生共情与接纳，培训服务每一个幼儿的责任感，克服对融合教育的疑虑。因此，在我国的师资培训中，也应该高度重视增加实习实践的机会，让受训教师在真实环境中感受融合教育，练习所学知识，逐步适应多样化的课堂教学，成长为高质量的融合教育教师。国外成功的师资培训项目普遍强调扩大教师的实践经历和体验，沉浸式的实习对信念转变和能力培训起着关键作用。例如，有项目要求受训教师深入社区与残疾幼儿互动，增进理解；有项目让特殊幼儿入校参与共同生活，促进教师积极互动。还有项目角色扮演特殊儿童家长，共同制订个性化教学计划。

一些长周期的合作培训项目更是安排受训教师长期在一线幼儿园实习，通过较长时间的完全融入，直接面对多样化课堂，在实践中检验所学。可以看出，持续的浸润式实习而不是短期体验，才能使教师在真实的复杂的环境中学习、适应、成长，深刻转变观念，掌握技能，最终成为高质量的融合教育教师。这也值得我们在师资培训中借鉴。

（四）将教师的合作、共享能力作为培训的核心能力

相较于教学技能，国外近年来在师资培训中更加强调培训教师的合作与协作能力。例如英国、澳大利亚等国家的教师专业标准都明确地将"与同事、家长及其他合作方沟通协作"作为教师必备的素质要求。这与对融合教育教师的素养需求高度契合。融合教育环境的复杂性要求教师擅长与特殊教育教师、家长及相关机构合作，共同满足特殊幼儿的需求。因此，在设计师资培训方案时，除教授必要的教学技能外，还需加强培训教师的协作意识和沟通能力。可设置合作项目，邀请其他团队参与培训，让教师在交流互动中学习协作经验。只有具备了协同工作能力，教师才能整合各方资源，共同促进每一位幼儿的发展。这也是适应未来教育形势和幼儿需求的必备能力。融合教育需要各方力量协同参与，超越了传统意义上的教师个体工作。教师需要与特殊教育教师、家长、管理者、康复师等保持良好的沟通与合作。因此，合作能力成为融合教育教师的核心素养之一。针对这一需求，国外师资培训项目通常会在培训中加入合作项目，培训教师的协作意识和能力。鉴于家长在特殊儿童教育中发挥着独特作用，一些项目专门强化了培训教师与特殊儿童的家长互动的能力。可以看出，团队合作已成为教师专业成长的重要一环。只有学会倾听各方意见，整合不同资

源，教师才能更好地服务每一位幼儿，推动融合教育实践。这也将是教师职业能力的重要组成部分。因此，在各类师资培训中都应给予合作能力培训足够的重视。

教师在职培训在教师的专业成长中扮演着至关重要的角色，特别是在强化教师的协作合作能力方面，有效的培训策略能够显著提升教师的教学效果和团队合作水平。

国外许多先进的师资培训项目都致力于提升教师的协作合作能力。例如，美国某知名大学在其教师在职培训项目中，要求教师建立专业学习小组。这些小组不仅为教师们提供了一个交流教学经验和策略的平台，还促使他们在合作中解决教学难题，共同提升教学质量。苏格兰的中小学教师在职培训项目则强调教师在遇到教学难题时，应积极向同事或专家寻求帮助。这种态度上的转变有助于打破教师之间的孤立状态，促进教师之间的资源共享和相互学习。新泽西的融合教育教师在职培训项目则更加注重培养合作型教师。该项目通过一系列的培训活动，使教师们深刻认识到合作在教学中的重要作用，并学会如何与其他教师、家长以及社区成员建立有效的合作关系。此外，在英、美等国的教师资格标准中，都明确要求教师接受家校合作方面的培训。这种培训使教师们能够更好地与家长沟通，理解家长的需求和期望，从而更有效地开展教学工作。

（五）重视项目实施后的效果评估

国外的师资培训项目高度重视对培训效果的评估，这是持续改进项目质量的重要手段[①]。例如，美国对内容嵌入式培训方案的效果评估，为我们提供了宝贵的经验，有助于更全面地了解培训的质量。还有一些项目则利用教师自评记录和档案进行每学期末的阶段性评估。Kate Scorgie 对其培训项目进行评估，发现该项目在增进教师对特殊儿童的理解和同情等方面发挥了重要作用[②]。可见，对培训效果的评估可以帮助发现项目存在的不足，以及哪些方面取得了进步。这为优化调整培训方案，提高师资培训质量提供了有价值的参考。

[①] 程翔宇，徐东，秦弋. 国外幼儿园教师职后培训对我国的启示：基于专业成长力视角 [J]. 高等继续教育学报，2014，27（2）：46-49，55.

[②] SCORGIE K. Fostering empathy and understanding：A longitudinal case study pedagogy [M] // C FORLIN. Teacher education for inclusion：changing paradigms and innovative approaches. London：Routledge，2010：84-92.

在我国开展的师资培训中，同样需要建立科学合理的评估机制，并以评估结果反馈促进培训措施改进。只有这样，才能不断提升我国融合教育师资水平，更好地满足融合教育发展的需求。国外一些专家还设计了较为系统的项目评估体系，以保证评估的全面性和科学性。例如，Spence J. Salend 建立了"项目评价指标体系"，提出可以从以下七个方面对师资培训进行效果评估：课程中的核心信念、课程内容、教学方法和学习活动、实习情况、培训项目的参与率、教师队伍的多样性和对教学实践的影响①。评估可以通过问卷、访谈、观察、日志、作品集、考试等方式开展。这些成功经验对我国而言也具有借鉴意义。我们同样应建立系统的评估机制，从多角度搜集反馈意见，以不断改进师资培训方法和提高师资培训质量，推动融合教育健康发展。

二、对我国的启示

(一) 完善培训体系，建立长效机制

我国应建立完善的融合教育师资培训体系，明确培训目标、内容、形式等要素，确保培训的系统性和连贯性。同时，还应建立长效机制，定期对在职幼儿园教师进行融合教育方面的培训和知识更新，以促使其适应不断变化的融合教育需求。首先，一个优质的培训体系应当具备明确的培训目标。这些目标不仅要涵盖幼儿园教师对融合教育理念的深入理解，还需要她（他）们掌握特殊教育技能，并具备应对多样化教学需求的能力。只有这样，幼儿园教师才能在学前融合教育的实践中发挥出最大的效能。其次，培训内容的设计至关重要。它应当全面而深入，既要涵盖融合教育的基本理论，又要关注特殊儿童的心理与教育需求，还要探讨有效的教学方法与策略。通过这样的系统学习，幼儿园教师能够全面地提升自己在学前融合教育领域的专业素养。此外，培训形式的多样性也是培训体系完善的重要体现。线上与线下相结合的培训方式，可以使教师更加灵活地安排自己的学习时间和地点；理论与实践相结合的培训方法，则有助于教师在实际操作中深化对理论知识的理解和应用。这种长效机制不仅有助于幼儿园教师保持对最新教育动态的关注，还能激发其学习热情，推动她（他）们

---

① SALEND S J. Evaluating inclusive teacher education programs：a flexible framework［M］// C FORLIN. Teacher education for inclusion：changing paradigms and innovative approaches. London：Routledge，2010：130-140

不断自我提升。同时，长效机制还意味着对培训效果的持续跟踪和评估。通过对幼儿园教师的学习成果和实践表现进行定期评估，我们可以及时发现培训中存在的问题和不足，从而有针对性地进行改进和优化。这种循环往复的过程，将使培训体系不断完善，幼儿园教师的专业素养也将得到持续提升。

（二）加强政策支持，保障培训实施

加强政策支持，保障培训实施，对于推动学前融合教育师资培训工作的深入开展具有至关重要的作用。政府作为主导者，应当积极承担起责任，通过制定和实施相关政策，为学前融合教育师资培训提供全方位的支持和保障。首先，政府在财政上应加大对学前融合教育师资培训的资金投入。通过设立专项资金，为培训机构提供必要的经费支持，确保培训活动的顺利进行。同时，还可以制定相关的财政补贴政策，鼓励更多的培训机构和教师参与到学前融合教育师资培训中来。这样不仅可以减轻培训机构的经济压力，还可以提高教师的参与积极性，推动培训工作的广泛开展。其次，政府在场地资源方面也应给予学前融合教育师资培训以充分的保障。通过协调各方资源，为培训机构提供合适的培训场地，确保培训活动的顺利进行。此外，政府还可以利用自身的优势，推动公共场馆、学校等场所对培训活动开放，为培训提供更多的场地选择。再次，除了资金和场地保障外，政府还应加强对学前融合教育师资培训质量的监管和评估，通过建立完善的培训质量评估体系，对培训机构的教学质量、教师的培训效果等进行定期评估，确保培训工作的有效性和针对性。同时，政府还可以建立奖惩机制，对培训质量优秀的机构和个人给予表彰和奖励，对培训质量不佳的机构进行整改或取缔，以此推动培训质量的不断提升。再其次，政府还应积极推动学前融合教育师资培训与相关政策的衔接。例如，可以将学前融合教育师资培训纳入教师资格认证体系，将培训成果作为教师职称评定、岗位晋升的重要依据。这不仅可以提高教师对学前融合教育师资培训的重视程度，还可以增强培训的吸引力和影响力，吸引更多的教师参与到培训中来。最后，政府还应加强学前融合教育师资培训的宣传和推广工作，通过举办培训班、研讨会等活动，向广大幼儿园教师宣传学前融合教育的理念、方法和意义，提高她（他）们对学前融合教育的认识和理解程度。此外，还可以利用媒体等渠道，广泛宣传学前融合教育师资培训的成功案例和先进经验，激发教师的参与热情和学习动力。总之，加强政策支持，保障培训实施，是推动学前融合教育师资培训工作深入开展的关键所在。政府应当从财政、场地、质量监管等多个方面入手，为培训工作提供全方位的支持和保障。只有这样，才能培养出更多具备融合教育理念和技能的高素质教师，推动我国学前融合教育事业的蓬勃发展。

（三）加强国际交流与合作，借鉴先进经验

我国应加强与国外在学前融合教育师资培训方面的交流与合作，借鉴国外的先进经验和做法，提升我国学前融合教育师资培训的质量和水平。国外的学前融合教育起步较早，已经积累了较为丰富的经验和成果。通过学习和借鉴这些经验和做法，我们可以更加深入地理解学前融合教育的本质和要求，掌握更加有效的培训方法和技巧。同时，我们还可以结合我国的实际情况，将这些先进经验进行本土化改造和创新性发展，形成具有中国特色的学前融合教育师资培训体系。

此外，国际交流与合作还可以拓宽教师的视野和思路，推动学前融合教育的创新发展。通过与国外教师的交流和学习，我们可以了解到不同文化背景下的学前融合教育实践和思考，从而拓展自己的思维方式和教学方法。这种跨文化的交流和学习，有助于激发教师的创新精神和创造力，推动学前融合教育的不断创新和发展。

在加强国际交流与合作的过程中，我们还应注重以下几点：一是要选择合适的合作伙伴。我们应选择与我国学前融合教育发展水平相近或稍高的国家进行合作，以确保交流的针对性和有效性。同时，还应注重合作伙伴的声誉和实力，确保合作能够取得实质性的成果。二是要注重合作内容的实效性。在与国际合作伙伴开展交流与合作时，我们应明确合作的目标和任务，确保合作内容能够真正推动我国学前融合教育师资培训的发展。同时，还应注重合作成果的转化和应用，确保这些成果能够真正落地生根、开花结果。三是要加强教师的国际交流能力培养。我们应加强幼儿园教师的国际交流能力培训，提高她（他）们的外语水平和跨文化交际能力，使她（他）们能够更好地参与到国际交流与合作中来。同时，还应鼓励教师积极参与国际学术交流和合作项目，提升她（他）们的国际视野和学术水平。总之，加强国际交流与合作、积极借鉴先进经验是提升我国学前融合教育师资培训质量和水平的重要途径。我们应积极参与国际交流与合作，主动学习和积极借鉴国外的先进经验和做法，推动我国学前融合教育师资培训事业不断发展。

第二节　我国幼儿园教师融合教育素养在职培训的政策

一、现行相关政策解读

我们通过检索国家层面发布的政策，共查找到 12 项涉及幼儿园教师融合教育素养在职培训的政策（见表 5.1）。从时间跨度、规范层级和规定内容三个维度分析这些政策，我们可以发现一些有用信息。这些政策跨越了一个较长的时间段，表明国家一直持续重视幼儿园教师培训工作。政策效力层级较高，部分为部级政策，体现出国家强调并规范幼儿园教师培训的意图。政策规定内容涉及培训目的、任务、对象、形式等，具有明确性和指导性。通过分析这些政策，可以了解国家在幼儿园教师融合教育培训方面的部署和要求。

表 5.1　国家层面涉及幼儿园教师在职培训的政策

序号	发布时间	发布机构、名称及效力级别	内容
1	1988-09-03	国务院《中国残疾人事业五年工作纲要（1988—1992）》（规范性文件）	按照混校、混班的需要,对普通学校的教师进行特殊教育知识培训
2	1992-05-12	国家教委、中国残联《残疾儿童少年义务教育"八五"实施方案》（工作文件）	各地要加强特殊教育教师(包括随班就读教师)岗前培训和在职培训工作,残疾儿童、少年教育学校应发挥骨干、示范作用,对特殊教育班和随班就读的教师进行短期培训
3	1994-07-21	国家教委《关于开展残疾儿童少年随班就读工作的试行办法》（规范性文件）	地方各级教育行政部门应当把视力、听力、语言和智力残疾儿童少年随班就读的师资培训工作列入计划,设立培训基地,采取多种形式,对教师进行岗前和在职培训
4	2003-02-09	教育部基础教育司、中国残联、教育就业部《全国随班就读工作经验交流会议纪要》（规范性文件）	区、县教研室要起龙头作用,对本地区随班就读工作进行研究、指导培训、咨询辅导等。特殊教育学校要配合教研室承担起对全县各随班就读点巡回指导、检查、培训、咨询等任务

表5.1(续)

序号	发布时间	发布机构、名称及效力级别	内容
5	2009-05-07	国务院办公厅《关于进一步加快特殊教育事业发展的意见》（规范性文件）	加强随班就读教师的业务培训，为她(他)们提供资料，提供咨询、提供指导。以县特殊教育学校为依托，有计划地开展随班就读教师的业务培训，并做到经常化、制度化
6	2011-10-08	教育部《教师教育课程标准(试行)》（工作文件）	要加强对在普通学校从事特殊教育工作的教师和特殊教育学校巡回指导教师的培训。将"特殊儿童教育"这一主题纳入普通学校教师培训中
7	2012-09-20	教育部、中央编制办、国家发展改革委、人力资源和社会保障部、财政部《关于加强特殊教育教师队伍建设的意见》（规范性文件）	各地要同步开展特殊教育学校教师和承担随班就读任务教师的全员培训，将特殊教育相关内容纳入教师资格考试，研究设定随班就读教师的岗位条件
8	2014-01-08	国务院办公厅《特殊教育提升计划（2014—2016年)》（规划性文件）	加强普通学校随班就读、资源指导、送教上门等特殊教育教师培训，将特殊教育相关内容纳入教师资格考试
9	2016-01-20	教育部办公厅《普通学校特殊教育资源教室建设指南》（规范性文件）	将"开展普通教师培训"列为资源教室的主要功能之一，区域内特殊教育指导中心或特殊教育学校应加强对资源教室的业务指导，定期委派专人为资源教师提供培训
10	2017-07-17	教育部、国家发展改革委、民政部、财政部、人力资源和社会保障部、卫生计生委、中国残联《第二期特殊教育提升计划（2017—2020年)》（工作文件）	在教师资格考试中要含有一定比例的特殊教育相关内容，县一级承担普通学校随班就读教师培训、资源教师和送教上门教师培训，增强培训的针对性和实效性

（一） 时间和数量

改革开放以来，国家层面涉及幼儿园教师融合教育培训的政策不断推出。1994年，原国家教委专项政策从多个角度规定了随班就读工作，包括视力、听力、语言和智力残疾儿童的师资培训，为后续政策的出台奠定了基础。可以看出，国家对幼儿园教师融合教育培训越来越重视，并形成了相应的政策支持体系。

2000—2017 年，国家出台了 10 项关于幼儿园教师融合教育培训的政策①。其中，2011 年的《教师教育课程标准（试行）》是唯一的普通教育类政策。相较于其他特殊教育类政策，该政策更具有普适性和约束力。它属于普通教师教育范畴，要求各师范院校和培训机构必须开展幼儿园教师融合教育培训。这表明国家已将幼儿园教师融合教育培训纳入整体教师培育体系，具有里程碑意义。该政策对推进幼儿园教师融合教育素养培训发挥着重要指导作用。从整体上看，2010 年之前仅有 4 项政策，2011 年之后共颁布 10 项政策。政策出台时间间隔缩短，表明国家日益重视幼儿园教师融合教育培训工作，将其纳入教师培育体系，以推动融合教育的发展。

（二）效力层级

从政策效力层级来看，现有政策中仅《残疾人教育条例》（2017 年修订版）属于较高层级的行政法规，其余 11 项政策均为较低效力的规范性文件。为了更好地促进幼儿园教师融合教育素养的提高，未来的工作应当致力于进一步完善政策支持体系。我们可以考虑建立一个多层级的政策矩阵，包括高层级的法律规定以及规范性文件，以形成更加完备的政策支持体系。这样的政策支持体系可以更全面、系统地规范幼儿园教师融合教育培训的内容和标准，确保相关政策的实施更为有力有序。通过这种方式，我们能够更好地应对融合教育领域的需求，为提升幼儿园教师的融合教育素养提供更有力的政策保障。

（三）规定内容

从 1988 年起，国家陆续出台了多项关于幼儿园教师融合教育培训的政策，内容涉及培训对象和培训内容两个方面。在培训对象方面，政策逐步由仅针对承担随班就读教学任务的教师扩大到包括巡回辅导教师、资源教师以及全部普通幼儿园教师。在培训内容方面，政策提出了开展特殊教育知识培训、提高教师特殊教育能力，涵盖知识和技能两个层面，但具体内容有待进一步细化。这表明国家日益重视幼儿园教师融合教育培训，也为后续政策的制定提供了基础和方向。从培训的组织实施和培训层级来看，现有政策规定了区县层面的教育行政部门、教研室、特殊教育中心及资源中心等可承担幼儿园教师融合教育培训工作，还提出幼儿园层面的培训，但省（自治区、直辖市）和国家层面的培训则较少涉及。此外，部分政策

① 石蕾. 我国学前融合教育政策工具选择特点及其优化路径：基于国家层面相关政策文本的分析［J］. 早期教育，2022（43）：12-17.

要求教师资格考试包含特殊教育相关内容，体现了自教师准入阶段就强调融合教育素养。总体而言，国家政策在幼儿园教师融合教育培训方面取得了一定进展，但支持力度仍有限，后续政策大多对早期政策进行重申，真正的制度创新不够。今后需要进一步创新和完善政策，以加强对幼儿园教师融合教育培训的支持。

二、相关政策的特点

（一）培训对象范围不断扩大

从政策的演变来看，幼儿园教师融合教育培训的对象范围逐步扩大，越来越强调面向所有普通幼儿园教师。2009 年之后，培训对象扩展到所有参与随班就读的教师队伍，如巡回辅导教师、资源教师等。近年来，培训对象范围进一步扩大到普通幼儿园全体教师。这表明国家日益重视全体幼儿教育教师接受融合教育培训，以更好地推动融合教育进程。这种范围的扩大，也为幼儿园教师在融合教育领域的专业成长提供了更为全面的法律依据。其中，2011 年政策首次提出面向所有普通幼儿园教师开展培训，至今已有 3 项政策强调这一点，这对推动幼儿园普通教师接受融合教育培训起到了积极的推动作用。

（二）培训组织和实施单位扩充

从 1992 年开始，国家政策逐步扩大了幼儿园教师融合教育培训的组织和实施单位，涵盖了各级教育行政部门、教研室、特殊教育中心、资源教室等。其中，2016 年政策明确了资源教室开展校内培训的职能，有利于推动校级培训。2003 年的两个政策对县区教研室和特殊教育幼儿园的职责进行了较明确规定，将教研室定位为龙头单位，负责组织培训，特殊教育幼儿园负责开展巡回指导和培训。这是迄今为止对不同培训单位职责划分最明确的规定。但从整体上看，各培训单位之间的权责关系和分工机制还不够清晰，今后需进一步厘清各单位的定位，建立协调联动的组织网络，以保障培训工作的有效开展。

（三）政策落实不够

当前政策在可操作性和约束力方面存在一定局限。一是可操作性不足，许多培训具体事宜如目标、时长、考核等未明确规定，造成执行困难。二是表述不够明确具体，而是大量使用口号。三是约束力有限，12 项政策中仅 1 项属普通教育类，大部分限定特殊教育领域使用，未能调动教育体系力量①。总体来看，当前政策在可操作性和约束力上都存在一定不足，这阻碍了幼儿园教师融合教育培训工作的开展。在随班就读快速发展的背景下，教师融合教育素养的不足以成为影响教育质量的瓶颈。但迄今接受过相关培训的教师数量仍然不足，培训实施又存在组织、内容、方式等方面的混乱，难以适应大课堂需求。因此，必须进一步提升政策的可操作性和约束力，使之成为指导培训的有力工具，以推动培训向制度化、规范化方向发展，切实提高教师的融合教育素养，保障随班就读质量。同时，要扩大政策适用范围，增强其在教育领域的约束力，才能调动各方力量，推动政策落实。只有如此，幼儿园教师融合教育培训才能真正实现制度化和规范化，切实提升教师素养，保障教育质量。

三、建议

根据以上分析，为推动幼儿园教师融合教育培训政策落地落实，我们提出以下建议：

一是明确划分培训组织和实施单位的权责。现有政策虽已规定县区教研室、特殊教育幼儿园、特殊教育中心和资源教室等为培训单位，但职责划分不清。应进一步明确各单位在培训规划、组织、实施、质量监管等环节中的具体职责，形成分工明确、相互协作的培训组织网络，以保障培训工作的顺利开展。最好是增加法规层级的规定②。现有政策中仅 1 项属法规，应制定层级更高的法律或部门规章，扩大政策适用范围和约束力，以推动各方面重视并落实培训工作。

二是提高政策规定的可操作性。一方面，应补充涵盖培训时长、考核评估、经费保障等具体内容，这些都是保证培训质量的关键环节；另一方面，应进一步细化规范性文件中的培训规定，使之成为指导培训执行的具体行动方案。仅凭原则和方针难以操作，需要对培训目标、过程、方法、资源等方面做出细致规定，使政策真正成为推动培训工作的有力工具。通过补充和细化政策内容，增强规定的可操作性，是促进政策落实、提升培训质量的必要举措。

---

① 朱楠，施莅. 政策工具视角下融合教育教师队伍建设政策研究：基于 26 份国家层面政策文本的内容分析 [J]. 残疾人研究，2023（3）：47-57.

② 韩彦，李双龙. 从特殊教育向融合教育发展的影响因素及政策建议 [J]. 教育探索，2023（7）：88-93.

三是增加普通教育类政策的制定。现有政策大多限于特殊教育领域适用，应进一步将幼儿园教师融合教育培训内容写入更多普通教育政策中，扩大适用范围，增强对教育领域的约束力。培训事关提升整体教师队伍素质，需要普通教育政策的有力支持，才能促使各普通幼儿园和师范院校重视并积极开展培训工作。增加普通教育类政策的制定，是扩大政策影响力的重要举措，也是推动整个教育界重视培训、保障培训落实的必要手段。

四是提高政策的法律层级。现有政策以行政法规和规范性文件为主，应进一步将幼儿园教师融合教育培训内容上升到法律层面，如可考虑纳入残疾人保障法和教师法等相关法律。利用法律的权威性和强制性，使培训工作获得更有力的制度保障[1]。这既彰显国家立法对培训工作的高度重视，也能产生强大的约束力，促使各方面主动落实培训工作。完善政策法律层级，是推动培训工作制度化的重要一环。

五是立足"融合"来统筹规划培训政策。现有政策将融合教育素养简单地等同于普通教育素养与特殊教育素养的叠加，这是片面的。应从培训教师整体素质出发，在政策中统筹考虑普通教育和特殊教育的理念、知识、技能，将二者有机结合，打破二者在培训中被分割的状态。融合教育素养是每一位幼儿教育教师应具备的素质，政策应珍视"融合"的内涵，不将普通教育和特殊教育对立，而是促进二者相互渗透、合二为一，以更好地服务于大课堂需求，推动幼儿教育融合发展。

总体来看，随着融合教育理念在我国的传播，幼儿园教师融合教育培训在提高随班就读质量中扮演着越来越重要的角色。1988 年以来，国家层面虽已出台多项相关政策，为培训工作提供了支持，但这些政策在培训组织措施、规定细节、约束力方面仍存在一定缺陷，导致支持作用受到限制，无法有效推动培训落实。因此，必须进一步厘清培训组织网络，提升政策规定的可操作性和约束力，使之真正成为指导培训工作的有力工具，以促进培训向规范化、制度化方向发展，切实提高教师素养从而保障随班就读质量。

---

① 滕金岚，李静. 我国学前融合教育政策分析及思考：基于 30 项省域政策文本的 NVivo 分析 [J]. 绥化学院学报，2023，43（7）：16-21.

第三节　幼儿园教师融合教育素养在职培训的设计与实施建议

一、幼儿园教师融合教育素养在职培训现状

融合教育发展需要大量专业师资支持，而我国各地区目前在融合教育资源保障上还比较薄弱，无论是资金还是设施、师资编制等都有待加强。就以北京为例，虽然北京在师资数量和质量上优于全国平均水平，但与社会发展需求还有一定差距。因此，开展系统而高质量的教师融合教育培训尤为重要。现阶段我国随班就读支持保障体系仍不完善，教师专业素养也有待提高，这就需要通过职前培养和在职培训，全面提升教师的融合教育理念和能力。只有这样，才能为推进融合教育奠定人力资源基础，促进教育公平发展。目前，我国高校对未来教师的融合教育职前培养还较为薄弱。虽有法规要求增加师范院校融合教育课程，但大多数普通师范院校和综合性高校开设的相关课程仍很少。这导致学前教育师范生毕业后缺乏必要的融合教育理念和技能。鉴于职前培养不足，教师入职后进行在职培训就成为提高其融合教育素养的重要途径。但目前幼儿园教师融合教育培训还存在一些亟待解决的问题，如组织形式单一、内容系统性不强、培训评估机制缺失等。因此，必须高度重视在职教师的融合教育培训，采取有效措施提高培训质量，以弥补职前教育的不足，全面提升幼儿园教师素质。

（一）培训对象多局限于资源教师等专业人员，缺乏培训需求分析

目前幼儿园教师融合教育培训存在对象范围狭窄的问题，多仅针对承担随班就读任务的教师或某些固定幼儿园开展。但随着"就近入学""划片入学"等政策的推进，各区域内的普通中小学都可能接收特殊儿童。因此，为适应形势发展的需要，培训对象应进一步扩大到本地区所有中小幼儿园教师，实现全员化全覆盖的培训。只有当所有潜在会接收特殊儿童的幼儿园的教师都得到融合教育培训后，才能为特殊儿童进入普通幼儿园创造良好环境，使特殊儿童享有平等的受教育权利。拓宽培训覆盖面，是当前幼儿园教师培训的必然趋势。李燕燕等人对北京市幼儿园教师的调查显示，北京市已初步形成以资源教师为骨干、大批随班就读教师为主体的师

资队伍[1]。普通幼儿园教师对特殊教育培训需求强烈，而实际接受培训的比例较低。这说明目前教师培训覆盖面有限，需要进一步扩大。随着特殊儿童规模在普通幼儿园中的增长，所有幼儿园的教师都需要掌握一定的融合教育知识和技能。只有扩大培训范围，使所有幼儿园的教师接受培训，才能更好地满足特殊儿童的需求，保障特殊儿童的受教育权利。因此，扩大教师培训覆盖面是当务之急。目前的幼儿园教师融合教育培训存在对参训教师进行"一刀切"的问题，忽视了对不同对象的个性化需求分析。参训教师可能处于被动接受培训的状态，学习动力不足。融合教育知识广泛，对不同教师要根据其岗位需求进行具有针对性的设计，才能提高其学习兴趣和效果。而单一的统一培训常使教师感到所学知识脱离实际，进而丧失学习动力。因此，培训机构应该充分调研不同对象的需求，进行个性化设计，而不是采取"放之四海而皆准"的统一模式。这是激发教师学习积极性的关键。

（二）培训目标易脱离实际，呈现两极化

如果对培训对象需求分析不足，培训目标设计就容易走极端：一是将普通教师与资源教师或特殊教育教师等同，培训内容过于专业化，超出普通教师的接受能力；二是过于简单化，以为仅在普通教育基础上增加些特殊教育知识就可实现融合教育培训。这两者都脱离了实际需求。正确的做法是，要基于对不同教师岗位的需求分析，设计合理的培训目标，既不能过高也不能过低。不能将普通教师与专职特殊教育教师等同对待，但也不能妄自菲薄，而应该设定适度的提高目标。做到需求分析与目标设计相结合，是增强培训效果的关键。如果培训目标设计不当，很可能导致培训过于简单化。事实上，融合教育知识是每位普通教师应具备的素养，不能停留在为普通教育增加一点特殊教育知识的层面。应该从培训教师整体素质出发，在设计培训目标时，统筹考虑特殊教育和普通教育的理念、知识和技能，进行有机融合，而不是简单叠加。不能将两者在培训中割裂开来，而要打破界限，实现真正的融合。这样才能规划出符合普通教师需求的、系统的培训目标，推动教师融合教育素养的全面提高。

（三）培训内容与培训形式契合度需提高

融合教育培训的内容与形式需要针对不同培训对象和目标来进行设

---

① 李燕燕. 学前融合教育政策实践研究 [D]. 上海：华东师范大学，2023：65-70.

计。例如对幼儿园领导层进行理论、理念和认识方面的培训时，集中讲座的形式较合适。而对一线教师开展课堂教学设计、幼儿管理、班级策略等实操技能培训时，则需要采取更多互动、操作、反思的形式，给予教师动手实践和交流的机会。不同对象和目标需要不同的内容设计和形式安排。内容与形式需要密切配合，以体现因材施教的原则，既传授系统知识，又培养实际能力。做到知识传授和能力培养有机结合，是提高融合教育培训质量的关键。受训教师普遍希望培训能增加教学观摩、案例分析、专家指导、系统培训和定期研讨等互动形式。这需要培训机构在设计时做好前期调研，精心组织内容和形式，避免出现培训方式单一、固化的问题。内容与形式要相互匹配、密切结合，实现知识传授与能力培养有机统一。做到因材施教，兼顾传递系统知识与培养实际能力，才能提高培训质量，达到事半功倍的效果。

二、培训前期分析建议

培训前期应做好需求分析，明确培训的目的和对象。需求分析可以从宏观层面、中观层面和微观层面进行。

从宏观层面看，培训者需要思考幼儿园教师融合教育培训的社会价值所在。它是实现教育公平和促进幼儿全面发展的重要手段。我国教育改革强调"以人为本"，关注幼儿差异，因材施教，追求教育公平。这与融合教育理念高度契合。通过培训，可以提高教师服务所有幼儿的能力，使特殊儿童得到关爱并发挥潜能，实现人的全面发展。从这个层面深入思考培训的社会意义，有助于设计出高质量的培训方案。

从中观层面看，培训者需要明确幼儿园在进行融合教育过程中面临的问题，比如缺乏专业师资，教师不具备特殊教育知识与技能，可能导致幼儿问题加重，幼儿园和家长关系紧张。在分析清楚问题的基础上，培训者应考虑在现有条件下可以解决哪些问题以及如何有效解决。培训要有针对性地帮助提高普通教师的专业能力，以缓解幼儿园和家长的焦虑，促进融合教育健康发展。总之，培训要基于解决幼儿园实际问题，做到知行合一，提高针对性和效果。

从微观层面看，培训要聚焦于教师个人的工作岗位需求。如北京在实施融合教育时，幼儿园会成立包括园长、一线教师、资源教师等在内的工作小组。不同岗位的工作内容和职责有所不同，所需要的培训也不尽相同。例如，一线教师需要掌握的多是课堂教学设计和管理方面的知识技能；资源教师则需要更多特殊教育方面的专业知识。因此，培训要针对不同岗位教师的需求进行定制，设置科学合理的培训内容，才能真正提高受训教师的专业能力，促进幼儿园融合教育工作开展。

做好多层次需求分析，找准培训的社会价值、幼儿园需求和个人需求，才能明确培训目标，制订科学系统的培训方案，保障培训效果。此外，培训还需要结合每个教师的个体特点进行细致分析。即使是在资源教师中，具有特殊教育专业背景的也较少，她（他）们大多来自普通教师转换。普通教师的知识结构以普通教育为主，不熟悉特殊教育的思维方式。培训要考虑这一现状，对教师已有知识结构和思维模式进行分析，设计受训教师易于接受和理解的内容，使之与普通教育知识相衔接。做好个体分析，有助于设置适合每个教师的知识梯度，使培训内容易学易懂、受用终身。培训前还需要评估每个教师的个人能力，设计匹配她（他）们能力范围的内容。在实际操作中，排序培训需求优先级。在考量培训资源和条件的基础上，确定当前要解决的问题和能解决的问题，以确定具有针对性的培训主题。另外，还要根据教师个体学习特点设计适宜的培训内容和方式。做到需求分析和个体特征分析相结合，既能解决实际问题，又能照顾个体差异，是增强培训效果的重要保证。

三、培训方案设计建议

（一）设计具体清晰的培训目标

制订幼儿园教师融合教育培训方案，首先需要明确培训目标，即要解决的问题和达到的程度。目标应当容易被受训教师理解和接受。目标不可过高或过低，不必要求受训教师系统掌握全部特殊教育理论，但也不能仅停留在浅层理念的传授上。正确的方法是基于教师岗位需求和现有能力，设置一个既能促进专业成长又不会过难的目标。做到目标定位精准合理，不偏不倚，是制订有效培训方案的关键。幼儿园教师融合教育培训必须具有针对性、可操作性和实用性[①]。这要求培训目标不能空泛统一化，而是要根据教师具体需求细致设计，直接针对她（他）们面临的问题。现实中专业人员稀缺，需培训教师众多。理想的目标是通过系统的培训，逐步提

---

① 李晓娟. 普校教师融合教育职后培训设计与实施建议 [J]. 现代特殊教育，2021（8）：20-25.

高普通教师的专业能力，使其能独立处理问题，并逐渐发展成主体力量。但现实与理想难免有差距。专业人员仍需提供指导，发挥辅助作用。因此，培训目标不能离大众教师的现实情况太远，要在专业成长和实践需求之间找到平衡，既能提高能力，又不造成困难。做到目标具体可操作，是制订有效培训方案的必要条件。我们要认识到，普通教师在经过培训后仍会面临时间不足、实践机会不多等问题，导致培训效果打折扣，出现习得性无助感。在分步实现理想目标的同时，当前阶段要满足教师现实需求。不能期望一蹴而就，而应循序渐进，逐步提高教师专业能力与自信心。做到目标实现路径清晰可行，是制订可操作性强的培训方案的关键。

(二) 制定菜单式的培训课程

培训课程是实现培训目的的具体途径。制定培训课程需要考虑以下几个方面：

第一，幼儿园教师是融合教育的重要实施者，需要具备一定的专业知识和教育技能，以满足不同幼儿的需求。为了提升教师的融合教育能力和专业素养，设计与幼儿园教师岗位和身份贴合的、有针对性的融合教育培训内容是非常有必要的。

首先，教师需要了解融合教育的理论基础和实践原则。培训内容可以包括融合教育的概念、目标和原则，以及融合教育的各种实践模式和方法。教师需要了解如何为不同幼儿提供个性化的教育支持，如何促进幼儿的社交互动和学习参与，以及如何营造一个包容和友善的学习环境。

其次，教师需要具备特殊教育知识和技能。在融合教育中，教师经常面临着不同幼儿的特殊需求和学习困难。因此，培训内容可以包括特殊教育的基本理论和实践知识，如学习障碍、孤独症、注意力不集中和问题行为等常见特殊教育需求的教育策略和支持方法。教师需要了解如何进行个性化教学和评估，如何与幼儿的家长和专业人员合作，以提供更好的支持和服务。

最后，教师还需要具备跨学科教学的能力。融合教育强调学科之间的整合和交叉，培养受训教师的综合能力和跨学科思维。因此，培训内容可以包括跨学科教学的理论和实践，如如何设计跨学科教学活动、如何评估受训教师的跨学科能力等①。教师需要了解如何将不同学科的知识和技能

---

① 杨静. 资源教师专业素养现状及职后培训课程设计 [D]. 杭州：杭州师范大学，2022：37-44.

融合到教学中，以提供更丰富和有意义的学习体验。

第二，培训课程设计应兼顾知识、技能和情感三个领域。应设置知识讲授类课程，向教师传递政策、理念等知识；设置情境模拟、案例分析等活动类课程，培养教师处理问题的技能；设置体验交流、价值明晰等情感类课程，调适教师态度和情感。知识和技能需要通过情感体验转化为能力和行为。仅传授知识与技能是不够的，还需通过情感课程调适教师的价值观、态度等，促进教师将知识内化为能力。知识、技能、情感课程需要有机结合，使教师在理念、能力、情感等多个维度全面成长。兼顾三者，是培训实现知行合一的重要环节。因此，培训要通过情境体验帮助教师调适情感，正确看待有特殊需求的孩子，并增强自我效能感，才能促进教师将知识内化为能力。知识、技能和情感课程应互相渗透、统一设计，使教师在多维度全面成长。教师普遍存在焦虑情绪，培训应包含帮助教师处置自身情绪的内容。可借鉴幼儿教育，先识别情绪状态，然后疏导负面情绪。同时，还应培养教师的合作能力，包括主动向他人求助。不是所有教师都能掌握所有专业技能，合理利用团队资源和开展团队合作很重要。培训可设置小组合作课程，培养教师的团队意识。学习知识与技能课程非常重要，但处理自身情感和合作能力也非常重要，需要融入培训体系。仅传授知识和技能是不够的，要全面提升教师的心理素质，才能在复杂的教育实践中取得成效。教师的教学效能感会影响她（他）们对有特殊需求的幼儿的态度。效能感高的教师相信自己能够有效教育这些幼儿，而效能感低的教师则可能产生焦虑感和回避动机。随后还需要持续跟进指导，使教师在实践中验证所学，从而实现良性循环，提升其效能感。用这样的"引导式学习—实践验证"模式，可有效增强教师的专业自信，促进教师将知识内化为能力。

第三，培训课程开发要尊重成人学习规律，设置实践性强的内容。可以设计基础课程、高级课程和专题课程三个层次。通过丰富的案例分析、小组学习、现场督导等互动形式，帮助教师掌握实用知识和技能。同时，根据教师基础知识和需求差异，设计难易不同的课程，既满足专业人才需求，也照顾普及型人才需求。做到实践性强、分层设计，既尊重成人认知特征，又能因材施教，是增强培训效果的重要环节。

（三）选择能够发挥教师主体参与作用的培训方式

教师在职培训强调双向互动，应采用能够发挥受训教师主体作用的培训方式。首先，培训要重视课堂互动和师生对话，在尊重受训教师原有经验的基础上，产生认知共鸣。不仅在目标设计和内容选择上要考虑受训教师的特点，在实施过程中也要采用启发受训教师亲身体验、主动建构认知的策略。其次，可以组织受训教师分析案例、互评示范课等，通过同侪交流、合作完善方案。再次，鼓励受训教师记录学习感受，撰写研究报告，并组织经验交流。这些方式都可以增强受训教师的主人翁意识，促进知识内化转化。培训要采用多种教学策略激发受训教师主动参与：使用提问和测试引发受训教师思考，用受训教师的经验解决问题，再提供专业方法。使用小测验、互评等方式促进总结回顾。在培训中示范倡导的策略，让受训教师亲身体验效果。现场指导受训教师规划将所学应用到教学中。组织受训教师撰写学习心得，交流应用效果。这些策略可以加强知识内化吸收，使受训教师从被动的接受者转变为主动的学习者，并将知识运用到实践中。做到知行结合是保证培训质量的关键。培训要建立"实践共同体"，联系学习和工作情境，集体对话研讨，归纳原理和方法。指导受训教师反思自己的案例处理过程，调整和完善教学方案。形成参与、对话、合作、反思和行动的培训模式。这些策略可以创设"仿真情境"，使受训教师在近似实际环境中学习，将知识应用于解决实际问题，促进知识内化转化为能力，增强培训效果。培训还可以发挥受训教师个体特长，采取小组合作学习方式。可以根据受训教师类型，如专家型、经验型、助人型等，进行合理分组，发挥各自专长。一方面可以组织受训教师根据专长分别对某主题进行研究探讨，撰写心得体会；另一方面可以建立师生互助机制，让经验丰富的受训教师帮助新手受训教师解决实际困难。这种以受训教师个性化为导向的小组合作学习方式，可以提高培训活力，也帮助新老受训教师形成良性互动。

四、培训实施与效果评估建议

（一）对幼儿园教师融合教育素养的发展阶段进行分层次培训

当前，许多幼儿园教师还没有意识到普通园所内也存在许多有特殊需求的儿童。专业培训的缺失和支持保障体系的不完善，导致教师在面对有特殊需求的儿童时感到困惑和手足无措。这阻碍了幼儿园对特殊儿童的接纳。因此，分层次培训是推进学前教育融合发展的关键。所有幼儿园教师都应成为能够照顾特殊儿童的教师。只有通过培训，提升教师的认知和能力，才能使普通幼儿园教师真正做到包容和关爱每一位儿童，提供公平优质的教育环境。特殊教育内容广泛复杂，幼儿园教师很难全面掌握相关知识和技能。但未来的发展方向是培养掌握普通教育和特殊教育知识与技能的融合型教师。由于教师发展存在阶段性差异，开展融合教育培训不可能一步到位，而要分层次进行。可以通过入门培训引导教师认识特殊儿童，通过进阶培训传授相关教育方法，通过专业培训提高教师实践运用能力。分层培训既照顾个体发展阶段，做到目标明确、循序渐进，逐步推进教师专业成长。

初级培训面向刚接触融合教育的幼儿园教师，主要了解残疾儿童教育知识。可采取参与式培训，通过视频案例、现场参观等形式让教师亲身体验融合教育，在接触中感受融合教育的魅力。初级培训的目的是为教师打下理论基础，消除教师疑虑，使其对融合教育产生兴趣和信心，为后续专业成长奠定基础。

中级培训通过理论联系实际，使受训教师初步具备面对特殊儿童的能力，而不再感到手足无措。中级培训主要学习融合教育的实操课程，如课堂管理、幼儿评估等技能。可采取专家进班指导、案例研讨、实地参观等形式。这一阶段教师已理解融合教育，但将理念应用于实践还存在差距。中级培训强调实践指导，帮助教师运用所学知识，与特殊儿童进行交流，使教师从被动的接受者转变为主动的实践者，是实现理念转化为能力的关键阶段。

高级培训面向具备丰富融合教育经验的幼儿园教师。这些教师不仅需要掌握大量专业知识和技能，还将承担指导其他教师、开展咨询管理等多项职责，以及与专家和支援机构进行合作。例如英国幼儿园设置特殊教育需求协调员，既是教师又负责校内相关事务协调。高级培训强调提升教师的专业能力和综合素质，使其成长为幼儿园融合教育的领军人物和保障者。这是融合教育专业人才培养的高级阶段，也是实现教师专业成长的重要环节。高级培训的内容主要包括：专业知识和理念，如相关法规政策、工作原则等；专业技能，如特殊需求评估、资源协调、策略制定等；个人素养，塑造人本融合教育精神。短期培训可快速提高素养，但要真正实现教师专业化发展，还需要长期地系统培训，并配合资金激励、教师评估、经验交流、信息支持等策略。理念培训、技能培训和素养培养需要持续联动，在职培训需要制度化，才能推动教师不断成长和提高。

（二）综合考虑多元素实施培训方案

完成培训设计后，培训者还需考虑可动用的资源情况，如人力、场地、时间等，这直接影响培训的规模、内容安排和形式选择。一次性大规模培训与分批次小规模培训在目标设计、内容设置和形式使用上会有差异。大规模培训可采取更多样化的互动形式，小规模培训更便于组织研讨、反思和总结①。一次性培训可聚焦一个侧重点，系列培训可实现全面系统化。区分不同资源情况，合理设计培训方案，是确保培训顺利有效开展的重要一环。在培训实施中，要根据具体情况调整设计，确保培训顺利开展。比如，对普通教师的培训，要考虑到她（他）们时间与精力有限，需要解决当下面临的问题，不太适合理论式系统化培训。在此，可以采用"问题—讨论—解答—总结—应用"的线索进行设计，从教师面临的具体困惑入手，通过讨论唤起她（他）们已有知识，再引入新知识，最后使用案例进行应用巩固。针对培训对象的不同需求，还可设置不同层次的培训内容。区别对待不同培训对象，做到因材施教，在实施中不断优化和完善培训设计，是保证培训顺利开展的关键。在培训方式上，我们综合了讲授、案例分析、作业反馈和实践指导。先集中讲解共性问题，布置案例分析作业，评估反馈后指导实践应用，并针对具体问题及时反馈。我们采用这种策略已开展多轮培训，教师满意度和实际效果良好。同时，我们在疫情期间采用线上培训方式，保证培训有效开展。我们灵活运用线上线下等多种培训方式，既适应疫情形势，又满足教师需求。将多样的培训方式相结合，是保证培训顺利有效进行的关键。线上培训虽缺乏现场培训的互动性和灵活性，但也可以通过添加选择题、对话、填空等互动环节来增加与受训教师的交流。绝不能只简单讲授，这容易分散注意力。在常态化防控下，可以避免聚集，但培训者可以深入幼儿园开展具有针对性的跟踪指导。线上线下培训都有优势，我们应灵活运用，发挥各自作用，使培训既符合防疫要求，又满足教师需求。做到方式和内容、形式和实效的有机结合，是推进培训持续顺利开展的关键。因此，线下指导要进入课堂进行自然观察，以客观了解信息，提出指导意见。然后，再在集中培训中对信息进行解答和归纳，作为延伸下阶段培训的基础。知识与技能讲授与实际指导两者必须紧密结合，不能脱节，才能发挥培训的最大作用。线上线下培训有机衔接，理论联系实际，是当前教师培训的有效策略。

---

① 徐小妮."幼儿研究与支持"教师职后培训课程框架的建构与验证［D］.上海：华东师范大学，2019：55-59.

（三）关注培训后期的效果追踪

培训要取得实效，最重要的是避免培训后出现习得性无助。培训不能只停留在知识与技能的获取上，还需促进受训教师将知识内化为能力，实现知行合一。培训者要持续跟进指导，解决受训教师在实践中出现的新问题，鼓励她（他）们应用新知识改进工作，从而促进幼儿园发展和幼儿成长。做到知行结合，是培训取得实效的关键。特别是在处理幼儿问题时，同一方法对不同幼儿的效果都可能有差异。如果遇到问题无法及时得到指导，受训教师可能对所学知识与技能失去信心。因此，培训后要持续答疑，避免受训教师产生焦虑和困惑。此外，还要搜集培训的社会效度，即对受训教师、幼儿、其他教师的满意度、接受度和行为变化进行评价，对培训效果进行总结和反思。做到培训前后贯通，并继续优化完善培训内容，使之能够真正帮助受训教师应对实际问题，是保证培训持续有效的关键。搜集培训社会效度的方式可以是问卷调查、访谈、实地走访等，这些反馈都可以为后续完善培训提供参考。幼儿园教师融合教育培训对推进融合教育意义重大，要使培训取得实效，就需要在培训各环节下功夫，如需求分析、目标设计、计划制订、活动实施和效果评估等。培训者要重视每次培训，精心设计每一个环节，真正提供有效有用的培训内容，帮助教师专业成长。只有通过连续不断的培训实践，我们才能不断提高培训质量，更好地服务融合教育发展。

第四节　以巡回指导模式提升幼儿园教师融合教育素养的实践

一、发现问题

（一）融合教育氛围

通过实地观察，我们发现两所幼儿园在环境创设上存在问题：

（1）无论是室内外环境还是公共空间，都未体现出对融合教育的考量。

（2）未设置特殊儿童所需的辅助设施或支持教室。

（3）园所建筑规划没有体现最少限制环境原则。

（4）划分公共区域时没有考虑身体残疾儿童的特殊需求。

（5）墙面环境创设只强调主题，忽略对特殊儿童的关照。

（6）未为特殊儿童提供适宜的学习支撑环境。

（7）环境创设整体看来与普通幼儿园区别不大。

（8）环境创设对融合教育的支持不足。

【观察记录 A 园】

通过观察发现问题，有助于研究者明确后续需要改进和完善的方面，为幼儿园营造支持融合教育的环境提供了方向，也可使研究者意识到教师融合教育素养培养的必要性和重要性。

（二）融合教育态度

通过前期调研，我们发现教师对融合教育的态度存在问题：

（1）教师对融合教育持消极、逃避态度。

（2）受自身专业知识和能力的限制，害怕教育特殊儿童。

（3）认为特殊儿童应该在专门机构或特殊幼儿园接受教育。

（4）担心特殊儿童与普通儿童差异太大，自己没有特殊教育知识，难以应对。

【观察记录 B 园】

这些发现表明，幼儿园教师对融合教育缺乏足够的了解和认识，没有建立起专业的融合教育理念。这不利于教师开展融合教育实践，也不利于特殊儿童得到公平对待和发展。研究者需要通过后续的教学，来改变教师的这些错误观念，提高其专业素养。

【访谈记录，2019.09.17，T 教师】"我班上的特殊孩子无法安静地坐在座位上，经常在教室里乱跑，因此我们需要专门的幼儿园教师来照看他。他还经常干扰其他孩子，不听从指令，不排队，即使上厕所也不遵守规定。

【访谈记录，2019.09.17，S 教师】"有些特殊孩子可能会表现出攻击行为，这可能会对我们班的其他孩子造成伤害。这让我很难向其他孩子的家长交代。"

【访谈记录，2019.09.24，L 教师】"特殊孩子的家长一直在忙工作，常常只有妈妈来接送孩子，对于孩子的情况双方沟通得很少，幼儿园教师也不了解外面康复机构教师的意见，孩子爸爸以及其他家属很少与我们交流。"

（三）融合教育知识

调查显示，当前幼儿园教师对特殊教育和融合教育的相关知识普遍缺乏了解。大多数幼儿园教师对特殊教育发展的历史轨迹不知道，对当前的政策法规也知之甚少。她（他）们很难准确把握学前特殊儿童教育需要达到的目标和教学内容要求。这主要是由于特殊教育课程在师资培养中设置不足，幼儿园教师的专业培训不够系统。显然，我们需要从加强师资培养入手，增设特殊教育专业课程，提高在职幼儿园教师的专业素养。同时，也要加强普通教育与特殊教育资源的有效对接，支持更多幼儿园教师投入融合教育实践，与特殊教育机构进行交流和合作。只有这样，幼儿园教师才能在推进融合教育过程中发挥关键作用，让更多残疾儿童享有适当的早期教育。

【访谈记录，2019，09.24，C教师】

"我认为我们需要更多的耐心和关爱来对待浩浩。当有时间的时候，我们应该多陪在他身边，给予他更多的支持和关注。虽然他可能无法完成幼儿园教师提出的任务，但我们要明白，他可能在其他方面有特长和潜力，我们并非专业教育者，无法完全理解他的需求。因此，我们应该尽力提供我们所能给予的支持和帮助，同时也要尊重专业教育者的意见和建议，以确保他能够得到适当的教育和关怀。"

【访谈记录，2019.10.06，L教师】

"孩子刚入园时，可能看起来都很相似。我们只能通过观察他们在集体生活中的表现，以及他们在吃饭、上厕所等方面的行为来发现一些孩子可能有些不同。然而，我们并不清楚具体是哪种类型的特殊幼儿。在这种情况下，作为幼儿园教师，我们应该更加包容和有耐心。我们可以尝试与每个孩子建立良好的关系，了解他们的需求和个性，以便更好地支持和引导他们的成长。同时，我们也可以与专业人士合作，如心理学家或特殊教育教师，以获得更多的专业指导和支持。"

【访谈记录，2019.10.08，D教师】

D教师在上音乐集中教育课时，安安一直坐在原来的位置上，但不跟着唱歌，而是多次摆弄其他小朋友的小椅子。为了引导他参与活动，D教师决定让他去门边坐着。然而，安安只坐了一会儿就又开始在教室里乱跑乱动。

在这种情况下，D教师可能需要采取一些措施来帮助安安参与活动并保持安全。首先，D教师可以与安安进行交流，了解他为什么不愿意加入唱歌活动，并尝试找到他的兴趣点，以吸引他的注意力。同时，D教师可以提供一些特别的任务或角色给安安，让他感到重要和有责任感，从而增加他的参与度。此外，D教师可以设立一些规则和边界，让安安知道在教室里乱跑和乱动是不被允许的。通过与安安进行个别沟通和引导，D教师可以帮助他理解为什么这样的行为是不适当的，并与他一起找到适当的替代行为。最重要的是，D教师应该保持耐心和理解，同时与家长和园方合作，共同寻找更好的支持策略，以满足安安的需求，并帮助他在音乐集中教育课中融入和参与。

（四）融合教育能力

调研显示，当前幼儿园教师开展融合教育的专业能力还较为欠缺。我们通过观察和访谈了解到，大多数幼儿园教师在维持普通儿童的班级秩序方面尚可，但面对特殊儿童，她（他）们的应对能力明显不足，在集体活动中，无法有效处理特殊儿童的突发行为，在引导特殊儿童进行日常生活习惯训练时，也无法把握好方法，更难以与特殊儿童建立良好的师生关系和同伴关系。这主要是长期以来的隔离教育模式，导致幼儿园教师缺乏针对特殊儿童的专业知识和能力。要提高她（他）们的融合教育能力，必须增加特殊教育方面的课程设置，让在职教师接受系统培训。同时，也要加强与特殊教育机构和家长的沟通配合，共同为特殊儿童制订个性化教育方案。只有这样，幼儿园教师才能在融合教育环境中发挥专业作用，让特殊儿童得到全面发展。

【访谈记录，2019.10.25，L教师】"关于小博经常做握拳敲击动作这件事，我表示很头疼。我在网上查找了各种资料，但都没有找到有效的办法来纠正他这种行为。目前我也很无奈，只能每次看到他这样，就去叫他不要再敲了。我希望能找到更好的方法来帮助小博，不是单纯地阻止他，而是从根源上引导他改掉这种动作。如果你这里有任何好的建议或资源可以提供，我将非常感激。"

【访谈记录，2019.10.25，T教师】"这个孩子总是无缘无故大喊大叫，真的让我们这些教师很头疼。他会突然开始大声哭闹，我们轮流上去哄他，用不同的方法试着安抚他，但都没有什么作用。这个情况已经反复出现很多次了，我们真的不知道该怎么办才好，感到手足无措。我们都希望能弄清楚他发生这种行为的原因，然后想办法从根本上帮助他，而不仅仅是临时阻止他哭闹。这孩子的问题困扰了我们很久，我真心希望能尽快找到有效的解决方法。"

【访谈记录，2019.11.08，S教师】"我们班有个小朋友安安，他和我们教师以及其他小朋友关系都不太亲近。平时叫他名字，他也不回应，就好像没听见一样。上课的时候，他也总是一个人坐在位置上，看着自己的东西，很少跟其他小朋友互动。在户外活动时间，其他小朋友你追我赶地玩，而安安总是一个人去玩别的器械，很少跟大家一起玩。我觉得他可能比较内向或者不善于与人交往。我想试着多关心他，引导他多参与集体活动，慢慢培养他的社交能力。我也会跟其他教师讨论讨论，看看我们可以从哪些方面帮助安安，让他能够更好地适应集体生活。"

根据访谈记录，我们可以看到班里有几个幼儿（如小博和安安）表现出了一些特殊的行为和社交困难。针对这些情况，幼儿园教师可以采取一些措施来帮助特殊幼儿。对于小博喜欢做双手握拳敲击的动作，尽管在网上未找到特定的解决办法，但幼儿园教师可以尝试与小博进行个别沟通，了解他这样做的原因。通过与他沟通，教师可以尝试找到替代行为或提供其他适当的活动，以满足他的需求并减少这种行为的出现。在安抚大声哭喊孩子方面，在幼儿园教师安抚无效的情况下，可以考虑与家长沟通，了解孩子在家庭环境中是否有类似的行为，以便更好地理解孩子的情绪需求。同时，可以尝试提供安全、温暖的环境，使用安抚技巧，如轻轻抚摸、说安慰的话等，以帮助孩子平静下来。对于安安在班上缺乏社交互动和朋友的情况，幼儿园教师可以与他建立更密切的联系，通过和他进行个别交流、提供适合他兴趣的活动，以及鼓励他与其他幼儿进行合作和互动，帮助他建立更多的社交关系和友谊。总之，针对每个孩子的特殊需求和行为，幼儿园教师应该保持耐心、理解和关怀，并与家长、园方和专业人士合作，共同制定适合孩子的支持策略，以促进特殊幼儿的发展和融入。

二、教师提升融合教育素养的策略

（一）融合教育素养提升策略的四个方面

（1）幼儿园教师融合教育氛围的建设。为营造融合教育环境，可以从多元、包容的理念出发，采取以下措施：一是丰富物理环境，在室内外适当位置设置融合主题装饰，增添趣味性。二是关注心理需求，让所有儿童感受到尊重和接纳。三是改造空间，在公共区域添加必要的辅助设施，方便不同需求儿童使用。四是条件允许的幼儿园，可以单独设置感觉统合训练室或资源教室，为特殊幼儿提供专业支持。通过多方面努力，让园所空间为所有儿童服务，帮助特殊幼儿在融洽包容的环境中学习和成长。这需要系统规划，也需要全体教师传递积极态度，与家长保持良好沟通。只有这样，才能使融合教育理念真正落到实处，让每一个孩子都感受到尊重和关爱。

（2）幼儿园教师融合教育态度的转变。为帮助教师适应融合教育的需要，可以从以下几个方面入手：一是帮助教师树立正确的融合教育观念，使她（他）们认识到所有儿童都可以在同一个环境里学习和生活。二是引导教师理解特殊儿童和普通儿童在一起学习的重要性。三是开展专题培训，提高教师的融合教育专业素养和职业道德修养。通过持续的理念指导和专业培训，让教师做到在心理上适应和接纳特殊儿童，并在实践中提供她（他）们需要的帮助和支持。这需要教师调整思维，积极主动地适应新的教学环境。同时，也需要幼儿园和家长给予鼓励和帮助，共同把融合教育落到实处。

（3）幼儿园教师融合教育知识的学习。为提升幼儿园教师开展融合教育的能力，需从以下几方面入手：一是增强教师对融合教育发展历程和政策法规的认知，掌握基础知识。二是通过培训，引导教师系统掌握特殊儿童类型、发展特点，熟悉相关医学知识。三是协助教师根据每个特殊儿童的具体情况，制定个性化教学目标。四是帮助教师调整普通班级的评估标准，兼顾不同需求儿童的差异。通过持续学习和实践，让教师全面掌握开展融合教育所需的知识和技能，并能熟练运用于日常教学中，制订符合每个特殊儿童需求的个性化教学方案。这需要幼儿园、家庭、社会各方通力配合，共同提高教师的专业水平。

（4）幼儿园教师融合教育能力的培养。为帮助教师更好地开展融合教育实践，需从以下几个方面入手：一是引导教师根据不同特殊儿童的个性化需求情况提供适当指导，最大限度地支持特殊儿童参与集体活动。二是通过专题或即时培训，提高教师处理突发事件的能力，妥善应对特殊儿童在活动中的问题。三是采取入班指导与开展针对性培训相结合的模式，帮助教师掌握照料特殊儿童生活的科学方法，维持班级秩序。四是协助教师建立特殊儿童与普通儿童的良好同伴关系，以及自己与特殊儿童的良好师生关系。通过持续地指导与支持，促使教师在实践中积累经验，不断提高开展融合教育的能力。这需要幼儿园、专家形成合力，共同提高教师的专业素养。

（二）融合教育素养提升策略的实施要点

推进融合教育，首先需要营造包容融合的环境氛围。可以通过改造园所的物理空间，如墙面设计、公共区域设置以及专门区域划分等，从物理层面影响教师的心理层面，帮助教师树立正确的融合教育理念。

良好的环境氛围可以引发教师内心对融合教育的接受感，使教师对特殊儿童的态度由最初的排斥逐步转变为适应和接纳。空间环境的创设是一个循序渐进的过程，需要研究者和教师共同努力，逐步达成目标。这种环境引导不仅可以改变教师的心态，也为特殊儿童提供了更友好和舒适的成长空间。这对推进融合教育意义重大。

推进融合教育，仅仅依靠环境创设是不够的，还需要针对教师开展专题培训，帮助教师转变理念和提高专业素养。可以采取不同形式的培训，如进行基础知识的普及性培训，开展园本专题培训，以及针对特殊情况的应急处理培训等。同时，也可以利用信息技术，实现线上线下培训的有机结合，拓展培训的时间和空间。通过持续的知识学习和技能培训，充分利用各种资源，可以推动教师融合教育理论和实务能力的全面提升。这既需要专家的指导，也需要教师的自觉努力。只有把专题培训落到实处，教师的专业素养才能真正得到提高，融合教育才能走深走实。

在专题培训的基础上，专家还需要进入实际班级，进行入班指导。专家通过现场观察和记录，在得到教师同意的前提下，搜集关键性事件的照片和视频。在掌握教师在实施融合教育中遇到的困惑后，专家与特殊教育专家一起，为教师提供具有针对性的解决建议。在教师实践这些建议后，专家再搜集反馈，根据效果调整后续方案。这样的入班指导，既考虑了教师的实际需求，也体现了专家和特殊教育专家的指导作用。它是对专题培训的有效补充，可以对教师实践进行支持，提高教师开展融合教育的能力。这种指导需要专家和教师保持良好沟通，形成指导与被指导的良性互动，使融合教育真正落到实处。

专家还可以组建班级小组，开展合作咨询。小组成员包括班级教师、特殊儿童的家长、特殊教育专家等。通过沟通，小组成员就问题达成共识，制定共同行动目标。根据特殊儿童的具体需求情况，结合已有档案和专家意见，小组成员共同制定支持性教育内容、目标，选择适当的教学策略和评估标准，分配给家长和教师相应任务。在这个过程中，教师可以获得专业知识和技能，学习处理特殊问题和突发事件，这有助于提高其融合教育素养。这样的合作咨询，整合各方资源，发挥协同作用。它是对入班指导的有益补充，能让教师在交流中获得支持，在实践中获得成长。这种组合互动推进了融合教育向纵深发展。

三、融合教育素养提升策略的具体措施

根据前期调研结果，并结合相关理论，我们围绕巡回教师与幼儿园教师之间的互动关系，设计了一系列策略来提高幼儿园教师的融合教育素养。这些策略在研究团队多次讨论后确定，主要包括：改善环境，增加资源空间，帮助教师心理适应，开展专题培训，提供区域指导，研究案例，示范教学，提高沟通技巧，反馈实施效果等。这些策略既考虑理论基础，也兼顾实际需求。它们通过巡回教师与幼儿园教师的互动实现，目的是促进教师对融合教育的理解和实践能力。这需要专家与教师持续协作，评估调整，才能让策略真正奏效，提高教师的专业素养。这对推进融合教育具有重要意义。提高幼儿园教师的教育素养，需要从多个方面入手。首先，要重视日常生活中的潜移默化教育，让教师在与孩子的互动中，体现积极正面、包容善良的教育态度。其次，应加强教师的专业培训，通过讲座、工作坊等形式，增强教师对学前教育理念和方法的理解，提高应用能力。再次，鼓励教师之间开展合作，相互借鉴好的教学方法和经验，共同提高。最后，幼儿园还应为教师提供专业支持和引导，让教师在教学实践中不断反思和提升。如果我们从这几个方面入手，就能逐步增强幼儿园教师的教育素养，使她（他）们成为孩子健康成长的良师益友。

（一）融合教育氛围的建设

要全面提升幼儿园的融合教育环境，需要从幼儿园环境的调整创新、教师队伍建设以及资源教室建设三个方面入手。

具体来说，第一，要具有针对性地改变和优化幼儿园的环境，营造积极支持融合教育的氛围。第二，要激发幼儿园教师的工作热情，通过专业培训、交流等不断提升她（他）们的专业素养。第三，资源教室的专业特殊教育力量可以协助打破学科壁垒，促进幼儿园教师之间的互动与合作。这些举措的综合运用，将有利于系统提升幼儿园的融合教育能力。构建主义理论强调教师要从被动的接受者转变为主动的学习者，参与到教学实践中。其中，环境的改变是重要一步。根据前期访谈，了解两所幼儿园在融合教育方面的不同需求后，我们与特殊教育教师讨论后提出以下建议：

对 A 幼儿园，主要在环境层面体现融合元素。如通过布置、装饰等营造包容融合的氛围。对 B 幼儿园，则在意愿和条件允许的情况下，探索建

立资源教室，专门配备设施、材料和专业教师，为有特殊需求的孩子提供必要支持。不同幼儿园根据自身情况，采取具有针对性的环境改造或资源整合的方式，都将有利于推进融合教育。教师要从被动转为主动，才能真正实现融合教育理念。

1. 环境创设呈现融合元素

为营造融合氛围，我们在征得园长同意后，与教师们在幼儿园适当位置增加了融合主题元素。比如，在公共区域的墙面张贴标语，传递积极理念；在室内对存在潜在安全隐患的场所进行整改，为陪读家长准备专座；在走廊、盥洗室等增加扶手、栏杆等辅助设施；在各区角添加可视化提示，如在生活区增加活动流程，在艺术区设计特殊标识。这些环境元素帮助传递融合教育理念，也方便不同需求儿童参与。教师在这个过程中积极配合并提出建议，这加深了她（他）们对融合教育的理解，也使环境更符合儿童需求。我们和教师共同努力，使幼儿园的空间逐渐向融合教育环境转变，这对提升教师素养和推进融合教育意义重大。

2. 资源教室的建设与运作

资源教室设施配置和资源利用直接影响巡回指导的效果。与小学、中学不同，幼儿园的资源教室功能更倾向于家长咨询和新生评估。因此，资源教室应明确定位，合理划分区域，制定使用标准，并配置必要设施。比如设置家长接待区、评估区，增加儿童资料档案，配备诊断用具等。要合理规划资源教室的日常管理和使用安排，发挥其在评估指导、信息咨询等方面的作用。教师应掌握资源教室的各项功能，合理利用相关资源。专家应提供指导，提高教师运用资源教室的能力。充分发挥资源教室的作用，对巡回指导模式的持续推进意义重大。这需要专家和教师共同努力，使资源教室成为融合教育实践的有力支撑。资源教室的设施配置应考虑不同需求儿童的特点。可以购置相关书刊，提供信息支持；设置儿童档案，完善发展跟踪机制。在设施安排上，应根据园所实际情况，按需配备。例如认知障碍儿童较多时，可以配备蒙氏教具、音乐器材等；孤独症儿童较多时，可以增加声光设备、沙盘等；对于存在多动和情绪问题的儿童，可以配置羊角球、秋千等器材。合理配置设施，既方便教师和家长获取信息，也可帮助儿童在专业设备辅助下得到全面发展。这需要专家和教师根据园所实际情况研究设施的选择与搭配，使资源教室能够做到针对性强、具体可操作，成为开展融合教育的有力保障。资源教室的制度建设也是营造氛围的一部分。可以在资源教室墙面张贴相关制度，让教师更清晰地了解学前融合教育的发展态势和资源教室的管理制度。这些制度可以结合园所实际因地制宜，形成园本制度，如资源教室管理制度、个性化支持服务流程、融合教育教师职责、家长咨询制度等。明确的制度可以帮助教师掌握资源教室的功能定位、运行规则、服务对象及工作流程，有利于资源教室的规范运作。资源教室是将融合教育理念转化为行动的重要桥梁。专家应当配合幼儿园制定适宜的资源教室制度，指导教师学习并遵循制度开展工作，这对推进融合教育意义重大。在资源教室的运作过程中，巡回教师发挥着重要作用，主要分三个阶段：在筹建初期，巡回教师根据园所儿童需求，参考统一标准，与园方一起共同设计规划；在中期运作中，巡回教师依据已有设施，与教师一起布置环境；在后期运作中，巡回教师对园方进行管理培训，探讨资源教室的功能定位和使用规划①。巡回教师与幼儿园保持良好沟通协作，针对不同阶段提供专业指导意见，在环境设计、制度建设、培训指导各方面发挥指导作用，帮助幼儿园让资源教室发挥应有功能。这种合作模式吸收双方优势，有利于推动资源教室规范和高效运作。它为巡回指导模式的持续有效实施奠定基础，对推进融合教育意义重大。

（二）融合教育态度的转变

融合教育的开展，首先需要教师态度的转变。根据建构主义理论，教学不应该是简单的知识传授，教师要成为引导者和支持者。终身教育理论也强调教育是一个持续发展的过程。因此，教师必须建立正确的融合教育理念，作为从事教育实践的内在信念和行为准则，这直接影响着融合教育的效果。

教师的理念会通过言传身教影响儿童，也会体现在教师的专业行为中。正确的理念能推动教师主动适应融合教育环境，调整教学策略，关心每一个孩子。反之，模糊的理念难以形成行动，也会误导儿童的认知。因此，必须从教师理念入手，通过培训引导教师确立积极的融合教育观念，这是开展融合教育的前提与基础。终身教育理论认为，教师应该在关键阶段用自己最好的方式指导孩子，而教师自己也需要不断自我发展和完善。这就需要教师首先转变融合教育的态度和理念。

仅仅依靠园所内环境创设是不够的，还需要建立教师的内在心理环

---

① 唐子涵.巡回指导模式提升幼儿园教师融合教育素养的实践研究［D］.成都：成都大学，2021：12-18.

境。一方面让教师在与园方、同事、特殊儿童及其家长的互动中感受到安全和尊重；另一方面通过开展专题培训，提高教师的融合教育职业道德。正确的理念能推动教师调整教学策略，关心每一个孩子；错误的理念则会误导教育实践。因此，必须从转变教师态度入手，通过创设支持性环境和开展培训，帮助教师树立科学的融合教育理念。这是融合教育顺利实施的基础和前提。

1. 创设安全互动的心理环境

首先，为帮助教师转变态度，巡回教师需要具备良好的心理辅导技巧。通过观察和访谈了解教师的困惑之后，巡回教师可以根据教师不同需求，采取集中座谈或个别沟通的形式进行心理辅导。在轻松愉悦的氛围中，巡回教师耐心倾听，理解教师的疑惑，鼓励教师表达自己的想法，并给予建设性疏导。这既让教师感受到关心和尊重，也启发教师主动面对和调整心态。心理辅导是促进教师态度转变的重要一环，需要巡回教师运用专业技巧，与教师形成积极互动，共同推进教师内心的接纳过程。这对开展融合教育具有重要意义。

园长在巡回指导过程中也发挥着重要作用。园长应该在保证幼儿园常规教育的基础上，尽可能给予教师各方面支持，如提供时间和经费支持，增加教师接受继续教育的机会。同时，合理安排教师的工作（任务），减少琐碎事务，缓解教师的工作压力。这可以让教师有更多时间接受融合教育方面的专业培训和知识学习，更好地适应新的教学环境。园长的理解和支持能让教师感受到被重视和信任，从而更加主动积极地投入到融合教育中。园长也应该积极沟通，倾听教师的想法和需求，与教师形成合作伙伴关系。只有管理者和教师形成良性互动，并给予教师所需要的支持，教师的专业素养才能得到提高，融合教育才更容易开展和落地。为帮助教师调适心态，同事之间可以互相交流工作困惑，集思广益，共同探讨解决方案。这种非正式的经验分享有助于增进同事之间的理解和团队协作。同时，家长也应该积极配合教师的工作，完成教师和专家给出的各阶段家庭任务。

同事情感上的支持和家长行为上的配合，共同为教师搭建了一个宽松的工作环境。这不仅减轻了教师的心理压力，也让教师感受到团队合作的正能量。在这样的氛围熏陶下，教师更容易调整心态，正确对待融合教育所带来的新环境和新任务。管理者、同事和家长通过各自方式给予支持，是促进教师专业成长的有利社会环境。这对开展融合教育意义重大。

2. 开展融合教育师德专题培训

为帮助教师建立正确的融合教育理念，培训者可以与园方合作，采用线上和线下结合的方式，举办专题讲座或开展视频学习，介绍国内一些开展融合教育的成功案例，如厦门心欣幼儿园、上海虹古幼儿园、郑州奇色花幼儿园等。通过分析融合教育实践中出现的典型案例，可以启发教师反思自身的教育理念，并在成功经验的基础上，调整自身的教育观念和教学策略。同时，也可以加深教师对融合教育重要性的认识，坚定教师投身融合教育实践的信心。各种各样的案例学习，有助于教师在理论和实践之间建立连接，打开视野，转变态度。这需要培训者和园方根据教师的不同需求，精心设计培训内容和培训形式，使之具备针对性和指导性。这对推进教师态度转变，开展融合教育是非常重要的。

（三）融合教育知识学习

推进融合教育需要教师学习专业知识，这可以从共生理论和建构主义理论得到解释。共生理论认为外部环境变化会影响系统内部关系，巡回指导让特殊教育和学前教育产生互动，推动巡回教师和幼儿园教师形成新的共生关系。建构主义理论认为知识需要主体在实践中建构。因此，教师不能被动地接受知识，而要在具体工作中对融合教育知识进行重构。培训者应根据教师原有知识结构，提供适当的学习内容，组织教师参与实践，在行动中体会和建构新的认知模式。教师需要学习理论知识，更要将所学知识应用到实践中。

这种既注重建构性又强调应用性的知识学习，可以推动教师真正掌握融合教育所需的专业能力，把融合教育的理念落实到行动中。这对帮助教师专业成长，开展融合教育具有重要意义。建构主义认为，知识需要在不断重构和更新中进步。教师要通过持续学习来促进专业成长。关于融合教育知识，专家认为可以从整体和园本两个层面进行：一是参加区级统一培训，学习基础知识和主要特殊需求类型等系统知识。二是立足园所实际，鼓励教师主动学习，针对园内特殊儿童的具体需求情况，自主探索相关知识。也可以请专家进行园本培训，提供专业支持。将区级培训和园本学习相结合，既可以提高教师对融合教育的整体认识，也可以解决实际工作中遇到的具体问题。在全局性学习和针对性学习之间实现平衡，使教师的知识学习既趋向系统化，也注重应用性。这种知识学习模式，可以推动教师不断完善融合教育的认知体系，有助于提升其专业能力。

1. 集零为整，区域提供专业支持

融合教育基础知识是各教育阶段教师需要系统学习的内容。巡回指导模式从区域角度提供专业支持。根据教师自身情况，可以分为以下几个层面进行知识学习：

（1）理念层面：学习融合教育的理念、原则、政策法规等，明确自身在融合教育中应该发挥的作用。

（2）识别层面：学习各类特殊儿童的特征、学习特点和需求。

（3）支援层面：学习制订个性化教学计划，采取特殊教学策略的相关知识。

（4）配合层面：学习与专家、家长进行有效沟通配合的技巧。

（5）应对层面：学习处理突发事件，应对特殊情境的技能。

通过对知识体系的分层学习，教师可以提高对融合教育的整体认识，并具体提升实际工作能力，真正达到知识学习促进能力提升的目的。这需要教师发挥主观能动性，也需要专家提供系统指导。一是拓展教师的知识学习空间，可以采取区域联合培训的方式。将片区所有幼儿园教师集中进行通识知识培训，突破地域限制，实现资源共享。这可以借鉴 S 区的做法，让幼儿园教师参加区级的融合教育种子教师培训，与小学、中学教师一起学习①。

培训内容可以结合园所需求和发展阶段设计，既有融合教育的基础理念、政策法规，也有特殊儿童类型和病理学知识等。完成培训后可以进行考核，督促教师牢固掌握相关知识。这种区域联合的培训模式，集中了更多资源力量，有利于形成专业互助氛围。它打破了学段界限，拓宽了教师的视野，是很好的集体提升途径，也为巡回指导模式持续推开创造了有利条件。因此，应该充分利用这一机会，推动教师参与这种区域联合培训，共同提升专业素养。另一种区域培训方式是团队提升。可以组建区域融合教育联盟，将各园负责融合教育的保教主任或骨干教师聚集起来进行培训。这可以发挥典型示范带头人的辐射作用，一个人影响一个园所，一个园所带动整个区域，形成推进链条。

团队培训还可以根据专业需求组建不同的研究团队，各展所长，达到优势互补的效果。这种团队提升方式，集中了区域内优质教育资源，有利

---

① 赵文蓉. 融合学校中巡回指导教师与普通教师的教学合作研究 [D]. 武汉：华中师范大学，2022：34-45.

于相互砥砺、资源共享、协同创新，能更好地提升区域教师整体素质。它为巡回指导模式的深入开展奠定了基础，也为教师专业学习提供了平台。因此，应该充分利用这一有利条件，采取团队培训的方式，促进区域内教师集体进步。也可以建立区域教研组，开展各种教学研讨活动。巡回教师可以依托特殊教育资源中心，联合区域内园所成立学前融合教育教研组，组织园所之间的交流观摩，举办资源教室运作、五大领域融合教学等研讨活动，提供展示平台。这些研讨活动形式多样，可以激发教师主动学习的内在动力，并在交流中获取更多实用知识。园所之间相互学习也可以发现问题，实现优势互补。教研组还可以汇总优质资源，提供支持。这种教研机制的建立，有利于推动区域内园所和教师形成学习共同体，实现资源共享、经验互鉴、合作提高，对于帮助教师专业成长意义重大。应该充分利用这一平台资源，强化教研合作，促进教师融合教育素养提升。

2. 化整为零，立足园本优化资源

每个园所接纳的特殊儿童情况不尽相同，教师融合教育知识的学习应该立足园所实际因材施教。有的园所只有少量特殊儿童，有的园所某一类特殊儿童较多。这要求教师对园所存在的特殊儿童需求类型进行有针对性的学习。比如，在孤独症儿童较多的园所，教师就要重点学习孤独症儿童的特征、教育方法等知识。这样既立足实际，又能解决实际问题。教师可以根据所学知识开展针对性教学，更好地满足不同需求儿童的发展。也可以减少因对特殊需求类型不熟悉带来的盲目性和手足无措感。这种因材施教的知识学习，可以提高学习的针对性和实效性，真正帮助教师提高开展融合教育的能力。巡回指导教师在进行指导和培训前，需要先了解每个园所的融合教育实施情况和教师支持需求，不能搞"一刀切"。

巡回教师需要先调研不同园所的特殊儿童情况、教师专业素养现状、家长态度等，还要与园方充分沟通，听取园方的需求。在明确每个园所的具体情况后，再因园制宜地制定指导目标和具体内容，提供针对性强的指导。这需要巡回教师采取前期调研的方式，充分了解园所情况，也需要和园方保持良好沟通，形成指导共识。只有这样，巡回指导才能切合园所实际需求，取得实效。这对促进巡回指导向纵深发展，提高教师融合教育素养具有重要意义。

园所可以根据内部特殊儿童的主要类型，成立相关的教研组，采取案例研究的方式，解决实际教学问题，丰富教师知识。例如，孤独症儿童较多的园所可以成立孤独症教研组，遇到孤独症儿童的相关问题和案例，教师之间进行集体探讨，并邀请外部专家提供指导意见。园所内外资源结合，可以使案例研究更深入、解决方案更专业。教师也可以在这个过程中，学习相关知识和技能。这种问题导向和案例导向的研究，可以紧密结合实际情况，针对性极强，也可以促成教师相关知识的内化，促进教师相关能力提高。因此，园所应该鼓励教师积极参与相关教研组，开展案例研究，在实践中提升专业素养。这也为巡回指导的持续深入提供了平台。

我们通过前期调查发现，有些园所对特殊儿童需要办理的证件和相关政策不太了解，如残疾证、早期干预补贴等。这也应该成为园本培训的内容之一。特殊儿童需要办理哪些证件，涉及哪些政策，程序和要求是什么，这些是教师在实际工作中需要掌握和运用的知识。这不仅关系到儿童可以获得哪些支持资源，也关系到家长的权益保障。因此，园所可以针对这方面教师的知识短板，请专家进行专题培训，使教师全面系统地了解特殊儿童证件和政策相关内容。这可以帮助教师更好地配合家长办理手续，争取到资源，也是教师应具备的职业素养。充实这方面知识，有利于促进教师提高融合教育水平。

（四）融合教育能力培养

融合教育的实施关键在教师，这需要培养教师的融合教育能力。相关理论为这一策略提供了支持：共生理论强调教师与专家紧密合作，建构主义理论强调知识来自实践，需要层次理论关注个体差异，终身教育理论看重持续学习[1]。巡回指导模式也强调教师与专家密切配合。在专家指导下，教师要积极学习，在实践中应用相关知识，根据不同需求调整教学策略，不断提高自身素养。只有这样，教师才能掌握开展融合教育的能力，制订个性化学习方案，在教学实践中发挥关键作用，让更多特殊儿童得到适当的教育。这需要教师积极主动，与专家形成合力，持续在实践中建构知识和提升能力。建构主义和需要层次理论都强调主动学习和内在动机的重要性。教师要在实践中将习得的通识知识内化为实际技能。在这个过程中，专家支持可以激发教师发现自身潜力，生成学习兴趣，克服工作惯性，完成专业领域的自我实现，这也是马斯洛需要层次理论的体现。

教师在实际工作中遇到的疑惑（困难），都需要在专家指导下，调动

---

[1] 何明. 幼儿园教师实施融合教育专业能力现状调查研究［D］. 大连：辽宁师范大学，2021：69-78.

内在动力，改善自身状态，提高解决问题的能力。这既需要教师有主动学习的意识，也需要专家给予指导和激励。这种知识内化和能力提升的过程，需要时间和实践的积累，都是开展融合教育的关键。教师只有主动学习，在实践中建构知识和能力，才能在教学中发挥专业作用，满足不同儿童的发展需求。这种持续专业成长的内驱力，来源于对自我实现的需求，是教师专业成长的重要动力。终身教育理论强调，教师应该不断学习，与时俱进，才能避免被时代淘汰。在特殊儿童教育的关键早期，教师对其发展和干预起着关键作用。因此，提高融合教育素养是教师轻松面对新时代教育挑战的必要条件。

教师需要抓住每一个学习机会，不断充实自身知识，更新教学理念，丰富教学技能。这既需要教师有主动适应时代发展的意识，也需要幼儿园和社会提供支持性环境。教师要在学习中跟上时代步伐，用充实的知识行动力回应新时代的需求。提高融合教育素养，是新时代教师专业成长的重要主题。这既要靠个人努力，也要靠团队力量。教师要与专业机构合作，在其指导下提升实践能力。只有这样，教师才能在这一过程中实现自我提升，从而让更多特殊儿童受益。幼儿园教师应当树立终身学习的理念，不断提高自身的专业素养，以满足新时代教育发展的需要。在职教师应主动学习专业知识，掌握融合教育的理论和技能。可以积极寻求专业力量的指导（帮助），更新教育理念，改进教学方法。另外，幼儿园教师还需关注教育研究前沿，拓宽视野。学习是持续的过程，幼儿园教师更应该注重自身发展的连贯性，加强知识和技能学习，在孩子成长的关键期充分发挥教育的影响力。总之，幼儿园教师要不断学习进步，以适应时代发展，提高自身专业水平，从而更好地开展幼儿教育。

幼儿园教师的融合教育专业能力体现在以下几个方面：一是能够运用融合教育理念指导实践，妥善处理特殊儿童的各种情况。二是能够为特殊儿童提供科学合理的日常照料。三是能够制订符合特殊儿童需要的个性化教育计划。四是能够建立良好的师生互动关系和班级秩序。五是能够支持特殊儿童最大限度地参与集体活动，并在活动中得到全面发展。为提高这些能力，教师可以与特殊教育资源中心进行交流与合作，通过案例研究、课堂教学演练、沟通技巧训练等方式，持续提高专业水平，从而更好地开展幼儿园的融合教育工作。

1. 聚焦案例，合作研究

（1）为有效实施特殊儿童的个性化教育计划，可以采取以下措施：以特殊儿童个案为中心，建立团队小组。小组成员包括：幼儿园教师、园长、特殊教育资源中心的巡回指导教师、该幼儿的家长等。按照巡回指导教师提供的指导时间表，定期召开团队小组会议。会议至少每月召开2次，时间间隔原则上不超过两周。在会议上，幼儿园教师和家长先从各自的角度，描述幼儿在行为表现、语言交流、人际交往等方面的具体表现和现状。然后，综合听取巡回指导教师提供的专业评估意见。最后，团队成员共同讨论制订该幼儿当前阶段的个性化教育计划。个性化教育计划要针对该幼儿的特殊需求和发展水平来制订，包括定期评估实施效果。计划一般为期一学期，每学期开学重新制订新计划。幼儿园教师在计划执行中，要与家长保持密切沟通，邀请家长参与具体活动，共同配合实施。通过团队协作，可以使幼儿个性化教育计划更加科学合理，为特殊儿童提供有针对性的教育支持，促进其全面发展。

（2）巡回指导教师在帮助幼儿园教师观察和评估特殊儿童方面，可以采取以下措施：指导幼儿园教师学习使用融合教育支持记录表，明确儿童观察的维度和要点，如语言表达、行为表现、课堂参与、同伴互动等方面。巡回指导教师在巡回指导过程中，要针对幼儿的特殊表现，选用初筛评估量表开展评估，并向幼儿园教师介绍常用量表的种类、使用方法和注意事项。如0~36个月婴幼儿发展行为量表、瑞文推理智力测验量表、感觉统合日常观察评估表、CDCC中国儿童发展量表（3~6岁）、格塞尔发展量表、巴尼特儿童游戏性评价量表等。巡回指导教师在使用量表评估后，指导幼儿园教师学习理解和分析评估结果，根据评估结果判断儿童是否存在发展障碍或其他特殊需求；如果评估发现幼儿有特殊需求，建议幼儿园教师配合家长，将儿童转介至专业医疗机构进一步评估和诊断；在获知儿童确诊信息后，指导幼儿园教师科学备注特殊儿童信息，并实时告知家长评估结果，提出后续干预措施建议；在后续指导中，跟踪儿童表现，判断幼儿园教师的观察与评估是否准确，及时纠正错误，确保指导质量；鼓励幼儿园教师在评估中采取家校合作方式，充分借助家长对孩子的了解提高评估的全面性和准确性。

（3）为提高幼儿园教师处理特殊儿童突发事件的能力，可以采取入班指导与专题培训相结合的方式。幼儿园教师通过长期观察，记录特殊儿童在日常教学和生活中出现突发事件如大吵大闹、破坏物品等的时间、场景和可能的影响因素，将观察记录反馈给特殊教育资源中心的巡回指导教师，并共同研究分析触发特殊儿童突发行为的原因，制定具有针对性的即时应对策略。巡回指导教师进入班级，现场示范操作程序，具有针对性地指导幼儿园教师如何在突发事件出现时进行合理引导，化解危机。在给予指导后，鼓励幼儿园教师在实际工作中模拟练习应对突发事件。巡回教师给予过程指导，确保幼儿园教师掌握应对技巧。根据需要，专门进行"突发事件处置"专题培训，讲解突发事件的成因及处理要点，组织幼儿园教师进行角色扮演和情境模拟，加强应对预案设计和技能培养。幼儿园教师在经过指导和培训后，要将所学应用到实际工作中，并记录效果，反馈给巡回指导教师。巡回指导教师根据反馈情况，继续跟进指导，直至幼儿园教师基本掌握处理突发事件的专业能力。在后续的工作中，幼儿园教师要及时总结经验和教训，不断丰富和完善突发事件处置策略。

2. 扎根课堂，指导教学

（1）为提高幼儿园教师在融合教育课堂上的教学能力，可以从以下几个方面进行调整：在集体教学活动中，适当关注特殊儿童，给予其必要的心理支持，但不要过度区别对待，以免影响其他普通儿童的发展。可以在回答问题、讲故事等环节略微增加关注度。在个别指导或区角活动环节，可以针对特殊儿童的实际情况进行补偿性指导。可以使用同伴互助策略，让普通儿童主动给予特殊儿童课堂帮助和支持，如同桌学习伙伴制度。开展小组合作学习，让不同需求的儿童在小组中互利互助。组织集体游戏活动，引导儿童团结友爱，提高特殊儿童的自信心。在户外活动中，设计一些以发展自尊自信为目的的小组游戏。在指导过程中，适当增减任务难度，使特殊儿童感受成功的快乐。鼓励普通儿童支持和帮助特殊儿童的行为，营造包容氛围。通过教学调整与策略使用，可以提高幼儿园教师对融合教育课堂的组织管理与指导能力，让所有儿童在集体活动中都得到关注和发展。

（2）为适应班级中不同需求特殊儿童的个性化差异，幼儿园教师可以从以下几个方面进行课程调整：对于听力障碍儿童，增加视觉支持，如添加图片提示、文字提示，利用其视觉优势帮助其理解。对于孤独症和情绪行为障碍儿童，设置注重感觉统合、注意力训练、等待能力、情绪调节等方面的课程活动。对于轻度智力障碍和多动症儿童，实施分层教学，由浅入深、由简入繁安排课程内容和活动目标。在日常教学中，适当调整提问难度，针对特殊儿童使用"任务单"，将教学内容和要求细化分解。在户外活动中，设置特殊儿童都能参与的小组合作游戏。在音乐、美术等艺术活动中，提供特殊儿童可以成功完成的参与机会。鼓励普通儿童主动照料和帮助特殊儿童，让特殊儿童也感受到成功的快乐。与家长沟通，了解孩子的特点和需求，有针对性地调整课程。通过对课程的调整与个性化，幼儿园教师可以更好地照顾到不同需求儿童的发展，使特殊儿童在幼儿园的学习更加投入和快乐。

3. 增强互动，有效沟通

（1）在学前融合教育中，幼儿园教师需要与多方建立良好的互动关系。与特殊幼儿的互动要秉持平等、尊重、关爱的态度，设身处地，站在孩子角度思考，与之建立信任关系，让孩子感受到被理解和接纳。与普通幼儿的互动要培养其同理心和同伴友爱，鼓励普通幼儿主动照顾和帮助特殊幼儿，共同打造一个融洽包容的学习氛围。与家长的沟通互动要多用同理心倾听，理解家长的焦虑与期待，与之达成教养理念的共识，建立密切合作关系，共同促进孩子发展。与巡回指导教师的互动要保持谦虚求教的心态，充分借助专业力量，在接受指导中切实提高自己的专业水平。与同事的互动要相互尊重支持，合作无间，在专业交流中取得共同进步。与园长的互动要积极沟通情况，争取更多资源支持，共同推动融合教育进程。在沟通中，秉持平等尊重、积极理解的原则，运用同理心等沟通技巧，积极营造和谐的工作关系，使幼儿园教师的专业能力在交流中不断提升。

（2）为建立融合教育班级的良好秩序，幼儿园教师需要加强与多方的沟通与合作。与特殊幼儿的家长保持密切联系，多听取家长对孩子的了解和期待，积极邀请家长参与幼儿园活动，与家长形成教养合力。与康复训练教师保持畅通沟通，了解孩子在康复训练中的表现，结合康复方案制订教学计划。经常与特殊教育资源中心的巡回指导教师交流反馈幼儿在幼儿园的表现，充分利用这一专业资源，汲取专业指导意见，不断改进教学方法。通过多方交流了解每个特殊幼儿的特点，用同理心和爱心对待每个孩子，与孩子建立亲密的师生关系。在理解和接纳特殊幼儿的基础上，引导普通幼儿学会尊重、关心和支持特殊同伴，营造包容友爱的班级氛围。鼓励普通幼儿在学习和生活中主动照顾特殊幼儿，培养普通幼儿的同伴意识。借助校园活动，如合作游戏、节日庆祝等加强师生、生生之间的交流与理解。如果幼儿园教师能与多方保持良好沟通，就能更好地照顾特殊幼儿，帮助特殊幼儿融入集体，实现良好的班级秩序。

3. 加强反馈，凝练成果

教师要充分利用互联网技术，将每节课的教学过程拍摄录制下来。这可以方便教师回顾和反思教学过程。课后及时记录当日遇到的教学疑难点、有效方法等，形成教学日志。这既是对教学过程的总结，也可供备课时参考。将这些教学反思、心得和资料上传到微信群或者QQ群，与其他教师进行分享交流，听取不同意见。巡回指导教师也可以及时在线上（群里）解答教师的疑问，提供专业指导，扩大指导的覆盖面，线上线下结合，互通有无。在通过网络群组学习同行经验的同时，也可邀请专家入园进行面对面指导。组建教师学习小组，定期集体学习，共同提高。利用网络平台，可以打通思想，打破隔阂，促进教师专业成长。同时线下面对面交流也很有必要。教师之间要相互学习，真正实现共同进步。

四、幼儿园教师融合教育素养提升策略的成效分析

(一)"创"环境

通过实证研究可以发现，打造融合教育氛围的策略发挥了重要作用。它直接改变了幼儿园的环境设计，营造出融合氛围。这不仅可以影响孩子，也可以影响教师和家长的态度。后期观察发现，融合教育氛围的变化主要体现在：一是通过环境创设彰显融合教育理念，增加无障碍设施。二是师生和家长的融合意识得以提升。三是孩子之间的互助与包容感增强。四是整个园所的氛围发生改变，从最初的漠视转变为主动关注和支持。这说明创设良好的教育氛围对推动教师素养提升具有重要作用。它是持续开展融合教育的基础。幼儿园注重通过环境设计彰显融合教育理念。园方围绕平等、尊重、包容的内涵设置主题墙，每学期更新内容。有特殊儿童的班级增加舒适的家长陪读区。在班级区域和公共活动区张贴相关标识、图片等视觉信息。户外活动场所也设置了无障碍设施。所有的环境创设都考虑到不同需求儿童的参与。这些举措增强了师生以及家长的融合意识，让孩子在园所每个区域都获得合适的关注和支持，渐渐形成了包容友爱的园所氛围。每位成员都主动关心特殊儿童，提供适当帮助。良好的教育氛围是教师素养提升的基础，也将持续推动融合教育进程。该研究策略与德贝里的共生理论相契合。根据共生理论，幼儿园是学前融合教育的重要共生环境，它影响着巡回指导模式中的各要素发挥作用。良好的园所环境有利于交叉学科视角的结合，推动教师专业素养的更新，更容易提高教师的融

合教育素养。因此，策略着眼打造融合氛围，改变幼儿园环境设计，从源头营造包容支持的共生系统。这不仅直接影响孩子，也可促使教师主动适应新氛围，转变教育理念。最终，共生环境的优化将带动教师素养的整体提升。这一研究为后续构建融合教育共生系统提供了借鉴。

A幼儿园注重通过环境设计彰显融合理念。园方围绕平等、尊重、包容的内涵设置主题墙，每学期更新内容。如在有特殊儿童的班级增加舒适的家长陪读区，在班级区域和公共活动区张贴相关标识、图片等视觉信息。下面是A幼儿园观察记录实例。

【观察记录，2019.10.27，A园】一位教师在种植区显眼位置张贴了浇水步骤图，引导孩子依照图例完成工作。另一位教师在班级外墙绘制了孩子们快乐玩耍的漫画，创设以"星星的孩子"为主题的墙绘。这些举措体现了教师积极通过环境设计营造融合氛围的意识，让孩子在这里感受到尊重、关爱和支持，无形中也影响着孩子主动关注其他同伴的需要。这种潜移默化的环境影响，是培育教师和孩子融合意识的有效途径。

【访谈记录，2019.9.24，W园长】该幼儿园提倡友善融合的办园理念，希望通过环境创设打造一所普特融合的园所。环境设计传递的接纳和关怀理念，可以让所有的孩子都在普通环境中获得适宜发展。这种"海纳百川"的内涵，体现了团结互助、你我合一的教育主旨。当这种理念深化为行动时，教师和孩子的融合意识也会不断提升。可以看出，环境对推进教育融合发挥着重要作用，它是理念形象化的主要载体。因此，营造支持性环境是提升师生素养的重要一环。

【观察记录，2020.12.10，A园】幼儿园通过环境设计传递融合教育理念。如在盥洗室张贴洗手步骤，标注孩子的专属区域；用漫画标明区角规则；设置融合教育主题墙，内容为卡通孩子们团结友爱的图像，标语"不让一个孩子掉队"。这些环境创设无声地感染着每位成员，潜移默化地改变着幼儿的态度和行为。当孩子在这里感受到平等和接纳时，他们的融合意识也会在不知不觉中养成。这些举措为教师素养提升奠定了环境基础，也将持续推动融合教育实践。

B幼儿园着力打造资源教室，以支持融合教育。资源教室保持亮丽装修，设置有特殊儿童档案区，配备相关书籍。资源教室的建设对推进融合教育起到了关键作用：一是集中存放特殊教育资源，供教师借阅使用。二是进行小组指导和专项辅导的场所。三是开展专家咨询的平台。四是家园沟通的桥梁。五是记录特殊儿童资料的场所。资源教室的运转为教师提供了支持，也促进了专业交流合作，对推进融合教育发挥着重要支撑作用。这一举措展现出教师主动融合的意识，也必将提升其专业素养。资源教室的后续运营需要发挥巡回指导教师的作用，以保证其功能的准确性和设施的适宜性。巡回指导教师可扮演资源提供者、支持协调者、督导者和合作者角色，提供专业指导意见。巡回指导教师可以协助优化资源教室的功能区划和设备配置，指导幼儿园教师合理运用资源，与幼儿园教师建立指导合作关系，共同推进课堂建设。在巡回指导教师的指导支持下，幼儿园教师可以更快掌握运用资源教室开展融合教育的知识和能力。资源教室的有效利用也将促进幼儿园教师开阔专业视野和提高融合教育素养。充分发挥资源教室的功能需要教师和专家通力合作。这种协同是实现教育融合的重要保障。两个幼儿园从无到有积极营造融合氛围，根据实际情况调整环境设计。如更新主题墙、区角材料、增设无障碍设施、建设资源教室等。这些举措的目的在于通过环境传递多元、包容理念，激发教师关注不同需求。当教师意识到孩子之间的个体差异时，她（他）们的专业视野也开阔了。适宜的环境能引导教师主动适应新理念，转变心态。这种环境的潜移默化影响，是提升教师素养的重要路径之一。良好氛围激发内在动力，环境变化促成行为变化。当新的氛围内化为态度和行动时，教师的专业能力也随之提升。这充分证明了环境创设对推进教师专业成长的积极作用。

（二）"守"初心

研究发现，创设支持性环境和开展融合教育师德培训，可以有效提升教师的融合态度，这是实施融合教育的基础。从观察数据来看，教师在态度维度的提升最明显。结合后期观察，提升策略对教师态度的作用体现在：一是通过心理安全感培训，教师的融合教育观念转变为包容开放。二是教师主动调整课堂教学策略，关注不同需求。三是教师与家长、孩子沟通更多使用同理心。四是教师更重视团队合作，学习他人经验。在支持型环境熏陶下，教师内心的接受和信念的内化是提升素养的关键。良好的态度会激发行动，并促进知识、能力的提高。所以，营造支持性环境是素养培育的基础。其一，A 园园长在帮助教师形成融合态度上发挥了重要作用。一方面，园长关心特殊儿童班级，减轻教师负担，使教师感受到组织的支持；另一方面，园长主动联系资源，为教师增加专业培训机会，以帮助教师确立正确的教育观念。这符合布朗芬·布伦纳的生态系统理论，也体现了共生价值观。在教师专业成长的生态系统中，园长是直接影响教师成长的微系统关键人物。园长的理解、关心和支持，将大大激发教师的内生动力，促使她（他）们主动适应新的教育理念，从而提升融合教育素养。这说明，营造良好的组织氛围，是培育教师素养的重要基础。其二，B园保教主任在教学研究中加入融合教育模块，分享成功案例，帮助教师树立科学的融合教育理念。这印证了建构主义理论在提升教师素养中的作用。引入典型案例，可以拓宽教师的视野，启发其积极思考。在获得专业支持的同时，教师能主动构建新知识，转变固有思维，最终将"尊重差异"的理念内化为自己的价值观，并在实践中展现开放包容的态度。正如建构主义理论所强调的，学习是主动建构的过程。适当的外部干预，将促进教师改造原有模式，重塑新的理念体系。这种主动学习是专业成长的重要推手。因此，持续提供外部支持，将有效激发教师的内在动力，提升其融合教育素养。

【访谈记录，2019.10.11，S教师】"园长特别关照我们班上的西西，她经常来我们班看西西，还很耐心地问我作为幼儿园教师有没有遇到什么困难。如果我有不懂的地方，她会鼓励我多学习，也让我去特殊教育资源中心找Z教师请教。园长对西西的关心和对我工作的支持，让我感受到了她的人情味。"

【访谈记录，2019.10.24，T教师】"我在教康康的时候遇到过很多难题，有些问题自己想破头都解决不了。幸好我们园里有Z教师，她以前教过和康康情况类似的孩子，很有经验。我每次遇到教学上搞不定的问题，都会去请教Z教师。她会告诉我很多实用的技巧，帮我应对突发情况。有Z教师这个可以求救的对象，让我在教康康的时候少走了不少弯路，也轻松了许多。Z教师总是很有经验又很乐于分享，我感觉这个园真的配备了很好的师资力量。"

【观察记录，2019.11.06，B园】"上周我们开了一次教研会，这次会议的主题是郑州奇色花福利幼儿园的访问交流。我们的保教主任W教师先从整体上给我们介绍了一下奇色花幼儿园的背景情况，包括它的创办过程、环境设施以及支持特殊儿童融合的具体做法。然后特殊教育资源中心的Z教师也在会上分享了她之前去郑州考察学习的心得体会。她重点跟我们提到了奇色花幼儿园在特殊儿童个性化教育计划方面的创新做法。最后，W教师还开放了讨论时间，鼓励我们每个人都踊跃发言，表达对奇色花幼儿园的看法和感受。大家你一言我一语地提出了自己的观点，现场的讨论气氛也蛮活跃的。这次教研会让我对如何更好地推进特殊儿童融合教育有了更深的思考和认识。"

【访谈记录，2020.12.11，L教师】"我现在的教学任务比以前轻松多了。因为园长知道我班上有几个特殊孩子需要我花更多时间照顾，所以她现在减轻了我很多其他方面的工作，让我可以腾出时间多观察和了解这几个特殊孩子的具体情况和需求。我也会更主动地与特殊孩子的家长沟通交流，邀请家长来园里见面，听取家长对孩子教育的要求。有些特殊孩子的家长之前并不太配合，但我慢慢地争取到了他们的谅解和信任，现在我们的关系融洽多了。园长的支持让我感觉压力小了，可以更专心地照顾好每个孩子。"

【访谈记录，2020.12.10，C教师】"现在我们园里对特殊孩子的教育越来越重视了。比如我们每周二的教研会和每天早上的班级小组会，都是围绕特殊孩子的问题行为来展开讨论的。我遇到难题可以打开话匣子，会有许多同事一起帮我出主意，大家集思广益，共同设计具有针对性的教育策略。以前我一个人对付问题的时候，经常很迷茫，只能自己在网上到处搜索方法，效率很低。现在不同了，我可以当面请教其他教师，我们互相交流思考，终于不再是孤军奋战了。我感觉我们园现在形成了团队合作的氛围，让我在教育特殊孩子的过程中感到很有支持和鼓励。"

接受每个孩子的差异性和多样性，拒绝排斥，这应该是我们作为幼儿园教师需要树立的科学融合教育理念。这直接影响我们教学实践的效果和特殊孩子的成长。要真正转变态度，仅仅依靠外在环境的潜移默化是不够的，关键在于内心的真诚包容。实践证明，如果改变从领导层面发起，如园长和保教主任等带头提出策略，更能激起全员的共鸣，产生"一呼百应"的效果。我们这次实地观察证明，在领导的强力推动下，教师们的融合教育态度发生了很大的积极的改变。总之，拥抱差异，接纳每个孩子，这需要幼儿园教师从内心深处而非表面做出改变。而这种改变，最有效的路径则是依靠园所领导者的推动和示范，迅速激发全员的共鸣与行动，共同塑造真正包容和尊重多样性的教育环境。这是我们实地观察得来的宝贵经验。

（三）"精"专业

我们通过区域层面的统一指导和园所层面的针对性实操练习，制定了一系列策略，目的是帮助幼儿园教师加深对融合教育相关知识的理解和掌握。从实地观察结果来看，虽然教师在融合教育专业知识这个方面也有一定提高，但相较于其他方面，这一方面提升幅度是最小的。这说明仅从理论层面进行普及性知识学习的效果有限，不能显著增强教师的专业能力。相比较而言，更需要针对每个园所或教师实际情况，进行详细的案例分析、策略演练等深度指导，才能真正提高她（他）们运用专业知识开展融合教育的水平。仅依靠区域统一培训来增强教师对融合教育专业知识的掌握，效果非常有限。要实现真正的能力提升，就需要在园所内部开展针对性强、操作性强的深度培训，帮助教师把理论知识转化为实际能力。这也是我们实践过程中的重要经验。知识的学习是一个长期的过程，教育的成效也需要在较长周期内才能显现，所以在短期内，幼儿园教师在融合教育知识方面的明显提高确实不太容易看出来。但是，我们这种分层面、分对象进行提升的策略，与崔芳[①]的实践探索较为接近，结果也表明这种模式对推动知识学习确实是有积极作用的[②]。知识积累需要时间，但适当的学习策略可以产生推动与促进作用。我们这种模式虽然短期内不太能看出变化，但从长远来看，通过分级分层的学习推动，幼儿园教师的专业知识积累是在稳步提升的，这也是一种行之有效的策略选择。总之，知识学习是一个循序渐进的长期过程，单从短期结果判断成效有较大局限性。但采取合理的推动策略，比如我们的分层分对象学习法，长远来看对促进知识积累是具有积极意义的。这一点，也得到了其他实践的验证。

实践结果表现在两个方面：其一，通过与特殊教育资源中心合作，我们采取了"以点带面"的培训模式，选派少数教师参加区级统一培训，然后在园内进行扩散。这在一定程度上缓解了当前融合教育培训机会不足的困境，也有助于提升教师专业知识的积累速度。选派部分种子教师接受区级培训汲取资源，再在园内统一传播分享，这种策略相对有效地改善了目前培训不足的现状，也充分利用了区级优质资源，提高了全园教师专业知识储备。这种培训模式也证实了区域统一培训有利于普及通用知识，充实教师融合教育储备的结论。我们根据园所实际需求，设置了孤独症光谱相关知识培训。这帮助教师掌握了孤独症的基础概念、行为干预策略、个性化教育计划使用等知识，并初步运用到日常教学中。结合园所特殊儿童类

---

① 崔芳，王超. 随班就读区域巡回指导模式初探 [N]. 语言文字报，2020-12-11（005）.
② 孙颖，杜媛，史亚楠，等. 融合教育背景下巡回指导教师专业素养建构研究 [J]. 中国特殊教育，2022（6）：33-42.

型开展具体化培训，既满足了教师的实际需求，也使知识转化为实用技能更加容易。这种知识传播策略契合园所需求，成效得到验证。这也是我们工作中的宝贵经验。

【观察记录，2020.03.04，B园】"其二，根据前期调研，我们了解到A园存在一定数量的情绪行为障碍儿童，同时其他儿童也多少存在这方面的问题，因此我们成立了情绪行为管理教研组，组员包括特殊教育教师，围绕园所实际困难展开研讨。教师通过定点观察和定时观察发现问题，并自主拟订研究方案。在教研会上，大家集思广益，共同解决这些实际教学中遇到的困惑。这种模式既提高了解决问题的针对性，也帮助教师内化了专业知识。总之，我们推动教研内容回归实际困难，使知识学习服务于解决问题，而不是空泛的理论。这可以激发教师主动学习应用专业知识，最终提高教学效果。这是我们的有益探索。特殊教育资源中心的Z教师在巡回指导后，提出了两点建议：第一，园所可以购买一些情绪行为管理类的绘本，放在图书角供孩子自主阅读。第二，教师可以记录下孩子发生情绪问题的典型场景，转换成文字加插画的方式，制作成园本绘本。这两点建议都可以帮助孩子以生动直观的方式学习情绪管理知识，并针对本园实际情况进行情境行为引导。总之，引入外来资源和编制园本资源相结合，知识的传递更融入具体情境，效果会更好。这也是我们后续的工作方向。"

【观察记录，2020.10.27，A园】"特殊教育教师Z教师为教师们进行了专题答疑培训，内容是特殊儿童行为管理。她归纳了教师们普遍感到困惑的问题行为，比如自我刺激、攻击行为、情绪困扰等行为。她建议区分行为功能和儿童认知水平，采取行为派或认知派的对应策略。她着重引导教师针对不同行为，自主思考、理解其背后的真实需求，并内化为自己的策略。她的培训不仅注重传授知识，更强调教师针对具体行为进行思考，能够灵活运用所学知识。总之，这种案例推理式培训，激发教师主动地思考如何运用知识，而不是被动地接受灌输。这也更容易促进知识内化为能力。这是我们的有益尝试。"

【访谈记录，2020.12.12，S教师】"我们幼儿园成立情绪行为管理教研组后，我获益良多。通过教研组的学习交流，我掌握了许多关于特殊儿童问题行为的专业知识，比如行为表现的外在形式和内在功能、表面行为和根本诱发因素的关系，以及针对不同问题采取的有效干预策略等。加入教研组让我不再简单地看到孩子的问题行为表面，而是从更专业的视角分析这些问题行为背后的原因。我们会结合每个孩子的个案讨论策略，而不再是空想一些不切实际的方法。我感觉自己在应对特殊孩子问题行为上的能力明显进步了。这对我更好地开展日常教学工作帮助巨大。"

【访谈记录，2020.12.12，D教师】"参加教研组让我受益匪浅，寻找到了很多问题的有效解决方法。以前遇到的一些困难，通过和组里的同事们集思广益、交流讨论，我们都能找到可操作性强的对策。不仅如此，我还系统地学习了解了有特殊需求的孩子的一些身心特点。例如他们的脆弱性，以及某些行为偏差的产生原因等。有了这些专业知识作为支持，我在面对这些孩子时可以更加理解和包容，也能更好地制订切实可行的教学方案。总之，教研组对提高我的专业素养和实际教学能力帮助很大。我开始真正学会如何去理解和帮助有特殊需求的孩子了。"

【访谈记录，2020.12.13，T教师】"我们参加的这个片区统一培训，感觉对我们实际工作的帮助不大。它虽然内容设置很系统全面，但是更像是理论知识的排列组合，不够具体化。培训教师讲得也偏理论化，没有给出很多实际操作层面的指导和经验分享。所以这些知识很难转化到我的日常教学中去。我觉得我们更需要的是针对每个园所或教师实际情况的定制化培训。比如围绕我们遇到的具体问题，进行案例分析，或者模拟操作之类的，才能真正提高我的专业技能。现在这种脱离实际的统一培训，知识没有变成我的教学工具，对我帮助不大。我还是更期待园内部的培训，针对性强一些。总之这种片区培训我觉得效果不咋地。知识没有真正落地成为我们的工作指导，所以我的感受就是没什么干货可用啦。"

教师专业知识的积累既需要外部专业力量的引导，也需要内在的主动学习。无论是区级统一培训，还是园本专题研讨，在一定程度上都提升了教师的专业水平。但访谈也反映出，区级培训更侧重义务教育阶段，操作性不强，提升幼儿园教师专业能力的实际效果有限。这说明专业知识学习不能仅依赖外部统一培训，还需要教师内生的主动学习动力。未来需要继续探索更符合幼儿教育特点、操作性更强的知识学习途径，比如案例分析、策略演练等，促进幼儿园教师将知识内化为能力。总之，外部培训和内生学习两手抓，知识传递也要强调实操性和适用性，使之真正转化为教师的专业能力，而不是停留在空洞理论上。这是我们的感悟。

（四）"积"经验

我们通过前期调研，识别出案例研究、课堂教学、沟通技巧、成果反馈是培养教师融合教育能力的关键点，因此，我们围绕这四个方面设计了一系列的实施策略。这些策略针对性强，立足实际需求，不仅传授知识，更强调能力培养。从实地观察结果来看，教师的专业能力获得了显著提高。通过前后测试和访谈分析，我们看到教师的融合教育专业能力有明显提高。通过案例和访谈分析，我们认为策略的成效主要体现在以下三个方面：策略帮助教师深入理解特殊儿童，奠定知识基础；策略强调知识的实践运用，避免空泛的理论；策略关注过程反馈，使教师得到及时调整和提高。总之，这些策略立足具体需求，以能力培养为导向，因此成效显著。它为我们提供了有益的实践参考。

其一，我们在 A 园成立了 5 个以特殊儿童为中心的小组，在 B 园成立了 3 个班级小组。小组每两周开一次会，对特殊儿童进行阶段性评估。这帮助教师逐步理解和学习 IEP 的制订，在实践中提高了执行 IEP 的积极性，并检验其有效性。通过小组讨论，教师能更深入理解特殊儿童，学习 IEP 的制订和应用。这增强了教师的专业能力，也提高了 IEP 的执行效果。我们的这种小组讨论策略与王艳杰[1]的研究观点高度一致。更为重要的是，家长和教师在访谈中一致认可了这一策略的实践效果。当教师和家长都直接体会到策略的成效时，这是最有力的证据。它验证了小组讨论可以增强教师对特殊儿童的理解，提高 IEP 的制订和执行能力。这充分印证了这种策略的实用性。当实践者都认可其效果时，自然可以证明这种模式是行之有效的。这也为我们的后续工作提供了重要启示。

A 园的康康，专业机构诊断为听力障碍儿童，特殊教育资源中心评估听力损伤程度较轻。教师反映康康在园表现差距大，交流不清晰，说话不完整，语序混乱，理解困难等。家长填写的评估表显示，康康有孤独症倾向，出现语言理解和表达困难，肢体语言缺乏等情况。通过教师观察和家长评估可知，康康存在语言交流障碍，这需要我们给予重点关注和帮助。Z 教师向家长和教师解释了听障儿童的特征，包括在活动中的表现、走路姿势等。她指出听障会影响动作发展，导致平衡和协调能力差，但也会使视觉等其他感官代偿增强。我们小组讨论后制定的年度目标是帮助康康熟练地复述句子并说出完整的句子。特殊教育服务将在家庭和园所分别开展。Z 教师的专业解释让家长和教师更全面地理解了康康的情况。我们也

---

① 王艳杰. 巡回指导是推进融合教育的有效支持形式 [J]. 现代特殊教育，2015（7）：59-61.

在此基础上制定了合理的年度目标和特殊教育服务方案。我们制定了以下在园所和家庭的具体支持措施：在园所，教师面对康康正面说话，增加视觉支持，如讲故事时使用图文并茂的图片书。组织适合操作性游戏活动。在家庭，增加亲子阅读时间，由家长讲述绘本，要求康康练习复述简单的完整句子，并开展更多平衡球、秋千等运动，以增强康康的身体协调能力。这些针对性措施，可以帮助康康的语言和运动能力得到有针对性的培养。

其二，我们在 A、B 两园蹲点观察了 4 周，发现教师在应对特殊儿童突发情况时存在不足。于是我们汇总关键案例，请特殊教育教师进行专题培训和模拟练习。这种针对性培训提高了教师的应对能力。这表明，合理利用周边资源是高效的。无论是特殊教育专业教师的指导，还是特殊儿童同伴的协助，都可以成为有效资源。

总的来说，通过观察发现问题→汇总案例→专家指导→模拟训练，这种针对弱项的专题培训非常有必要。它可以提升教师应对特殊情况的能力。充分利用各种资源是实现这个目的的关键。我们通过专题培训，提高教师应对特殊情况的能力，这一策略是有效可行的。已有研究也支持这一观点。王艳杰认为，合理利用同伴资源，是特殊儿童顺利融入集体教育的重要保障。总之，我们的专题培训策略，与现有研究观点是一致的，都强调要充分利用各种资源帮助教师。这从理论和实践层面证明，这种模式有效可行，值得推广应用。浩浩经常盯着灯发呆，在小组活动时容易与其他儿童发生冲突。我们分析这可能是因为浩浩主要由其祖父母抚养，在浩浩哭闹时，其祖父母常用电子产品进行安抚，导致浩浩依赖声光刺激。我们建议通过合理的位置安排，如给浩浩安排一个性格较强的同桌，在集体活动中给予必要的权威感，以矫正其行为，减少冲突的发生。总之，通过分析找出不当行为的成因，并提出有针对性的教育策略，我们可以更好地帮助浩浩调整行为，提高其适应能力。

以下是 A 园和 B 园的对比观察记录实例。

【观察记录，2020.10.20，B 园】小博在活动中容易高度集中注意力，收拾玩具时不响应教师指令。他也不遵守班规，经常不坐好，需要教师陪同如厕等，自理能力较弱。针对这种情况，我们的建议是：教师给小博任务提示时，要走近小博身旁，通过触碰提醒他；在培养自理能力上，可以循序渐进，先陪同后再监督，逐步减少小博的依赖性。总之，通过身体接触引导注意力，以及通过循序渐进培养独立性，我们可以帮助小博增强集体活动的遵规意识和自理能力，更好地适应集体生活。针对小博的问题，我们建议从行为根源入手，与家长加强沟通，了解家中情况，并改善不当的教养方式。另外，小博在户外活动不听从指令，我们判断他可能缺乏安全感。建议通过增加身体接触等前庭刺激，如给予用力的拥抱，来帮助他建立安全感，增强对教师的依恋感，以更好地遵循教师指令。总之，与家长沟通改善教养环境，并通过适当增加身体接触满足其安全感需求，我们可以综合治理小博的问题行为，帮助他更好地适应集体生活。

【观察记录，2020.09.28，A园】"这个学期我加强了与浩浩家长的联系，经常与浩浩的妈妈沟通交流浩浩在家的表现。这让我对浩浩的性格特点、喜好等方面有了更多了解，比如他在家里喜欢玩什么游戏，有哪些兴趣爱好等。有了这些信息，我在课堂上也能因材施教，设计更吸引浩浩的活动。浩浩感觉我了解他，和我的关系自然也亲近了很多。平时课堂上他更听我的话，我也学会了用他喜欢的方式去引导他。增加家校联系真的让我对浩浩有了更全面的了解，我们的关系变得密不可分了。这对我更好地开展针对浩浩的个性化教育非常有帮助。"

【访谈记录，2020.12.13，L教师】"以前我都不清楚IEP是什么概念，现在我不仅明白了它的意思，还学会了根据孩子的表现来调整我的教学计划。我们现在召开定期的团队小组会议，我可以从特殊教育教师那里学到很多专业知识，以及可以在教学中应用的策略。比如孩子上课时到处乱跑，大声喧哗，我现在就有办法应对了。我会分析这种行为背后的诉求和需求，然后改变教学方法，设计符合他需求的活动。Z教师传授了很多实用的技巧，我的融合教育能力得到了很大提高。以后遇到问题我有信心应对，而不再手足无措。我终于从一知半解进步到能够在实践中运用所学知识，这让我的教学更有成效感。"

其三，融合教育需要各方资源共享、密切配合，以争取特殊儿童最大教育权益。在巡回指导中，教师发挥着重要的协调沟通作用。

教师在与特殊儿童、家长、园长和指导教师的交流中，需要灵活切换角色和视角。教师既要站在儿童立场谋划教育，也要充当家校沟通的桥梁，还是园所管理的执行者，以及接受指导的学生（准教师）。教师的角色转换和多视角思考，是推进融合教育的关键。这需要教师不断提高沟通协调能力，以促进各方资源有效利用，实现特殊儿童最大发展。我们努力促进教师与特殊儿童建立良好关系，但儿童之间的同伴互动仍有问题。教师更多地引导普通儿童主动与特殊儿童互动，较少帮助特殊儿童主动发起和维持这些互动。因此，特殊儿童的同伴关系多是被动的。特殊儿童通常更多地等待普通儿童的关照，自己较少主动互动。今后教师除了引导一般儿童外，还要通过言语提示、行为示范等，帮助特殊儿童学会主动与同伴互动。这对特殊儿童的社会化发展很重要。研究显示，有效的沟通技巧能帮助教师保持积极态度，愿意合作。良好的沟通能促进教师投入融合教育实践中。成功的沟通体验还可以增强教师的自信心，提升她（他）们的专业能力。总之，良好的沟通技巧直接影响教师的态度和积极性，这又会反过来促进教师能力的提高。

相关研究支持沟通技巧可以提升教师态度和能力这一结论。比如 C 教师了解到安安有轻度听力损伤，性格也较内向，不太主动举手回答问题。为此，C 教师在活动中会经常性地对安安说"安安，你也来回答一个"，同时还会用眼神鼓励安安，然后耐心等待她的回答。通过这种积极的沟通技巧，C 教师激发了安安的回答意愿和主动性，也让安安感受到了教师的关心和鼓励。这种良好沟通对促进师生关系，提升教学效果都有积极作用。C 教师注意到安安在手指操活动中表现出色，于是鼓励她上台展示。在区角活动中，C 教师也多次使用鼓励语言，引导安安进行活动，培养她的自信心。发现安安在游戏中遇到问题，C 教师就蹲下来轻声询问安安，支持她主动求助同伴一起解决问题。C 教师通过积极沟通，让安安感受到重视和支持。这不仅帮助安安建立了自信和主动性，也让她学会了与同伴互动合作。这种针对性强的良好沟通，对激发安安的学习兴趣与主动性以及她的同伴关系和社交能力的发展都是非常有益的。

以下是对两位幼儿园教师的访谈记录。

【访谈记录，2020.12.14，W 教师】"我觉得可能因为我和特殊教育资源中心的教师专业背景不同，有时我们的交流不太顺畅，没能建立起很好的互相理解。她给我的一些建议也比较局限在某个具体活动环节，我不太能把这些策略扩展应用到其他活动中。比如她会建议我在语言活动的时候可以用些什么方法激发孩子的表达，但我就不太清楚该如何把这些技巧迁移到其他像绘画、运动等活动中。有时候我们的交流仅停留在表面，没有真正解决我的困惑。我希望我们之间可以有更多针对我实际困难的对话，而不仅仅是给我一些脱离实际的建议。如果我们能深入探讨，使我真正理解她的思路，我也能更好地运用她提供的专业指导，而不仅是临时应付一下。这需要我们双方在专业交流上有更多融合和理解。"

【访谈记录，2020.12.15，T教师】"我感觉与小博在外面康复机构的教师联系起来非常不容易。大家都很忙，能找到时间直接沟通的机会很少。小博妈妈也只是简单地转达一下外面教师的一些训练情况，不够全面和具体。我需要更多地直接与康复机构那边教师交流，才能更好地了解小博在那边的表现和训练重点。但现在联系渠道很少，大家都忙，信息获取也不全面，这给我后续的教学工作带来了一定困难。我希望能和康复机构的教师建立定期的信息沟通机制，哪怕是利用微信、电话等方式。我们要形成密切的合作，才能真正实现学前教育和康复训练的有机结合，让小博得到最佳的帮助。这需要双方都投入时间和精力，建立高效的合作渠道。"

教师的融合教育专业能力需要长期积累，不可能一蹴而就。教师需将所学知识内化消化，应用到具体实践中。我们通过入班指导和专题培训相结合，在外部多方支持下，在一定程度上提升了教师制订和执行IEP的能力。这需要教师主动学习实践，也需要外部给予指导和资源支持。只有将知识内化为能力，融入具体情境运用，才能真正提高教师的专业水平。这是一个长期的循序渐进的过程。但我们的探索证明，采取适当策略可以推动这一进程。从目前的情况来看，教师仍处于融合教育实践的初级阶段，距离科学化指导和评估特殊儿童还有一定差距，与特殊教育机构的合作也比较初级。仅仅一两次的交流或会议还不足以建立紧密合作关系，当前的资源共享也较为表面化。所以我们在提高教师融合教育能力方面还需要继续努力。教师需要在实践中不断学习和积累经验，与相关机构也需要更多交流，逐步深化合作，共同提高对特殊儿童的科学化指导水平。这需要我们后续继续探索有效策略，使教师的融合教育能力得到进一步增强。

第七章 融合教育背景下幼儿园教师的专业成长

随着幼儿教育研究的深入，人们开始意识到外在环境对教师发展的影响有限，必须从教师内在素质入手，关注教师作为个体的专业成长。基于此，本章将重点放在幼儿园教师的个体发展上，探讨不同的专业成长途径，以期全面提升教师开展融合教育的知识、能力和信念。例如，教师可以通过自主学习、互访互学、参加培训、进行教育研究等不同方式实现自我修炼和升华，从而获得开展融合教育所需要的专业素养。教师的内在驱动力和主体地位在这个过程中发挥着核心作用。"融合教育背景下幼儿园教师专业成长的规划"部分，将从教师成长的长期积累过程的角度入手，解析专业成长的阶段性特征。通过思考"我在哪里？""我是谁？""我的环境如何？""我的总体状况怎样？""我要到哪里去？""我该如何走？"引导幼儿园教师在专业成长的蓝图上描绘出清晰的路线图，重点在于揭示规划对于专业成长的重要性，为后续深入讨论打下基础。"融合教育背景下幼儿园教师专业成长的过程"部分，将专注于不同阶段的成长路径，详细探讨教师在职前、入职、发展和超越不同阶段的专业成长路径。通过对典型案例和基本特征的介绍，为理解专业成长的过程提供了实际情境，这有助于幼儿园教师理解在不同阶段面临的挑战，以及如何以积极的心态和行动应对这些挑战。"融合教育背景下幼儿园教师专业成长的影响因素"部分，通过深入研究个体内部因素，诸如理解生命、教育与职业信仰、专业成长需要及专业成长动机等方面；环境因素，诸如家庭、幼儿园以及学习共同体等方面，能够更全面地了解幼儿园教师专业成长的多维影响，揭示背后的关键因素，为后续提出培训和支持建议提供依据。"融合教育背景下幼儿园教师专业成长的途径"部分，提出了在准师型、新手型、熟手型和专家型四个不同阶段，应采取的专业成长途径。通过学前教育专业课程体系的设置、实习计划、在岗育人等具体方式，为培养和发展教师提供了具体的指导。总体而言，本章将以系统的方式深入探讨幼儿园教师在融合教育环境下的专业成长规划、过程、影响因素和途径，为幼儿园教师提供一份全面而实用的专业成长指南，旨在引导和激励幼儿园教师在融合教育中养成更高水平的专业素养。

第一节　融合教育背景下幼儿园教师专业成长的规划

自我规划是教师成长的前提。每个教师都是一个复杂的个体，随着年龄和环境的变化而不断发展。通过自我分析和认识，可以更好地规划专业成长。教师可以从以下几个方面进行自我分析和规划。

一、"我在哪里?"——教师成长是长期的积累过程，存在阶段性

根据成长阶段理论，教师要分析自己所处阶段，以明确发展方向。教师成长大致可分为起步、发展、成熟和创新四个阶段。教师需要判断自己目前处于哪个阶段，例如还在发展阶段，那么下一步可以致力于提升教学质量等。识别自身所处阶段，可以帮助教师更清晰地规划下一阶段的发展重点和目标。这是实现专业成长的一个关键自我分析角度。通过阶段性判断，教师可以使成长更有针对性和方向性，而不是盲目前行。

（一）起步阶段

在起步阶段，教师对自己的职业角色认识还不完整，对教育教学工作也不够熟悉，还缺乏丰富的实践经验。她（他）们将理论知识应用到实践中的能力较弱，还没有形成稳定的教书育人使命感。但这一阶段的教师可塑性较强。通过这一阶段的学习积累，教师可以逐步加深对自身角色的认识，熟悉教育教学工作，积累经验，提高知识运用能力。在这个过程中，教师要保持强烈的学习欲望和开放心态，以便获得更快的成长。

（二）发展阶段

教师进入发展阶段后，已经具备了一定的教学经验和技能。在这一阶段，她（他）们开始关注教学质量和效果，寻求提升教学效果的方法。她（他）们积极参与教研活动，与同事分享教学经验，互相学习，共同进步。

同时，她（他）们也关注课堂管理和学生个体差异，尝试不同的教学策略以满足不同学生的需求。处于发展阶段的教师已经能够独立完成教学任务，并逐渐形成自己的教学风格。她（他）们继续学习和研究教育理论和实践，为自己的专业发展注入新的活力。

（三）成熟阶段

成熟阶段的教师对所教学科知识有深入理解，知道如何将知识传授给幼儿；能系统地反思教学过程，不断总结经验。善于洞察幼儿差异，发挥每个幼儿的特长。成熟教师在知识理解、教学反思、关注幼儿等方面都达到较高水平。她（他）们拥有丰富的教学经验，深谙如何引导幼儿，是幼儿成长的引路人。这是教师成长过程中的关键阶段。

（四）创造阶段

在这一阶段，教师通常具有前瞻性的教育理念，勇于尝试新的教学技术和方法。她（他）们关注教育领域的最新研究成果，并将其应用于教学实践中。她（他）们能够引领学校或地区的教育改革，推动教育事业的发展。她（他）们不仅在学术上有所建树，还在实践中取得了显著成就。她（他）们的教学经验和教育理念对教育行业产生了深远的影响。处于创造阶段的教师已经成为行业内的专家或领军人物，为教育事业的进步做出了卓越的贡献。

二、"我是谁?"——承担社会角色和体现自我特征之间存在着密切的联系

幼儿园教师这个角色确实有其特殊性，需要教师本身具备与之相匹配的特征，比如有爱心、有耐心、善于沟通等。同时，优秀的幼儿园教师也会有区别于一般教师的特征，比如教学能力强、更有创新精神、组织协调能力好等。幼儿园教师应该认识到自身的特征，正确定位，不断提高目标，促进自我专业成长。这对一个负责任的教育工作者来说非常重要。只有不断提高自我，才能在教育实践中发挥更大的作用，成为幼儿成长的引路人。社会角色和个人特征应该互相促进、协调发展。教师在扮演好社会赋予的角色的同时，也要注重个性的培养。这种动态的统一，才能让一个人在事业上取得更大的成就。

（一）我的角色

作为幼儿园教师，她（他）们需要在保育工作中扮演多重角色，这些角色包括照顾者、教育者、观察者和协调者等。每个角色都对她（他）们的教育实践提出了不同的要求。作为照顾者，幼儿园教师需要关注幼儿的基本生活需求，如饮食、休息和卫生等。她（他）们需要提供安全、舒适的环境，保证幼儿的生活质量，照顾幼儿的身心健康。作为教育者，幼儿园教师需要根据幼儿的发展特点和需求，设计和实施适合幼儿的教育活动。幼儿园教师需要培养幼儿的认知、语言、社交和情感等方面的能力，帮助幼儿全面发展。作为观察者，幼儿园教师需要仔细观察幼儿的行为和表现，了解幼儿的兴趣、需求和进步。通过观察，幼儿园教师可以调整教学策略，个性化地满足每个幼儿的学习需求，促进幼儿的发展。作为协调者，幼儿园教师需要与家长、学校和其他教职员工合作，共同为幼儿提供良好的教育环境。幼儿园教师需要与家长沟通，了解幼儿家庭情况和家长的期望，促进家校合作。同时，幼儿园教师还需要与其他教师协调教学工作，确保教学的连贯性和有效性。幼儿园教师在扮演这些角色的过程中，需要具备专业知识和技能，不断学习和提升自己，以更好地满足幼儿的成长需求，促进幼儿的全面发展。

（二）分析自身特征

作为幼儿园教师，要成为幼儿成长的引路人，就需要对自身进行深入分析和认识。首先要了解自己的性格特点、兴趣爱好、潜能等人格方面的特征。这些都是实现自我价值的内在动力。同时，也要思考自己从事教育工作的初衷，确立成为一名合格教师的目标和追求。在教学实践中要时刻检查自己的工作动机，保持乐观进取的品格。通过对自身特征的分析，她（他）们可以更好地审视自身的教育信仰，顺应教师成长规律，合理规划职业发展路径。这是实现教育理想，发挥教师作用的前提。具体来说，可以采取聆听内心独白、书写自我探索日志等方式，以获得对自我更深的认识。

（三）判断哪一个角色更适合自己

幼儿园教师在工作中扮演着多重角色，选择适合自己的角色很重要。首先，我们要明确教师的基本角色，比如知识传播者、家长代言人、儿童心理顾问、纪律管理者、儿童的良师益友等。其次，我们要根据时代的发展和自身的特点，不断调整适应角色定位。比如增加更多情商教育的内容。最后，面对可能的角色冲突，我们应该根据工作的需要和个人的特长慎重选择。总之，准确的角色定位有助于教师更好地发挥作用，提高教学质量。我们要结合实际，不断优化和完善自己的教学角色，以更好地服务幼儿成长。

三、"我的环境如何?"——幼儿教育面临着快速变化的社会环境,这给教师的专业成长带来了挑战和机遇

影响教师专业成长的社会因素包括:家庭结构和规模的变化增加了家校合作的难度,教育理念和方式的更新要求教师不断学习新知识,政策法规的调整使教师需要适应新的要求,科技进步给教学方法带来变革①。面对这些变化,教师需要主动学习,提高适应能力;与家长保持良好沟通;关注政策动向并做好应对;积极采用新科技作为教学辅助手段。只有不断提高自己,才能在快速变化的社会中获得专业成长。教师要善于分析社会环境,及时调整自身职业生涯规划,以提高适应能力和竞争力。

幼儿教育作为国家基础教育的重要组成部分,其发展离不开国家政策的支持和引领。作为幼儿园教师,我们必须关注国家的教育方针政策,紧跟党和政府对幼儿教育工作的部署和要求。通过及时学习国家发布的有关幼儿教育的政策法规,掌握政府在幼儿教育发展规划、资源投入、教师队伍建设等方面的举措,我们可以更好地适应政策环境的变化。同时,我们还要加强政治学习,提高政治敏锐性,营造良好的政治氛围,以更好地贯彻执行国家和地方的教育方针政策。只有不断提高自己的政治觉悟,才能在新时代为培养社会主义建设者和接班人做出应有的贡献。

幼儿教育的发展与国家经济水平密不可分。经济发展直接影响教育资源投入,这关系到教师的待遇和教学条件。当前我国经济快速增长,国家也越来越重视教育投入,这为幼儿园教师的发展提供了有利条件。作为教师,我们要关注国民经济形势和地区经济差异对教育投入的影响,积极争取改善教师薪资待遇和教学资源,提高教学质量。同时,要控制好个人消费,合理规划生活,提高生活质量。只有经济基础良好,教师才能全身心投入工作。我们要充分利用经济发展机遇,促进自身专业成长。

社会文化环境的变化也深刻影响着幼儿教育。随着社会的发展,生活方式和价值观念发生改变,人们提高了对教育的要求。作为幼儿园教师,我们要积极适应社会发展,更新教育理念,关注社会价值取向,注重培养幼儿的社会责任感、创新精神、审美情操等。要加强对社会文化知识的学

---

① 崔霞丽,刘佳,王静静,等.幼儿园教师融合教育素养培养的影响因素分析:基于对安徽省合肥市的调查 [J].成都师范学院学报,2023,39 (10):65-75.

习，不断提高自己的文化修养，以身作则影响幼儿。要关注文化艺术活动对幼儿发展的重要性，将音乐、美术等文化活动融入日常教学。同时，要意识到教师的社会地位提高了，要以文化人的形象致力于教书育人。只有不断提高自身文化素养，才能在新时代有效实施高质量教育。

科技的进步为教育的发展提供了新的机遇。作为幼儿园教师，我们要积极学习和运用新科技，如多媒体、网络技术等，改进教学方法，提高教学效果。一是要学习掌握相关技术操作能力，二是要研究如何将科技手段有机融入具体的教学活动中，以激发幼儿学习兴趣。同时，还要注重培养幼儿的科学精神，指导幼儿适当使用科技工具开展创造性学习。我们要紧跟科技发展步伐，努力成为精通信息技术的教师，以适应社会变革对教育的新要求。只有不断学习新知识新技能，我们才能在这个时代发光发热，成为引领幼儿成长的明灯。

学校的文化氛围是教师专业成长的重要土壤。一个好的学校文化氛围能促进教师专业成长。首先，要有良好的校园环境和教学设施，提供物质基础。其次，学校要建立科学合理的制度，如教学研讨、校内培训等，帮助教师专业成长。再次，要形成浓厚的学习氛围，鼓励教师创新实践、团队合作、经验交流。最后，要传承积极向上的办学理念，倡导关爱幼儿、尊重教师的教育观念。作为教师，我们既要适应学校文化，又要积极营造良好文化氛围。只有与学校文化相协调，才能在专业上不断进步。

总之，分析社会环境，对教师制定职业生涯规划很重要。首先，教师要具备宏观视野，把自己置于特定社会环境中去思考自身的发展。要关注国家政策、经济形势、文化风尚等宏观因素的变化对教育提出的新要求，以便及时调整自己的发展策略。其次，要重视学校环境分析。各种社会因素最终都会通过学校环境影响教师。教师要深入分析本校的办学方针、规章制度、文化氛围等，充分利用有利条件，改进不足之处，使学校环境更好地促进自己的专业成长。总之，教师要树立全局观念，不断调整自身以适应社会环境变化，与学校环境和谐互动，才能在教育事业中实现自我价值，取得更大发展。

四、"我的总体状况怎样?"——在分析社会环境后，教师还需要对自身现状进行系统分析，这对制定发展策略很关键

SWOT（自身优劣势与外部机遇和威胁）分析法很适合幼儿园教师现

状分析。首先分析个人优势，如知识结构、教学能力、爱岗敬业精神等。明确自己的特长和长项，这是实现自身发展的有利条件。其次找出自己的劣势和不足，如年龄、经验、学历等方面的不足。这需要我们通过学习和实践加以改变。再次要看到外部环境提供的机遇，如国家支持教育的政策、学校提供的培训机会等。这些都是促进我们成长的契机。最后也要防范可能的威胁和困难，提前做好应对准备，如来自新科技的挑战、工作压力增加等。

通过 SWOT 分析，我们要找出自身优劣势和外部机遇与威胁，就可以制定切实可行的发展规划，实现专业成长。幼儿园教师进行现状分析，需要注意以下几个方面：第一，对自身优势和不足的分析，要着眼于教学能力、专业素养等内部因素；对外部环境的分析，则要关注培训机会、政策支持等外部条件。第二，要充分发掘各种发展机会，比如学校提供的培训、科研支持、竞聘条件等，选择最有利的机会。第三，面对可能的威胁，要主动应对，如通过学习掌握新技能以应对竞争压力。第四，分析时要全面、具体，既看到自身优势，也寻找需要提高的方面。第五，分析的目的是制定可行的发展规划，要有针对性地提出行动措施。第六，还要灵活调整，及时更新分析，以适应环境变化。做好现状分析，是规划专业成长的基础，也是实现进步的重要保障。

五、"我要到哪里去?"——制定切实可行的发展目标，是规划教师专业成长的关键

专家认为可以有以下几类发展目标：第一，人生目标。这是职业生涯的最高追求，如成为一名专业优秀的幼儿教育专家。第二，长期目标。这是职业生涯阶段性的追求，如 5 年内晋升为主班教师。第三，中期目标。这通常是 1~3 年要实现的目标，如两年内出版教材或发表论文。第四，短期目标。这是当前或 1 年内要完成的目标，如参加某项培训或学校项目。这些目标要具体明确，并形成递进关系。同时要考虑实现目标所需的条件保障。有了清晰的发展目标，我们就能朝着确定的方向全力前进，实现专业成长。

制定发展目标时，需要考虑不同时段的要求：人生目标，是职业生涯的最高追求，要符合个人价值观，适应社会需求，时间跨度在 30 年以上。长期目标，时间在 5 年以上，目标较为宏观，随情况可适当调整。中期目标，时间在 3~5 年，是长期目标的具体化，要明确时间要求。短期目标，时间在 1~2 年，是中长期目标在当前阶段的细化，要清晰、具体、可操作。不同阶段的目标要连续递进，短期目标要为实现中长期目标提供积累。目标设置要考虑实现的条件保障。需要按时评估调整目标，使之针对性强、可行性高。科学合理的目标体系，是规划专业成长的遵循。制定发展目标时，幼儿园教师需要注意以下几点：首先，制定目标要从整体到局部，从长远到近期，先确立人生目标和长期目标，再逐步分解为中短期目标。其次，目标的实施过程通常从简单和当前的短期目标开始，循序渐进。再次，长期和人生目标要综合考虑个人因素和社会因素，而中短期目标则要结合具体的组织环境和条件来制定。最后，目标要具有挑战性但又不能脱离现实，需要定期评估和适时调整，使之既能发挥规划作用又能推动实际行动。科学合理的目标体系，能够对教师的专业成长进行整体规划和系统推进，促进教师专业成长。

六、"我该如何走?"——寻找适合自己的专业成长方向，是幼儿园教师规划发展的重要一环

发展方向不能僵化固定，而是需要根据形势不断修正完善，使专业成长更有目标性。选择正确的发展路径，是实现专业成长的重要保证，可以从以下几方面分析：

其一是选择专业成长方向，需要考虑个人的主观因素和愿望，主要有：①个人兴趣。要根据自己的专业兴趣和爱好，选择发展兴趣所在，更容易取得成果。②个人价值观。要选择与自己价值取向一致的发展方向，这样更有动力。③个人理想。要根据自己的职业理想，找到最可能实现理想的发展之路。④成就动机。要选择能够给自己更大成就感和满足感的发展方向。⑤自我效能感。要结合自身优势和特长，选择最有可能成功的发展路径。主观愿望是实现发展的内在动力源泉，但还需与客观条件相结合，寻找自我实现的发展道路。

其二是选择发展方向还需要考虑个人的客观条件和素质，主要有：①个人性格特点。不同性格适合不同的工作，要选择与自己性格相匹配的发展路径。②工作经历。要根据已有的工作经验，选择可以发挥经验优势的方向。③专业特长。要根据自己的专长和技能选择发展方向，以使长项得到应用。④知识结构。要考虑自己的知识结构与背景，选择可以巩固提

高的方向。⑤家庭环境。要考虑家庭情况，选择可以协调的发展道路。⑥身体条件。要考虑身体条件，选择适合的工作环境和强度。客观条件也会变化，需要不断评估，灵活调整发展方向，使其既符合主观愿望，又遵循客观规律。

其三是选择发展方向还需要考量外部环境因素，主要包括：①社会环境。要根据社会发展需求，选择有需求的发展方向，即经济文化环境。要选择适合当下经济文化形势的发展之路。②政策环境。要关注国家和地区的教育政策，选择与政策相符的方向。③组织环境。要考虑学校的发展定位和需求，选择学校支持的方向。④培训机会。要考虑实际提供的培训学习机会，选择可以利用的方向。⑤竞争环境。要根据专业成长的竞争情况选择合适的方向。外部环境会变化，发展方向不能僵化固定。要灵活调整，使发展规划既符合外部条件，又实现内在愿望。

其四是选择发展方向后，需要进一步判断这条路径是否可行。主要注意以下几点：首先，要通过系统分析个人与环境等因素，比照专业成长的要素，权衡利弊，确定能实现目标的最佳路径。其次，发展路径不能僵化固定，要根据形势变化进行动态调整，但调整后的路径不能偏离原来的发展目标。再次，要考虑这条路径所需的学习、实践机会是否充足，还要考虑可能遇到的困难是否可以应对。最后，这条路径要与个人兴趣、专长等相符合，同时又要有一定的挑战性。只有选择合适的发展方向，并保持战略定力，我们才能在这条路上取得持续进步，实现专业成长目标。

第二节　融合教育背景下幼儿园教师专业成长的过程

幼儿园教师的专业成长对自身的事业发展、对幼儿的身心健康、对幼儿园的办园质量都有着十分重要的作用。回顾自己专业成长历程的同时，也是剖析、审视自己的过程。回顾自己的专业成长历程中那些挫折、迷茫，可以避免自己再遇到类似问题或者遇到了也有破解之法；而分享自己专业成长中有意义的事件时，可以与同行业的教师进行交流、学习，并能让大家从中获得启示，对同行业的教师以及自身而言也是一分收获。本书采用个案研究法的质性研究，研究目的在于探索幼儿园教师的成长历程，而非得到研究结论本身。研究采取访谈法、观察法和文献资料搜集的方式对案例进行调查，然后对获得的质性资料进行描述性分析和阐释。研究关注幼儿园教师在不同成长阶段所表现出的专业特征、所遇到的困难及实现发展的途径等方面的个体经历。通过对特定个案的描绘和分析，可以深入理解教师专业成长的过程，为其他教师的成长提供参考。这种质性研究注重个体经验，而非形式化的检验。它可以呈现幼儿园教师专业成长的复杂性和动态过程。

第一，确定研究对象。本书在确定研究主题后，首先对幼儿园进行前期考察，目的在于选择合适的研究对象。通过初步走访幼儿园，与园长交流并咨询推荐，本书选择在园任教 5 年以上、被评为"骨干教师"、教学经验丰富、在省市级获得教学奖励的三位优秀教师作为案例。W 教师、J 教师和 R 教师能够代表不同成长阶段的教师，其个案研究可以呈现教师专业成长的全过程，符合研究目的。在确定研究对象后，我们与三位教师进行了充分的沟通，了解具体情况，建立合作关系，为后续的访谈、观察及研究创设条件。本书通过充分的前期考察和准备，选择了合适的研究个案和研究场所，奠定了开展质性研究的基础。

第二，资料的搜集。本书选择开放式深度访谈的方式，以获取详实的质性资料。我们对研究对象及其同事、合作者、其他教师等共进行了 20 余次访谈，包括正式访谈和非正式访谈。同时进行访谈记录、转录和分析，整理资料，形成结论。此外，我们对研究对象的工作和生活进行观察，搜集其教案、日记、照片等各类资料，并针对研究对象的叙述，访谈其园所教师、家长和园长，进行多角度信息搜集。研究尽可能多地搜集各类质性数据，形成多元化的数据库。质性研究通过开放和深入的访谈，辅之以观察和材料搜集，可以全方位地挖掘研究对象的经历，深入理解其成长过程，获取丰富生动的研究资料。多元资料的搜集也有助于提高研究结论的可信度。

第三，资料的整理与分析。为便于处理资料，本书对研究对象和资料进行了编码。如 W 代表王老师，WA12 代表与王老师第一次访谈中的第 12 个问题。研究坚持以资料本来面目为准，不随意修改。本书采用三角验证提高质性研究的效度：①资料三角验证。通过访谈教师、保育员等多方面进行信息搜集，实现资料多元化。②方法三角验证。同时采用访谈和观察两种方法进行资料搜集。③调查者三角验证。将搜集和撰写的资料交给研究对象确认，确保符合其原本想表达的意思。三角验证从多个维度检验资料的可靠性和结果的可信度。本书通过多元资料来源、多种研究方法以及研究对象的反馈，提高了质性研究的有效性，这使研究结果更具科学性和真实性。

一、求学：职前阶段的成长路径

教师成长是个动态连续的过程。三位教师的成长历程可以划分为四个阶段，每个阶段的成长路径都通过分析具有代表性的案例进行呈现。在第一阶段，三位教师通过教育实习，理论联系实际，初步适应教师角色。第二阶段，在集体备课、评课中积累教学经验。第三阶段，通过承担示范课、指导实习生等方式提升教学能力。第四阶段，担任管理工作，通过项目实践、团队协作转变为教育组织者和领导者。三位教师的成长历程反映了一个教育工作者从新人到专家的成长过程中需要经历的阶段性转换。它表明，我们需要在教学实践中不断积累和提高，并随着岗位角色的变化调整自我，最终实现专业能力与素养的全面提升。

（一）幼儿园教师专业成长的典型案例

"求学"阶段指三位教师在师范院校学习阶段。为了全面了解这一成长阶段，访谈涵盖了她们的报考动机、面试情况、课程设置、能力锻炼以及当时的困惑等多个方面。结果显示，三位教师都是出于兴趣而首选报考了这个专业。在求学期间，她们的共同点就是认真学习专业知识，参与社团活动，在教育实习中接触教学实践，积累了知识和经验。尽管起初对教师角色存在疑虑，但通过课堂学习和实习实践，三位教师逐步适应了教师身份，为未来的工作奠定了基础。这一阶段展现了一个师范生从入学到毕业的成长历程，通过专业学习、实践锻炼和个人努力，三位教师积累了知识储备，开阔了视野，为从事教育工作做好了准备。

（WB1，记录于2022.10.22）"嗯，我是正规的师范专业出身。当时高考第一志愿填报的就是幼儿教育专业。其实那时候也没有太多考虑，主要是听周围人说幼儿园教师这一行业前景不错，而且我自己也算喜欢小孩子，对师范专业感兴趣，再加上我的学习成绩也可以，所以就很顺利地考取了这个专业。现在回想起来，那时候报考专业的想法还是比较简单和直观的。"

报考专业时，许多人都存在盲目性。W教师最初之所以报考幼儿师范专业也仅仅是凭道听途说得到的信息。但她个人有兴趣，且学习成绩优异，这为她顺利考入相关专业奠定了基础。我们后来了解到，当时报考还需面试，这一环节考察适应性。所以我们再次询问了 W 教师面试情况，以全面理解她的专业选择过程。面试通过考察考生多方面能力，确保所录取考生符合专业要求。W 教师的高考成绩和面试结果表明她具备学习这一专业的潜质。我们可以看到，其专业选择并非盲目的，经过面试检验，她证明了自己的胜任能力。这一谨慎的选择过程积极影响了她后续的专业成长。

（WB1，记录于 2022.10.22）"是的，当时报考幼儿师范专业需要面试。过程大概是这样的：首先参加中考，成绩达到专业分数线后，就可以报考这所师范学校。报名通过初审后，学校会通知参加面试。面试时会有一定的淘汰率，例如学校招收 30 人，但入围面试的有 50 人，那么就会淘汰 20 人。面试内容包括唱歌、听音乐、舞蹈等专业方面的测试，还有面试老师提问，需要你现场回答。通过这些内容，面试老师可以看出考生是否适合这个专业。当时我就是经历这样的流程，通过层层面试最后考入了这个专业。面试过程让我感受到了竞争压力，但也锻炼了我的综合能力。"

W 教师在激烈的面试中胜出，说明她在专业技能等方面具有出众天赋，这也是她后来能较快适应专业学习的一个重要原因。面试在一定程度上发挥了识别人才的作用。在课程设置方面，W 教师系统地学习了专业理论知识、教学技能等，这为她日后从事教学工作奠定了基础。她详细介绍了当时的课程内容，表示这些知识对她以后的工作帮助很大，专业对口度高，学习内容能直接应用到实践中。充分的专业学习，既传授了系统理论，又培养了实际技能。W 教师职前的全面学习，使她获得了扎实的知识储备，对她顺利胜任教师岗位起到了关键作用。专业化培养奠定了知识基础，而面试等则确保了能力传承，两者相辅相成，共同推动了一个幼儿教育师范生的成长。

（JB1，记录于 2022.10.22）"当时的课程设置跟随国家规定，包括理论课像心理学、教育学，还有所谓的'六科教学法'，指的是常识、语言、体育、音乐、美术手工和计算教学法，不像现在分成五大领域。另外还有像音乐、舞蹈等专业技能课，以及普通话、声乐、幼儿歌曲等。文化课也很重要，像语文、数学、英语都要学好。那时能考上师范学校的孩子都被视为成绩较好的孩子，因为师范专业对文化知识的要求很高。作为教师，文化修养是基础。所以文化课的比重很大，既要学专业知识，也要有扎实的文化基础。这些课程内容在当时的安排，确实能够让我们既学到专业技能，也提高综合文化素质，这对今后的教师工作都很有帮助。"

（RB1，记录于 2022.10.22）"我们当时学的所有课程在以后的工作中都非常实用，可以说专业对口度是 100%。像弹琴、舞蹈等专业技能课，现在我每天的工作中都需要用到。不仅仅是理论的六科教学法，声乐、幼儿歌曲等专业课也为从事幼儿教育奠定了非常扎实的基本功。所以我觉得当时的课程设置实用性非常强。我和新来的年轻教师交流，发现她（他）们在专业技能训练方面确实比我们当年薄弱很多，学校的要求也宽松了不少。当然，专业技能需要时间积累，只要坚持练习就可以了。我觉得我们那个年代的专业教学非常系统严谨，对以后的工作帮助很大。现在的教育也在不断改进，但专业技能训练仍然是幼儿教育工作的基石。"

幼儿师范的课程体系全面且系统，文化基础课奠定知识基础，专业理论课传授教育心理学知识，技能课培养实践能力。三位教师学习的"六科教学法"等直接面向教学实践，训练出扎实基本功，对今后的工作很实用。除学校培养外，三位教师通过担任学生会干部、组织活动等方式锻炼能力。作为师范生，她们既专心学习专业知识，又主动参与社团活动，在理论联系实际中积累了丰富的知识和组织管理经验。所学专业课程与未来工作高度对接，既有系统的理论教育，又注重能力培养。在学校培养和个人努力下，三位教师全面提高了知识素养和综合能力，为今后从事教育工作奠定了坚实基础。这种理论与实践相结合的培养模式，对师资培养起到了关键作用。它示范了一个未来教育工作者的成长之路。

（JB1，记录于 2022.10.22）"在学生时期，我担任过班级委员，帮助主班教师做各种工作。兴趣爱好也比较广泛，还参加过许多兴趣小组，比如排球队、合唱团、普通话组等。这些活动参与得多了，让我积累了丰富的组织和活动经验。现在回想起来，这些经历为我之后的教师工作奠定了良好基础。所以我觉得大学不仅要学习专业知识，也要多参与各种课外活动和社团，这对今后的工作发展都很有帮助。这种综合能力的培养，是师范院校很重要的一部分。"

J 教师在学校时不仅学习成绩优异，还有较强的组织和动手能力，积极参与各种课外活动，担任班级干部，协助开展大型活动等。这些经历培养了她的综合能力，为今后的教师工作奠定了基础。另外，教育实习对师范生也至关重要。J 教师透露，现在对实习要求不如从前严格。而她当时从大一开始就有教育见习，时间逐步增长，三年级已是长达 3 个月的教育实习。在实习学校，她既要观摩其他教师上课，又要承担部分教学任务，还有专门的指导教师提供具体指导。这种理论联系实际的教育实习，让 J 教师积累了宝贵的教学经验，帮助她逐步适应了教师角色。可见，系统而严格的实习对师范生的成长起到了不可替代的作用。这也体现了当时培养模式的科学性。

（RB1，记录于 2022.10.22）"当时我们也有教育实习的安排。一年级和二年级是短期见习，到三年级长达三个月的教育实习，专门去幼儿园。见习期主要任务是观摩其他教师上课，以及担任生活教师。实习也会安排我们自己上课，必须有汇报课。实习园会分配专门的指导教师，负责具体指导学生（准教师），从制订教案到上课互动以及观察孩子都会提供指导。我记得我是在大班实习，大班有一位主要指导教师，还有其他两位教师协助指导。指导教师对我帮助很大，因为理论学习与实践教学还是有一定脱节，指导教师能够帮助我迅速适应实际教学环境。教育实习非常关键，从见习到长期实习的安排，能让我们循序渐进，逐步适应未来的教师工作。这种以实际教学环境为基础的实习教育，让理论与实践结合得更好。我记得我的一位指导教师特别出色，她是华东师大的研究生，毕业后就去了幼儿园当教师，在我实习的那家幼儿园工作。那时研究生去当幼儿园教师的不多，但她是为了留在那里才去的。她指导我的过程非常细致周到，从如何观察孩子，到如何制订教案和上课，以及具体的教学方法，给我提供了很多实操性的指导。我受益匪浅，至今对她心存感激。教育实习对我们这些师范生的成长确实大有裨益，它是理论与实践的桥梁，让我们学以致用，将课本知识运用到实践中。在实习中能学到许多课堂外的教育知识，开阔了视野。可以说，真正的成长在实习中开始。所以实习阶段对师范生的专业成长非常关键，我们学校在这方面也下足了功夫，安排详细，让我们受益匪浅。"

教育实习是教师成长的关键一环。R 教师经历的实习训练系统严格，不同年级有不同要求。在三年级期间，R 教师有专门指导教师全程跟踪指导，从撰写教案到上课互动都给予直接指导，使理论知识在实践中落地生根。在指导教师的帮助下，R 教师逐步适应了教师角色，开始了真正的成长历程。教师成长各阶段都会遇到困惑，这也是正常的。R 教师提到自己当时最大的困惑是对孩子了解不足，担心实践中应对不来。这源自对教师角色转变的不确定感。她通过认真学习和观察其他教师的教学方法来积累经验以解除困惑。这种主动求知的态度启示我们，面对困惑要保持积极进取的心态，通过观察和学习不断提高自己，才能逐渐适应教师角色。

（RB1，记录于2022.10.22）"我在校期间最大的困惑，是担心自己无法胜任幼儿园教师这一工作。原因在于，对孩子还不是很了解，不知道应该如何管教调皮的孩子，也不知道该如何与家长互动，怕应付不来。我经常思考如果遇到某种情况自己会如何处理，以此缓解自己的困惑。另一个困扰是包分配问题，我们并不想被分配回到原籍，希望学校能考虑让我们自己选择工作地点，但当时这个想法很难实现。现在回想起来，大学时许多憧憬和疑惑都是对未知的恐惧，只能靠积极学习和对工作的热情来解决。我也确实从教育实习中学习到了很多经验，这为今后的工作打下了基础。"

三位教师初入职业时的困惑反映了她们高度的责任感，担心自己的能力无法胜任教师角色。这种担忧源自对教育工作的热忱与敬业精神。也正因如此，她们才会注重加强理论学习，在实习中主动观察并思考如何改进。这些都展现出三位教师优秀的职业态度与素质。另一个困惑则是当时的特殊环境导致的，我们应抱以理解的态度。总体而言，三位教师面对困惑的做法值得学习，既保持进取心，又以实际行动提升自我。这种自我反思并努力克服困难的品质，是每个教育工作者都应该具备的。我们要像她们那样，怀着责任心看待工作，并主动学习以提高自己。这是教师成长的必经过程，也是三位教师专业精神的真谛。

（二）幼儿园教师专业成长的基本特征

"求学"阶段是三位教师成长的开端，这个阶段主要有以下两个特征：第一，奋发向上的内在动力。虽然专业选择有一定的盲目性，但三位教师的个人兴趣使她们顺利找到了合适的专业，并通过自发的努力学习逐步适应了这个专业。这显示出她们内在的积极进取精神，是推动成长的重要动力。第二，以课程学习为主线。在这个阶段，三位教师系统地学习了专业知识，并参与各种课外活动锻炼能力。这种扎实的课程学习为她们打下了知识基础，各种训练也提升了她们的综合素质。通过这两个方面的努力，三位教师在这个阶段积累了丰富的知识和经验，为将来的工作奠定了坚实的基础。她们的成长历程反映了自为学习和课程学习对一个教育工作者成长的重要作用。这值得每个教育者学习和借鉴。

1. 以奋发向上为动力

从三位教师这个阶段的表现可以看出，她们的成长具有强大的内在动力。这种奋发向上力量推动了她们在学习和实践各方面成绩突出，充分展现出青春的活力，也为未来发展奠定了基础。首先，三位教师对每门课程都极其努力，奠定知识根基。其次，她们积极参与各种课外活动，锻炼综合能力。她们还主动承担班级工作，充分展现出责任心。在这个阶段，她们的成长像树木生根，靠的是内在强大动力，而不是外在压力。这给人的感觉是朝气、向上和热情洋溢。所以在这个阶段奠定扎实基础，对教师未来成长意义重大。它展现出自为学习、主动实践的重要性。三位教师的经历证明，教师成长的核心动力在于内在的进取精神。这种自强不息的精神力量，是每个教育工作者都应该学习的。

2. 以课程学习为主线

从三位教师这个阶段的成长也可以看出以课程学习为主线的明显特点。她们没有刻意为将来的工作做准备，而是把学习本身作为当下的任务，专注完成理论课程，并在实习中积极应用所学知识。三位教师通过系统学习，掌握了扎实的理论基础和实践技能，顺利完成了师范院校的专业学习。这说明课程学习在她们成长中起到了主导作用。理论学习是教师成长的基石，没有坚实的理论基础，教学就像空中楼阁。三位教师的案例表明，完善的理论学习可以指导教学实践，是实践的基础。她们不仅重视课堂学习，还善于把理论应用到实践中。这种理论联系实际的学习方式，使她们在知识和能力上都得到提高。因此，我们可以看到以课程学习为主线是这个阶段的重要特征。三位教师的成长历程再次证明，扎实的理论基础和学习精神是教师成长的核心。这给我们的启示是，要重视课程学习，并把知识运用到实践中，这样才能真正实现成长。

对师范生来说，夯实理论基础是主要任务之一。尽管在从事实际教学前，理论学习可能比较枯燥乏味，其中的价值并不直接显现。但是，理论奠定认知角度，指导实践。实践技能可以通过后期培训获得，理论基础却需要提前打牢。所以，即使理论学习过程比较枯燥，师范生也要认识到其重要性，并保持兴趣，否则今后会造成知识的空白点。三位教师就是一个很好的例证，她们通过扎实的理论学习，为今后的教学实践奠定了基础。我们都应该认识到，苦而有果的理论学习是教师成长的重要一环，甚至会影响一个教师的整个发展过程和人生高度。

二、求生：入职阶段的成长路径

（一）幼儿园教师专业成长的典型案例

"求生"阶段是三位教师成长的第二阶段，也是最初入职的第一年。这一阶段可谓"万事开头难"，但三位教师通过不断探索实践获得了快速成长。总体来看，这一阶段的主要特征是在"师傅"指导下，通过培训学习、关键事件的影响、解决实际困惑中成长。幼儿园采用"师徒传帮带"模式，让资深教师指导新手教师，这对新手教师的成长有重要作用。三位教师刚入职时也配备了一位专业素养强的教师进行一对一指导。在指导教师的悉心指导下，三位教师逐步适应了教师角色，掌握了教学方法。"师徒传帮带"的培养机制，让新手教师事半功倍，避免了许多错误，是新手教师快速成长的有效途径。在这一时期，这三位教师就是依靠这种培养模式迅速成长起来的。

（WC1，记录于2022.10.27）"刚入职时，幼儿园采取老带新模式，一般由年龄较大的教师带新来的年轻教师，主班教师带副班教师。我刚做保育员时也是跟着资深教师学习，新人会被安排在有丰富经验的教师班级。通过观摩教师上课、带班、组织孩子等，我们学习实际操作技能。后来当上副班，还会匹配一名出色的主班教师进行学习。这样通过老带新，新手教师逐步成长。我记得我们园有一位教师特别擅长带新人，每带出一个合格的新人后，就调来一个新人继续培训。可见她的教学能力和培养能力都是很强的。现在回想起来，老带新培训模式非常具有实效性，不仅传递了经验，也让新手教师在实践中快速成长，奠定了扎实的工作基础。这种模式值得今天的教育工作者学习借鉴。"

"师徒制"在W教师入职初期发挥了重要作用。这一古老的师生模式通过"传、帮、带"的方式指导新手教师成长。师傅通过言传和示范来教授知识与技能，新手教师则通过观察和模仿来学习。这种发生在工作岗位的师徒模式对新手教师大有益处。对新手教师来说，可以事半功倍，避免许多错误，快速掌握教学方法。对老教师来说，在指导别人的同时也会反思自己的教育理念。这是互利共赢的培养模式。W教师入职后就受益于"师傅"的悉心指导，在实践中迅速成长。这种简便高效的培养机制，适合新手教师在工作中开展，不仅传承了知识和经验，也让新手教师在合作中得到提高。它体现了教育的本质就是"传道授业解惑"。需要注意的是，

"师徒制"虽好，但一个良好的师徒关系需要双方都持积极态度。这种关系大多是自愿的，没有硬性约束，所以彼此加强沟通非常重要。

一般来说，老教师都很乐意传道授业解惑，因为她（他）们大多也曾是别人的学生。但新手教师在互动中还是要注意尊重老教师，这样才能达到事半功倍的效果。

我们了解到三位教师均在第一年就当上了主班教师，可见在这一年她们进步非常快。我们通过访谈得知，三位教师通过认真学习、观察同事、反思自己等方式迅速成长。第一年虽有困惑，但她们没有被难题难住，而是主动求知，通过各种途径提升自己。一年练就的能力和经验就让她们胜任了主班教师一职。她们成长速度之快，凸显出她们扎实的理论基础和过硬的实践能力。这种敬业精神值得我们学习。

（JC2，记录于2022.10.27）"我还记得一次很有启发意义的外出学习经历。那是去参加省里的一场语言课教学观摩活动。评委全部都是省级特级教师。这是我第一次听特级教师评课和指导如何观察课堂教学。以前我们也经常参加听课与评课，但那次特级教师的视角与方式给我启发很大。她（他）们从更深层次分析课堂的组织、师生互动、语言指导等，让我意识到观课与评课可以有不同角度和层次。那次学习对我影响很深，不仅学习到了评课的专业方法，也开阔了视野，知道了优秀教学需要在多个层面达到高度统一。现在回想起那次外出学习，仍感到非常宝贵。良好的教研活动可以提高教师自身的教学素养，也让我看到自己还有很长的路要走。我还记得一次给我很深刻教训和影响的事件。当时我是副班教师。另一位教师因措辞不当，在两个家长之间引发了很大矛盾，直至演变成法律纠纷，其中一个家长还被刑事拘留了。这件事让我意识到，作为教师，语言表达尤为重要，特别是与家长的沟通方式和方法。应该学会化解纠纷，不能让小事酿成大祸。这件事给我留下了深刻印象，我当时把它写成了案例，投稿到了《幼儿教育》杂志。那是很早以前的事了，还是邮寄投稿，文章名都不记得了。过了大半年，杂志社才寄来刊物，还有一百多元的稿费。这件事教会我作为教师要懂得与家长和睦相处，反思自身在沟通表达上的不足，才能成为一名合格的教师。它对我的工作方法产生了深远的影响。"

（RC2，记录于2022.10.28）"我记得幼儿园还组织过舞蹈培训，提高了教师的舞蹈教学能力，也有利于活动节目的设计。另外，听优质课也让我受益匪浅，不仅能开阔视野，更新教育理念，还能学习课堂教学技巧，培养评课能力。现在回想起来，幼儿园提供的园本培训真的很丰富，形式也灵活多样。这些培训对我的专业成长起到了重要作用，不仅提高了业务能力，也让我在教育理念和教学方法上有了飞跃。充实的园内培训是幼儿教育工作者成长的有利条件。"

正如 J 教师和 R 教师提到的，她们主要通过持续培训和学习获得成长。比如舞蹈培训提高了教师的舞蹈教学能力，听评课开阔了教师的视野，掌握了更多教学技巧。还有园内的教研活动，构成了一个教师学习共同体。这种由多名教师共同参与的教研形式，是完成真实教学任务的协作学习。教师们相互支持、交流探讨，形成积极的专业文化，从而共同成长。学习共同体不同于自学，它支持教师合作学习，在交流中获得新观点。各种教研活动使每个教师都能从群体中获益。这种团队合作精神不仅丰富了个人，也促进了整个教师团队的发展。我们可以看到，学习共同体对个体和团队的成长都有重要作用。教师们的成长经历证明，教师需要在学习共同体中开展协作，实现共享、共创、共成长。

学习共同体是促进教师成长的重要途径，它聚集了幼儿、教师、专家等，目标一致，在支持环境中共同学习、交流、分享，完成学习任务，并形成认同感。教师实践共同体也是教师通过集体活动获得专业成长的方式。它打破教师个体工作的局限，通过集体协作提高实践性知识和反思能力，有效促进教师成长。教师们所在幼儿园形成的教研共同体，让教师在交流中得到提高。这种团队合作精神启发我们，教师发展需要集体力量。此外，W 教师提到一次对她影响深远的优质课观摩。通过追问了解，原来是省里组织的教学竞赛活动。顶级教师当场示范，评委现场点评，过程令 W 教师大开眼界。这样的教学研讨活动，能让观摩者直观感受高水平教学，对提升教师能力意义重大。教师们的成长经历表明，可供教师学习借鉴的途径很多，我们要主动吸收多方营养。

（WC2，记录于 2022.10.28）"令我印象深刻的一次教研活动是去听一位特级教师的示范课。她从多角度评价一节课，包括教学目标、过程、孩子表现等，评价方式也与我们在书本上学到的不同，更具实操性。这是在真实环境中借班上课，不像在学校的模拟教学。我们去选择不同年级班级进行借班教学，之后由特级教师评课。一天下来听六节课，收获很大，对我影响深远。从她的示范课我才发现，原来语言课可以采取各种灵活形式，不必拘泥于整齐划一的教学法，可以让课堂更活泼生动。特级教师的示范课开阔了我的教学视野，让我认识到教研活动的重要性。实际的示范课比起理论学习来，能够让教师更直观地领会教学方法与技巧，对提升自身教学能力非常有帮助。这种实战式的教研非常宝贵。"

课堂教学评价是一个复杂的过程，需要考量多个维度。首先要看教学目标是否科学合理，是否符合所教学儿童的发展需求。然后评价教学内容是否丰富多样，是否能激发儿童兴趣。组织上要注重教与学的互动，鼓励儿童积极参与。对幼儿表现要采取鼓励性评价，不打击儿童自信心。师生互动也要和谐友好，营造良好氛围。总之，评课要立足儿童需求，采取发展性评价，不以结果论英雄，而要随时总结经验，不断提高教学质量。这需要评价者具有科学态度，全面考量各方面因素，才能做出公正公平的评价。

教师与家长的有效沟通对学前教育质量至关重要。前述 J 教师目睹的这一激烈冲突事件，反映出语言不当可能产生严重后果。作为教师，需要学会与家长和谐互动，妥善处理分歧，否则小事可能会越闹越大，损害教育效果。这对 J 教师的启发非常深刻。作为初入职场的教师，亲身经历了这场风波，受到了深刻教育。同时，她还有反思的习惯，将所见所闻记录下来，这为今后避免同类问题的发生提供了借鉴。在这关键的一年里，J 教师不仅积极参加培训，还自觉主动学习，努力提升沟通能力。这种勤于学习的精神，值得每一位教师学习。教师要时刻牢记言语对幼儿的影响，与家长友好互动，共同促进幼儿成长。

（JC3，记录于 2022.10.28）"除了参加幼儿园组织的培训，我也会通过自学来提高自己的专业能力。比如自学相关的专业技能、教学方法与技巧，以及如何合理有效地组织一日活动等。我会利用业余时间阅读教育专业书籍，观看一些教学视频来获取知识。有时也会主动请教资深教师，向她（他）们请教在教学活动设计和组织方面的经验。我发现只依赖组织培训是不够的，自己的主动性也很重要。通过自学提高专业知识与教学技能，不仅丰富了我的知识面，也加深了我对教育教学的理解，提升了我策划和组织教学活动的能力。教师要实现专业成长，园里的培训很关键，自身的主动学习也必不可少。这两者相结合，才使我在教育教学实践中不断进步。"

技能训练是幼儿教育的重要组成部分。教师们通过自学，掌握了许多实用的上课技巧，如演奏简单乐曲、组织游戏活动等，这些都能快速吸引幼儿注意力，达到很好的教学效果。这反映出幼儿教育与其他教育阶段的不同之处，更需要教师掌握丰富的技能。同时，这也体现出技能需要长时间积累与训练才能提高和保持。正如毕生发展观提出的，个体会根据目标不同投入时间和精力。教师们为了专业成长，自发地学习各种技巧，并在实践中取得进步。这种主动学习的精神非常可贵。幼儿教育教师应用心培养自身技能，才能开展生动有趣的教学活动，促进幼儿全面发展。希望更多教师能像她们一样，主动投入时间和精力，提高教学技能，助力幼儿教育事业进步。

幼儿园教师的专业能力非常关键，直接关系到儿童的健康成长。根据专业标准，组织实施一日生活规划是其中一个重要能力。这需要合理安排一日活动的各个环节，把教育渗透到生活中。同时要注意科学照护幼儿，保证其基本需求得到满足。在活动过程中，教师要充分利用各种机会开展随机教育，并保证儿童的安全。面对突发事件要优先保护孩子。总之，教师要做到生活与教育有机统一，让幼儿在快乐中健康成长。这需要教师有良好的专业理念和能力，才能真正落实幼儿活动的科学组织。一日生活的科学组织对幼儿成长至关重要。正如一位教师所言，观察一日生活的组织情况，可以看出教师的教学能力，看幼儿是否被充实地安排，避免无意义的等待时间。的确，合理利用 8~9 个小时的园所时间，让幼儿快乐学习，是教师的重要职责。这需要考虑时间的灵活性和稳定性，各项活动的统筹和渗透，以及空间的合理利用等多方面因素。教师必须在保证比例均衡的基础上，把握好度的尺寸，科学安排。作为新手教师，她们已经意识到这一点，自己进行准备，这是非常正能量的。当然，刚从事这份职业，一定还会有些困惑，但只要保持积极学习的态度，经验会逐步积累，组织能力也会不断提高。关键是要牢记育人为本，按照幼儿需求科学规划，让孩子在快乐中成长。

（RC3，记录于 2022.10.28）"刚踏入社会，我面临的最大困惑是角色转变，从学生跨越到教师，需要适应的东西很多。如在人际关系上，不知如何与同事交流，也不懂如何与家长有效沟通；在教学上，理论脱离实践，许多知识无法很好地运用出来，我的绘画、手工等技能应用还不够灵活；在组织活动上，也存在着问题。通过观察、学习其他教师的成功经验，我逐步培养自己的教学组织能力、与人沟通的技巧。这些都是需要时间去积累、练就的。最大的困惑是如何才能胜任工作，得到同事和家长的认可。后来发现，只要用心用情，与人交流并不可怕，家长和教师本是孩子成长的同盟军。当时的困扰源于对新环境的不适应。现在回想起来，任何工作初期都会有问题，这属于正常成长过程。关键是要保持积极进取的心态，多观察学习，就能逐渐找到适合自己的工作方法，成为称职的教师。"

刚入职的 R 教师面临将理论知识应用到实践中的困惑，这种情况十分普遍。如环境创设，R 教师绘画、手工技能出色，但难以将其融入具有教育意义的环境中，单一技能无法发挥作用。环境作为一项重要的教育资源，具有深远的影响力，有助于促进幼儿的全面发展。环境是一位无声的导师，其潜在的教育功能不可忽视。同时，幼儿天生具有丰富的想象力和观察力，这为教师提供了创设引人入胜环境的机会。在这个背景下，教师的角色不只是知识的传递者，更是环境的创造者，需要具备丰富的环境创设技能。因此，如何巧妙地创设一个既能满足幼儿需求又能发挥教育功能的环境，成为幼儿园教师必须面对的挑战。这需要幼儿园教师认真思考、不断尝试，以激发幼儿的主动学习兴趣，真正发挥环境的教育潜能。这也难怪初出道的 R 教师会感到困惑。专家指出，高质量环境应顺应幼儿特点，体现园本化、开放动态。这在理论上可资借鉴。R 教师通过观察学习同僚，汲取经验，并结合自己思考，逐步掌握环境创设方法，使之兼具审美与教育价值。可见，向资深教师学习是新手教师成长的必经之路。初入职场，有疑惑和困难在所难免，但只要保持积极学习的态度，经验和能力就会不断增长。

从学生转变为教师，角色转变带来的适应问题是 R 教师面临的另一困惑。从学生转变为教师，不仅角色改变了，更重要的是肩负的责任发生了深刻变化。如何组织幼儿，与同事配合，与家长沟通等，这些问题对刚入职的 R 教师来说无疑是巨大的挑战。她最担心的是如何胜任工作，争取同事和家长的认可与信任。幼儿教育特点决定了教师之间需要更紧密合作。所以，改变角色后如何处理人际关系，对 R 教师提出了更高要求。这种适应压力在角色转变初期是正常的。关键是要保持积极态度，通过观察学习逐步适应新角色，与同事建立良好关系，与家长形成教育共识，共同促进幼儿成长。这需要时间积累，也需要新手教师不断汲取同事经验，并坚持与家长充分沟通。只要付出努力，逐步磨合，新手教师就一定能成长为一名出色的幼儿教育工作者。在幼儿教育场域中，教师间和谐配合对保障教学质量和促进幼儿发展至关重要。主班教师、配班教师和保育员的责任分工因工作特殊性而不可避免有些模糊地带。这就需要团队成员之间加强沟通和协调，站在对方立场思考问题，不能计较个人得失，应以幼儿最大利益为依归。同时，也不可避免会存在个人争取资源而造成的不合理竞争。面对这种情况，教师更应坚守职业道德，牢记教育天职，不因一时私利而破坏了教育生态。只要每个教师本着以幼儿为中心的立场，多加沟通理解，相互支持配合，教师之间的关系就会更加和睦。珍视团队合作精神，共同促进幼儿全面发展，是每一位教师应秉持的理念。幼儿教育需要一个轻松愉快的工作环境。尽管现实中主班教师、配班教师、保育员之间的责任和报酬不尽合理，仍存在一定问题，但只要态度正确，还是可以找到工作的意义和价值的。与家长沟通当以诚恳为本，这是交往的核心原则。当然，不同对象和问题需要采取不同策略，这需要时间来积累经验。但对新手教师来说，用心用情最重要，技巧可以慢慢学习。处理人际关系需要智慧，既要专业成长，也要懂得与人相处之道。只有双管齐下，才能在这份职业中做到游刃有余。教师需要在专业上不断精进，也要学习人际交往技巧。工作中难免有挫折，但只要怀着一颗爱心，坚持用心用情，定能找到幸福感。不断提升自我，是每一位教师的终身目标。让我们共同努力，成为孩子成长路上的明灯。

（二）幼儿园教师专业成长的基本特征

尽管"求生"的第一年时间很短，但这对三位教师的成长意义非凡。在这一年，三位教师以百折不挠的进取精神面对种种困难和挑战；以学习和反思为主要方式不断成长。这段时间她们积累了宝贵的教学经验，专业能力得到飞速提高。作为一名初出茅庐的年轻教师，三位教师经历的磨炼让她们在教师生涯道路上迈出了坚实的第一步。她们的成长历程值得后来者学习：不畏艰辛，勇于进取；善于学习，敢于反思。每一个人都会在成长路上遇到种种困难，重要的是保持一颗积极乐观的心。只要我们能够像三位教师一样，以饱满的激情投入工作，不断学习和总结经验与教训，就一定能在这条路上不断完善自我，成长为优秀的专业人才。相信三位教师的故事会鼓舞更多初出茅庐的年轻人，在各自的成长道路上砥砺前行。

1. 以锐意进取为精神

三位教师在第一年的工作中展现出非凡的进取精神，这主要体现在以下几个方面：首先，三位教师没有因为刚入行就降低自己的要求和标准。面对环境创设等方面的困难，她们在师傅指导下勤于实验和尝试，力求取得更好的效果。这充分彰显了她们的敬业精神和较高追求。其次，刚入职时她们遇到理论联系实际等诸多疑惑，但三位教师并未气馁，而是积极找寻解决的思路，在实践中汲取经验和教训。这表现出她们不畏挫折的进取心态。最后，她们渴望观摩一堂高质量的示范课，反映出强烈的自我提升动力。这种对新知识新技能的追求精神，推动了她们在专业道路上不断成长。可以看出，正是锐意进取的精神支撑着三位教师迎接第一个工作年度的各种挑战。面对困难，她们毫不退缩，而是在短短一年内实现了专业能力的飞速增长。三位教师的成长历程对我们的启发是：要保持敬业乐群的心态，在教育实践中不断探索和超越自我，以实现持续的专业成长，更好地完成教育使命。

2. 以解决困惑为突破

高杉先生说过，混乱是发现问题和研究的起点①。三位教师第一年的困惑和疑虑，正是推动她们不断学习和成长的动力。面对困难，她们并未气馁，而是把它当成专业成长的机遇。她们积极参加培训，自学相关技能，对每个问题都充满探究心态，及时补足知识短板，不断完善自我。正是这种积极进取的态度，让她们在第二年就能担任主班教师，实现专业能力的飞跃。

三位教师勤于学习的精神值得每一位新手教师学习。专业成长需要持续努力，面对困惑要保持积极探索心态。就像三位教师一样，不断学习新知识，汲取他人经验，并在实践中验证和改进，这样才能不断进步。同时，我们也要正视对幼儿教育专业的误解。儿童是家长最宝贵的财富，幼儿教育绝不是简单的照看孩子。作为一门高度专业化的职业，幼儿教育考验的是用专业知识和智慧引导孩子成长。三位教师的故事展现了幼儿教育工作者的风采。她们不断学习和反思，目的是让孩子更好地发展，她们不仅关心孩子的当下，更为孩子的未来负责。

每一位教师都承担着课程实施者和人才建设者的使命。让我们像三位教师一样保持专业精神和责任心，努力推进幼儿教育专业建设，为孩子的成长提供优质教育服务。幼儿教育是一项充满挑战的事业。它需要教师具备对生命的热爱、对孩子的关怀之心，在游戏中启发教育，并通过长期学习与实践不断增强专业能力。正如高杉先生所说，幼儿教育工作看似简单

---

① 高杉自子. 幼儿教育的原点 [M]. 王小英，译. 上海：华东师范大学出版社，2014.

容易，实际非常复杂艰巨。它需要与孩子心灵沟通，需要灵活指导，需要解读孩子行为背后的含义。这对教师智慧提出了考验。从注重学习效果转变为被孩子"评价"，也让许多教师感到不适应。

确实，将幼儿教育教师与其他阶段教师比较没有意义。我们应该理解幼儿教育工作的特殊性，尊重幼儿教育教师的努力付出。三位教师在第一年就遇到种种困难，但她们没有退缩，而是在挑战中成长。她们勤于学习，在实践中验证经验，不断完善自己。正是这种敬业精神支撑她们在专业道路上不断实现新的突破。儿童是国家的未来和希望。让我们共同关注幼儿教育的价值，支持幼儿教育事业发展。同时，每一位幼儿教育从业者也要保持专业热忱，在实践中追求卓越，以更好地完成这一神圣而艰巨的使命。我们要用智慧和爱心，让每一个孩子活出自己的精彩。

三、求索：发展阶段的成长路径

（一）幼儿园教师专业成长的典型案例

三位教师在第二年至担任教学园长之前的"求索"阶段，与第一年的"求生"阶段相比，她们的成长呈现出以下特点：

第一，这一阶段她们的成长建立在第一年打下的基础上。第一年奠定的专业理念、技能和经验，为她们提供了坚实的出发点，使她们能在第二年的工作中更上一层楼。第二，这一阶段她们的专业视野更开阔，她们不再局限在自己的课堂和学校，而是通过交流学习，积极吸收其他优秀教师和学校的经验。她们的教学方法也更丰富多样。第三，这一阶段她们的反思能力提高了。她们能站在更高的角度审视自己的教学，发现不足，并积极调整完善。她们的教学效果因此也更佳。第四，这一阶段她们的专业责任心和使命感加强了。她们不再是新手，而是积极承担起教学任务。综上所述，在"求索"这一阶段，她们在专业知识、教学方法、反思能力和责任心等方面都取得了新的提高，实现了从新手教师到老教师的蜕变。这充分体现了她们的进取心态。

（WC4，记录于2022.10.28）"工作后，我逐渐适应了教师角色，不再像最初那样紧张。与同事关系也越来越密切，经常一起备课、互相学习。园长和其他教师给我很多帮助，使我在工作中进步很快。我们经常进行教学观摩、集体备课、说课、案例分析等集体学习。通过教研课，我学到了许多教学方法和技巧。除了集体学习，我个人也会利用业余时间阅读教育书籍，观看教学视频等来充实自己。现在回想起来，刚工作时我最大的感受就是集体学习氛围浓厚，大家互帮互学，让我在实践中快速进步。教研课程更是知识的聚宝盆，使我受益无穷。教师要成长，既要靠个人努力，也需要集体力量。我很庆幸开始工作的环境如此良好，让我建立了良好的专业成长素养。我认为教师成长最直接有效的方式就是多上课接受评价。可以通过公开课，也可以面向小组，请其他教师观课并给出评价。只要你愿意接受意见，别人可以帮你分析课堂教学的优缺点，找到需要改进的地方。个人很难发现自己的不足，需要他人的视角来反馈。经过不断的课堂教学实践、反思、调整，我的教学水平才能不断提高。我们幼儿园每学期都组织教研课，要求全体教师参与、互相评议。这给了大家压力，但也提供了动力，使每个教师都重视这次机会。我个人也是从这种公开课的点评中成长起来的。评课式教研非常有必要，能快速提升教师的专业素养，也让我看到自己的不足。这是自我反思与成长的良好途径。"

W 教师"上下求索"阶段的成长，与她积极融入教师实践共同体密不可分。她提到教师之间要相互学习，形成学习共同体，这拓宽了她的视野，丰富了她的教学方法。同时，她主动请其他教师听课并提意见，展现出促进专业成长的开放态度。

教师实践共同体好比一面镜子，让教师能更客观地审视自我的教学，发现问题和不足，并在交流中获得改进的启发。W 教师正是通过这种"自我暴露"的勇气，在他人"解剖"中找到提高的路径。这种开放的精神和谦逊的态度，让她在与同行互学中快速成长。可以看出，想要在教师队伍中脱颖而出，就必须乐于走出"舒适区"，敢于接受外界评价。我们每个人都有盲区，需要他人的眼睛才能发现。所以，教师要积极融入实践共同体，主动请教同行，接受建设性意见，在交流互鉴中推进专业成长。这种共同提高的理念，也将大大促进教育事业的进步。教师的专业成长需要外部帮助和支持，因为我们很难发现自身的盲区。不能安于现状，认为只要完成教学任务就可。要时刻保持积极进取的心态，像她们主动请教同行一样，才能取得质的飞跃。

教师不能只重视上课次数，而应该通过试验不同教学方法，总结经验与教训，不断完善自己的教学风格。正如上寺久雄①所言，这是教师最基

---

① 上寺久雄. 教师的心灵与风貌 [M]. 赵一奇，等译. 北京：春秋出版社，1989.

本的新任务。教学方法和风格关系到课堂教学的效果，所以教师既要努力将每一堂课教学做扎实，也要积极改进教学方式，开拓创新。这需要我们放下身段，大胆尝试，虚心请教，不断突破自己的框框和限制。在这个过程中，我们或许会遭遇失败和挫折，但只要保持积极探索的心态，就一定会打开新的局面。新手教师应像她们那样，视同行为学习资源，主动学习其他优秀教师的做法，在交流碰撞中找到自身的提升之路。同时也要积极总结自己的成功经验，形成独特的教学风格。只有不断突破现状，我们才能实现专业成长，成为杰出的教育工作者。教研课后的自我反思也必不可少。反思的目的是让理想和现实对话，反思是理论与实践的桥梁，也是一种创造力的体现。但是，更重要的是对日常工作的全面反思，而不仅仅是对失败教训的反思。

首先，教师要经常反思自己做得好的地方，总结成功经验。不能把反思简单地等同于自责。反思更应该成为一种正面的、有建设性的活动。其次，也要反思自己在教学中可以改进的方面。反思的目的不是自虐，而是发现问题，促成改进。失败不是终点，而是新的起点。重要的是保持积极的心态。最后，反思要在正确的价值观指引下进行。不应该一味自我否定，而要辩证看待。任何人都不可能完美无缺，教师也要时刻谦虚学习。简言之，教师的自我反思需要全面、正向和务实。既总结成功，又发现不足；既肯定自我，又保持谦卑。只有这样，反思才能促进专业成长，让教师在教学实践中不断进步，真正发挥教育的价值。她们"求索"阶段的工作相对轻松，没有太多困惑，属于平稳积累时期。她们在一线连续工作多年，作为幼儿教育教师，重复的工作难免让人产生疲惫感。但是她们并没有职业倦怠问题，这是值得思考的。

长期从事幼儿教育工作，需要敬业乐群的素质和无限的热情。仅仅依靠外在条件很难支撑教师持续投入，关键是要有正确的工作态度，保持初心和使命感，时刻关注孩子成长的"小确幸"。同时，教师自己也要注重工作与生活平衡，合理调整状态。此外，团队协作氛围也很重要。她们都提到这一阶段大家关系融洽，减轻了工作压力。一个积极向上的团队可以激发工作动力，促进专业成长。综上所述，教师要防止职业倦怠，除了个人素质修养外，也需要来自组织和团队的支持。只要我们怀抱热忱，保持好奇和敬畏之心，就会从日常教育实践中汲取持续的动力。

（RC3，记录于2022.10.28）"是的，我从业至今30多年，一直是一线教师。并没有感到工作疲劳或单调，也没有想过换行当。我非常热爱这份职业，喜欢孩子们天真活泼的样子。幼儿教育工作虽然细碎辛苦，但看到孩子们可爱的笑脸，听到他们稚嫩的言语，就很欣慰幸福。每次上课，孩子们崇拜的眼神，积极回答问题的模样，下课跑过来说想我，叫我不要太辛苦等，都让我很开心。这种感觉是无价的，只有我们这行的人才能理解。工作中或多或少也会遇到不如意的事，但我觉得正能量的快乐远远多于那些负面情绪。另外，我们园的教师关系也很融洽。我去过许多幼儿园，大家相处都很和睦。这种团队氛围也让我感到幸福满足。比起小学教师，我们这边的幸福感明显更高一些，可能是因为压力较小吧。总之，我很享受这份工作，它让我感受到了生活的快乐。"

职业倦怠通常出现在服务型行业，其核心原因是情感耗竭。它表现为对工作对象的冷漠、疏远，同情心降低，以及自我效能感下降，对工作态度消极。教师群体也面临较大的职业倦怠风险。长时间的高强度工作，枯燥的教学内容，以及幼儿和家长的压力，都可能导致教师精力和热情消耗。如何防止职业倦怠成为教育界必须重视的问题。预防职业倦怠需要从个人和组织两方面入手。个人要保持积极的工作态度，关注每一个幼儿，从幼儿的成长中汲取动力。组织要为教师提供支持，鼓励团队合作，丰富教学内容和方法，促进教师专业成长。只要我们牢记教育的初心，保持好奇和创新的心态，通过工作与生活的平衡，并获得组织和团队的支持，教师就能重新燃起工作激情，从教学实践中获得持久的积极意义与价值。R教师给我们的最大启发，就是教师职业的动力和意义，来源于对孩子们的真挚热爱。在她脸上洋溢的幸福感染着我，那份来自内心的爱如此真诚动人。教师群体容易出现职业倦怠，原因在于工作的重复性和高强度。但是R教师用一句"喜欢孩子们"简明扼要地说出了克服职业倦怠的秘诀。每次看到孩子成长的笑脸，都会燃起她继续付出的动力。爱不是外在强加的动力，而是内在自发的力量。当我们记住教育的初心，洞察每一个孩子独特的价值时，工作的辛苦和困难都会在这份爱中化解。教师的成功，源于对孩子的热爱，而非外在条件。她们三位教师的点滴感受，充分展现了杰出教育工作者的风采。让我们像她们一样，在日复一日的工作中坚持爱的信念，从孩子成长的每一刻汲取动力，用真挚的热情点燃教育的火炬。

（二）幼儿园教师专业成长的基本特征

"求索"阶段的幼儿园教师，已经从新手教师成长为相对成熟的一线教师。在这一时期，她们的专业成长主要呈现以下两大特征：第一，以热爱幼儿为力量。她们面对重复劳动没有出现职业倦怠，因为她们有对孩子们的真挚之爱。这种内在的动力源源不断地激励她们投入工作。第二，以合作互助为样态。她们提到这一阶段大家关系融洽，这种积极的人际关系缓解了工作压力，也促进了团队协作。一个优秀的教师，需要有对教育事业的热情，也需要在团队中互补互助，共同成长。她们的成长历程展现了这两大特征的重要性。她们的经历启示我们，在教师成长的道路上，内在的信念和外在的支持力量不可或缺。这些宝贵经验将激励我们在教育实践中不断求索、开拓和超越，最终走向卓越。

1. 以热爱幼儿为力量

幼儿教育工作非常辛苦，很多教师在工作后期都会出现职业倦怠。但三位教师却从未有此问题，她们对孩子和工作的热爱，成为她们源源不断的正能量。热爱是她们成长的核心力量，也是优秀幼儿教育教师的基本素质。这种情感不是外在强加的，而是内心真诚的喜悦。孩子天真烂漫的笑脸，稚嫩动听的声音，都能融化她们工作的辛苦，点燃她们内心的火种。面对重复劳动、形式单一的工作内容，她们没有出现消极情绪，因为她们时时感受到教育的意义所在。这种专业情怀支撑着她们在这一阶段持续进步。她们的成长历程展现了热爱的力量。热爱是教师最可贵的财富，也是应对职业倦怠的良方。充满爱的教育才是活的教育。让我们像她们一样，从孩子们灿烂的笑容中汲取动力，以真情育人，点亮生命的星火。

2. 以合作互助为样态

她们"求索"阶段的另一重要特征是合作互助。在这一时期，她们与同事关系密切，积极参与集体备课和教研活动。在相互学习中，她们进一步拓宽了专业视野。合作互助体现了教师群体共同成长的力量。我们每个人都有认知盲区，需要他人的反馈和支持。她们主动请教同行，也给予同伴启发，在交流互鉴中获取成长动力。她们认为，想快速进步就要多上教研课，这一经验富有启发性。教师不是孤岛，需要打破隔离，走出舒适区，与伙伴建立学习共同体。我们可以从教师们这里感受到，在真诚互助的氛围里，教师们能激发彼此的潜能，形成1+1大于2的合力。让我们在教师群体中营造开放合作的文化，打破界限，共享资源，互通有无，在交流互鉴中实现共同提高，推动教育事业进步。我们每个人都能为这个专业学习共同体贡献力量。

四、求精：超越阶段的成长路径

（一）幼儿园教师专业成长的典型案例

（WC3，记录于2022.10.28）"担任园长后，我的角色转变为组织者和领导者，任务和责任都有很大不同，但成长的方式还是接受培训和解决实际问题。现在我虽不再是一线教师，但仍然积极参加各种培训学习。这些年参加了多次国家级培训，包括骨干教师、园长、工作坊主持人等培训。每次培训都让我获益良多，不仅提升了个人理念和能力，也让园所受益，特别是乡村资助计划，让农村师生受益。作为园长，我不仅考虑自身成长，也要促进教师进步，推动幼儿园发展，提供更适合幼儿的教育。通过同仁共同努力，我们的幼儿园在教育质量上有了很大提高。这些成就是大家共同付出的结果。我会继续前行，与团队一起努力。"

在这一阶段，W教师继续不断学习，她参加了多种培训，如骨干教师培训、园长培训等。2010年启动的国家教师培训计划，通过面向全国的示范性项目和重点支持中西部地区的项目，大规模提升了中小学及幼儿园教师的综合素质。W教师积极投入这些培训，获益匪浅。培训不仅促进了她的专业成长，也使其他教师受益，提高了整体教师队伍素质，对幼儿成长产生了积极影响。此外，W教师也参与了"一师一课"活动。W教师的成长经历表明，教师要在实践中持续学习，吸收新理念，掌握新技能。终身学习是每一位教育工作者的责任，也是实践智慧的重要来源。我们要像她们那样，主动参加培训和交流，开阔视野，丰富技能，与同行共同成长。只有不断学习，教师才能在新的时代背景下有效开展教育实践，以全新的素养塑造新时代的灵魂工程师。

（WC3，记录于2022.10.28）"您的观察非常准确，我们开展'一师一课'活动是自发的，没有上传到国家统一的教学平台。之所以这样做，是因为我们幼儿园与小学合署办学，小学有'一师一优课'的要求，我们就借鉴这个模式开展了类似的教学活动。但是我们上传的课程视频是在幼儿园自己的网站平台，不是那个国家统一的平台。您提到那个平台目前确实没有收录幼儿园的课程，这说明您对教育政策非常了解。我们举办'一师一课'的目的，主要是推动本园教师的专业成长，让她（他）们有上传视频的机会和动力，从而提高教学能力。同时，课程公开方便家长和社会大众了解我们的教学质量和办学水平。我们会继续努力，进一步提升教育教学质量。"

"一师一课"活动是面向中小学教师的国家级教学资源共享计划。它由教育部于2014年启动，目的是充分调动教师的积极性，通过国家教育资源公共平台展示课堂教学，选取优秀课程构建资源库，供教师相互学习和借鉴。根据2022年的活动方案，"一师一课"鼓励教师上传课堂教学视频，目标达到100万节，从中评选1万节优质课程入库。这有利于集中优质教学资源，推动教学方法改革和教师专业成长。从W教师的描述中可知，"一师一课"主要面向中小学教师，幼儿园教师暂未被纳入。但这一理念对幼儿教育界也具有借鉴意义。建立开放的教学资源平台，上传优质课例，让教师之间实现资源共享和经验传播，会对提升幼儿教育质量产生积极作用。我们应该学习中小学的经验做法，建设适合幼儿教育特点的网络资源库。这需要幼儿教育系统的顶层规划和步步推进，也需要每一位幼儿园教师的积极参与，为提升教学水平贡献力量。资源共享聚力，必将推动幼儿教育专业成长。"一师一课"虽然主要面向中小学教师，但W教师所在幼儿园也借鉴这一理念开展了内部分享。教师既是课程资源的开发者，也是课程资源本身。这种互相观摩学习，对展课教师和观摩教师都大有裨益。

尽管当上了园长，W教师还是继续坚持学习，表现出精益求精的态度。这点值得所有教育工作者学习。管理岗位并不意味着停止成长，反而需要吸收更多新知识应对更多新问题。担任园长后，W教师面临怎样的困惑，又是如何解决的呢？这需要我们继续探究她的成长历程。但可以预见，优秀人才越是上升到高点，越需要保持谦逊好学的品质。只有不断学习，才能更好地引领团队向前。

（WC3，记录于2022.10.28）"担任园长后，我深感学前教育不被纳入义务教育体系所带来的自主发展困境。虽然幼儿园有独立的编制，但领导层对小学关注更多，大部分编制名额往往被用于小学，导致幼儿园的编制问题难以得到有效解决。这使得幼儿园的工作重心相对次要，严重制约了我们的自主发展和教育教学质量的提升。尽管园所领导多次强调幼儿园与小学同等重要，并承诺会全力支持，但在实际操作中，幼儿园的发展仍然面临诸多挑战和困难。我们深感公办幼儿园的师资配备不足，急需教育部门予以重视，及时补充。"

作为园长，W教师不仅考虑个人成长，更关心团队发展和幼儿园建设。她提到的幼儿园教师编制问题，反映出推动幼儿园自主发展的难题。编制对幼儿园教师发展的影响值得关注。非编制教师虽为学前教育贡献了心血，但在待遇和发展上与编制内教师存在明显差距，容易影响其工作积极性和队伍稳定性。这提醒我们，在支持非编制教师的同时，还需优化编制政策，让更多教师享受公平待遇。

W教师关注的这两个问题，都关系到幼儿教育发展中的难点。它们需要幼儿教育界共同关注并寻求解决之道。我们要在关心自身成长的同时，也要为幼儿教育事业谋划发展，一同努力推动幼儿教育进步。幼儿园教师编制问题的解决需要多方共同努力。一些学者提出以下建议：要打破身份制管理，实行行业化管理，根据实际制定支持政策，完善绩效工资制度，控制流动，探索新型劳动制度。各地可因地制宜，提出符合实际的解决方案。编制问题关系到师资队伍建设和发展，需要各方共同努力。无论编制内外，都需要关注教师合法权益，提供公平待遇和充分尊重。同时，还需建立开放的流动机制、竞争机制、激励机制，不断优化师资配置，让更多优秀人才投身幼儿教育事业。只有这样，才能使幼儿园教师队伍在质量和数量上同步提升，更好地服务家庭和社会。作为园长，W教师面临的不只是普遍的编制问题，还有所在幼儿园与小学合署办公带来的特殊困难。在编制更加紧张的情况下，她也遇到了许多琐碎问题。面对这些现实困难，W教师并未气馁。她认为自己能做的就是带领幼儿园专业成长，争取更多机会，进而改变现状。在为教师争取福利方面，她也尽己所能。这种现实态度与积极作为值得学习。那么，在同事眼中，W教师是一个什么样的园长呢？一位与她共事30余年的教师说，W教师工作非常认真负责，对其他教师和蔼可亲。在她带领下，园所教学质量不断提升，各项事业取得长足发展。这充分展现了W教师作为园长的领导风范。一位优秀的领导者，不仅要有远见卓识，还需兼具人格魅力。W教师既努力引领园所进步，也关心每一位教师，得到了同仁的认可和拥护。她的故事对当代园长具有启发意义，管理也需要仁爱之心。

（WC3，记录于2022.10.28）"W教师是我们园的一位非常敬业的教师，在这段时间的实习中，我能够深刻地感受到她的专业素养和对教育事业的热爱。在工作中，她展现出来的专业能力和敬业精神让我十分佩服。除此之外，从她活跃的社交账号可以看出，W教师也是一个极其热爱生活的人。她经常去各地旅游，拍摄很多美丽的风景照片。W教师不仅工作做得很好，生活也过得丰富多彩。我想这种工作与生活的平衡，才是一个幼儿教育工作者应该具备的素质。既要热爱教育事业，又要热爱生活，拥有充实的业余生活，这样才能长期坚持下去，并保有持续的工作激情。W教师给了我很好的示范，我也要在爱岗敬业的同时，积极投入生活，努力成为一名开朗的热爱生活的教育工作者。"

（访谈片段22，记录于2022.10.22）"W教师不仅在工作上非常专业、敬业，在生活中也展现出高度的自律性。在业余时间，她仍然和我们保持良好的交流，会一起分享食物，给人友善可亲的感觉。W教师的自律精神值得我们学习，不仅年轻教师要向她看齐，作为一名实习生的我也要在这段时间里学习她这种自律性。良好的自律能力，不仅可以使个人更加高效地完成各项工作，也能够帮助一个人保持积极向上的心态。在今后的工作中，我会时刻记住W教师给我们树立的榜样，不仅要努力提高业务能力，也要培养适度的自律性，这样才能成为一个称职的教育工作者。W教师的所作所为，都对我们实习生产生了深远的影响。"

（WC3，记录于2022.10.22）"我在幼儿园接送孩子的时候，经常会遇到W教师。她总是面带笑容，首先与家长和小朋友打招呼，语气也很亲切。我能感受到她非常有亲和力，与人交流也很有温度。这给我的感觉非常好，她是一个很好的人。我认为教师的亲和力非常重要，因为我们需要面对小朋友和家长，良好的人际交往能力可以让教学更有效。W教师给我的感觉就是一个既专业又有亲和力的教师，她的为人以及与人相处的方式给我留下了很好的印象。在今后的工作中，我也要提醒自己多观察她这方面的优点，努力培养自己的亲和力。这不仅可以帮助我更好地开展教育教学工作，也能让家长感受到我的良苦用心。"

在孩子眼里，W教师也是一个开朗亲切的园长。即使当上了管理者，她还是经常陪伴孩子们玩游戏。这充分展现了她的亲和力。同事眼中的W教师是爱岗敬业、热爱生活、团结友善、坚持自律的典范。正是这些优秀品质造就了今天的她。优秀需要坚持与付出。W教师能成为优秀教育工作者，关键在于形成了踏实肯干、永不懈怠的习惯。教师的价值体现在言传身教的日常实践中，同事可以在共事中感受到她的专业精神。W教师用自己的行动诠释了做一个合格教育工作者的真谛。在这个时代，我们更需要学习她优秀的品质，在工作中发光发热。无论岗位如何变迁，始终保持一颗善良的赤子之心，用智慧和爱心陪伴每一个孩子成长，方是教师人生的真谛。让我们在前行道路上互相鼓励，坚持不懈，以优秀的品行照亮他人，以模范的行为感染更多人，共同推进幼儿教育进步。

（二）幼儿园教师专业成长的基本特征

"求精"是 W 教师专业成长的重要阶段，主要体现为以下两个特征：第一，以追求卓越为目标。担任园长后，W 教师并未满足现状，而是积极带领园所向优秀发展，在教学质量、环境建设、师资力量等方面推动持续进步，以追求卓越为己任。第二，以行业自律为保障。W 教师自己也在不断学习中与时俱进，丰富管理知识和能力，并以自身敬业乐群的精神感染员工，营造专业工作氛围。这两个特征彰显了 W 教师优秀的领导素质和高尚的职业情操。正是这种以进取为动力，以敬业为支撑的精神，推动她在管理岗位上不断突破自我，取得更高层次的成就。W 教师的成长历程对每一位教育管理者都具有启发意义。我们每个人都应以追求卓越为目标，以自律和敬业为保障，在实践中充实自我，超越自我，以创新精神引领教育走向更加灿烂的未来。

1. 以追求卓越为目标

W 教师"精益求精"阶段的成长突出体现在对卓越的追求上，这种追求遍布个人、团队和组织多个层面。第一，在个人层面，尽管当上了园长，W 教师仍坚持学习进步，践行终身学习，显示出杰出教育工作者的品质。第二，在团队层面，她引导教师开展课程分享，促进教研交流，帮助每个成员成长。这彰显她培养卓越团队的视野与能力。第三，在组织层面，她致力于解决实际问题，提出发展思路，以推动园所变革与发展。这体现了她对引领园所卓越转型的责任与担当。在这一阶段，W 教师在个人、团队和组织三个维度全面追求卓越，完成了从教师到领导者的角色转变。她的成长历程对当代园长（校长）具有重要启示意义。我们每个人都应不断突破自我，以卓越为目标，为教育事业的进步贡献智慧与力量。

2. 以敬业自律为保障

W 教师"精益求精"阶段成长的另一特征是以敬业自律为保障。作为园长，她对工作尽心尽力，勤勉工作，为教师树立表率。同事评价她专业能力强、特别爱岗敬业、自律性特别强。这些品质使她得到广泛认可。一位优秀的领导者，需要高度的责任感和敬业精神。W 教师不仅严格要求他人，更严格要求自己，在言传身教中影响团队。以她为核心的团队必将凝聚力提高、战斗力增强。此外，W 教师也关心幼儿园自主发展问题，这体现出她对促进园所进步的使命感。有她这样爱岗敬业的园长带领，教师团队定能不断取得新成就。那么，我们作为教育工作者要向 W 教师学习什么呢？应该是敬业乐群、严格规训和对教育事业的责任心。只有将这些品质内化为行动，才能成就卓越的事业。充满爱心和使命感的教育才能感染生命，照亮未来。

第三节　融合教育背景下幼儿园教师专业成长的影响因素

一、影响幼儿园教师专业成长的个人因素

从新手教师成长为优秀教育工作者，是多方面因素共同作用的结果。回顾三位教师的成长历程，可以看出个人因素发挥了重要作用。首先，三人都有积极进取的精神，不畏艰辛，敢于探索；其次，她们都勤于思考并善于总结经验和教训，在实践中不断完善自我；最后，她们都有热爱教育事业的赤子之心，以幼儿健康快乐为己任。当然，个人因素并非唯一决定因素。组织支持、团队合作、家长信任等外部条件也推动了她们的成长。但是，个人的主动性和积极性是首要的。三位教师的成长经历对我们的启发是，要做一个优秀的教育工作者，个人品质和内在动力至关重要。我们每个人都要保持昂扬进取的精神，并在实践中不断追求卓越。只有个人努力不懈，外部条件才能发挥最大作用，最终成就辉煌的教育事业。

个人因素是推动教师专业成长的重要动力，主要包括以下几个方面：首先是对生命的理解。教师对人生价值等问题的思考，会影响其教育信念的建立。其次是教育与职业信仰。教师对教育职业的看法会决定其自我成长需要。再次是专业成长需要。教师对提升专业能力的内在需求是成长的前提。最后是专业成长动机。教师要有从事教育工作的内在动力。以上各个方面相互影响，共同推动教师不断完善自我。理解生命是基础，信仰决定方向，需求和动机则是内在动力。每位教师都要建立这些内在素养，才能在专业道路上不断取得新成就。幼儿园教师要像三位教师那样，从内心培育专业成长的力量，并以之指引外在行动。这样才能在教育实践中焕发生命的光彩，让教育之花绽放。

（一）幼儿园教师对生命的理解

1. 理解生命的代表性观点

个人内在动力是推动教师专业成长的重要因素，其中最核心的是对生命的理解。生命观关系到对人的本质、生命过程、生命价值等问题的思

考。"我从哪里来、我是谁、我要到哪里去"这三大问题构成人对生命意义的探索。不同学者给出了各自的答案。对生命的理解决定了个体的价值取向和信念。教师的教育信仰来源于其生命观，这又影响其自身成长需求和动机。可以说，生命观是内在动力生成的源头。理解生命，思考存在，可以让教师找到工作的意义，建立正确的价值导向。这些都会成为教师专业成长的内在动力。所以，每一位教师都应该在教育实践中探索生命的奥秘，从中汲取智慧。对生命意义的思考开阔了教师的视野，让工作有了方向。我们每个人都应该找寻内心的动力之源，让生命的种子在教育的田野中发芽开花结果。用智慧和爱心浇灌每一颗生命的种子，让其绽放出生命的光彩。

西方学者对生命的理解多种多样，呈现出跨学科和多维度的特点。例如，生物中心主义的提出者罗伯特·兰扎挑战了传统的物质中心论，认为生命和意识是宇宙的基础，这一观点对科学和哲学的界限提出了新的思考。在生态学领域，阿尔多·利奥波德的"土地伦理"概念推动了人们对于生态环境和生物多样性的重视，强调了人类在生态系统中的角色和责任。系统生物学作为一门新兴的跨学科科学，它通过整合生物学各个层次的信息，为我们提供了一个全面理解生命复杂性的方法论。而认知科学则结合了心理学、神经科学、人工智能等多个学科，探索大脑如何产生意识和情感。这不仅加深了我们对生命认知维度的理解，也为人工智能等领域的发展提供了理论基础。在社会科学领域，于尔根·哈贝马斯和米歇尔·福柯等学者通过批判理论和后现代主义的视角，分析了生命如何在社会和政治力量的作用下被构建和理解。他们的观点揭示了生命政治的复杂性，以及权力关系如何渗透到生命的各个方面。此外，合成生物学的发展代表了生命科学领域的前沿，它通过设计和构建新的生物部件和系统，拓宽了我们对生命可塑性的认识。同时，随着生物技术的发展，生命伦理学成为越来越重要的领域，学者们探讨如何在使用生物技术提高人类生活质量的同时，保持伦理原则和社会责任。

综上所述，西方学者对生命的理解不再局限于单一的实体论或功能论，还关注生命的社会、文化、伦理和哲学维度，以及生命在全球化和技术化背景下的新挑战和机遇，为我们提供了一个更为全面和深入的生命观。

通过对中外生命观的比较，我们不难发现：在古代，生命的精神层面和道德意义普遍受到高度重视，人们倾向于从哲学和伦理的角度去理解和诠释生命；而到了现代，随着科学技术的进步，对生命的理解则更多地侧重于其物质基础和生物学性质，强调生命的客观性和科学性。东西方文化的差异也深刻影响了各自对生命的看法。中华文化源远流长，深受儒家、道家等思想的影响，强调生命的内涵意义和个体价值，注重与自然和谐共生。在中华传统优秀文化中，生命被视为一种与自然、社会紧密相连的存在，其意义和价值不仅仅在于个体的生存和繁衍，更在于对社会的贡献和对自然的尊重。相比较之下，西方文化则更着重于个体的权利和自主性。在西方文化中，生命被视为一种天赋的权利，个体拥有自主决定自己生命的权利，这种权利受到法律的严格保护。同时，西方文化也倾向于对个体权益的推崇和保护，强调个体的独立性和自我实现。当然，随着全球化的持续推进，东西方对生命的看法也在逐渐交融和互补。在现代社会，人们开始更加全面地理解和看待生命，既注重其精神内涵和道德意义，也重视其物质基础和生物学性质。同时，人们也开始更加关注生命的多样性和复杂性，尊重不同文化对生命的理解和诠释。

生命观是个体价值取向的基石。作为幼儿园教师，必须深刻领会生命的复杂性与多样性，努力挖掘和激发每个生命的潜在能量，而非被既有框架禁锢。生命并非一成不变的实体，而是一个动态发展的过程，每个人都在其中探寻属于自己的意义，汲取前行的动力。只有对生命的本质有着全面而深刻的理解，教师才能在日常工作中真正体现生命的价值，从而源源不断地获得工作的动力。黑格尔强调，生命绝非静止不变的实体，而是一个充满活力、不断演变的过程。在这一过程中，精神通过自我分化、自我否定、自我超越等一系列方式，实现了自由的创造性发展。这一观点赋予了人极大的主动性和自由。生命不再是被动的承受者，而是积极的自我决定者。每个个体都有权利和能力去塑造自己的生命轨迹，去追寻属于自己的人生意义和价值。这种观点为个体的发展提供了广阔的空间和无限的可能性。

生命的创造性本质需要每个人去发掘与实现。教师要相信生命的潜能，在工作中展现主体精神，开启思维，实现自我突破。用智慧开辟生命新领域，是每个人的责任，也是生命存在的意义。还有一种生命哲学观点，强调生命的创造性本质和生成过程。生命哲学反对将生命简化为生物机械，而赋予其非生物学意义。它强调生命是自由、创造的活动，是连续发展的过程，不是固定不变的实体。其代表人物如叔本华认为感觉意志推动生命；尼采认为意志和创造力构成生命意义；伯格森提出生命感觉激发人的创造力。他们都看重生命的创造性潜能和生成过程。这种观点为人的发展提供了广阔空间。生命不再被客观定义，而是主体意志和情感的结晶。每个人都应该发掘内心的活力，不断创造生命新的可能。教师要相信生命的创造潜能，在工作中充分调动主观能动性，开拓思维，勇于创新。用智慧和热情激活心灵深处的生命之源，让教育之花绽放。

马克思对生命的理解也很有启发意义。他从人的社会实践出发，认为生命是在实践中展开和理解自己的存在的过程。马克思强调，人不只有自然属性，还有内在的价值追求。人作为一种类存在，其特质在于有意识和自由的生命活动。人的生命终极体现为社会关系的总和。这种观点突出了生命的社会属性。生命不是抽象的，而是具体的社会关联。个体通过参与社会实践，与他人互动，来追求自我实现和完善。教师的专业成长也需要这种关系互动。教师要积极融入教育生活，与同事、家长和孩子建立互动，从这些社会关系中获得成长动力。只有把握社会性本质，生命才能在实践中绽放出光芒。

中国传统生命观为教师理解生命提供了丰富资源。教师要汲取其中智慧，顺应生命发展规律，在教育实践中体现生命的意义。我们要立足当下，把握历史文化资源，让生命之花芬芳绽放。

在中国传统文化中，道家对生命有独特阐释。老子认为万物源于道，应顺其自然。他追求肉体生命和精神生命的和谐统一。庄子强调生命融合于天地自然，主张超越世俗生命的束缚，达到逍遥自在的状态。道家生命观的核心在于天人合一，重视生命的自然属性。生命不是抽象的，而是融合在大自然整体互动的过程中。人应顺应生命发展的内在规律，回归自然，达到身心和谐境界。这种生命观为教师提供了重要启示。教育工作者要顺应教育发展的本质规律，关注孩子全面和谐发展，培养独立思考和开拓创新的能力。在繁杂的教育过程中，要时刻牢记生命的本真，不迷失自我。用开阔的视野指导生命成长，是每一位教育工作者应该做到的。

儒家文化强调生命的社会属性，重视生的意义。孔子主张在世时努力做一个品德高尚的君子，不要过多考虑来世；提倡孝道，通过传宗接代实现生命的延续；强调顺应天命，在人伦社会中实现生命价值。儒家生命观的特征是世俗化和伦理化。它将生命的意义植根于家庭和社会之中，提供了日常生活的伦理规范。这为教师的生命实践也提供了指引。教育工作者既要关注内心的精神世界，也要注重对眼前物质世界的责任。要在人伦社会中发挥教育者的作用，与他人维系和谐关系，用仁爱之心感化受教育者，这样才能在有限的生命中创造无限的价值。生命是有限的，但爱是无限的。让我们在有生之年，把每一天过得有意义；让每一个微笑点亮生命，感染生命，用理性和爱心启迪明天。儒家继承并发展了生命观念。孔子强调生命要遵循天命，敬畏圣人之言，在社会伦理规范中实现价值。他认为人之行为需要符合礼仪的要求，生命的核心在于发扬仁义道德，物质生命应为精神生命服务。

儒家生命观的特点是重视社会属性，在世俗中追求德性圆满。它为生命提供了伦理方向。同时，孔子也提出人性本善，通过学习可以提高自我品德。这启发教师要在现实生活中发挥道德力量，与他人建立和谐关系，完善生命。同时要相信教育的力量，在实践中激发孩子内在潜质。用仁爱感化生命，用学习推动生命进步，是儒家生命观对教师的启示。

2. 对生命的理解在幼儿园教师专业成长系统中的定位与价值

生命观是推动教师专业成长的基础因素，它处于教师成长动力系统的最核心位置，直接影响教师的价值观和教育观。作为生命的主体，教师对生命本质的理解会深刻影响其教育实践。正确的生命观是形成正确教育行为的前提。反之，生命观的缺失也会导致教育行为的偏差。所以，每一位教育者都应该努力探索生命之谜，建立正确的生命观。在这个基础上塑造价值导向，形成科学的教育理念，并在实践中持之以恒，方能开启和感化每一个生命。

生命观启迪着教育之路。让我们用智慧和爱心呵护生命的成长，点亮生命的每一步。如果教师仅从生物学角度理解生命，往往会把生命简化为物质和肉体。这种观念缺乏精神追求，只注重物质条件和身体享受。这种生命观的危害是，当物质需求得不到满足时，教师容易出现消极情绪和职业倦怠。她（他）们难以站在他人立场思考问题，缺乏对生命的关怀，人际交往中也会出现问题。教师应该认识到，生命的内涵远不止物质层面，还包含精神层面。我们要注重内心世界的培养，建立正确的生命价值观。用关爱之心对待每一个生命，用智慧推动生命成长。

生命的意义不在外部获得，而在内心感悟。当教师拥有丰富的内心精神世界，就能不断从工作中汲取动力，与他人和谐相处，找到生命的真谛。目前我国幼儿教育发展面临社会要求提高，但工作收入相对偏低、任务繁重等问题。如果教师仅有物质层面的生命观，就会出现内心需求与外在现实的矛盾。当社会环境无法满足教师的物质需求时，如果生命观缺失精神层面，教师的成长动力就会受到阻碍。这提醒我们，教师必须建立丰富的内心精神世界。要认识生命的本质远超物质，还包含美好的精神追求。面对外部环境的困惑，教师要保持积极乐观的心态。要找到工作的意义所在，在学习和奉献中找到动力。用开阔的视野看待生命，用仁爱之心感动生命。积极的生命观能够克服外部环境的不完美，点燃内心的火种。

如果教师从精神层面理解生命，就会认为精神生命高于物质生命，从而努力追求精神满足。这类教师在工作中具备坚韧不拔的精神，有较强教育信仰和职业道德。她（他）们更看重内在成就感。这种生命观的积极意义是，教师有强烈责任感和使命感，在良好环境中专业成长动力强。但也可能在不利环境下消极应对和自我封闭。教师既不能仅注重物质层面，也不能单纯强调精神层面。要把握生命的统一性，兼顾物我发展。教师应该立足当前，把生命融入社会之中，在实践中推进教育进步。同时也要超越环境限制，从内心获得动力。只有做到将两点灵活结合，才能在这个世界实现生命的价值，也让生命造福这个世界。如果教师能从积极定向的自我实现视角理解生命，就能正确认识生命的差异性、自身价值和他人价值，较好地实现物我发展。这类教师更易形成自我定位和自我价值的正确认知。拥有这种生命观的教师适应能力强，能在有限环境中主动寻求自我实现。她（他）们有适度的责任感和使命感以及积极投入工作的态度。

教师应该立足具体情境，理解生命的开放性和潜能。在这个基础上，积极探索自我价值，并尊重其他生命。这需要我们保持积极、乐观、开放的心态，在工作中找到意义。当教师积极主动地活出生命的可能，就能感染更多生命，让生命之花绚丽多彩。如果教师能从积极的自我实现角度理解生命，遇到困难时也能保持积极态度，寻求内外平衡。这类教师尊重每个生命的价值，在追求自我实现的同时也关心他人成长。这种开放和谐的状态，有利于教师建立良好的人际关系。当教师把个人生命价值与专业价值有机结合，就能持续获得内在发展动力。

教师应当积极理解生命的开放性、创造性和无限可能性。在这个基础上，自觉地将自己融入教育实践，与他人共同成长。工作中难免会遇到困难，关键是保持积极心态，在有限中求无限。让我们秉持开放积极的生命态度，与每个生命心连心，以智慧和爱描绘教育新画卷。

（JC3，记录于 2022.11.03）"我们班上有一个患孤独症的孩子，但他刚来的时候我们都不知道他有这个病，家长也没有主动告知我们。他可能因为心情不好或者被同学碰到，就会无缘无故地发病，大哭大叫，声音非常尖厉刺耳。这种时候我们根本承受不了，但是又不能让他伤害自己或者伤害其他小朋友。他每次一发病，我就得想法子抱住他，结果都被他狠狠地咬，把我咬得浑身是血，真是痛苦万分。但是为了不让其他小朋友受伤，我也只能忍着。我真心觉得照顾孤独症孩子非常不容易，家长也很辛苦。后来我们针对这个孤独症孩子制订了个性化教育计划，单独做观察和记录，每周反馈一次。我们也与家长约定每周固定时段进行谈话。其他孩子都是组合安排，只有他是单独谈话。我们与家长一起为他制订个性化的培养方案。开始他还是经常发病，对我咬啊踢的。过了一年，他主动对我说：'琳琳老师，我知道这样不对，我也想控制自己，但实在办不到。'我听了非常感动，这个孩子是在努力想变好。后来我和他关系非常好。有一次他妈妈出差，就把他带到我家住了四天。我们相处很愉快，他的状态也很好。我感觉爱和个性化关照真的对他很重要。如果我们放弃了对这些特殊孩子的爱与责任，不给予个性化的帮助，这些特殊孩子就很难有好的发展。所以教师要有极大的爱心和耐心，千万不能放弃任何一个孩子。"

（JC3，记录于 2022.11.03）"虽然我每天跟小王打招呼，但他总是沉默着。我还是持续给他充满爱的关照，虽然他从不回应，但我感觉他喜欢我。在他 4 岁那年，他跟妈妈去日本看爸爸，居然能自己看路标、坐地铁带妈妈走。一年后的某天，他拿着爸爸给他买的玩具小汽车找到我，说：'J 老师，这是爸爸给我买的车，我想给小朋友们看。'我马上让他给大家介绍这个玩具。就这样，他忽然变得滔滔不绝起来，开始和我们分享各种想法。这件事让我明白，对孩子最重要的是充满爱，欣赏孩子的优点，也包容缺点。就像这个不爱说话的孩子，我不强求，但持续给予关爱。最后当他准备好时，自己就开口了。我们要用爱感化孩子，给孩子成长的空间。"

（JC3，记录于 2022.11.03）"这么多年的从业经验让我深深明白，教师必须保持一颗童心，这对于在幼儿教育岗位上长期发展极为重要。孩子各有不同个性，内向的，外向活泼的，调皮的，什么样的孩子都有。所以，教师必须全心全意爱着这份事业。我尽量保持一颗童心，欣赏每个孩子的个性，积极看待他们。我觉得这是我能在幼儿教育岗位奋战几十年的最主要原因。如果不能拥有童心，就很难融入孩子世界，很难长期投入。我认为爱孩子是教师最宝贵的素养。有了这颗童心，才能在教育事业中持之以恒地奉献。"

3. 幼儿园教师通过学习形成并完善生命理解

个体的生命观不是先天形成的，而是后天在具体环境中逐步建构的，会受到自然、历史、文化等多方面因素影响。幼儿教育工作的目的是发展生命价值，因此对教师的生命观有很高要求。教师生命观的形成有两个途径：一是自在学习，即在自然环境熏陶下无意识形成生命观；二是自为学习，即主动学习各种生命观理论，积极拓宽视野。教师需要联系当下语境，吸收历史文化精华；也要学习各种观点，不断完善自己的生命观。理解生命需要持续推进，与时俱进。我们要在工作实践中不断深化体悟，用全新的视角看待生命，找到实现生命价值的新途径。

自为学习是教师主动学习，以提高专业水平。教师要将外在要求内化为自身成长理想，正视现状与理想的差距，并主动学习以实现专业成长。从历时维度看，教育是个体和群体实现生命延续的过程。从空间维度看，教育是人类实现生命价值的方式。幼儿教育是教育的基础，教师需要具备整体视角，学习教育理论，提高专业水平。教师既是生命的学习者，也是生命的启发者。教师要在学习中推动生命进程，在启发中丰富生命内涵。让我们秉持终身学习的姿态，在工作实践中汲取营养，用工作成就感激活生命动力，以全新的生命状态投入教育事业。教师通过自为学习完善生命观的途径有两条：

第一条途径是学习哲学、心理学、教育学等相关书籍。通过阅读了解中外思想家的观点，拓宽视野，辩证看待生命；学习儿童心理学知识，基于对幼儿的理解丰富生命观；阅读教育家的著作以完善生命观；学习人文学科、文化学等相关知识，丰富生命的内涵；在教学实践中观察体会，将感悟转化为生命智慧；开展批判性思考和反思，不断提升生命境界。

教师要在理论学习和实践体验中提高生命认知，以全新的视角审视生命，找到实现生命价值的新途径。让我们用无穷的求知欲探索生命奥秘，用广袤的爱心呵护每一片生命绿叶。然而，当前很多教师很少阅读相关专业书籍，并存在一种观念误区，认为这些书籍过于抽象、难懂，与实践脱节。这种观点严重制约了教师对根本理论的认知，阻碍了其专业成长动力的产生。这提醒我们，教师必须改变这种轻视专业书籍的观念。理论指导实践，相辅相成。教师需要认真阅读专业著作，汲取精华，开阔视野，提升理解能力，在学习中培养理论联系实际的能力。同时，教育专家也应关注语言表达，使理论更具可读性和实践指导意义。理论与实践要加强结合，实现互动发展。教师既要努力消化理论营养，也要在实践中验证理论，并提出新观点。只有这样，我们才能在实践中推进理论创新，在理论创造中指导实践创新，共同促进教育事业进步。

（RC3，记录于 2022.11.03）"我其实很想看一些非专业类的书，比如艺术、文学方面。但是因为时间有限，我觉得先要把专业书籍看完，像《观察儿童的艺术》《向儿童学习》等我买了很久都还没看。还有儿童心理学方面的六册本，买回来就放那儿了，因为太厚，我没有静下心来看。没有充裕的时间和精力，我只能把更专业、与教学直接相关的书籍优先看完，一些兴趣类书籍就不得不放在第二位了。我希望以后能找时间补上这些对开阔视野有帮助的读物。"

研究显示，专业成长水平高的教师会主动阅读专业书籍，并认识到其对专业成长的重要意义①。这反过来又启发我们，阅读专业书籍本身就是教师专业成长的重要方式。这需要教师自觉形成阅读专业书籍的习惯，并在阅读中汲取营养。阅读专著可以拓宽视野，丰富知识，优化教学理念。教师应该培养阅读兴趣，充实课余时间，主动接触各类专业书籍。让我们共同努力，形成崇尚读书、重视阅读的良好氛围。用阅读推动教师成长，启迪一代又一代生命之花绚烂绽放！

（RC3，记录于 2022.11.03）"从我目前的观察来看，一些教师特别注重阅读专业书籍，并把理论与实践相结合。这样的教师经过五六年的积累，专业能力会明显优于其他教师。当然，这种差异一两个学期内可能看不出来，需要长期坚持。我计划这个暑假仔细研读两本专业书，不仅提高自己，也想引导其他教师一起学习，互相交流心得。因为专业书较枯燥，大家一起读能互相鼓励，并联系实际运用，收获会更大。我觉得专业书籍的学习需要一个长期的过程，不能一蹴而就。首先大家一起读书，理解理论内容。然后把知识应用到实践中，在教学实践后再回过头来反思理论。这样经过几年的学习和实践，大家才能真正吃透书中的精华，形成指导教学的宝贵经验。所以关键是把书读厚，深入理解，而不是停留在表面。我会想方设法让大家一起深入探讨书中的核心观点，通过持之以恒的学习与实践，最终将理论内化为指导实践的经验。这需要互相鼓励、长期坚持，

---

① 张龙宇. 乡村幼儿园教师专业成长轨迹及其特质的叙事研究［D］. 大连：辽宁师范大学，2019：67-77.

但一定会提高我们的专业水平，从而更好地育人。"

幼儿园教师自为学习的第二条途径是联系实践，在工作中积累体悟。如：欣赏儿童艺术作品，感受生命活力；观察孩子游戏，领悟生命本真；在交流中体会生命和谐，转化工作经验提升生命境界。教师在理论学习基础上把生命观带入实践，再通过实践完善生命观，二者相互促进。教师要利用课程学习形成的生命观指导教学实践，运用理论知识开展活动。在实践交流中检验理论假设，完善生命观。特别是与幼儿互动，会对教师产生深刻影响。孩子天真烂漫的生命状态启发教师洞见生命本真。理论和实践是双螺旋上升的。教师既要在理论中汲取营养，也要在实践中获得提升。用开放包容的心态倾听孩子的声音，在交流互动中升华生命的境界。让我们在理论和实践的互动中推进生命的圆满，用持续学习的姿态启迪每一个生命的成长！幼儿天真无邪的生命状态对教师的启发深远。幼儿情感表达真诚，具有丰富想象，生命世界自成一体。教师如果能谦虚地向幼儿学习，细心观察孩子的言行举止，就可以获得生命境界的提升。比如，斯坦纳的华德福教育强调教师分享发现幼儿优点的教研活动。专业成长出色的教师有一个共同特点，就是善于向幼儿学习。在互动中，教师可以感受到生命的本真，获得工作的幸福感。教师要时刻保持一颗童心，虚心倾听幼儿的声音，融入孩子的世界，用微笑化解生命的隔膜，用爱建立生命的桥梁，同时，也要用理性引导幼儿成长。让我们向朝阳学习，感受生命的温度；向自然学习，体悟生命的韵律；向孩子学习，领略生命的真谛。

（BC3，记录于 2022.11.03）"我的学习主要来源有三个：第一是读书学习理论知识，第二是向同行教师学习教学经验，第三是向孩子学习。我特别认为向孩子学习非常重要。书本和专家讲座中的理论知识比较抽象，不是基于自己的实践。但是在和孩子的互动中，你能看到很多书里的理论在实践中的真实反映。所以我经常会在和孩子在一起的时间静下心来观察分析，搜集关于他们的故事。我们现在每周有半天活动时间，我都会花时间观察孩子们，因为从他们身上可以发现很多书本知识的现实反映。和孩子互动让我获得了很多宝贵的实践经验。"

（RC3，记录于 2022.11.03）"有一件事深刻地改变了我对孩子的看法。我们班的孩子从老校区转到了新校区，我去新校区上课时安排他们画自己喜欢的地方。有个孩子画了老校区的米奇玩具屋，四个小朋友手拉手围着米奇玩具屋跳舞。我看画得非常好，就直接称赞他画出了小朋友在玩耍的场景。但是这个孩子解释说，那些小朋友不是在玩，而是在计算需要多少人才能把米奇玩具屋围住，以表达他们的不舍情绪。我这才恍然大悟，原来我完全误解了孩子想表达的意思。这件事给了我很大触动。这件事让我明白不能用自己的想法臆测孩子，而要倾听他们的真实想法，才能理解他们，并给予适当帮助。通过真正观察孩子，我改变了一些原有的固定看法，也积累了很多理解和尊重孩子的宝贵经验。"

从访谈对象 R 教师的陈述可见，她非常渴望学习和成长。在教学中，她能发现幼儿的闪光点，并虚心地向幼儿学习，反思自我，这是教师持续进步的关键。教师的生命观是通过自在学习和自为学习而不断丰富的。自在学习是在自然环境中形成的，自为学习是主动汲取理论营养。教师既要在实践中体会生命，也要通过阅读提升生命境界。特别是要向幼儿学习，发现生命的本真。持续完善生命观，为教师专业成长提供源源动力。但愿每一位教育工作者都能保有一颗虚心向幼儿学习的心，在互动中领悟生命，获得提升。用智慧启迪每一片生命绿叶，用爱心滋润每一朵生命之花。

（二）幼儿园教师的教育信仰与职业信仰

1. 具有代表性的典型信仰

在《说文解字》中，许慎对"信"的解读启发了我们思考信仰的内涵。"信"原指语言的真实，"仰"原指抬头仰望，将二字合而视之，信仰蕴含着人们对某种价值或真理的深信不疑和仰仗。它代表人们最核心的精神追求，是影响思想和行动的坚定信念。信仰超越具体言语，指向更深层的精神境界。它使人们在世俗喧嚣中仰望真理的明灯，以之照亮生命的道路。信仰或许难以言表，但它植根于人心，启迪了生命。信仰兼具超验性和理性，二者并不冲突，而是理性的升华。信仰不是与生俱来的，它既绝对又相对，既永恒又历史化。法国哲学家伯格森认为，人类拥有虚拟本能，这催生了神话；而神话又孕育了信仰。在解决现实难题的过程中，人类借助想象创造了超验的解释，并代代相传，最终形成毋庸置疑的信仰，并对其寄托依赖。信仰源自人类的本能，既满足理性，又超越理性。它使有限的人类超越现实，触及无限的精神世界。信仰揭示生命的奥秘，指引生命的方向。它是人类理性的深化，也是人类精神的升华。卡西尔认为，恐惧死亡是人类最普遍的本能之一。面对死亡的不可知和来生的未知，人类创造了关于鬼神和轮回的信仰，以期望在死后仍在另一个世界存在。当遭遇自然灾害等无法解释的灾祸时，人类也会通过信仰寻找答案，将洪水、旱灾等认为是河神、山神发怒的结果。这种对自然的绝对敬畏充满了对生命延续的期盼。信仰源自人类对未知的恐惧，也源自对永生的期待。它使我们超脱有限的存在，触及无限的精神世界，在绝望中看到希望，在困惑中找寻意义。信仰满足了人类对永生和意义的渴求，体现了生命的伟大和人性的崇高。现今的信仰形式多种多样，可以分为入世信仰、出世信仰和介于两者之间的类型。

入世信仰注重物质追求，因为生命的延续必须建立在物质基础之上。吃、穿、住、行等生存需求需要物质条件。经济关系之所以重要，是因为它满足了人的物质需要。当物质需要得到满足后，人会追求更高层次的精神需求，于是出现了出世信仰，注重精神寄托。还有一种介于两者之间的信仰，既重视物质生活，也关注精神世界。这反映了人整体存在的需要。信仰的多样性源于人的多维属性。它既满足了我们作为物种的本能需求，也开启了我们作为人的精神视野。信仰使有限的个体触及无限的价值，使简单的生存升华为意义的存在。它是人类对美好生活的不懈追求。

入世信仰重视物质利益，这源于人类最基本的生存需求。马克思认为，人类通过劳动满足物质需要，这是人类区别于动物的重要标志。人类第一个历史活动是生产物质生活所需的材料。这种改造世界的实践活动，本质上是为满足自身需求而变革世界的自觉活动。在不断扩大的需求体系中，维持生存的物质需求是核心。物质信仰植根于人的本能，是人类求生存、求发展的基础。当物质需要得到满足，人会追求更高层次的精神需求。入世信仰是人类向更高境界迈进的第一步。它奠定了物质基础，开启了精神视野。信仰的演进体现了人的本质，既有物质属性，也有精神追求。

入世信仰源自对生命的物质性理解，只看重现世生命，忽视精神生命。这种信仰倾向以物质利益、生物本能、人际关系作为处世准则。它注重追求财富和地位，将其视为自我实现的体现。在价值观上，入世信仰更看重社会秩序的构建和维护[①]。这一信仰满足了人最基本的物质和社会需求，但过分依赖世俗，可能导致精神空虚。当物质生活得到保障后，人会追求精神层面的满足。因此，虽然入世信仰重要，但人不应止步于此，还应开拓精神世界，寻找生命的终极意义。物质和精神本质统一，入世信仰

---

① 刘雨婷. 从新手到骨干：幼儿园骨干教师专业成长叙事研究 [D]. 贵阳：贵州师范大学，2018：33-39.

为出世信仰奠定基础，二者缺一不可，共同推动人走向更高境界。入世信仰类似于克尔凯郭尔存在主义哲学的第一个阶段——审美生活阶段。这一阶段的人注重感性享乐和物质追求，具有强烈的欲望性。但若仅局限于此，个体终将陷入空虚和绝望。因为仅仅为满足瞬间的欲求而生活，无法获得真正的满足。处于审美生活阶段的人只顾现在，不考虑过去和未来。但人生不仅活在当下，还有历史的积淀和价值理想。因此，入世信仰虽能满足人的基本需求，但人不应停滞在此阶段。应在物质基础上追求更高层次的精神生活，不断超越，才能获得人生的意义。物质生活和精神生活既对立又统一，需要逐步升华，方能做到真正的自我实现。

入世信仰依赖外在物质，其满足无法由人主宰，容易导致空虚。佛教认为，应突破俗世苦海。相对而言，出世信仰依赖内在精神。人既有物质属性，也有精神追求。精神生命使人类突破现实界限，开辟想象空间，提供创造可能。精神的生命力超乎肉体。依赖外在物质难以使人真正满足，而内在精神的力量则源源不断。因此，物质生活丰富而不空虚，需建立在精神生活基础上。两者缺一不可，互为表里。入世信仰提供物质条件，出世信仰赋予生命意义。人应崇尚精神，在追求物质的同时也塑造内心，方能获得持久的满足感和人生的方向。马克思指出，除满足物质需求外，工人也必须有时间满足精神需求。这显示精神生活必须建立在物质基础上而又高于物质生活。亚里士多德提出"第三个人"论述，认为理想的人都应追求一个更理想的人，即精神层面的人。这说明精神生命高于物质生命，是后者存在的依据。物质是手段，精神是目的；物质是外在的，精神是内在的。人不应仅满足于物质享受，而要努力追求精神层面的升华、理想人格的塑造。只有当物质生活服务于精神生活，物质需求服务于精神需求时，人才能获得真正的满足感和人生意义。二者需要和谐统一，共同推动人走向积极的人生。亚里士多德在《论灵魂》中提出，灵魂与身体是质料与形式的关系，是身体内在蕴含的生命实质。灵魂是使身体活着的目的因，是与身体本质相符的实在之物。这说明，灵魂作为精神实质，是人的生命目的，是超越物质形体的存在形式。灵魂赋予肉体生命意义和价值。身体是灵魂的载体，灵魂是身体的核心。物质生命因为有精神灵魂作为内在实质，才成为有意义的生命。灵魂和身体的关系，象征着精神生命和物质生命的关系，二者缺一不可，共同推动生命的存在和发展。亚里士多德不仅阐释了灵魂，也探讨了心灵。他认为，灵魂推动身体、感知外物，心灵则有更高的思维能力且不朽。这显示，灵魂代表生命的本能，心灵则代表人最高层次的精神追求，它超越肉体，连接永恒价值。亚里士多德呼吁人追求不朽，活出生命的真谛。这充分证明了他对精神生命的高度重视。物质生活必将终结，而精神生命指向绝对。人应在满足物质需求的基础上，更加注重心灵修炼，在有限的生命中触及无限的价值。这是作为人的根本目的所在。精神生命超越物质生命，拓展生命境界，赋予生命意义。

出世信仰视生命为过去、现在、未来的历时统一整体，主张性善，具有慈悲之心。出世信仰通过对内在精神的追求，寻求自我解脱，不依赖外在名利。具有出世信仰的人尊重天道自然和生命，追求天人合一。相较于入世信仰注重社会价值实现，出世信仰将自我价值置于天地之间，追求与宇宙一体。出世信仰超越现实的局限，连接到宇宙本源，使个体生命在触及普世无限中获得超脱。它开辟生命的精神空间，提供内心的平静。但若脱离现实过于理想化，也会使生命失去动力。因此，需要二者的统一与平衡，使生命既具实践性也有超脱性。

出世信仰类似于克尔凯郭尔存在主义哲学的第三阶段——信仰生活阶段，强调超越理性的信仰。克尔凯郭尔认为，"跃迁"到信仰领域是个体存在的最高形态①。在此阶段，个体产生绝对信仰，思想行为完全依据信仰，主体与客体合一，实现内外自我的统一，获得绝对自由。这显示出世信仰代表着个体存在的最高层次，其核心在于对绝对信仰的跃迁。当个体从有限的自我跃迁到连接宇宙本源的存在状态时，将获得生命的终究解脱和意义。但若脱离现实过于理想化，也会使生命失去动力。因此，出世信仰需要在现实基础上逐步升华，与入世信仰和谐统一。

人既有物质属性，也有精神追求，二者构成复杂的人性。从人类发展史来看，物质生存是基础，精神生命是后起的。因此，大多数人的信仰处于物质信仰和精神信仰的中间阶段。一方面，作为物种的人需要物质条件保障生存；另一方面，人又有主体精神追求，仅依赖物质无法真正满足人的全部需要。所以人也需要不断丰富精神世界，追求自我实现。综合来看，物质信仰和精神信仰都必不可少。物质信仰满足基本需要，精神信仰满足高层次需要。二者缺一不可，需要做到动态平衡。一个成熟健康的人，既具有实践性，也有理想追求。这种中间阶段的信仰，能使生命积极

---

① 刘芸. 养育事件对幼儿园教师专业成长影响的研究 [D]. 南京：南京师范大学，2008：78-89.

向上，也能保持内心平静。平衡物质信仰和精神信仰是实现自我价值的关键。具有中间阶段信仰的人，既有物质追求，也有精神追求，能以精神约束物质，在满足基本物质需求后，追求更高层次的精神生命。他们相信生命的积极方向，通过行动实现自我价值和他人价值的统一。这类似于克尔凯郭尔伦理生活阶段，人能遵循社会准则约束欲望，在合理范围内满足物质需求，更倾向精神追求。这种信仰融合入世与出世，使生命既具有实践性，也具有超脱性。它满足基本物质需求，也开启精神视野。通过不断完善自我，链接他人，积极参与世界，才能实现生命的真正意义。物质信仰和精神信仰需要平衡发展，共同推动生命进步。如叶连平先生一生辅导学生无数，他在物质上要求不高，但精神生活要求高标准①。他认为自己拿国家工资，应该取之于民用之于民。这显示出中间阶段信仰的特征。正如克尔凯郭尔所言，需要把审美、伦理和宗教作为盟友，在不同领域保持事物的统一性，才能赋予生命以意义。如果过分依赖某一信仰，忽视其他方面，人就会后悔且生命无意义。因此，应平衡物质信仰和精神信仰，在满足基本物质需求的前提下，提升精神追求，并使二者达成统一。这样既能实践生活，又能超脱现实，让生命在世俗中触摸精神本源，才是生命的意义所在。

2. 信仰在幼儿园教师专业成长系统中的定位与价值

信仰是基于理解生命形成的一种特殊的世界观，它反映意识特点，以观念方式指导人的实践。信仰在精神上指引人的生活与实践。对幼儿园教师来说，信仰体现为教育信仰和职业信仰。教育信仰是对幼儿教育的极度信服和尊重，是思想和行为的坚实准则，具有超越性、生成性和教育性。这种信仰通过情感认同和价值确认，使应然引领实然的改进和超越。教育信仰内化为精神追求，外化为教育实践，推动幼儿园教师不断超越，提升自我和教育效果。它使教育具有方向和意义。幼儿园教师的教育信仰由教育认知、情感、意志等要素构成，具有认知、情感、意志功能。教育信仰是个人愿景和团队愿景的基础。愿景与现实之间形成张力，推动教师从当前状态不断成长到理想状态。信仰提供方向，团队愿景又形成合力。教育信仰内化为自我要求，外化为集体行动。在这个过程中，个人价值实现与集体目标统一，教育效果也不断提升。教育信仰使幼儿教育具有目的和动力，开启持续成长的教育循环，让教育之花绽放出美丽的光芒。

---

① 佚名. 安徽省教育系统"新时代教书育人楷模"[J]. 教育文汇, 2020 (12): 2.

幼儿园教师需要具备坚定的科学教育信仰，否则教育只是一门技术。教育信仰源自对儿童、教育本质和教育理想的深刻理解和尊重。它信服教育应该尊重生命、释放生命、成全生命，改善社会。教育信仰是教师投身事业、持续成长和实现自我价值的动力。其核心价值在于实现教师、儿童、社会的共同成长，以及教育对人的完善的责任与使命。教育信仰内化为自我要求，外化为关爱他者。在这个过程中，个人与社会价值得到统一，教育之花绚烂绽放，推动社会进步。正如蒙台梭利所言，他的教育目的在于儿童发展和人类完善。正是这种教育信仰驱使他献身教育。马拉古奇等人在二战结束后选择幼儿教育，希望通过教育增进人与人的理解和尊重，避免战争，让人类拥有美好的未来。正是这种信仰，使马拉古奇等人在废墟上创建了早期的瑞吉欧幼儿园，并予以不断完善。这些伟人的故事展现出坚定的教育信仰即不断推动教育事业发展，改善社会，造福人群。当教育信仰内化为自我要求，外化为奉献他者时，个人价值实现与社会进步实现了统一，教育之花也绽放出光芒。这种信仰是教育之灵魂，使教育充满生机和希望。

　　教育信仰影响并融合于职业信仰。幼儿教育是以完善生命为宗旨的职业，需要高度的职业信仰。教育理想、成长规划、态度、价值观、境界等构成幼儿园教师的职业信仰[①]。教育信仰的作用是统摄和整合这些要素，为教师从事幼儿教育提供职业情感、道德和信念。教育信仰内化为职业精神，外化为专业行为。在这个过程中，自我实现和职业价值实现统一，并且随着信仰的提升而不断发展。教育信仰是幼儿园教师专业成长的灵魂，提供坚定的方向和持续动力，推动个人和事业同步成长。幼儿园教师的教育信仰是在学习和实践中形成和提升的精神结晶，它维系职业理想、道德、使命感，提供内在动力促进专业成长和人生提升。教育信仰与专业情感内在契合，为持续成长提供价值规范。教育信仰和职业信仰构成个人愿景和团队愿景的源泉。没有科学的教育信仰，就难以形成科学的愿景。愿景与现实的张力推动教师和团队成长。它统一个人成长和集体发展，使教育之花绽放绚丽光彩。教育信仰需要不断强化和提升，以推动更高层次的专业成就。

---

① 董雨果. 卓越幼儿园教师专业成长个案研究 [D]. 武汉：华中师范大学，2019：76-89.

3. 幼儿园教师通过学习形成并完善教育信仰与职业信仰

幼儿园教师的教育信仰和职业信仰源自对生命、儿童和教育的理解，通过学习逐步完善和升华，并不是固定的。在人类发展过程中，形成了许多教育信仰，如孔子"学而不厌、诲人不倦""有教无类"，《中庸》的"性、道、教"观，韩愈对教师职责的阐释，及中华文化对"师"的崇拜等。这些都是教育信仰的文化源泉。在系统学习教育学前，幼儿园教师通过文化熏陶形成初步教育认知，这是教育信仰生成的第一步。教育信仰需要在学习中不断完善和提高，以适应教育发展的需要。幼儿园教师在职前培养学习教育学科和学前教育专业，形成对教育和学前教育的初步科学认知。在此基础上，通过学习相关经典著作，如教育哲学、教育学和学前教育类著作，不断反思、总结，逐步形成对学前教育本质、个体价值和社会价值的专业认知，这是教育信仰形成的第二步。教育信仰需要坚实的理论根基，也需要继承优秀的传统历史智慧。系统的理论学习和阅读典籍，可以拓宽视野，丰富内涵，推动信仰不断完善、升华。教育信仰既植根于传统，也关注未来，在传承中开创，与时俱进。

幼儿园教师在教育实践中，将教育认知、理想、情感等付诸实践，与儿童、同事、家长互动，在反思和学习中完善教育信仰，这是教育信仰形成的第三步。教育信仰的形成是循环往复的过程，信仰与学习互相影响。教师通过学习形成和提升信仰，信仰又促使教师进行进一步学习。实践检验理论，理论指导实践。教育信仰既植根于实践，也关注理论。理论与实践的交互共建，推动信仰不断升华至更高层次，指导教育实践。教育信仰需要持续学习来丰富内涵，与实践结合来检验效果。研究表明，专业成长充分的幼儿园教师有较明确坚定的教育信仰和职业信仰，在此基础上形成明确的教育愿景和职业愿景。她（他）们有发自内心的热爱和情怀，这成为专业成长的重要来源。在共同愿景引领下，她（他）们更努力追求理想，思考更系统，在工作中体验到职业幸福感和成就感，将个人生命价值与专业价值有机融合。这充分证明，教育信仰和职业信仰是幼儿教育专业成长的重要基石。它赋予教育意义和方向，也提供持续成长的内在动力。信仰与实践相辅而行，共同促进幼儿园教师的专业成就和人生成长。

（JC4，记录于 2022.11.8）"我之所以如此专注和投入工作，源于儿时立志要成为一名人民教师的梦想，一直想把教育工作做好。这是来自内心的情怀吧！比如评优骨干教师，我的分数是全园第一，但我还是把荣誉让给了其他教师。我只是觉得应该积极主动工作。具体说不清为什么，就是真心热爱教育事业，喜欢学前教育这份工作。这份内在的热情支持我全身心投入，把每一天的教育工作都做好。我希望孩子们能从我这里感受到知识也感受到爱。这就是我努力工作的动力所在。"

（JC4，记录于 2022.11.8）"我认为作为幼儿园教师，最专业的就是洞察和评价孩子。听过一个日本幼儿教育专家的讲座，他说中国的幼儿园即使条件简陋，也要让孩子学习中华传统文化，不要忘记历史。要组织孩子体验春耕秋收等农业活动，传承中国节日和习俗，从小培养对民族文化的认同感。我觉得这些理念性的话语一下就触动了我，深深印在脑海里，为我的教学工作指明了方向。好的理念能够引领教学实践，产生深远影响。这次讲座使我意识到传承民族传统文化对孩子成长的重要性。我会在今后的教学中传递中华文化精髓，让孩子从小认同国家和民族。"

通过对访谈对象 J 教师的陈述的分析可以看到，她认为幼儿教育最关键的是解读孩子，同时幼儿园具有传承本民族优秀文化的使命。这促使她在工作中一直关注传统节日和二十四节气资源的开发。扎根于内心深处对职业的热爱是幼儿园教师专业成长的动力。而专业成长不足的幼儿园教师没有明确的教育信仰和职业信仰，虽可能有工作目标，但难以形成清晰的职业愿景和教育愿景，倾向于安于现状，把工作和生活分开。

（JC4，记录于 2022.11.8）"我觉得教师工作还是把它看成一份工作，我能够很好地调节自己的情绪。我时刻提醒自己，这是一份需要专业对待的工作。在工作时间，我尽自己最大努力工作，但不会让工作影响自己的生活。我明白自己的能力有限，既不会对自己要求过高，也不会强迫自己去追求多么出色的工作成果。我只要尽力而为，做好自己本职工作，并保持工作与生活的平衡。把教师工作视为一门专业，保持理性的工作态度，这对我来说非常重要。我会努力工作，但不让工作成为生活的全部。"

当前学前教育师资职前培养和在职培训，对教育信仰和职业信仰的价值未给予充分重视，导致部分幼儿园教师过于注重物质追求，缺少精神追求和自我实现价值追求。2012 年，教育部颁布《幼儿园教师专业标准（试行）》，对合格幼儿园教师专业素养结构提出明确要求，第一部分就是专业理念与师德。教育部在学前教育专业师范认证的二级和三级标准的"毕业要求"中强调教育情怀和师德规范。这是在引导学前教育师资培养与在职培训重视教育信仰和职业信仰。

（三）幼儿园教师的专业成长需要

1. 代表性的需要理论

《说文解字》解释"需"有等待之意，指遇事等待或徘徊不前。"要"本指人体腰部，古人重视腰的生命意义，如"不为五斗米折腰"所展现的精神风骨。"需要"指人基于生命需求产生的欲望或要求。作为一种有方向的生命存在，人的生命追求积极正向，且具有精神性和自由性。因此，需要是人的生命本性之一。需要源自生命的内在渴求，植根于人的本质属性。需要推动生命前行，也限制生命走向。满足合理需要是生命存在和发展的动力，而疏于满足需要则可能导致生命枯竭。需要使生命活力充沛，亦使生命忧虑重重。正确看待需要，接纳需要，满足需要，是人类走向幸福的必由之路。需要推动了人类物质文化和精神文化的发展，也推动着物质财富和精神财富的增长。人的需要千差万别，影响因素复杂多样。从根本上看，需要由信仰决定，它是动机的内在原因。需要连接信仰和动机，是人成长动力系统的核心要素。需要来源于生命的内在渴求，也受到信仰和理想的指引。合理的需要促进生命进步，而失衡的需要可能导致生命偏离正轨。正确看待需要，满足真正的需要，是养生之道。需要使生命丰富多彩，亦使生命烦恼频生。我们应审视需要的内涵，满足推动生命积极成长的需要，平衡生命的物质需要和精神需要。

关于人的需要，一个划分方式是按起源分为自然需要和社会需要。自然需要是生物性需求，社会需要是人的需求。还可以按指向对象分为物质需要和精神需要，前者指向维系生命的物质，后者指向精神产品。另一个分类法是生理需要和心理需要，前者类似自然生物需求，后者类似精神需求。心理需要可由匮乏产生，也可通过学习学得。总体来看，人的需要可以分为物质维系类和精神成长类、个体内在类和外在获得类、低层次类和高层次类等。正确看待需要的不同属性，平衡各类需要，是人获得健康和谐的关键。当前影响最大的需要理论是马斯洛的需要层次理论。马斯洛受到霍尼、佛洛姆、惠特海默、阿德勒等的影响，形成整体动力性的人格观①。马斯洛认为动机是人存在和发展的内在动力，需要是动机的基础和源泉。人的需要是一个复杂系统，并非所有需要都对应动机，只有占优势的需要才成为行为动机。马斯洛将人的需要分为两大类七个层次。这一理

———————

① 王娟娟. 幼儿园初任教师专业成长叙事研究 [D]. 昆明：云南大学，2021：55-67.

论奠定了需要与动机的关系，对理解人的行为产生过程具有重要意义。但需要类型和层次划分可以继续完善，需要与信仰、动机的关系也可深入探讨。

马斯洛将需要分为基本需要和激励需要。基本需要与人的生物本能相关，维持个体和种族生命，处于低层次，包括：第一，生理需要，最基本的维持生命的需要。第二，安全需要，追求秩序、稳定的需要。第三，归属和爱的需要，在社会中追求友情、家庭等所带来的归属感。第四，尊重和自尊的需要，是个体对自己和他人的尊重需要。这些基本需要更多反映人的生物属性，如果得到满足，人会追求更高层次的激励需要。否则，就会产生负面情绪。基本需要是人的生命存在的基础，但人不应止步于此，还应追求精神层面的自我实现。只有不同需要得到平衡满足，一个人才能体验人存在的意义。马斯洛的激励需要具有以下特点：不受人的生物本能直接支配，源自人的内在潜能；需要满足带来最大满足感，主要包括三种：认知需要，了解世界、确定目标的需要；审美需要，对美的追求需要；自我实现需要，实现人的全部潜能，追求完整、独特等最高层次需要。

激励需要超越人的生物属性，代表人的精神追求。它使生命超越现实获得提升，拓展生命的内涵与境界。当基本需要得到满足后，人会自然产生这些更高层次的需要。正确满足这些需要，有助于人的全面发展。激励需要是人精神成长的动力之源，唯有实现这些需要，人才能获得真正的存在意义。研究显示，真正做到自我实现的人很少。原因在于：个体无法理解自我实现所需的知识，处于迷茫状态；文化环境的影响制约了个体；自我实现依赖个体内在潜力，而非外在基本需要。只有做到自我实现，人才是真正的自己，这是人的最高精神境界，超越物质需要的动机。自我实现是人的本质存在，但需要个体通过不断成长获得。我们应认识到自我实现的重要性，消除认知障碍，排除环境限制，发掘自己的潜能，听从内心，找到属于自己的人生方向，实现生命的圆满。

马斯洛认为人的需要具有层次性，低层次需要满足后高层次需要才出现。但这种层次划分是一般模式，并不适用于所有人。个人的需要结构呈波浪式发展，并不是断裂的。较低需要满足后不会消失，只是不再占主导地位。需要的层次性具有连续性和波动性。低层次需要长期得不到满足会再次上升为优先需要。而高层次需要也需经常满足，否则需要层次就会下降。我们应看到需要层次的流动性和复杂性，针对自身需要结构的特点，动态平衡各层次需要，使生命持续获得前进的动力。在满足低层次需要的同时，还要提供发展空间，以激励更高层次需要的产生。

2. 需要在幼儿园教师专业成长系统中的定位与价值

在幼儿园教师专业成长的动力系统中，需要连接信仰和动机，其主要价值有：第一，需要是成长内驱力的基础，是内在动机的源泉。只有产生成长需要，才可能形成成长动机和行为。第二，需要是进行成长活动的诱因。强烈的成长需要更可能引发成长行为。第三，需要满足促进专业情感体验。合理需要满足带来正面情感，推动专业成长。第四，需要约束非理性成长行为。非理性需要易导致非理性行为，需加以约束。

需要与动机和行为相互作用，需要的性质直接影响成长效果。正确看待需要，让需要推动专业成长，是幼儿园教师持续发展的关键。幼儿园教师的专业成长行为通常同时受内部需要和外部诱因驱动。但外部条件和激励只有转化为内部需要，才能持续发挥作用。这再次强调，成长的动力必须植根于人内心的需要。外部环境可以激发需要，但需要最终必须内化，成为自身的内在动力源泉，才能持续推动成长。我们应更加重视对需要本质的培育，让需要成为稳定的成长动力之基。内在需要能提供源源不断的持续成长动能。

（BC4，记录于 2022.11.08）"影响教师专业成长的积极性和主动性的一个内在因素是教师对专业的认同感和发展需求，一个外在因素则是来自外界的评价和激励。比如在我们幼儿园，教师都很重视年度考核，这是对教师一年工作质量的评价。虽然考核体系还不够科学完善，但至少是园里的一种激励机制。教师如果内心有强烈的专业成长需求，同时又获得外界的肯定和评价，比如考核结果好，这两方面共同作用，就会大大激发教师专业成长的积极性和主动性。所以，教师自身的内在动机和外部评价机制同样重要，两者结合才能推动教师不断进行专业成长。目前我们幼儿园的教师存在一种你追我赶的状态，相互激励推动专业成长。就像一个人原本能跳 10 下，有了竞争激励，就可能跳到 20 下。2011 年入职的教师现在专业素质也分布在不同层次。但是如果拿我们园的教师进行横向比较，会发现无论是师德修养、思想品质还是教育业务能力，我们园的教师整体上要强于其他一些园。这主要是因为我园有持续的专业成长氛围，大家相互激励，你争一步我争一步，从而形成了较强的专业成长势头。适度竞争可以激发潜能，如果教师内部培育了良好的专业成长文化，外来的评价就能发挥更大激励作用，推动教师不断追求专业成长。"

幼儿园教师的需要同时具有普遍性和特殊性。普遍性在于它包含各层次需要。但从事学前教育这一特殊职业，其高层次需要应受到教育价值观的引导。在满足基本需要的基础上，认知、审美、自我实现的成长性需要应成为推动幼儿园教师专业成长的核心。这些需要源自教育信仰和职业信仰，指引教师不断超越和完善。成长性需要的产生和实现推动了持续成长。正确看待需要的层次性，关注成长性需要的满足，既是对教育价值的践行，也是实现自我价值的重要途径。幼儿园教师通过专业成长推动生命成长，需要在此发挥着关键作用。

3. 幼儿园教师通过学习提升专业成长需要

人的需要包含基本需要和成长性需要，并呈现层次性。幼儿园教师的基本需要得到满足后，学习与成长性需要呈现互动促进关系：成长性需要促使学习出现，学习又推动更高层次成长性需要形成。学习可以协调基本需要和成长性需要，增加成长性需要，让其成为主导，约束基本生理需要。正确处理需要的层次性，以学习推动成长性需要不断产生、主导和实现，从而实现专业成长和生命成长的融合。需要的层次性具有流动性，学习可以推动需要结构升华。我们应通过学习增加成长性需要，使其成为持续成长的不竭动力。

（RD5，记录于2022.11.20）"原来我对专业知识的了解还很肤浅，通过参加各种培训，我看到了专业成长的广阔天地，内心激起了强烈的学习欲望。以前听专家讲座觉得高不可攀，现在自己也积累了一定经验，很想向专家请教，汲取更多知识精华。我会积极学习相关书籍，努力在工作中发挥表率作用。培训开阔了我的视野，对知识的渴望驱使我自学，内心的成长动力支持我主动进步。我感受到自己正在成长，会保持学习热情，使专业能力不断提升，为孩子们提供更优质的教育服务。这种专业成长的动力会持续推动我充实自身，成为一名更专业的幼儿教育工作者。"

（JD5，记录于2022.11.20）"当感到工作疲倦或枯燥时，我发现外出学习可以让自己重拾动力。带着谦虚求知的心态去学习，会发现还有很多新的知识和方法值得探索。获得这些新知识后，我就充满干劲地去将它们应用到工作中，做到落地实施。在看到这些新思路真正实现后，我会从中获得巨大的成就感。我认为成就感是工作快乐的重要来源。所以，主动学习对我来说是度过工作低谷期的有效办法。新知识可以再次激发工作动力，知识转化为实际成果更让我感到快乐。学习和成长支持我走出疲倦，重新找到工作的激情。这种通过学习获得提升的正向循环，是我重新燃起工作激情的关键所在。"

研究显示，专业成长充分的幼儿园教师具有较高的学习需要。她（他）们能认识到现实与理想之间的差距，并勇于正视这一差距，从而产生通过学习不断接近理想的需要①。这说明学习需要和专业成长密切相关。学习需要源自对自我与理想的反思，也源自对教育价值的信仰。专业成长充足的教师能维持较高的学习需要，并将其转化为具体行动。学习需要使教师保持清醒和反省，使理想与现实之间的张力成为前进的动力。我们应培养学习需要，以此推动专业成长。在满足基本需要的同时，还要提供学习机会，以激发和满足学习需要。学习需要使教师的成长之花持续绽放。

（JD5，记录于2022.11.20）"在参加培训学习后，我内心并没有满足感，反而产生了一种恐慌。这很真实。我并不是说学到新知识就感到满足了，反而是越学习越觉得还有很大的提升空间。所以现在我要求教师团队真正基于专业理论知识来设计各种活动，像我们经常搞的集体活动或区域游戏，都需要更深入思考。比如快乐赶场活动，我们不能只搭个场子，让孩子玩一圈就完事，要思考在这个活动中，如何让孩子得到真正的发展。单纯为了娱乐是不够的，每次活动都要明确目的，让孩子在其中获得预期的成长。我觉得我们需要不断回到专业理论上探求答案，否则我们做得越多，实际效果可能越差。持续学习很重要，不能因一时满足而停滞不前。"

（RD5，记录于2022.11.20）"培训学习确实对我的专业成长有帮助。比如有一次听了专家分析一个案例之后，我与同事有一种恍然大悟的感觉，意识到我们做得还很不够。回来后我们积极主动反思，并把学习内容带回园分享给教师团队。因为有些东西通过口头传达是难以让教师完全理解的。包括我们上学期强调的观察孩子，我们的落实还很肤浅。通过亲身尝试，我感受到培训学习确实有很大影响。听专家解读，你会意识到自己的不足之处，哪些方面还需要努力。当看到差距后，我们就会继续朝更高要求迈进。这种发现差距然后上升的正向循环，让我们在专业能力上不断取得进步。"

当前，许多幼儿园教师的专业成长缺乏动力，容易满足于现状而不思

---

① 刘艳. 幼儿园教师专业成长中"高原现象"研究［D］. 金华：浙江师范大学，2011：62-70.

进取。其根源在于教师的尊重需求未获满足。家长和园方对教师缺乏信任，社会缺乏对教师职业的尊重，这阻碍了教师主体地位的确立。没有被充分尊重，教师就难以建立自信和斗志，内生动力不足以驱动专业成长。我们需要为教师营造一个尊重和信任的工作环境。教师需要感受到来自家长、园方以及整个社会的理解与支持，这样她（他）们才能在工作中获得肯定和满足，建立专业自信，且有动力不断学习进步，以更积极的态度投入教育事业，从而提高教学质量，促进孩子成长。尊重教师，支持教师，是提升教育的基石。

（四）幼儿园教师的专业成长动机

1. 动机的种类及有代表性的动机理论

动机和需要密切联系，动机源自需要。当某项需要没有被满足时，就会推动个体去追求满足该需要的对象，产生行为动机。但是，需要和动机并非等同的。动机比需要更接近行为的发生。需要在需要者心理上以意向和愿望的形式存在。意向是还没有明确的、没有区分的需要，只有一个朦胧的方向。愿望则是已经清楚意识到的需要，知道要追求的对象。但是，停留在脑海中的愿望还不能成为行为动机。只有当需要驱动个体采取行动，引向一个明确目标时，需要才转化为动机。所以，动机是激发和维持个体活动，并引导其朝向特定目标的心理倾向或动力。它源自需要，但超越了需要，是需要向行为转化的桥梁。正确理解动机与需要的关系，对于激发和维持个体行为至关重要。动机的来源是需要，需要的多样性决定了动机也呈多样性。对动机的分类标准有不同看法，代表性观点如下：

第一，按来源划分，有生物性动机和社会性动机。生物性动机基于人作为生物的生理需要，是原发性、先天性的动机。如饥渴、排泄、性等动机。社会性动机则源自人的社会属性和文化需要，是后天习得的。如需求认知、交往、成就等动机。第二，按方向划分，有积极动机和消极动机。积极动机推动个体向积极目标努力，消极动机则引发个体回避损害。第三，按性质划分，有物质性动机和精神性动机。物质性动机满足物质需要，精神性动机满足精神需要。第四，按强度分，有强烈动机和弱烈动机。综上所述，动机类型繁多，深刻理解动机的来源和分类，有助于激发个体的积极动机，引导行为方向。对动机理论的合理运用，对于提高工作和生活质量意义重大。奥苏贝尔对成就动机做了进一步划分，认为学校情境中的成就动机包括认知内驱力、自我提高内驱力和附属内驱力①。

另一种常见的动机分类是外部动机和内部动机。外部动机来源于任务外部，被外在因素驱动，追求外在目标。如教师为完成任务要求或晋升而做研究。内部动机来源于个体内部，行为本身就能满足需要。如教师为提升专业素养而学习。外部动机可以激发行为，但一般只能满足最低要求。内部动机的行为更有活力和持久性，因为行为本身就是有意义的。理解动机的不同类型和来源，可以更好地激发积极的内部动机。像提高教师专业素养这类行为，应该强化内部动机，这样教师才会全身心投入，获得专业成长。合理运用动机理论，对激发积极行为大有裨益。内部动机确实在许多方面优于外部动机：内部动机的积极性和主动性更强，更倾向于从事有挑战性的任务，更容易改变认知，更具创造性，毅力更强，更主动寻找完成任务的机会。还有一种分类方式是按作用分为主导动机和次要动机。一个行为通常有多个动机，其中起决定作用的关键动机为主导动机，其他非决定性动机为次要动机。主导动机和次要动机会互相变化。例如，在教师专业成长中，刚入职时内部动机居主导地位，适应后外部动机成为主导，在专家阶段内部动机再次成为主导。综上所述，深入理解动机的分类和作用，对于分析和激发积极动机，推动个体持续成长至关重要。主导动机的形成应该充分发挥内部动机的优势。

当前关于动机的代表性理论主要有三个：

第一，内驱力降低理论。动机理论研究个体行为背后的动力来源和过程机制。赫尔的内驱力降低理论认为，内驱力来源于个体生理需要，主要有原始内驱力和继发内驱力。原始内驱力与生理需要相关，继发内驱力与环境刺激相关。个体出现学习行为，需要降低原始内驱力，同时存在外部诱因加强习惯，两者结合才形成学习反应。个体行为通过降低原始内驱力获得强化。简言之，赫尔的理论认为个体行为是内外动力共同作用的结果②。内部需要形成原始动力，外部环境对其产生调节作用，两者共同推动个体采取行动。原始内驱力的降低是个体获得行为强化的关键。这一理论突出内外动力的交互作用，对理解个体行为产生的动力机制具有一定启

---

① 梁春娟，杨晓萍. 试析奥苏贝尔的学习理论及其对我国幼儿园教学的启示 [J]. 成都大学学报（教育科学版），2009，23（1）：71-73.

② 林良章. 关于赫尔驱力还原学习理论与勒温场学习理论动机问题之比较 [J]. 福建师大福清分校学报，1992（3）：65-68，108.

发作用①。但动机类型较单一，也有必要综合其他理论视角，全面分析个体复杂的动机结构。

第二，成就动机理论是动机研究的重要理论流派。其主要代表人物有默里、麦克利兰和阿特金森。默里首先界定了成就需要，是指个体克服困难，施展才能解决问题的需要。麦克利兰进一步提出成就动机由追求成功和避免失败构成。个体行为由成就动机决定，若成功动机大于失败动机则会全力以赴。阿特金森发展了期望价值理论，认为成就动机等于成功动机减去失败动机。成功动机取决于成就需要、成功期望和结果价值。成就动机理论认为个体内生的成就需要是行为的重要动力源泉。它突出成功动机对个体付出的正面作用。同时，也关注个体对失败的回避倾向。适当的环境能发挥成功动机的积极作用。成就动机理论深入剖析了个体成就导向的内部动力结构及其行为结果，对激发积极动机具有重要启示作用。

第三，自我决定理论提出人有与生俱来的成长动力，追求自主性、胜任感和归属感的满足。它认为自我决定是一种需要和潜能，指在充分理解自我需要和环境信息基础上，个体做出的行动选择。这种选择体验会引导个体进行有益于发展的活动。该理论强调，当个体感知行为是自主选择而非外控压力时，更有利于内在动机的产生。相反，感知外控压力会削弱内在动机。它还将动机分为内在、外在和内化动机，认为不当使用外在动机会抵消内在动机，需要促进外在动机向内在动机转化。简言之，自我决定理论关注支持个体自主性、提供最佳挑战、给予积极反馈等激发和维持内在动机的环境因素。它为我们提供了一个重要的动机分析视角，对理解和激发积极内在动机具有重要启示。

2. 动机与情感、价值观

需要不仅是动机的基础，也是情绪形成的基础。当需要得到满足时，个体会产生正向情绪；相反，当需要无法被满足时，负向情绪就会出现。情感是对这些情绪过程的主观体验，反映个体的心理状态。情感会显著影响个体的动机形成。个体会预测不同行为结果带来的情感体验，这会推动或抑制相关动机②。例如，预期的成功快乐可以激发积极动机，而失败的羞愧感会抑制某些动机。正向情感通常有助于形成积极动机和行为，反向

① 刘艳滨. 探寻走向专业化的职业历程 [D]. 长春：东北师范大学，2007：78-79.
② 田兴江. 幼儿园教师专业成长动力研究 [D]. 成都：四川师范大学，2020：64-76.

情感有时也能起到激励作用。简言之，需要不仅影响动机，也通过情绪和情感的中介作用影响动机。正确理解和运用这种需要—情绪—情感—动机的机制，对于有效激发积极动机和调节个体行为具有重要意义。这也为我们提供了分析和引导个体内在动力的重要视角。幼儿园教师的专业素养直接关系到教学质量和育人效果。当教师专业知识不足，无法很好解答家长的问题时，教师们往往会产生羞愧情绪。这种负面情绪能起到一个积极的激励作用，推动教师意识到自身专业成长的需要，从而产生提高专业素养的内在动机。

出于对孩子和家长的责任心，教师会主动学习相关知识，参加培训与进修，努力提升自身专业能力。她（他）们将专业成长视为一种内在需要，并为之付出努力。适度的羞愧感使教师意识到专业知识的重要性，驱动她（他）们进行自我完善。负面情绪并非绝对消极的，合理利用其推动作用，能激发个体的内在动机，推动专业成长。教师需要敏锐洞察自身需要，并有效调节情感，将其转化为专业进步的持续动力。

价值观与动机有着密不可分的关系。价值观是个体评判事物意义和作用的标准和信念，是思想的核心。它影响个体对需要、行为目标的认知，并对动机的方向、性质产生调节作用。价值观为行为提供依据，内化为个性的组成部分，支配个体的思维方式。它既有社会历史属性，也因个体不同而呈多样性。价值观通过生活实践而逐步形成和稳定下来。简言之，价值观影响个体如何看待事物，形成内在认知模式。它直接影响个体的需要，进而作用于动机的生成和方向。价值观是认知和行为的来源，对动机起核心调控作用。充分重视价值观培养，对于塑造积极动机，引导个体行为具有深远意义。

3. 动机在幼儿园教师专业成长系统中的定位与价值

动机是连接需要和行为的关键环节，是推动教师专业成长的直接动力。教师专业成长的动机与行为呈辩证关系，动机驱动行为，行为结果又促进更高层次动机的形成。动机通常通过专业成长情绪、准备状态、意志和注意力等中介作用影响成长过程，如催化剂般间接发挥作用[①]。具体来说，动机可以唤醒教师对成长的情绪，增强学习准备，增强成长意志，集中注意力。这些中介因素最终支撑和增强教师的专业成长行为。充分认识

---

① 曹世敏. 幼儿园教师胜任力现状调查及提升策略研究［D］. 保定：河北大学，2022：49-56.

动机在教师成长中的关键作用，以及其通过中介因素起到催化作用的机制，可以让我们更好地激发和利用动机这一推进力量，助力教师专业成长。这对提高教育教学质量具有重要意义。动机在教师专业成长中发挥着多重作用：第一，唤醒和引发作用。当教师对提升专业素养产生迫切需要时，会激发成长动力，唤起专业成长的心理体验，推动专业成长行为的实施。第二，定向作用。动机以成长需要和期待为基础，使成长行为从一开始就朝着目标方向发展，推动教师为实现目标付出努力。第三，维持功能。动机维持教师参与有利于专业成长的活动的心理状态。第四，调控作用。动机可以调节专业成长行为的强度、时间和方向。综上所述，专业成长的动机对唤醒、指引、维持和调控教师的专业成长行为发挥着多方面的推动作用。正确理解和运用这一作用机制，对于有效激发教师内在动力十分重要。

专业成长充分的教师会展现出以下特点：第一，以提升专业能力的内在动机为主，能主动将外在动机内化。她（他）们追求专业成长的动力源自内心，而不是外部强制。第二，成就动机强烈，力求成功动机明显大于规避失败动机。成功动机的支配使其全力以赴实现专业成长。第三，专业自主权充分，自我决策空间大。她（他）们可以根据内在需要自主推进成长。第四，自我价值得到实现与尊重。正向反馈支持内在动机。第五，原始生理动机较低，以继发专业动机为主。工作动机源自专业成长需要。第六，情感和价值观积极正向。她（他）们能正确面对成长过程中的困难与消极情感。第七，职业理想明确，成长愿景清晰。第八，容易获得工作过程中的成就感、价值感和归属感。总之，专业成长充分的教师内在动力强，自主性高，职业理想明确，容易获得正向情感体验。

（RD5，记录于2022.11.20）"在工作中，有些经历让我感到成就感和价值实现。比如去年给大学的学前教育专业学生上课，能够把自己的实践经验传授给她（他）们，我感到很有满足感，觉得自己积累的知识和经验对别人也有价值。在分享的过程中，我自己也获得了成长，这成就感激励着我想努力做得更好，把工作做到极致，让更多人受益。当一项工作不仅让我自己受益，也让其他人因我而成长时，我就会更加投入，全力以赴做好它。我觉得这种将价值扩散出去的工作经历，支持着我在事业上不断向前迈进。"

（RD5，记录于2022.11.20）"随着经验的积累，我需要面对和交流的人也越来越多。特别是在招生过程中，需要与不同背景的家长进行沟通。有些家长起初并不信任我们，这时我觉得不仅需要发挥专业优势，还要通过个人魅力去打动家长，让他们相信我们值得他们托付孩子。只有家长充分信任后，才会积极了解并最终选择我们。在这个过程中，我的沟通能力得到了提升。与教师的交流也让我处理问题的分寸感更好。比如面对教师的不当行为，我不会怀恨，而是明白这源于她当前的局限，可以通过交流帮助她认识到问题。我觉得可以原谅这种并不是出于恶意的错误。经验让我在处理复杂人际关系时更有毅力和智慧，这也是成长的一部分。"

（WD5，记录于2022.11.20）"那件事警醒我要更加谨慎地与教师团队交流，每句话都需要深思熟虑。不仅与领导对话要谨慎，与教师对话也要慎重。面对她（他）们的某些负面言论，我会思考如何回应，既不让她（他）们感到被批评，又能化解其负能量。我会在点滴处细细体会，这也是成长。此外，观察能力也在提升。面对家长时，通过其表情和动作猜测其内心想法，以便明确诉求点，做有针对性的讲解。在招生过程中，据此观察判断家长更看重教育质量还是服务，从而有的放矢地做介绍。我觉得经验让我在与人交流时，更会站在对方角度思考，并做出合适回应。这种洞察力和智慧的提升，也是我成长的一部分。"

（JD5，记录于2022.11.20）"从专业领域来说，我也取得了提升。一是外出学习，二是需要频繁对教师进行培训讲座，这些都对我有帮助。为了准备讲座，我需要努力充实自己。担任副园长也对我的成长很重要。站在不同位置，我的思考角度和视野会不一样。作为教师，我会考虑如何成为优秀教师；作为管理者，我会考虑如何成为优秀园长。这个角色转变对我的成长有帮助。外出学习、培训教师和担任管理职务，这些经历都促使我在专业领域不断深入和提升，这是我成长过程中的重要一环。"

专业成长不足的教师通常存在以下问题：第一，以外部动机为主，内外动机难以有效整合。外部强制动机无法转化为内在动机。第二，成就动机较弱，满足于现状，仅追求避免失败，没有持续成长的内驱力。第三，自主决策空间小，专业自主权严重缺失，无法按需要自主推进。第四，自我价值难以实现和被尊重，得不到正向反馈。第五，内心封闭，自我防卫心理明显，不敢正视问题。第六，容易降低理想，逃避现实与理想的差距带来的消极情感。第七，沉溺当前问题，不设立成长目标。简言之，专业成长不足的教师外部动机主导，内在动机不足，自主性差，容易产生消极情绪，难以建立成长愿景。这些都制约着专业成长。

（JD6，记录于2022.11.20）"我非常渴望学习和成长，但由于工作太忙，经常无法抽出时间。工作日从早到晚都满满当当，回家后还要照顾孩子，每天都很疲惫。我买了许多专业书籍，看到后很想研读，但回家就被生活琐事淹没了，根本无法静下心来读书。我不清楚这是由于自己懒惰还是客观环境所限。家人都很支持我，但我就是无法找到时间学习。我内心渴望成长，但外在环境和生活节奏让我无法腾出时间充实自我。我在想，是否可以试着利用碎片时间学习，比如坐地铁时听听音频书籍。当然，我也要反思是不是自己的时间管理能力需要提高。我仍然会积极寻找提升自我的机会，努力抓住任何可能，让知识与能力不断增长。"

（JD6，记录于2022.11.20）"我认真反思后，觉得时间确实不是自己能完全掌控的。园里活动频繁，每次准备都很耗时，能力有限的我需要投入更多时间才能做好。等活动结束，时间就所剩无几了。我总想抽时间学习以提升自己，但面对繁重的工作，自己又没有特别强的悟性，很难在工作之余还腾出时间来充实自我。这确实是一个矛盾。但是，我不会就此放弃。我会继续优化时间管理，试着在碎片时间学习。也会和领导反映这个问题，争取在保证活动质量的前提下做好工作时间分配。我相信每一点进步都会积少成多，最终提升自己。我不能妥协，要继续努力寻找提升自我的机会，相信总有办法的。"

（WD7，记录于2022.11.20）"我购买了许多专业书籍，像《观察儿童的艺术》《向儿童学习》等，还有儿童心理学方面的书，都想在业余时间研读。但由于时间太少，我只能选择优先看专业书，其他书籍就被搁置了。我知道《儿童心理学》那本书很厚，需要静下心来慢慢阅读，但现实是我无法腾出大块时间来读书，只能一直搁置。我渴望提高专业能力，所以宁愿将仅有的时间都用在专业学习上。但我也明白，非专业书籍同样重要，可以开阔视野，带来更多启发。我会继续寻找提升效率的方法，试着在生活中腾出更多时间，不局限于专业书，也涉猎其他领域知识。持之以恒地阅读，会让我在专业上有更大成长。"

（WD7，记录于2022.11.20）"我养成了一个习惯，就是睡前会抽时间看书。遇到工作问题时也会参考书籍，这对我来说像一瓶及时的营养液，可以快速找到解决工作难题的思路。平时在园里很难腾出时间学习，但当遇到具体问题，比如要写教研计划、组织活动、承接区级教研等，我都会抽时间看书积累理论知识，因为光凭经验是不够的。今天我在医院，也在利用输液时间阅读新书。我会珍惜每一个碎片时间，通过阅读提升自己。因为我深知，对于幼儿教育工作者来说，学习就像空气和水一样必不可少。这是一种持之以恒的自我充电，让我能更好地应对各种挑战。我会坚持这样的学习习惯，与书籍做终身的朋友。"

（JD8，记录于2022.11.20）"我主要利用晚上睡前时间阅读和学习。白天工作很忙，基本无法抽出时间，所以我会利用睡前这个时间段读些书。虽然时间不长，但我会尽量利用这段宝贵的时间读上一两页。周末时间稍微充裕一些，我也会利用周末的空档时段学习。虽然这些碎片时间不多，但我会努力坚持，因为我知道哪怕一点点积累，长期下来也会有质的提升。我正在学习合理规划时间，掌握时间的使用方法，让学习可以融入生活，成为一种习惯。坚持每天睡前学习，再加上周末的长篇阅读，我相信会让知识和能力得到提升，不断成长。"

通过对三位教师陈述的分析可以看出，专业成长充分的教师具有强烈的学习需要和成长需要，主要由内在动机驱动学习和专业成长。她（他）们会主动创造条件，克服困难进行学习。而专业成长不足的教师则逃避问题，不愿正视自身发展需求。她（他）们习惯为不学习找外部借口，如时间不够、事务繁忙等。简言之，专业成长充分的教师内在学习动机强，善于主动学习；专业成长不足的教师被外部动机主导，被动地依赖外部推动，不自觉探索专业成长需要。充分发掘和激发教师内在的成长动机，帮助她（他）们建立良好的学习习惯，使之由被动学习转变为主动学习，是促进教师专业成长的关键。这需要外部环境给予支持，也需要教师自我觉察和调节。

4. 幼儿园教师通过学习确立并完善专业成长动机

幼儿园教师的职业成长动机是多元和复杂的，它受需要、情感和价值观等因素的影响。具体来看，教师专业成长的动力系统包含：外部动机和内部动机，前者来自外部，后者来自内心；生物性动机和社会性动机，前者源自生理需要，后者源自社会属性；主导动机和次要动机，前者起决定作用，后者起辅助作用。考虑到教师职业属性，教师应以认知、成就、自我实现等内在社会性动机为主导。这更有利于持续实现专业成长。学习可以提高教师的认知动机和自我提高动机，具体体现在以下几个方面：第一，学习使教师正确认识幼儿教育的重要性和自身角色的高要求，形成正确的价值认知。第二，通过学习，教师对自身现有素养与需要素养的差距获得明确的认知，产生提升专业素养的内在需要。第三，心理学家马斯洛的需要层次理论指出，当低层次需要得到满足后，人会追求更高层次的需要。教师专业素养的"知不足"会激发自我提升的内在动机。第四，学习使内在动机水平提高，外部动机难以取代学习对专业成长动机的激发作用。简言之，学习有助于教师形成正确的专业价值观，强化内在动机，持续推动专业成长。这是教师实现自我驱动的重要途径。

（WD8，记录于2022.12.10）"从事这个行业，我最大的收获是对3~6岁儿童年龄阶段的发展特征有了更准确的认知和理解。以前不了解这一领域时，我总是用成人视角看孩子，会给孩子贴标签，称赞孩子'很聪明'或'很听话'。但真正踏入这个行业后，我明白每个孩子都有这个年龄阶段的共性，孩子的种种表现都在正常发展范围内，没有绝对的好或坏。每个孩子都有自己的特点，我们要用发展的视角来理解和看待孩子。这对我来说是非常宝贵的收获。这让我不再用主观片面的视角判断孩子，而是以专业与同理的心态倾听和认识每一个孩子。"

（RD8，记录于2022.12.10）"从事这个行业，我感到它对教师的要求非常全面和高标准。优秀教师不仅要会带孩子玩游戏，还需要在文案编写、教具制作、艺术修养、环境设计等方面都有较高造诣。教师需要扮演多重角色，既是设计师又是医生，需要根据孩子需求变身不同的形象。这些丰富的要求和经历锻炼了我各方面的能力。即便不在这个行业，这些技能也让我具备非常强的适应能力和就业能力。教师这个行业涵盖的知识和能力之广，让我感到无论投身何种其他行业都可以顺利就业。这些丰富的经历是这个行业给我的最宝贵馈赠。我相信这些积累会让我在之后的人生道路上游刃有余。"

学习还可以提高教师的成就动机和自我实现动机，具体体现在：第一，学习优秀教师榜样，了解她（他）们在艰苦条件下仍能取得高成就的经历，会激发教师对成就的追求。第二，学习教育家的事迹，了解她（他）们全身心投入、忘我工作的精神追求，会激发教师实现自我价值的内在动力。第三，马斯洛需要层次理论认为，当低层次需要满足后，人会追求高层次需要如成就和自我实现。学习提高教师对这一规律的理解。第四，目标设置理论指出，明确目标本身能激发和推动行为。学习明确成就和自我实现目标，有助于激发这些高层次动机。总而言之，学习优秀典范、理论知识，可以帮助教师建立成就和自我实现动机，将之内化为专业成长的内在动力源泉。这对教师对教育事业高度负责、全身心投入教学工作极为重要。

学习还可以提高教师的交往动机和归属动机：第一，教育实践让教师意识到交往能力对团队合作的重要性。当交往能力不能满足工作需要时，会激发提升交往能力的内在动机。第二，教师会发现在团队中更易实现教学目标和自我价值。这激发对团队归属的需要。第三，反思和观察也会让教师意识到团队合作和良好关系的重要性，产生提高交往与归属动机。第四，自决定理论认为，关系需求的满足能提高内在动机。学习增强教师对关系需求的理解，有助于激发交往和归属动机。简言之，学习使教师认识到交往与合作的重要性，满足关系需求，激发教师的团队意识，这对教育事业的发展大有裨益。

二、影响教师专业成长的环境因素

幼儿园教师的专业成长和发展是一个系统性的过程，需要多方面因素的协同作用。主要影响因素包括：第一，家庭因素。家人的理解、支持和良好的家庭教养方式，会对教师的成长产生积极影响。第二，园所因素。园所的专业化氛围、人性化管理、良好同事关系等，会激发教师的工作热情和内在动力。第三，学习组织。组建专业学习共同体，开展集体备课、互访互学等，能更好地激发教师主动学习的内生动力。第四，人的影响。导师的悉心指导，良师益友的启发，都会对教师的专业成长和价值观塑造产生深远影响。简言之，教师专业成长是内外因素共同作用的结果。我们应注重营造良好的外部环境，帮助教师建立正确的人生观、价值观，以激发其专业成长的内在动力。

（一）家庭方面

1. 童年经历

相关研究表明，童年作为一种实践经历，对成人的价值观和行为方式会产生深远的影响。对儿童来说，童年是现实的生活；而对成人来说，讨论童年往往是一种追忆和反思。这些充满情感色彩的成长记忆，会伴随成人一生，并影响他们对待孩子的方式。许多成人承认，自身的成长经历与童年记忆相关，其中父母和教师的影响尤为重要。他们的教养方式会以正面或负面的形式影响成人的价值观，并体现在他们与孩子的互动中。童年不是纯然快乐，也有不开心的记忆。但正确认识这些记忆对自我成长的意义，转换理解方式，能帮助我们建立积极健康的价值观，采取合理的教养方式，让孩子有一个快乐的童年。

（WD9，记录于2022.12.10）"我选择当教师，和家庭背景关系很大。我妈是教师，从小就受她影响，培养形成了服务教育的理想。还有我们家教育要求比较严，培养了我良好的习惯，这为当教师奠定了基础。最重要的是，家人对我的支持。公办幼儿园教师工作非常辛苦，各种任务多，晚上回家还要备课。如果没有家人理解和支持，我就撑不下来。我感谢我的家人，他们的熏陶和鼓励让我选择并坚持了这个职业。现在虽然辛苦，但能为教育贡献一份力量，我觉得很有意义。我会继续努力，为孩子们创造幸福的成长环境。"

（JD9，记录于2022.12.10）"我小时候是一个很调皮的孩子，但父母从不打骂我，让我感到童年蛮快乐的，每天跟朋友出去到处玩。后来我上幼儿园了，那个幼儿园给我的印象就是孩子们每天坐在教室里，听教师讲1+1等于几，并且没有安排户外活动。我因此特别厌烦上幼儿园，宁愿在家里玩，家里比较自由。那会的幼儿园孩子们只能整天待在教室里，等放学时家长来接回家。我觉得那种幼儿园管理模式束缚了孩子的天性，没有照顾到孩子活泼好动的特点。现在的幼儿园教育理念确实在改进，更重视孩子的主体性和全面发展。"

（RD9，记录于2022.12.10）"我记得自己童年上的是传统式的幼儿园，整天被迫坐在教室里听教师讲课，失去了玩耍的乐趣。现在我当教师了，就会站在孩子的角度想问题。我觉得应该释放孩子的天性，多接触大自然，不要总把他们困在室内。因为我明白那种被束缚的滋味不好受，我也期望有更多时间去探索和游戏。所以我现在尽量组织孩子们进行户外活动，亲近大自然，玩一些寓教于乐的游戏来学习知识。我相信激发孩子的好奇心和主动性，比单纯的坐在教室里被动地接受知识灌输更有效。我会努力为他们创设一个快乐自由的学习环境。"

2. 多重角色体验

社会学家戈夫曼使用"社会是舞台"的比喻来解释人际生活。他认为社会像舞台，社会成员像表演者，在舞台上扮演各种社会角色，并按剧本在指定区域内进行互动。母亲也是一个非常关键的角色，需要承担孩子早期教育和照顾的责任。教师和母亲都是孩子成长过程中重要的人，应共同关注孩子发展，发挥各自所长，构建良好的育人环境。教师可以依据专业知识指导家长科学育儿，母亲也可以提供孩子在家的情况，与教师保持密切沟通。每个人都在扮演一定的社会角色，理解自身角色并与相关角色形成良性互动，对于孩子健康成长尤为重要。教师和家长应本着"以儿童为中心"的理念，共同促进孩子全面发展。

（WD10，记录于 2022.12.10）W 教师的搭班教师 A1 教师曾在访谈中说："我感觉 W 教师生孩子之前和之后有很大变化，是有一个分界点的。她产假回来之后，给我的感觉真的与以前不同了。以前的 W 教师比较活泼开朗，经常和我们一起玩游戏，跟孩子们很亲近。但自从她生了宝宝回来上班后，我明显感觉到她变得更沉稳了，上课的时候也更专业严谨，不像以前那么随和了。她似乎在成为人母后，对教育孩子的态度也变得更负责任。我猜这可能是因为她现在自己也是位妈妈了，所以更能站在家长的角度考虑问题。总之，W 教师生孩子之后给我的感觉是成熟了许多，开始由一个青涩的教师转变成专业的育儿导师。"正如 W 教师所陈述的："自己当了母亲后，我反而可以更理解和接受孩子调皮的行为，因为我现在可以站在家长的角度想问题。以前遇到孩子调皮，我可能会严格一点。但现在我已为人母，更能体会到家长的那种心情，所以会更有耐心。另外，有了宝宝后要继续做研究也必须有家人的支持。当家人能帮我照顾宝宝时，我就有更多时间投入到写作等工作中。总之，成为母亲后，我在对待孩子和与家长交流上，都产生了一些变化。我现在更能站在家长的立场上去理解孩子，以及得到家人在工作上的支持，这些都让我成了一个更专业和负责任的教师。"

（WD11，记录于 2022.12.10）此外，W 教师还会主动与家人沟通，影响家人的育儿观，不断促进良好家庭关系的建立。"现在我和家人讨论育儿话题的方式，会更有理有据了。以前不太会跟他们讨论幼儿园相关的事，但现在会多谈一些。我会把自己的一些专业理念告诉家人，建议他们用正确的方式育儿。我觉得这样的交流可以促进家庭关系，让家人也了解一些专业知识。以前只是单纯做妈妈，现在我有了专业理论作为支撑，所以更有底气跟家人探讨育儿方法。我也在努力让家人相信，我建议的方式是有益的，而不只是妈妈的主观看法。我感觉我们家人之间的交流在深入，这也提升了我的专业素养，让知识可以服务家庭。"

3. 外部荣誉

外部的正向激励和荣誉也会对教师的专业成长产生积极影响，具体体现在以下方面：领导和专家的肯定是对教师努力的认可，会激发教师内在的成就动机。评比活动获奖不仅能满足教师的成就感，也能使其意识到专业成长的重要性。外部荣誉有助于教师建立专业自信，树立行业典范，发挥模范引领作用。荣誉不只是对过去工作的肯定，也会激励教师保持专业热情，持续学习进步。荣誉满足外在动机，并促进其转化为内在动机，推动教师专业成长。总之，合理运用外部激励，可以对教师专业成长起到催化作用，既满足外部需求，也促进内在动力的产生。但应避免过度依赖外部动机，注重调动内动力。

（WD12，记录于 2022.12.10）"我觉得之前写文章的水平不太行，刚开始工作的时候总是只能获得三等奖，但现在好像都拿到了一等奖，情况有所改观。"这些外部荣誉让 W 教师从他人那里获得了认可，文章获奖也是对 W 教师自身能力的一种肯定，从外在推动了 W 教师不断继续前行。

（二）幼儿园

教师的专业成长需要良好的环境支撑，主要的环境影响因素包括：①民主管理。尊重教师主体地位，充分听取教师意见，能充分调动教师工作积极性。②学习氛围。组建学习共同体，开展协作研究，能促进教师主动学习。③教师文化。欢乐向上的工作氛围和良好的同事关系，能满足教师归属感需要。④领导关爱。良师益友般的领导给予指导和支持，会对教师产生深远影响。总之，人性化、民主、关爱的环境能满足教师需求，激发内在动力，让教师在工作中获得成就感、荣誉感和归属感。环境对教师成长的意义非凡。

1. 自由民主管理

（1）幼儿园管理的内涵及价值

幼儿园的管理工作是保证园所顺利运行的重要保障。广义的幼儿园管理指教育行政部门进行的宏观指导、监督和评估。狭义的幼儿园内部管理，是园方根据国家政策、法规要求，遵循儿童发展规律所进行的日常组织协调和过程管理。具体来说，内部管理主要包括：制定发展规划，明确办园目标；组织配置园所资源，实现发展目标；做好组织协调，分工明确，形成合力；过程跟踪检查，及时改进；推进管理创新，提高管理水平。内部管理的目的在于，充分调动园所全体人员积极性，不断提升教育教学质量，促进儿童全面发展。总之，科学高效的幼儿园管理，对于创设良好的育人环境，激发教师主人翁意识，保障儿童成长，都起到了举足轻重的作用。这需要管理者具备专业知识与人文素养。

本书讨论的幼儿园管理属于狭义管理，即园长为核心的园内部管理。其目标在于，运用科学的管理方式，合理组织和调配影响园所运转的各种要素，尤其是人的因素。关键是要全面调动教师的积极性和主动性。既关注儿童的学习发展，也高度重视教师的专业成长。因为儿童成长靠教师推动，教师成长体现在儿童进步中。所以，幼儿园管理要注重通过制度建设、协作文化、支持体系等创设良好环境，激发教师主人翁精神和内生动力。让教师在工作中获得成就感和荣誉感。简言之，重视人的成长是幼儿园管理的核心。既要关注儿童发展，更要关注教师专业成长，因为两者互为条件、互相依存。充分发挥教师主体作用是幼儿园管理的关键。

（2）幼儿园管理模式与幼儿园教师专业成长

当前我国幼儿园实行园长负责制，园长负全责，教职工参与民主管理。园长的管理理念和能力对园所管理模式的形成有决定性作用。目前幼儿园管理模式可分为两类：一是以人为本的民主管理。这强调尊重教师主体地位，鼓励参与管理，凝聚人心。二是以权为本的威权管理。这过分强调园长权力，忽视民主价值，容易造成教师离心离德。民主管理更符合幼儿教育规律。它通过制度建设、开放文化、团队合作，营造专业化环境，激发教师责任感和主人翁精神，促进教师专业成长。而威权管理过于强调服从，压抑教师自主权和创造力，不利于教师专业成长。因此，推行民主、专业、开放的管理，对激励教师主动性和专业成长意义重大。

民主型幼儿园管理模式以人性本善为前提，关注和支持每一个成员的成长。其主要特征是：尊重每个成员的价值，公平公正对待。管理者将自我定位为服务者、支持者和合作者，而非控制者，为教师学习成长提供时间、空间、政策和资金等支持，为教师价值实现提供平台和机会，强调团队合作，而非个人主义。这种民主、开放、专业的管理环境，能满足教师的尊重需要，激发责任心和主人翁精神，促进专业成长。教师专业成长与组织支持正相关。总之，民主管理注重人的成长，能营造积极的组织氛围，让教师在专业成长中获得支持和动力。这对提高教育教学质量意义重大。民主型幼儿园管理不仅重视个体成长，也高度强调团队协作与共同成长。其主要特征包括：构建学习共同体，促进集体备课、互学互鉴。鼓励所有成员参与管理，形成合力。包容个体观点差异，尊重每一位成员。在个人意见基础上凝聚共同愿景，形成使命认同。管理者具备人文关怀，理解和关心每一位成员，更看重过程管理，而非结果控制；强调团队合作，而非个人主义。这种民主、开放、人文的管理，能更好地激发教师主人翁精神，获得成就感，并促进团队关系，实现个体价值，对教师专业成长意义重大。

（JE8，记录于2022.12.14）"对青年教师的培养确实很重要。作为师傅，我会关注她（他）们在基本功方面的锻炼，像唱歌、跳舞、绘画等方面都需要经常练习，每个学期都要进行考核，以督促她（他）们进步。另外，我也会关注她（他）们的课堂管理能力和课堂氛围营造。具体来说，可以先让青年教师练习模拟上课，观摩一些优秀教师的课堂教学活动，然后自己再上一节试讲课。我们教研组的教师会定期去听课并给出指导意见。对于老教师，我会要求她（他）们在专业知识方面更加成熟，进行一定的教学科研，承担课题并形成研究报告。同时，老教师也要给青年教师上一些创新示例课，进行课堂教学观摩。通过总结平时的工作经验，老教师可以给青年教师作工作报告，介绍家长工作、课堂管理、幼儿安全等方面的心得体会。我们可以定期举办这种老带新讲座，使老教师的经验能够传承下去，新老教师共同进步。仅靠教学部门几个人是难以做细致指导的，所以我们必须发挥老教师的引领作用，使新手教师在实践中快速成长。"

（RE8，记录于2022.12.14）"在工作中，如果遇到问题，我们会采取积极的沟通方式。例如我们这个教研组要研究某个问题，大家就坐下来开个会讨论一下。如果某个班级出现了什么问题，大家会坦诚地把问题拿出来，集思广益想办法解决。我们之间交流比较顺畅，没有任何负担。在互相听课过程中也是如此，大家都会毫无保留地提出自己的想法和意见，彼此启发，这样才能不断改进我们的教学活动，使之更加优秀。我们之间不存在任何隔阂，都在积极主动地相互交流、相互提高。通过这种开放、团结的工作氛围，我们的教研组才能不断进步，解决好各种教学问题。"

幼儿园内部对教师成长的管理可分为新老教师两个方面：一是新手教师培养。通过系列培训和考核，帮助新手教师快速提高教学能力，尽快适应工作。二是老教师提高。采用老带新模式，老教师在指导新手教师的过程中也获得了反思的机会，吸收了新理念，实现了共同提高。这种新老结合的模式，既重视新手教师快速成长，也关注老教师知识更新，避免思想僵化。新手教师获得指导，老教师获取新观点，双方形成学习共同体，实现知识与经验传承。这样的教师管理策略，对激发教师学习热情，促进教师团队专业成长和持续提高都具有重要意义。它调动新老教师的积极性，支持她（他）们在教学实践中成长。幼儿园民主管理的一些具体做法：第一，教师竞聘上岗，维护自身权益。优秀教师可选择发展方向，既可进入管理，也可坚守一线。第二，引导教师参与制度建设，共同制定、共同遵守规则。这可以增强教师的主人翁意识。第三，帮助教师规划职业发展，培养积极乐观精神。针对教师职业疲惫给予关怀，激发其工作热情。第四，重视团队合作，组织集体活动，营造充满爱的工作氛围。第五，尊重教师个体差异，区别对待，实现人尽其才。这样的民主、开放、人文的管理，能满足教师的自主权和发展需求，激发责任心，促进教师专业成长和团队发展。它既提供发展空间，也给予情感关怀，是提升教师积极性的有效途径。

2. 学习共同体和关键人物

（1）园部课题组

研究发现，园所组建的课题研究小组对教师 W 的专业成长起到了重要作用①。具体体现在：课题组学习使幼儿园教师开始认识到自身观念存在的问题。学习科学教育理论，改变原有观念。作为实验班教师，将新理论运用于实践，不断探索和积累经验。循环理论学习、实践、反思，促进观念和实践的改进。可以看出，园所组建的课题团队搭建了理论学习和实践探索的平台，推动幼儿园教师观念和实践能力的提高。它开启了自我反思，提供了专业成长的途径。因此，管理者应重视构建教师学习共同体，支持团队备课研究，开展课题研究等，对教师专业成长提供支持。这对激发教师主动学习动机意义重大。

（WE8，记录于 2022.12.14）见证 W 教师一路成长的 Z 园长，在谈到"W 教师如今的转变"时说道："我们看到这位教师身上具有很好的品质，所以把一个实验班交给了她。通过在实践中去实现某些目标，我们发现她确实在成长。她在班级工作中表现很出色，孩子们的家长也非常支持她。孩子们在这样的积极氛围中也进步了很多。这可以说是一个良性循环。教

---

① 梅舒红. 研究型幼儿园教师专业成长的个案研究 [D]. 南京：南京师范大学，2020：89-95.

师品质好、工作努力，得家长信任、孩子喜爱，反过来教师也会得到更大的工作动力。我们很欣慰这位教师不断成长，也为学校培养出了一个优秀的教研团队成员。"

（WE8，记录于2022.12.14）"在课题组中，个体教师的成长和整个团队的成长还是有区别的。作为个体，教师可以从别人的分享中获取间接经验；而作为团队成员，教师需要把自己的实践分享汇报给其他人，从中获取认可和肯定，增强专业自信心。这两种成长方式对教师的促进效果是不同的。我注意到W教师在加入我们课题组后，专业成长速度明显加快了。之前她总是学习其他教师的做法，现在其他教师反过来经常请教她的成功经验。同事们的认可让W教师感到自己也能帮助别人，从而主动投入到专业成长中去。我相信通过团队合作，我们的每一位教师都能获得专业支持，提升教学能力。""过去，我总是观察其他教师的班级，学习她（他）们的教学方法。现在情况变了，其他教师会来询问我，说我们班做得非常出色，想了解我们的做法。同事们的肯定让我感觉到自己的成长，也对自己的教学更有信心了。我找到了自己的教学特色，不再是单纯地学习其他人了。同事们都说我的班级氛围很好，孩子们学习积极，这让我感到自豪和欣慰。我也开始主动把自己的一些成功经验分享给其他教师，提供一些帮助和支持。能够回报团队，我感到自己成为教研组的一员，既能学习也能贡献。这种合作让我获得更多正能量，更加投入到教学工作中去。"

课题组为W教师的成长提供了重要契机和平台，具体促进作用体现在：课题组开展的教研活动构建了学习共同体，提供理论和实践支持。实验班教学使W教师能将新理念应用到实践中，获得宝贵经验。团队合作促进了知识分享和反思，拓宽视野。课题组给予W教师在"最近发展区"内的指导，稳步推进。W教师在互动中获得成就感和专业认同。可以看出，课题组为W教师搭建了一个专业成长的平台，使其在相互作用中获得新的理论和实践素养。它是W教师实现由新手向专家型教师转化的关键支撑。因此，管理者应重视构建教师学习共同体，在互动中促进新老教师的专业成长与团队提高。A园课题组组长C教师就提出，课题组相当于一个研究团队，可以支持教师的成长。

2. 专家

专家对幼儿园教师专业成长的重要影响体现在以下几点：深谙理论，并能用实例说明理论应用，使教师更易吸收新理念。在专家指导下，幼儿园教师能将理论与自己教学实践结合，不断探索和总结经验。专家给出实际可行的指导和启发，帮助幼儿园教师推进理论联系实际。与专家的交流开阔了幼儿园教师的视野，明确了专业成长路径。获得专家悉心指导，增强了幼儿园教师的专业成长自信心。简言之，专家的理论指导和实践启发，使幼儿园教师的理论联系实际，思想获得提升。"关键人物"的示范作用是教师专业成长的助力。管理者应邀请专家指导教师，构建专业学习共同体。

（RE9，记录于2022.12.15）R教师说："参加外出培训听专家讲座，往往感觉她（他）们讲了许多空洞的大道理和理论，不够具体实际。而Z专家不一样，他总是用很多实际的例子来跟我们交流，这样我就能很容易理解并接受了。Z专家总是能帮我理清思路，在我做评价、搜集信息、解读回应这些工作时，我脑海里总是能听到Z专家的话，感觉他就在我耳边指导我。Z专家的实际案例分析，让理论知识变得易懂易用，对我的工作帮助很大。我非常感谢Z专家如此耐心，不厌其烦地用生动形象的方式传授知识，让我们在轻松愉快的氛围中学习成长。"

（RE9，记录于2022.12.15）R教师说："Z专家能够给予我们关心和慰藉，这让我感到很暖心。我觉得她能站在我们的角度去思考问题，真正帮助我们。她不仅传授知识，还给我们精神支持，这对减轻我们的工作压力非常重要。有Z专家这样体贴入微的导师，我感到工作过程中有伙伴相伴，心里很踏实。她不仅是专业导师，更是我们的贴心人。Z专家的人文关怀，让我在获得知识的同时，也感受到了温暖和力量。这种情感上的支持，让我更有动力投入工作中去。"

3. 家长

家长作为教师工作的重要合作者，也会对教师的专业成长产生影响，具体体现在：家长是教师工作的直接受益者，家长的反馈直接影响教师的工作感受。家长可提供孩子在家的相关信息，帮助教师更全面地了解孩子。家长的理解、支持和配合都影响教师开展创新的教学实践。与家长的互动帮助教师增强与人交往的技能。家长的评价也是教师专业成长的一个参考。总之，教师与家长保持良好沟通，形成合作共赢，既帮助家长科学育儿，也能让教师获得理解和支持，对专业成长大有裨益。教师与家长应本着"以儿童为中心"的理念进行互动。

（BE10，记录于2022.12.15）"在这个教学过程中，教师一直和家长保持良好沟通，详细记录下孩子们的各种尝试和探索过程。我们感受到，这种教学方式与传统教学不同，它注重的是孩子们的学习过程，而不是简单地追求结果。它最大限度地激发孩子们的积极性和想象力，有利于培养孩子独立探究的能力。作为家长，我们看到孩子在这个过程中得到激发和成长，感到这样的教学理念和方式非常值得认可。它实现了从注重结果到注重过程，从注重目标到注重方法的转变，是对教育理念和方式的创新。我们感谢教师的用心，让孩子在快乐中学习和成长。"

教师开展教学研究若获得家长的理解和支持，将对教师产生正面影响：家长的认可和好评可以增强教师的专业自信。教师通过信任关系邀请家长参与研究，让家长见证教学效果。向家长展示孩子的学习方式和支持策略，获得理解和认可。家长见证教师专业能力的提升，对教师的信任感也增强。与家长良好互动本身也促进了教师的交往能力成长。家长的支持反过来鼓舞和推动教师专业成长。简言之，教师做好研究，获取家长支持，形成合力，既让家长认可教师的专业能力，也使教师在互动中获得肯定，实现双赢。教师应注重与家长建立信任，共同促进孩子成长。

第四节　融合教育背景下幼儿园教师专业成长的途径

一、准师型阶段

作为教师专业成长的起始阶段，准师型阶段的主要任务是：在师范院校系统学习专业知识，夯实理论基础；接受专业能力培养，提高教学实践水平；学习教育理念，明确专业价值追求；在校内外教学实习，积累经验。这一阶段专业成长的重心是打牢知识基础、练就过硬的专业能力。因为师范生相对脱离实际环境，社会和实践经验不足。通过学习和实习，为以后形成科学的教育理念和专业精神奠定基础。这是教师专业成长的起点，也可能决定其未来发展轨迹，因此尤为重要。

（一）科学设置学前教育专业课程体系

为培养高质量的幼儿教育师资，师范院校应当根据相关政策要求，优化师资培养方案，具体应注重以下几个方面：一是构建科学合理的课程体系，将公共基础课、专业核心课和拓展课均衡设置，使理论课程和技能课程有机衔接，避免偏重理论或技能一方。二是增加教师心理健康、思想道德等课程，培养准教师的专业理念和职业道德。三是加强教学实习环节，使准教师在实际环境中积累经验。四是注重培养准教师的专业知识、能力和素养的系统发展。通过科学的课程设置，理论联系实际，加强实习体验，使准教师全面系统地掌握专业知识和技能，明确专业理念，为未来胜任教师工作奠定坚实基础。这对提高幼儿教育师资队伍素质意义重大。各类课外活动可辅助不同学科教学，增强效果。可建立学生社团，定期开展"弹唱跳说画"等技能活动，组织各种教学技能比赛，如说课、模拟教学、教具制作等。这些丰富多彩的实践，能激发准教师学习动机，在活动中验证和提高自身素质。通过一系列活动的安排，使师范生系统掌握学前教育理论和技能，了解教师要求，培养职业认同感和理想情怀。总之，课外实践是测试和提高准教师专业素养的关键环节。丰富多样的实践活动，有助于师范生在未来的教学工作中更上一层楼。

（二）制订分层次、阶梯性的见习和实习计划

学前教育专业的实践教学与理论课程应该有机结合，贯穿整个大学阶段。实践教学要针对不同年级师范生的学习进度和发展水平设计，遵循由易到难、循序渐进的原则。大一可能先从参观幼儿园开始，了解园所运作基本方式。大二可以进行一些教学模拟和试教。大三开始真正进入幼儿园实习教学。每阶段实习后都要进行总结和反思，从而不断得到提高。理论课程也要紧密联系实践，针对准教师在实习中遇到的问题展开讨论。这样的安排可以让准教师从感性到理性地认识教育实践，培养专业素养和教学能力，为其毕业后胜任教师工作打下坚实基础。在设计实践教学方案的过程中，要考虑准教师的发展需求，使其在实践中得到锻炼和提高。

二、新手型阶段

刚步入职场的幼儿教育新人，大都刚刚完成学校师范教育，获得幼儿教育资格文凭，可以说还保留着浓厚的学生气息。但是一旦成为幼儿园教师，就要尽快转换到教师角色，承担起和资深教师一样的工作任务和责任。这对新手教师来说非常不容易，因为她（他）们虽然接受过完整的师范训练，但是缺乏实际的教学经验。一般而言，新手教师至少要在幼儿园积累 5 年的教学经验，才能转变为熟练的教师。这 5 年对她（他）们来说是非常宝贵的新手阶段，既要完成角色转变，又要在教学实践中积累经验。学校和园所要给予新手教师更多的支持和帮助，让新手教师顺利完成角色转变，成长为优秀的幼儿教育工作者。美国的一项研究显示，新手教

师头一年的教学实践会深刻影响她（他）未来整个 40 年的教学生涯和教学理念①。最初的教育经历和踏入教育行业头 5 年，尤其是第一年，会决定新手教师的教育信念。所以头几年对新手教师适应工作尤为关键，也是形成职业认同的转折时期。由于新手教师理论知识丰富但实践经验不足，可能在应对园所复杂环境时产生偏差，导致部分职业理念和能力受到冲击。能否顺利实现角色转换和获得持续专业成长动力，就取决于新手教师如何应对这些冲击。所以，新手教师需要学校和园所给予帮助，逐步适应工作，提高应对能力，克服实践中遇到的困难，才能顺利完成新手阶段，成为称职的幼儿教育工作者。

（一）协同在岗育人，为教师成长营造支持性环境

首先，地方教育部门应该与幼儿园充分了解新手教师面临的困难和需求，建立系统的在职培训体系。可以在新手教师入职前后举办针对性强的培训，采取导师指导、经验分享、名师观摩等多种形式。培训要着重帮助新手教师进一步提升专业知识和技能，深化对幼儿教育职业的理解，树立正确的教育观念和师德意识。还要通过模拟教学、案例分析、问题讨论等方式，增强新手教师的教学能力。此外，学校和园所也要给予新手教师更多关心和帮助，多听取她（他）们的困惑和想法，帮助她（他）们尽快适应环境。只有这样，新手教师才能够顺利实现角色转变，成长为合格的幼儿教育工作者。其次，幼儿园可以建立专业成长共同体。这是一种以集体备课、示范课、评课等方式提升教师专业能力的学习组织。关键是打造高效的教研团队，营造老带新、共享发展的团队氛围。鼓励老教师和新手教师之间多交流合作，开放包容地促进新人融入。在互帮互助的环境中，新手教师可以自然地提高专业素质。园方也要重视培养新手教师的专业精神，提供必要的指导和支持，让新手教师感受到专业共同体的力量，在其中获得专业成长，这对新手教师成功实现角色转变至关重要。

（二）建立激励机制，让新手教师形成归属感和荣誉感

幼儿园需要关注新手教师的心理特征，建立有效的激励机制。可以定期组织新手教师座谈会，倾听她（他）们的真实想法，认真解答困惑。要让新手教师树立只要努力学习，工作就会变得容易的信念。还可以设置新手教师教学竞赛、基本功大赛等，通过比赛展示自我，与人互动，实现自

---

① 张艺蕾. 教研相长：一位幼儿园教师专业发展的叙事研究 [D]. 昆明：云南师范大学，2022：34-65.

我价值。同时也能通过比较他人发现不足，进行自我反思和改进。此外，幼儿园还要给予新手教师精神和物质上的鼓励与支持，多肯定新手教师的进步和努力，帮助她（他）们树立自信心。只有让新手教师感受到组织的关心和支持，她（他）们才能全身心投入工作，逐步适应教师角色，成长为合格的幼儿教育工作者。

（三）提供职业咨询，指导新手教师做好专业成长规划

幼儿园可以为新手教师聘请咨询专家，对新手教师进行职业生涯规划指导。专家可以运用测评的方法，帮助新手教师评估自身专业知识、能力是否适应工作需要。然后采用 SWOT 分析法，分析自身优劣势和外部机遇、威胁，制定 1~3 年专业成长规划。通过专业的指导，新手教师可以清楚认识自我，做出合理规划，在实践中检查结果并调整，最终促进角色转变和专业成长。

三、熟手型阶段

熟手教师在 5~15 年的实践中，专业知识、能力和教学理念都达到较高水平，基本符合幼儿园对教师的要求，也形成了自己的特色与风格，正在向专家型发展。虽然她（他）们在教学工作上已驾轻就熟、游刃有余，但也容易产生职业疲惫。时间较长的重复工作可能造成思想、技能陷入平庸，激情、热情不再。这时必须防止专业成长进入高原期。熟手教师要保持积极推陈出新、开拓创新精神，不断学习新知识，反思教学，调整策略。还要主动参与各种教育实践活动，开展合作探究。只有不断取得新成就感，才能在专业成长道路上持续前行，实现新的突破。研究显示，相较于新手教师，熟手教师更容易陷入职业疲惫[①]。熟手教师多已成为幼儿园的教学骨干，肩负更多责任，面临更大压力。长时间重复性工作，让她（他）们感到疲于应付，对新知识也产生了怠惰心理。工作的新鲜感逐渐消退，热情和兴趣减弱，陷入职业高原。她（他）们满足于当前成就，不思进取创新。这种平台期是教师发展的瓶颈。要突破高原，熟手教师必须保持探索精神，主动学习新知识，反思教学，与人合作，开阔视野。还要注重工作与生活的平衡，适当调节负担。幼儿园也应该关注骨干教师的职业发展，提供培训支持，开创机会平台，帮助她（他）们不断实现自我突

---

① 秦奕. 幼儿园教师职业认同结构要素与关键主题研究 [D]. 南京：南京师范大学，2008：67-74.

破，向专家型教师目标迈进。

（一）营造竞争的组织氛围，激发教师重拾打破高原状态的信心

根据马斯洛需要层次理论，熟手教师也需要感受到荣誉感和成就感，才会持续投入幼儿教育事业。幼儿园可以适当引入一些努力向上和积极进取的"鲶鱼"型教师，营造竞争氛围。这会激发熟手教师的竞争心理，为保住地位和尊严而再次奋发。新人的加入也有利于整个教师队伍提升活力。当熟手教师重新燃起斗志，专业水平进一步提高时，她（他）们会从工作中获得更大满足感。组织氛围的正向循环同时也会促进个人职业发展。所以，适当竞争可以帮助熟手教师重拾热情，打破高原状态，实现新的专业突破。

（二）提供高端的教育机会，增强教师的职业荣誉感

熟手教师容易产生职业疲惫，源于工作重复和学识停滞。作为教育者，教师应秉持终身学习的理念。她（他）们需要不断学习新知识，优化知识结构，提高文化素养。要关注国内外学前教育的新理论和改革动态，不断更新教育理念，提高专业水平。《幼儿园教师专业标准（试行）》也要求教师具备终身学习的意识和能力，成为学习典范。熟手教师还可以通过开展教育研究来丰富专业内涵，带头探索创新教学法，传播进步经验。当教师在专业成长上不断有新的收获时，就会重新激发工作热情。所以，终身学习是教师突破高原状态的关键，也是实现专业可持续发展的必由之路。为激发熟手教师的学习动机，幼儿园应为熟手教师提供进修、访学、研讨等进阶学习机会。通过与专家交流碰撞，教师能体会到被重用的能力感和价值认同感，激发工作热情。学习也可以突破知识结构，获得心理放松，提升工作效能。园要多听取熟手教师的想法，进修的针对性要强。可鼓励她（他）们参与教学研究，传播经验。还要建立教师学习社群，大家相互启发。当熟手教师在专业学习上有所收获时，会重拾工作激情。所以，为教师提供高层次学习机会很重要，这将推动她（他）们不断实现自我突破，在专业成长道路上再上新台阶。

四、专家型阶段

专家型教师是从事教育工作15年以上的资深教师。专家型教师拥有丰富系统的专业知识，能高效解决各种教学问题，且具备敏锐的洞察力和创新精神。她（他）们是知识渊博、实践技能精湛、品德高尚的教育专家。

首先，专家型教师掌握广博的专业知识，并形成了自己的知识体系。其次，她（他）们能快速准确地分析和解决实际教学中遇到的复杂情况。最后，专家型教师善于洞察学生需求，并能创造性地应用知识，推陈出新。专家型教师集知识、能力和品格于一身，代表了教师专业成长的最高境界。培养专家型教师是提高教育质量的关键。

在组织和个人努力下，熟手教师突破高原状态后会进入新的成长期。她（他）们的专业知识、能力不断丰富，教学理念日臻成熟，逐步掌握教学主动权。熟手教师开始形成科学的知识体系和个性化的教学模式，发现和解决问题的能力达到高峰，成为其他教师的楷模。她（他）们具备较强教育研究能力，可以主持（带领）课题研究和发表论文，也更深刻地体会到从事教育的意义与乐趣。这时，熟手教师已经是专业领域的专家。这个阶段的关键是实现专业自主发展。专家型教师要继续深造，开拓创新，并承担指导后进的责任。她（他）们的自主专业成长也会促进学校和专业的发展。专家型教师代表教师专业成长的最高境界。专业自主是教师以自我为对象，根据发展需要自主设置目标并实践的一种专业成长方式。对于教师来说，专业自主体现为两方面：第一，以不断提高的专业素养和规范的教育理念，进行独立、自由、变革和创新的教学实践。第二，外部环境如行政部门、园所和家长提供支持性条件，让教师能够对教学做出专业判断和决策。要实现专业自主，需要做到：第一，教师要提高专业素养，坚持独立思考，根据需求自主规划专业成长目标。第二，幼儿园和部门提供资源支持，给予教师足够专业自主权。第三，构建专业支持型文化，互信互助，共同进步。当教师能够在支持型环境中，依据专业理念自主实践时，专业自主发展才能真正实现。

（一）教师需提升教学和自我反思能力

如波斯纳的成长公式所说的，经验和反思是教师成长的动力。《幼儿园教师专业标准（试行）》也强调主动反思和改进是必要的。对专家型教师来说，其继续提高依靠持续研究和反思。她（他）们需要在教学中持续思考和探究，深入分析自我，不断获取新经验并融入现有知识体系。专家型教师还要反复检视教育实践，调整完善，实现知行合一，在反思中释放自我，最终达到专业的"破茧成蝶"。专家型教师只有持续学习和反思，才能在专业成长道路上不断创新突破。教育研究和反思推动教师实现自主发展，是专业成长的必由之路。这也是教师专业能力实现可持续成长的内在动力。

（二）教师的专业自主需要外部环境的支持

一是完善相关法律法规，形成系统、配套、可操作的教师专业自主权法规体系，使教师在法律上享有充分的专业自主权。二是幼儿园要创设民主开放的专业文化氛围，提供必要的资源条件，如信息设备、研发室、教研室等，让教师有充分的教学探索空间。三是建立相关制度，如规定教师有权改革教学方法、提出评价建议、开发课程和选用教材等，在教学组织方面拥有充分的参与决定权。四是充分听取教师意见，重视教研工作，形成学习型组织。当教师在法律和制度上享有专业自主权，并获得组织的资源支持时，专业自主发展才能实现。这需要学校、社会各方共同努力。

参考文献

一、著作类

[1] 联合国教科文组织国际教育局. 教育展望 151：全纳教育：争议和辩论 [M]. 上海：华东师范大学出版社，2012.

[2] 皮特·本顿，提姆·奥布赖恩. 融合教育与教师发展 [M]. 范晓慧，译. 北京：北京师范大学出版社，2008.

[3] 邓猛，孙颖，李芳. 融合教育：理论指南 [M]. 北京：北京大学出版社，2016.

[4] 邓猛. 融合教育：理论反思与本土化探索 [M]. 北京：北京大学出版社，2014.

[5] 彭尼·塔索尼. 支持特殊需要：理解早期教育中的全纳理念 [M]. 张凤，译. 南京：南京师范大学出版社，2009.

[6] 休·格里芬. 儿童工作中的全纳、平等和多样性 [M]. 张凤，译. 南京：南京师范大学出版社，2011.

[7] 申仁洪. 从隔离到融合：随班就读效能化的理论与实践 [M]. 重庆：重庆大学出版社，2014.

[8] 周念丽. 学前融合教育的比较与实证研究 [M] 上海：华东师范大学出版社，2008.

[9] 毛荣建，刘颂，孙颖. 特殊幼儿学前融合教育 [M]. 北京：知识产权出版社，2019.

[10] 余小红. 特殊需要儿童全纳教育研究 [M]. 杭州：浙江大学出版社，2016.

二、期刊类

[1] 吴彦. 韩国学前融合教育支持体系述评 [J]. 南京晓庄学院学报, 2020, 36 (2)：58-62, 123.

[2] 刘霖芳. 卓越幼儿园教师培养导向下的高校学前教育专业人才培养优化策略 [J]. 现代教育科学, 2022 (5)：78-84.

[3] 刘维琳, 覃江梅. 美国幼儿园教师融合教育素养职前培养探析 [J]. 成都师范学院学报, 2022, 38 (6)：112-118.

[4] 蒋盈, 黄桂君. 幼儿园教师对融合教育的态度及实施困境之调查研究：以福建省福州市为例 [J]. 宁德师范学院学报（哲学社会科学版）, 2019 (4)：98-104, 114.

[5] 杨鹃. 我国学前融合教育研究综述 [J]. 乐山师范学院学报, 2015, 30 (8)：132-136.

[6] 吴扬. 幼儿园教师融合教育素养的调查研究 [J]. 中国特殊教育, 2017 (11)：8-13.

[7] 田波琼, 熊燕, 焦静. 幼儿园教师的融合教育素养现状及养成路径：以重庆市为例 [J]. 早期教育（教育科研）, 2019 (3)：27-31.

[8] 张丹丹, 孙钠. 成都市幼儿园融合教育现状调查研究 [J]. 教育与教学研究, 2011, 25 (12)：114-118.

[9] 李静. 幼儿园教师融合教育素养与培训需求分析：以北京地区为例 [J]. 教师发展研究, 2017, 1 (4)：7.

[10] 庾晓萌, 马瑞敏, 唐敏. 质量评价视角下我国学前融合教育的发展现状及提升策略 [J]. 学前教育研究, 2022 (8)：1-12.

[11] 何奎莲. "五位一体" 的幼儿园教师培养与培训机制 [J]. 教育与职业, 2012 (11)：72-74.

[12] 王彦波. 幼儿园教师融合教育素养的内涵及职前培育策略 [J]. 广东第二师范学院学报, 2020, 40 (2)：35-40.

[13] 魏勇刚, 杨明月, 雷雅娴, 等. 我国学前融合教育师资队伍建设的实践样态与改善路径 [J]. 学前教育研究, 2022 (8)：13-26.

[14] 孙珂, 孙玉梅. 学前融合教育教师专业素养构建探究 [J]. 现代特殊教育, 2018 (12)：19-24.

[15] 秦奕, 夏春, 许蓉, 等. 幼儿园教师融合教育胜任力的问卷编

制及初步应用 [J]. 学前教育研究, 2021 (3): 64-80.

[16] 王静, 韩伏彬, 魏玮. 美国大学学前教育专业融合教育课程的开设现状及启示 [J]. 现代特殊教育, 2021 (14): 59-67.

[17] 张丽莉, 刘新学. 学前融合教育教师专业素养调查研究 [J]. 教育理论与实践, 2022, 42 (8): 32-35.

[18] 蒋玲娟. 我国学前融合教育研究综述 [J]. 科教导刊 (上旬刊), 2016 (28): 37-38.

[19] 李慧丽. 融合教育背景下美国加州特殊教育教师资格认证制度分析及启示 [J]. 河南科技学院学报, 2020, 40 (4): 36-40.

[20] 杨慧, 孙玉梅. 苏格兰融合教育教师的培养及其启示 [J]. 现代特殊教育, 2018 (14): 47-54.

[21] 魏寿洪, 罗芸. 幼儿园教师融合教育实施现况及其影响因素研究 [J]. 重庆师范大学学报 (社会科学版), 2020 (2): 82-91.

[22] 陈晓, 高春玲. 云南省学前融合教育发展现状与对策研究: 基于对云南省部分幼儿园教师的调查 [J]. 教育观察, 2021, 10 (36): 120-124.

[23] 陈建军, 任萌萌, 张婷, 等. 山东省学前融合教育现状的调查研究: 基于对山东省部分融合幼儿园的调查 [J]. 现代特殊教育, 2018 (14): 82-85.

[24] 胡思思, 王子纯, 程硕, 等. 上海市融合幼儿园教师对融合教育的态度调查 [J]. 现代特殊教育, 2019 (16): 68-73.

[25] 孙颖, 杜媛, 史亚楠, 等. 融合教育背景下巡回指导教师专业素养建构研究 [J]. 中国特殊教育, 2022 (6): 33-42.

[26] 吕新蕾. 幼儿园教师学前融合教学素养现状及提升策略研究 [J]. 兰州职业技术学院学报, 2022, 38 (2): 35-37.

[27] 陈杰. 幼儿园教师融合教育认识和态度的调查研究: 以四川省雅安市为例 [J]. 内蒙古师范大学学报 (教育科学版), 2019, 32 (8): 79-82.

[28] 王瑶, 张薇, 周念丽. 幼儿园教师融合教育专业素质的调查与思考 [J]. 现代特殊教育, 2017 (5): 75-76.

[29] 毛杰, 王帅, 杨俊良. 幼儿园教师融合教育素养的实践检视与优化策略: 以河南省为分析对象 [J]. 河南师范大学学报 (哲学社会科学版), 2022, 49 (1): 151-156.

[30] 肖君凤. 高师学前教育专业学生融合教育方向培养探究: 以郑州幼儿师范高等专科学校为例 [J]. 郑州师范教育, 2020, 9 (5): 20-23.

[31] 郭子晟. 学前教育专业学生早期融合教育素养调查研究: 以南京特殊教育师范学院为例 [J]. 现代特殊教育, 2019 (14): 56-67, 80.

[32] 王芳, 石建宇. 学前融合教育师资建设的现状与思考 [J]. 襄阳职业技术学院学报, 2022, 21 (5): 52-55.

[33] 汪海萍. 普通师范院校特殊教育课程开设情况的调查 [J]. 中国特殊教育, 2006 (12): 13-17.

[34] 张丽莉, 杨少波, 欧阳新梅. 学前融合教育师资培养研究与探索 [J]. 现代特殊教育, 2019 (8): 14-18.

[35] 黄显军. 学前教育本科生融合教育素养培养困境与出路 [J]. 绥化学院学报, 2020, 40 (4): 4.

[36] 刘新学. 学前融合教育专业建设的基本路径: 以南京特殊教育师范学院学前教育专业为例 [J]. 现代特殊教育, 2018 (4): 8-11.

[37] 袁曦. 学前教育专业学生融合教育素质培养: 基于特殊教育类课程的改革与实践 [J]. 教育现代化, 2016 (1): 37-39.

[38] 邓颖. 幼儿园教师资格证面试情况调研及钢琴弹唱课程改革 [J]. 武汉工程职业技术学院学报, 2019, 31 (1): 84-89.

[39] 洪秀敏. 我国幼儿园教师资格制度: 问题与对策 [J]. 教育发展研究, 2011, 31 (Z2): 6-11.

[40] 陆月崧, 刘学. 幼儿园融合共生教育模式下教师培养支持策略的研究 [J]. 教育导刊 (下半月), 2020 (3): 55-59.

[41] 武建芬, 张媛媛. 新中国 70 年来幼儿园教师资格制度的变迁与启示 [J]. 今日教育 (幼教金刊), 2019 (9): 10-13.

[42] 李媛媛, 赵巧云. 我国学前融合教育师资培养探析 [J]. 现代特殊教育, 2019 (22): 48-53.

[43] 李艳娇, 李艳辉. 人本理念下创新教师职后培训模式的思考 [J]. 科教文汇 (上旬刊), 2014 (11): 23-24.

[44] 修云辉, 黄秀群, 谌月. 贵州省农村幼儿园教师融合教育素养现状及对策研究 [J]. 绥化学院学报, 2021, 41 (10): 117-120.

[45] 王建, 全晓燕. 融合教育背景下学前教育专业学生特殊教育能力培养的思考 [J]. 现代特殊教育, 2016 (8): 63-66.

［46］程维薇. 专业素养视角下四川彝族地区幼儿园教师职后培训研究 ［J］. 教育科学论坛, 2022 (32): 32-37.

［47］高鹏. 教师职后培训"学院模式"的理性审视: 基于教师知识的视角 ［J］. 继续教育研究, 2018 (8): 90-94.

［48］杨婷婷, 余建伟. 高专院校学前教育师范生融合教育素养的现状调查 ［J］. 教育观察, 2022, 11 (24): 88-92.

［49］王雁, 范文静, 冯雅静. 我国普通教师融合教育素养职前培养的思考及建议 ［J］. 教育学报, 2018, 14 (6): 81-87.

［50］魏寿洪, 廖进. 高等师范院校融合教育通识课程体系构建研究 ［J］. 绥化学院学报, 2017, 37 (10): 17-20.

［51］冯雅静, 王雁. 普通师范专业融合教育通识课程的构建: 基于实践导向的模式 ［J］. 教育科学, 2020, 36 (5): 70-77.

［52］李会敏. 学前融合教育课程体系构建的研究与探索: 以南京特殊教育师范学院为例 ［J］. 教育教学论坛, 2020 (18): 216-217.

［53］仇晓阳, 刘淑娟, 方振兴, 等. 独立院校"分层教学、精准培养"教学模式构建 ［J］. 宁波教育学院学报, 2022, 24 (5): 58-61.

［54］董钰萍. 基于"三习一体化"的学前教育专业实践教学模式构建 ［J］. 宁波教育学院学报, 2021, 23 (6): 10-13.

［55］王丽霞. 专科层次学前教育专业实践教学模式研究: 以平凉职业技术学院学前教育专业为例 ［J］. 试题与研究, 2022 (17): 146-147.

［56］石蕾. 我国学前融合教育政策工具选择特点及其优化路径: 基于国家层面相关政策文本的分析 ［J］. 早期教育, 2022 (43): 12-17.

［57］俞念. 学前融合教育教师角色践行的现实困境与支持路径 ［J］. 教师教育研究, 2022, 34 (3): 56-61.

［58］DENG M, WANG S, GUAN W. The development and initial validation of a questionnaire of inclusive teacherscompetency for meeting special educational needs in regular classrooms in china ［J］. International Journal of Inclusive Education, 2017 (21): 1-12.

［59］汪涛. "支持—服务"理念下幼儿园教师培训运作模式探索: 以东莞市市级培训为例 ［J］. 陕西学前师范学院学报, 2021, 37 (2): 126-132.

［60］陈娇, 张瑶, 汪甜甜, 等. 我国学前融合教育的社会支持现状及其影响因素: 基于教师知觉的视角 ［J］. 学前教育研究, 2022 (8): 27-36.

三、学位论文类

［1］崔志月. 幼儿园教师融合教育素养的研究［D］. 武汉：华中师范大学，2016.

［2］郑美妮. 幼儿园教师融合教育观念与态度的调查研究［D］. 西安：陕西师范大学，2019.

［3］何明. 幼儿园教师实施融合教育专业能力现状调查研究［D］. 大连：辽宁师范大学，2021.

［4］孙倩. 幼儿园教师对学前融合教育态度的研究［D］. 大连：辽宁师范大学，2022.

［5］孙玉梅. 湖北省幼教工作者学前融合教育观念与态度的研究［D］. 武汉：华中师范大学，2008.

［6］李晔. 幼儿园教师实施融合教育的自我效能感研究［D］. 兰州：西北师范大学，2018.

［7］李雅文. 学前教育教师对特殊儿童融合教育的态度及影响因素研究［D］. 重庆：重庆师范大学，2021.

［8］郭凯泽. 幼儿园教师及家长融合教育接纳度调查研究［D］. 海口：海南师范大学，2022.

［9］李勋. 延吉市幼儿园教师融合教育素养现状研究［D］. 延吉：延边大学，2022.

［10］亓娟. 皖北地区幼儿园教师融合教育素养的调查研究［D］. 淮北：淮北师范大学，2017.

［11］秦奕. 幼儿园教师职业认同结构要素与关键主题研究［D］. 南京：南京师范大学，2008.

［12］马瑞萍. 卓越幼儿园教师专业成长的叙事研究［D］. 呼和浩特：内蒙古师范大学，2022.

［13］龚妍心. 学前融合班集体教学活动中教师教学支持的问题及对策研究［D］. 兰州：西北师范大学，2022.

［14］姚笑妍. 学前融合教育中教师的工作困境与对策研究［D］. 开封：河南师范大学，2017.

［15］曹世敏. 幼儿园教师胜任力现状调查及提升策略研究［D］. 保定：河北大学，2022.

［16］梅舒红.研究型幼儿园教师专业成长的个案研究［D］.南京：南京师范大学，2020.

［17］田兴江.幼儿园教师专业成长动力研究［D］.成都：四川师范大学，2020.

［18］曾乐平.学前教育本科生早期融合教育素养现状调查研究［D］.重庆：重庆师范大学，2015.

［19］张艺蕾.教研相长：一位幼儿园教师专业发展的叙事研究［D］.昆明：云南师范大学，2022.

［20］唐子涵.巡回指导模式提升幼儿园教师融合教育素养的实践研究［D］.成都：成都大学，2021.

［21］刘艳滨.探寻走向专业化的职业历程［D］.长春：东北师范大学，2007.

［22］吴小妮.融合幼儿园集体教学活动中教师与特殊幼儿互动研究［D］.成都：四川师范大学，2021.

［23］王永莉.融合教育教师培养存在的主要问题及解决策略［D］.哈尔滨：哈尔滨师范大学，2021.

［24］石云鹤.我国融合教育政策法规体系的现状与发展研究［D］.哈尔滨：东北林业大学，2021.

［25］李慧娟.幼儿园集体教学活动中教师反馈质量现状及提升策略研究［D］.大庆：东北石油大学，2021.

附录

附录1　幼儿园教师融合教育素养的调查问卷

尊敬的教师：

您好！感谢您参加此次问卷调查。本问卷旨在了解您对学前融合教育的理解和融合教育的实施情况，答案无对错之分，请根据实际情况作答即可。本问卷调查仅用于学术研究，采用匿名方式进行，完全保密，请放心作答。

本问卷中特殊学生（幼儿、儿童、孩子）是指身心发展存在缺陷和障碍的儿童，包括智力障碍、听力障碍、视力障碍、肢体残障、言语障碍、情绪与行为障碍等类型。

第一部分：基本信息

1. 您的性别：（1）男　　（2）女

2. 您的教龄：（1）1~5 年　　（2）6~10 年　　（3）11~15 年
（4）16 年及以上

3. 您的最高学历：（1）研究生　　（2）本科　　（3）大专
（4）高中及以下

4. 您所在幼儿园的性质：（1）公办幼儿园　　（2）民办幼儿园

5. 您所任教的学段：（1）幼儿园　　（2）小学　　（3）初中
（4）高中及以上

6. 您的工作岗位：（1）管理者　　（2）主班教师　　（3）配班教师

7. 您的专业背景：（1）学前教育　　（2）特殊教育　　（3）其他

8. 您是否教学过特殊儿童：（1）是　　（2）否

9. 您是否接受过与特殊教育相关的培训：（1）是　　（2）否

第二部分：融合教育部分

1. 您对特殊儿童发展及教育策略的了解程度

（1）非常了解　　（2）比较了解　　（3）一般　　（4）不太了解

（5）不了解

2. 您认为您所带的班级里有特殊儿童吗

（1）有　　（2）没有（选2者请直接转至5）

3. 他（她）的障碍程度为

（1）轻度　　（2）中度　　（3）重度　　（4）不确定

4. 他（她）属于哪种特殊儿童类型＿＿＿＿＿＿＿＿＿＿＿＿（请注明）

5. 您对各类特殊儿童的了解程度（附表1）

附表1　您对特殊儿童的了解程度

特殊儿童的种类	十分了解	一般了解	不太了解	完全不了解
1 智力障碍				
2 听觉障碍（聋、重听）				
3 视觉障碍（盲、低视力）				
4 学习障碍				
5 言语和语言障碍				
6 情绪和行为障碍				
7 肢体障碍				
8 弱病				
9 孤独症				
10 多重障碍				

6. 您对特殊儿童的情绪与行为管理的了解程度

（1）不了解　　（2）部分了解　　（3）比较了解　　（4）很了解

7. 您有无接触或听说过特殊儿童个案管理这一理念

（1）有　　（2）无

8. 您对建构学前融合教育支持系统知识的了解程度

（1）不了解　（2）部分了解　（3）比较了解　（4）很了解

9. 您是否认为建构融合教育支持系统对特殊儿童和普通儿童均有益

（1）非常同意　（2）同意　（3）不确定　（4）不同意

（5）非常不同意

10. 您认为实施学前融合教育是非常重要和有必要的吗

（1）非常同意　（2）同意　（3）不确定　（4）不同意

（5）非常不同意

11. 您对各类特殊儿童的安置意见（附表2）

附表2　您对特殊儿童的安置意见

特殊儿童种类	普通幼儿园普通班	普通幼儿园特殊班	专设特殊幼儿教育机构	其他机构（自注）
智力障碍				
听觉障碍				
视觉障碍				
学习障碍				
言语和语言障碍				
情绪和行为障碍				
肢体障碍				
弱病				
孤独症				
多重障碍				

12. 您不同意特殊儿童进入普通幼儿园的理由（多选）

（1）特殊儿童的障碍程度太重

（2）教师无法兼顾

（3）缺乏特殊教育设备

（4）教师缺乏特殊教育的专业知识和技能

（5）担心普通儿童的家长会反对

（6）其他理由（请注明）

13. 您认为特殊儿童进入普通幼儿园，幼儿园有必要收取额外费用吗

（1）非常有必要　（2）有必要　（3）无所谓　（4）不必要

（5）非常不必要

14. 您会对特殊儿童进行评价与监控吗

（1）完全可以　（2）可以　（3）一般　（4）不可以

（5）完全不可以

15. 您会针对不同的特殊儿童制订个性化教育计划（IEP）吗

（1）完全可以　（2）可以　（3）一般　（4）不可以

（4）完全不可以

16. 您为特殊儿童组织教学活动顺利吗

（1）非常顺利　（2）顺利　（3）一般　（4）不顺利

（5）完全不顺利

17. 对特殊儿童开展融合教育时，您会经常与其他教师进行团队合作和协调吗

（1）经常　（2）有时　（3）一般　（4）很少　（5）几乎不

18. 为了达到幼儿园对于教师的要求，通过持续学习将可以促进教师的持续专业成长

（1）非常同意　（2）同意　（3）不确定　（4）不同意

（5）非常不同意

19. 您认为有哪些因素影响自身的融合教育素养？（至少写三项）

_____

20. 您认为自己会通过哪些方式提升自己的融合教育素养？（至少写三项）

_____

第三部分：自我评价部分

如附表3所示，以下是对融合教育态度的叙述，请根据自身实际情况，在您认为合适的空格内打"√"。

附表3　融合教育态度自我评价

题目	非常 不同意	不 同意	一般	同意	非常 同意
C1-1 特殊幼儿和普通幼儿能力差别太大，应该在特殊班接受教育	1	2	3	4	5
C1-2 自己会担心、害怕、不愿意教特殊幼儿	1	2	3	4	5

题目	非常不同意	不同意	一般	同意	非常同意
C1-3 如果普通幼儿和特殊幼儿相处过，他们可以减少对特殊幼儿的偏见	1	2	3	4	5
C1-4 普通班比特殊班能提供给幼儿更丰富的生活经验和学习环境	1	2	3	4	5
C1-5 特殊幼儿在普通班上课，可以帮助他们将来适应得更好	1	2	3	4	5
C1-6 和普通幼儿同班，可以提高特殊幼儿的学习兴趣	1	2	3	4	5
C1-7 特殊幼儿无法适应普通幼儿园和托儿所的课程	1	2	3	4	5
C1-8 特殊幼儿有行为上的问题，会伤害普通幼儿	1	2	3	4	5
C1-9 班上有特殊幼儿会妨碍自己教学活动的进行	1	2	3	4	5
C1-10 特殊幼儿在普通班会给教师增添很多麻烦	1	2	3	4	5

如附表4所示，以下是对融合教育专业知识掌握程度的叙述，请根据自身实际情况，在您认为合适的空格内打"√"。

附表4 融合教育专业知识掌握程度自我评价

题目	非常不同意	不同意	一般	同意	非常同意
C2-1 我了解融合教育的发展历史和趋势	1	2	3	4	5
C2-2 我了解我国特殊教育的相关法律和政策	1	2	3	4	5
C2-3 我不了解融合教育、特殊教育的意义	1	2	3	4	5
C2-4 我具备基本的学前儿童病理学或康复学知识	1	2	3	4	5
C2-5 我了解学前特殊儿童教育的目标、任务、内容要求和基本原则	1	2	3	4	5
C2-6 我了解学前特殊儿童的身心发展特点、教育策略与方法	1	2	3	4	5

题目	非常不同意	不同意	一般	同意	非常同意
C2-7 我了解教育事业和残疾人事业发展的基本情况	1	2	3	4	5
C2-8 我掌握对特殊儿童进行评估的知识与方法	1	2	3	4	5

如附表5所示，以下是对融合教育专业能力状况的叙述，请根据自身实际情况，在您认为合适的空格内打"√"。

附表5　融合教育专业能力自我评价

题目	非常不同意	不同意	一般	同意	非常同意
C3-1 我能引导特殊幼儿在游戏活动中获得身体、认知、语言和社会性等多方面的发展	1	2	3	4	5
C3-2 我能妥善处理特殊幼儿的突发事件	1	2	3	4	5
C3-3 我能科学照料特殊幼儿的日常生活	1	2	3	4	5
C3-4 我知道如何配合幼儿的发展阶段设计课程	1	2	3	4	5
C3-5 我能与特殊幼儿建立良好的师幼关系	1	2	3	4	5
C3-6 我能协助特殊幼儿和普通幼儿建立良好的同伴关系	1	2	3	4	5
C3-7 我能灵活运用多种评价方法，客观全面地评价特殊幼儿	1	2	3	4	5
C3-8 在融合教育中，我能建立良好的班级秩序	1	2	3	4	5

本问卷到此结束，非常感谢您的参与和回答，祝您的事业蒸蒸日上！

附录2 幼儿园教师对融合教育素养的认可度调查

附表6 对融合教育素养内涵的认知

融合教育素养条目	非常同意	同意	不确定	不同意	非常不同意
特殊幼儿发展及教育策略知识					
特殊幼儿教育教学实施知识					
特殊幼儿情绪与行为管理知识					
特殊幼儿个案管理知识					
具有建构学前融合教育的支持系统知识					
理解和认同融合教育基本理念					
接纳幼儿多元化					
具有良好的个人修养和人文素养					
能评估与监测特殊幼儿					
具有教学设计与实施能力					
能进行个别化支持与辅导					
具有与家长或专业人员进行团队合作与协调的能力					
具有持续学习能力					

您认为其他需要添加的条目（附表7）：

附表7 您认为需要添加的条目

附录3 幼儿园教师融合教育素养访谈提纲

（1）您对融合教育的理念有了解吗？之前是否有过与特殊幼儿接触的经验？如果接触过，您的感受是什么？

（2）您是否愿意接纳特殊幼儿进入班级？请谈谈您的看法。

（3）当特殊幼儿进入普通班级后，作为教师，您认为应该具备哪些关于特殊幼儿的知识和能力？

（4）您认为如果要实施融合教育，普通幼儿园的教师应该具备哪些必要的知识、态度和技能？

（5）目前，您是否有有效的途径来学习和提升这些融合教育所需的知识、态度和技能？

（6）当特殊幼儿出现突发情况时，您认为教师应该具备哪些专业能力来应对和调整？

（7）幼儿园或教育管理部门是否为您提供了关于融合教育或特殊教育的相关培训？如果有，培训的具体内容是什么？

（8）在面对特殊幼儿时，您认为最大的困难是什么？您最希望得到哪些方面的支持和帮助？

（9）您认为学前融合教育能否大规模推行？如果要大规模推行，您认为需要具备哪些必要的条件和支持？

附录4 优秀幼儿园教师成长路径个案研究访谈提纲(一)

访谈日期：

访谈对象：

主要内容：

(1) 能聊聊您在学校里学过哪些类型的课程吗？您觉得哪些课程对您以后找工作特别有帮助？

(2) 上学的时候，您有没有进行过教育实习？是咋实习的？大概实习了多久？您觉得这次实习对您后来的工作有什么帮助？

(3) 在学校的时候，您是不是就已经开始为将来找工作做准备了？当时有没有啥让您纠结的事儿？后来您是怎么解决的？

(4) 您从学校毕业到真正开始工作前，参加过哪些岗前培训？您自己又提前做了哪些准备？哪些培训对您后来的工作特别有帮助？当时有啥让您头疼的问题，后来又是怎么解决的？

(5) 工作以来，您都参加过哪些培训？为了让自己提高工作能力，您都付出了哪些努力？在工作的不同阶段，您是不是也遇到过一些麻烦事儿？那些事儿您都是咋解决的？

(6) 从您刚开始工作到现在当上园长，您觉得哪些人对您帮助特别大？还有没有什么事情给您留下了特别深刻的印象？

(7) 您能说说您为啥能一直进步、一直发展吗？每个阶段的原因能不能具体说说？

(8) 作为过来人，您觉得幼儿园教师想快点进步、变得更好，应该怎么做？

附录5　优秀幼儿园教师成长路径个案研究访谈提纲(二)

访谈日期:

访谈对象:

主要内容:

(1) 您当初为啥第一志愿就选了幼儿师范?

(2) 听说幼儿师范选拔特别严格,是不是真的?通过选拔的人是不是都特聪明、成绩特好啊?当时大家是不是都觉得"考不上中专才去上高中"啊?选拔除了看成绩,还有没有别的考核,比如面试技能考核?

(3) 听说考上了幼儿师范,学费、工作都包了,还有补助,是不是就没什么升学和找工作的压力了?那这样的话,您会不会觉得学习好像也不太重要,没必要特别努力?

(4) 您刚开始上班时,有没有老教师带着您啊?有的话,他们在哪些方面帮了您大忙?

(5) 您之前说,幼儿园设在小学里对幼儿园发展不太有利,那您能具体说说为啥不好吗?还有,您希望教育局在公办幼儿园师资招聘上怎么做,才能让幼儿园及时补充新鲜血液呢?

(6) 您听说过"一师一优课,一课一名师"平台吗?在上面有什么幼儿园的课程吗?

(7) 您教龄这么长,教学过程中有没有觉得累、单调,想过换岗位啊?

附录6 优秀幼儿园教师成长路径个案研究访谈提纲(三)

访谈日期:

访谈对象:

主要内容:

一、基本情况

(1) 您可以详细分享一下您的成长环境和经历吗?

(2) 您的求学之路是怎样的? 能具体说说吗?

(3) 自从您开始从事教育工作以来,都经历了些什么激动人心的大事啊? 可以详细讲讲吗?

(4) 您当初为什么会选择成为幼儿园教师呢? 如果现在让您重新选择,您还会选这个职业吗? 为什么?

(5) 在您多年的教学生涯中,遇到过哪些挑战和困难? 能具体说说吗? 您又是怎么克服这些难题的呢?

(6) 您对现在的工作和生活满意吗? 接下来您的工作有什么发展规划? 您有没有制定过相关的近期和远期目标呢?

二、优秀幼儿园教师专业成长的影响因素

(1) 对于您个人来说,哪些因素是推动您专业成长的关键呢?

(2) 在不同的职业阶段,您都是通过哪些具体的方式或途径来推动自己的专业成长的呢?

(3) 在您专业成长的道路上,有没有哪个人对您的专业成长产生了特别大的影响? 能具体说说吗?

(4) 在您专业成长的历程中,有没有哪件事给您留下了特别深刻的印象? 能分享一下吗?

三、优秀幼儿园教师专业成长的环境

1. 园所

(1) 您在这所幼儿园已经工作了多少年? 您喜欢这里的工作环境吗? 能分享一下原因吗?

(2) 您觉得幼儿园的整体氛围怎么样? 教师之间相处是否融洽?

(3) 幼儿园是如何评价教师的工作表现的呢?

（4）在您的职业生涯过程中，园所是否为您提供了学习、培训和晋升的机会？比如订阅专业书刊、组织教研活动或安排外出学习等？

（5）您认为幼儿园的管理方式对您的专业成长有哪些影响？这些管理方式对您的帮助大吗？

2. 同事

（1）您和园所的其他教师关系如何？平时大家有经常交流教学心得和经验吗？

（2）您觉得与园所其他教师的交往对您的专业成长有哪些促进作用？

（3）您和某某教师已经认识多久了呢？在您眼中，她在工作中表现如何？生活中又是怎样的一个人？

（4）您觉得某某教师身上的哪些特质或优点是年轻的幼儿园教师特别应该学习和借鉴的？

3. 家长

（1）您平时与幼儿家长的接触频繁吗？他们对您的工作持怎样的看法和评价？

（2）您认为与家长的交流交往对您的专业成长有怎样的影响？

（3）在与家长的沟通过程中，您是否收获了一些新的教育理念和教学方法？

（4）您认为应该如何更好地与家长合作，才能促进幼儿的全面发展和自己的专业成长？